U0813646

历史的错觉

真相不止一个

I

赵运涛 著

人民东方出版传媒
東方出版社

图书在版编目（CIP）数据

历史的错觉：上下辑 / 赵运涛 著 . — 北京：东方出版社，2021.11
ISBN 978-7-5207-2234-6

Ⅰ. ①历… Ⅱ . ①赵… Ⅲ . ①中国历史—通俗读物 Ⅳ . ① K209

中国版本图书馆 CIP 数据核字（2021）第 113625 号

历史的错觉：上下辑
（LISHI DE CUOJUE: SHANGXIAJI）

作　　者：赵运涛
策　　划：李伟楠
责任编辑：李伟楠
责任审校：赵鹏丽　金学勇
出　　版：东方出版社
发　　行：人民东方出版传媒有限公司
地　　址：北京市东城区朝阳门内大街 166 号
邮　　编：100010
印　　刷：北京联兴盛业印刷股份有限公司
版　　次：2021 年 11 月第 1 版
印　　次：2024 年 2 月第 8 次印刷
开　　本：710 毫米 ×1000 毫米　1/16
印　　张：41.5
字　　数：435 千字
书　　号：ISBN 978-7-5207-2234-6
定　　价：108.00 元
发行电话：（010）85924663　85924644　85924641

版权所有，违者必究
如有印装质量问题，我社负责调换，请拨打电话：（010）85924602　85924603

序

《庄子》一书中有这样一个故事：晋献公要娶骊姬。骊姬是一个特别漂亮的女孩子，她不知道自己要嫁的这个君主长什么样，所以听说自己要嫁人了，她就每天哭哭啼啼的。等嫁过去之后，她跟着晋献公吃喝玩乐，结果就悔恨自己当年为什么要哭泣，没想到嫁人之后，人生居然会这么开心，真香。《庄子·秋水》中还有一个故事说，秋水时至，河伯以为自己已经足够广大，全天下都不如自己，结果见到了海神若，只能望洋兴叹，才知道自己眼界的局限。“井底之蛙”这个成语也出自这一篇。实际上，每个人都可能是“井底之蛙”，这个故事不是在嘲笑蛙，而是为了说明每个人的眼界可能都会受限于自己的认知。庄子说“吾生也有涯，而知也无涯”，人生是有限的，而知识是无限的。每个人因为时间等原因，不可能全知全觉，获得的知识自然也就是有限的。

现如今我们身处快节奏的社会，各种媒介都在跟我们抢获取知识的时间，人们所得的知识也就更加有限了，用碎片化的时间获得的零散知识，很可能让我们产生“误解”。尤其是在中国传统文化、历史知识方面，我们或许以为是常识了，其实可能未必，我们可能只知其然，不知其所以然。我们可能已经被自己知道的知识把头脑“锁住”了，我们产生了一种“错觉”，历史就是我们头脑中记忆的那一种形式。

《历史的错觉》这本书就是想通过对某一历史人物或历史群像、某一事件或历史阶段、某一古诗文或经典名著进行系统的梳理，打破碎片化知识建立起来的“偏见”，穿透这堵墙，还原历史现场，重新补充我们已经获得的知识，让我们看看已经“锁住”我们脑袋的知识外的历史世界究竟是什么样的。

本书分成两辑，第一辑主要是以读者熟悉的历史人物以及历史事件为考察对象，探究那些被我们已经“掌握”的历史知识隐藏起来的秘密。我们受过的历史教育常是总其大概，往往前因后果不完备，多种说法只取其一，这实际上很容易产生“错觉”：历史上只有这样一种情况，或者历史情况本就是这样的。本书通过综述传世文献，结合新出土材料，推敲历史的细节，打破历史的“错觉”。读罢此书，你可能会有“原来如此”的感慨：原来还有这样一种说法；原来古代就有这些器物；原来古代有与今日相似的行为方式；原来他们是同时代的，我原来记的居然是错的？甚至可能会出现对某个人物印象的“反转”，等等。如：

“三皇五帝”并不是八个人，根据传说与记载，“三皇五帝”这一组合下的成员总数远远超过八个。尧舜禹帝位的传承方式，除了“禅让”，还有一个版本则是暴力夺权。并不是所有水系都是大禹治理的，后世将大禹治水的功绩夸大了。商纣王其实并没有那么坏，他的坏被夸大了，武王伐纣只指责其三四条罪状，后来人们不断黑他，到了战国以后其罪行增加到了七十多条。西周最后一代君主周幽王其实并没有烽火戏诸侯，因为烽火大约到了战国之后才出现。《道德经》可能不是一个人写成的，《论语》也不是孔子写的。“三纲”，即“君为臣纲，父为子纲，夫为妻纲”，孔子实际并没有说过这样的话。孟姜女的故事最初跟秦始皇没有关系，先秦时期是她向齐国的君主哭悼自己战死的丈夫，到汉代就说她哭倒了齐国的长城。项羽很可能并不是在乌江自刎的，也许他在到达乌江之前就已经挂了。“成也萧何，败也萧何”，韩信其实并没有要造反。王安石变法的正面形象是到了近代才确立起来的，实际在古代的时候，对王安石变法的负面评价是主流，人们常认为北宋灭亡是王安石变法导致的。大家往往会有一个对状元的误解，认为做了状元就可以做驸马，一些戏曲小说往往写士子中状元后被皇帝招为驸马的故事，实际历史上，被招为驸马的状元只有唐代的郑颢一人。唐代的时候，很多贵族之家都不愿意娶公主，皇帝家的女儿也愁嫁。“女子无才便是德”并不对，古代女子也要读书写字，因为她们要教育孩子。古代小孩子玩的玩具，有很多现在仍被传承……

第二辑主要是以大家熟悉的古诗文以及经典名著为考察对象，我们把这些经典的古代文学作品放到历史语境中去考察，像破案一样，解开文章中的“暗语”，看看其背后隐藏着怎样一种历史事件。通过知人论世打破断章取义带来的历史“错觉”，你可能会有“居然是这样”的感慨：这篇文章的背景居然隐藏着这样一个秘密，这些历史事件居然都有联系，这些人物居然都有关系，这些作品中看似是历史的居然不是历史，看似不是历史的居然真的是历史，甚至可能会出现对某个作品的主题习以为常的说法产生“质疑”，等等。如：

《关雎》并不是爱情诗，《山海经》也不是一部“食谱”。《战国策》并不是史书，很多记载与史实不符，如秦武王请扁鹊治病，实际上扁鹊与秦武王约有一百五十多年的时间差；张仪游说齐王时提到秦赵宜安大会战、番吾之战，而这些大战实际都是张仪死后七十余年发生的。《史记》最初不叫《史记》，《史记》中有四分之一，也就是将近 37 篇可能都是司马谈写的，还有一部分内容既不是司马迁写的，也不是司马谈写的，而是后来人补入的，这部分共有四万八千余字。陶渊明写了《桃花源记》，人们认为“世外桃源”是想象出来的向往之地，实际可能并非虚构而是真实存在的。王勃是因为各种机缘巧合才写的《滕王阁序》，起因是他莫名其妙地杀了一个人。写“鹅鹅鹅”的诗人骆宾王后来造反了。杨贵妃在安史之乱中死于马嵬驿，所有正史都如是说，但民间传说却提出杨妃仙居于“海上仙山”，近代学者认为民间的传说绝非信口开河，而是有历史事实作背景的。白居易被贬“江州司马”，罪名是：他母亲赏花的时候，不小心掉到井里去世了，而白居易正好有作品《赏花》《新井》，赞美花，赞美井。范仲淹写《岳阳楼记》，实际上他并没有登上滕子京重修后的岳阳楼，滕子京被贬谪，一直流传着一个很荒诞的理由——贪污。欧阳修《醉翁亭记》让滁州名声大噪，而欧阳修被贬滁州的罪名竟是偷了外甥女的私房钱给自己买地、买房。写《项脊轩志》的归有光有三任妻子，吴承恩曾是他的手下。《西游记》未必是吴承恩写的。作为浪漫主义神魔小说的《西游记》，其中有不少真实历史情况的反映，如最明显的主线就是历史上玄奘取经的故事，玄奘到了高昌国，被高昌国国王视为“御弟”，后来《西游记》将其变成了唐太宗的“御弟”。《三国演义》是历史小说，其中有很多内容并非史实，如斩华雄的不是关羽而是孙坚；历史上也没有三英战吕布；给关羽刮骨疗毒的也不是华佗，因为当时华佗已经去世；单刀赴会的不是关羽，而是鲁肃；曹操也未曾被马超追得“割须弃袍”；赵云也没有在长坂坡“七进七出”；诸葛亮没有火烧上方谷；等等。《水浒传》中虚构的成分多，但也有历史依据，如宋江的事迹，史书中记载宋江在淮南为盗，后来被张叔夜击败而招安，这一年是宣和四年，而宣和三年的时候，方腊已经被收拾完了，也就用不到宋江去打方腊了，宋江可能被封了个官职，但具体是什么，史书没有记载。所以说《水浒传》中虽然有些以历史为背景的情节，但小说与历史的记载有些地方并不完全相符。再如范仲淹是1052年去世的，而《水浒传》开篇说，“嘉祐三年三月三日五更三点”，仁宗上朝，参知政事范仲淹启奏，“嘉祐三年”是1058年，范仲淹这时候实际已经去世六年了。古代也有会吐槽的人，也有喜欢追星的，也有穿越的故事，等等。

读图时代，本书几乎每篇文章都有相关配图，并且还有几篇专门以图或器物图像为核心的文章，可以更好地补充历史以及文化知识，如：“古代有哪些器物像是穿越的”“古画中父母带孩子有何区别”“有哪些时髦的现代行业古代就有了”“服饰颜色可以判断官职大小”“这些吃的是到了明朝才有的”，等等。

总之，本书的一个主要目的就是打破碎片化阅读、浅层阅读带来的知识的“错觉”，希望大家通过本书中对人、物、文、事，时、世的重新探究，能够对中国传统文化有更多的了解。

为了打通阅读障碍，本书对生僻字都做了注音，且为了阅读的顺畅，还特意将所引古文都改换了字体，并对所引古文有相应的解释和解读，也就是说，当读者遇到楷体的古文，不读古文，跳过去的时候，依然不影响对全文的理解。当然，古典原文的存在也有其价值，可以更好地支撑文章，也为读者提供了一些可考的材料，等等。

本书的每一篇文章都是当作学术论文来写的，但表述又通俗易懂，既有学术的严谨，又有大众读物的语言流畅。本书参考了大量文献，引用了众多学者的成果，虽然在书中每有提及，但难免挂一漏十。错误疏漏之处，还请各位方家、读者批评指正。

赵运涛

2021年7月

目录

历史的错觉（I）——真相不止一个

01."三皇五帝"不是八个人？尧舜禹真的是禅让的吗？

中国的历史一般认为是从"三皇五帝"开始的。

关于"三皇"，历史上有不同的说法。

《尚书大传》认为是燧人氏（燧皇）、伏羲氏（羲皇）、神农氏（农皇）。他们不仅是古老部族的首领，还是影响历史进程的伟大"发明家"，传说燧人氏创造了钻木取火的方法，伏羲氏创造了八卦（伏羲时代如果跟考古对应，大概是新旧石器之际，于省吾认为，上古发不出"fu"音，往往将音"fu"的字读为"bao"音，所以伏羲，又被叫作"庖牺"或者"包牺"。《周易》有："古者包牺氏之王天下也，仰则观象于天，俯则观法于地，观鸟兽之文

（明）仇英绘　伏羲

（明）仇英绘　神农

与地之宜，近取诸身，远取诸物，于是始作八卦，以通神明之德，以类万物之情”），神农氏尝百草奠定了中医药的基础。

《帝王世纪》以伏羲、神农、黄帝为三皇。传说中黄帝发明的东西就更多了，如《淮南子》说“黄帝造车”，黄帝发明了车；他还让妻子嫘祖教人民养蚕，发明了衣服；他命令大臣仓颉造文字；让大挠造干支，有了黄历。此外，黄帝还发明了种植五谷，建造房屋，采矿，制陶等等。中医学的奠基之作《黄帝内经》也托名于他，战国时期兴起的黄老之学也尊黄帝为创始人。

《通鉴外纪》又以伏羲、神农、共工为三皇。共工是水神，传说他一怒而撞击不周山，支撑天的柱子折断了，"天倾西北，故日月星辰移焉；地不满东南，故水潦尘埃归焉"。所以在中国的神话中，中国的地形西北高、东南低是共工造成的。还有的说法把伏羲、神农与女娲并为"三皇"，女娲造了人，还补了天，等等。

汉代画像砖中的轩辕黄帝

这实际上都是古人在为人类以及自然界的事物和现象寻求一个合理的解释，并把一些伟大的发明与古老的圣贤联系起来。古人往往认为伟大的发明，非通晓智慧的圣贤大智不能为之，正如《考工记》所说："百工之事，皆圣人之作也。"

关于"五帝"，历史上也有不同的说法：《史记·五帝本纪》列黄帝、颛顼、帝喾、尧、舜为五帝，《礼记》以大皞（伏羲）、炎帝、黄帝、少皞（少昊）、颛顼为五帝，《帝王世纪》则以少昊（皞）、颛顼、高辛（帝喾）、尧、舜为五帝等。

把"三皇五帝"所有传说涉及的人物去其重复，放到一起，有燧人氏、女娲、伏羲（又名大皞）、共工、黄帝、炎帝（传说为神农氏）、少皞（又名少昊，传说为黄帝儿子）、颛顼（黄帝孙子）、高辛（又名帝喾，传说为黄帝曾孙）、尧、舜。你会发现，"三皇五帝"这一组合下的成员总数远远超过八个。这是不同传说累积形成的。

"三皇五帝"的说法是后出现的，而这些原始传说中的神人，之前就已经散落在不同的记载中了，于是当人们在挑选谁该入选的时候，就出现了分歧，出现了不同的组合。一如有人提出"龙生九子"的说法，但究竟是

出土唐代绢画中的伏羲与女娲

哪九子，人们广泛搜罗传说中的神兽来凑数，因为搜集的神兽类别不同，也就出现了分歧。

当然，对于分歧，从接受者的角度来看，也总会有一个较多数人认可的选择，黄帝、颛顼、帝喾、尧与舜，这一“五帝”组合，就因为汉代司马迁的《史记·五帝本纪》而获得了更为广泛的历史认同。

黄帝传说在先秦时期就已经普遍存在了，但早期传说中的黄帝，往往是神，其形象也与人的形象差别很大。袁珂《山海经校注》曰：“古天神多为人面蛇身，举其著者，如伏羲、女娲、共工、相柳、窫窳、贰负等是矣；或龙身人头，如雷神、烛龙、鼓等是矣，亦人面蛇身之同型也。此言轩辕国人人面蛇身，固是神子之态，推而言之，古传黄帝或亦当作此形貌也。”[①] 除了伏羲、女娲是蛇身人面，袁珂认为早期传说中的黄帝也是这样的造型。中国人很早就已经有了理性思维，如果说一个人面蛇身或者有着极奇异造型的黄帝是人类的祖

（明）仇英绘　少昊

① 袁珂:《山海经校注》，北京联合出版公司 2015 年版，第 202 页。

先，人们可能很难相信，不容易将其作为历史人物来看，哪有人会长成这样啊？只会将其当传说人物，而要想将其与人联系起来，纳入历史进程中，就必须进行"改造"，神话英雄需要向人间英雄转变，实际上在司马迁之前，儒家就已经完成了这个工作。

《太平御览》卷七九引《尸子》记载，子贡问孔子一个问题："古者黄帝四面，信乎？"传说黄帝有四张脸，可信吗？孔子曰："黄帝取合己者四人，使治四方，不计而耦，不约而成，此之谓四面。"孔子做了理性化的解释，黄帝四面其实是黄帝派遣符合自己心意的人统治四方罢了。此外，在《大戴礼·五帝德》中记载，宰我问孔子：传言黄帝活了三百年，那么黄帝是人还是神呢？孔子说三百年是指人们从黄帝那里受益一百年，他去世后，人们又敬仰了他一百年，后来他的教化又影响了一百年，不是说一个人活了三百年，"民得其利百年，死而民畏其神百年，亡而民用其教百年，故曰三百年"。

经过儒家的改造，黄帝成为我们文化与民族的缔造者，他不再是原始信仰中掌握天道的那个神，而是天道在人间的代理人。司马迁把《五帝本纪》放在开篇，以黄帝为首，就是在儒家改造的基础上，将其历史化，黄帝成为一个历史人物，是历史上存在过的可信的一个人。

有了黄帝这样一个历史人物，就有了历史的开端，司马迁《五帝本纪》将黄帝之后的传说人物与黄帝发生联系，也就将其纳入了历史进程中。根据已有的传说，司马迁进行了这样一个帝位传承的梳理：黄帝之后，接任帝位的是黄帝的孙子颛顼，颛顼之后，是黄帝的曾孙帝喾，帝喾之后是黄帝的玄孙尧，尧和大禹是一个辈分的人，但从尧到禹，中间隔了一个舜，这个舜是黄帝的八代孙，要比尧和大禹晚四代。

按照《史记》的记载，我们来看一下五帝到大禹的传承（如下图所示）。

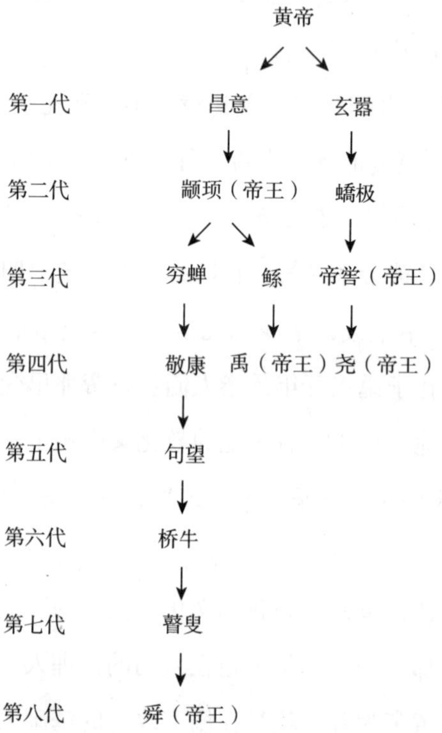

司马迁叙述五帝传承，建构的是一种血缘传承，将他们都与黄帝发生关系，彼此之间也就有了合法的继承权利。但这里面有个麻烦的人物，就是舜，“虞舜者，名曰重华。重华父曰瞽叟，瞽叟父曰桥牛，桥牛父曰句望，句望父曰敬康，敬康父曰穷蝉，穷蝉父曰帝颛顼，颛顼父曰昌意：以至舜七世矣。自从穷蝉以至帝舜，皆微为庶人”（《史记·五帝本纪》）。舜与尧、与大禹的血缘关系都太远了，而且其上推五代都是平民百姓，单单依靠血缘传承的说法，似乎不具有足够的说服力。幸好，在司马迁之前，

有相关的传说解决了这一问题，那就是“禅让”：尧将帝位禅让给了舜，舜又将帝位禅让给了禹。

先秦时期“禅让”的说法，从事理上来讲，可能是有现实依据的。这是生产力水平很低、人们只能依靠共同劳动来维持生存的时代，生产工具和劳动收获都归集体所有，大家共尽义务，享有同等的权利，所以没有“官”，也没有“民”，大家往往通过集体协商和民主选举选出一个部族首领来管理部族的事务。所以说“禅让”应该是有着原始民主的依据。儒家祖述尧舜，大力赞扬尧舜的德行，其中“禅让”就是表现其品质的一个重要方面。他们不仅倡导之，而且在司马迁之前，还解决了具体步骤这一问题。具体的选举活动包括两个方面，要“荐之于天，而天受之”（《孟子·万章》），也就是说要取得上天的承认，继承人能主持祭祀活动，沟通天人，因而继承者必须谦虚恭敬；此外还要取得人们的信任和拥护，“使之主事而事治，百姓安之，是民受之也”（《孟子·万章》）。在“让”的过程中，就可以看出继承人是不是能得民心。司马迁在叙述尧舜禹禅让过程的时候，就完全围绕着这两方面。尧将舜荐之于天，让其先摄政。尧死后，舜躲避尧的儿子丹朱，大家都去归附舜，而不去见丹朱。同样，舜将大禹荐之于天，让其摄政。舜死后，大禹躲避舜的儿子商均，结果大家都归附大禹，而不去朝见商均。“尧立七十年得舜，二十年而老，令舜摄行天子之政，荐之于天。……尧崩，三年之丧毕，舜

18世纪《历代帝王圣贤名臣大儒遗像》中的舜像

让辟丹朱于南河之南。诸侯朝觐者不之丹朱而之舜，狱讼者不之丹朱而之舜，讴歌者不讴歌丹朱而讴歌舜。舜曰‘天也’，夫而后之中国践天子位焉，是为帝舜。”（《史记·五帝本纪》）“舜子商均亦不肖，舜乃豫荐禹于天。十七年而崩。三年丧毕，禹亦乃让舜子，如舜让尧子。诸侯归之，然后禹践天子位。”（《史记·五帝本纪》）

实际上，在处理尧舜禹帝位传承这一问题上，其解决方式，在先秦时期有两个版本，一个是司马迁选择的“禅让”的版本，还有一个版本则是暴力夺权的传说。

晋武帝太康二年（281）在汲郡（治所在今河南汲县西南）的一座古墓里出土了一部战国时魏国的史书，人们称它为《竹书纪年》或《汲冢竹书》、《汲冢纪年》。这是一部比司马迁的《史记》早得多的书。在这本书中，对尧舜禹权力过渡的记载，与《史记》中所言的“禅让”是不同的。《竹书纪年》说，当年舜是夺权而上位的，他不仅囚禁了尧，还囚禁了尧的儿子丹朱，“昔尧德衰，为舜所囚也……舜囚尧，复偃塞丹朱，使不与父相见也”。舜最后把尧流放到了平阳，自己取代了他，“舜放尧于平阳，取之帝位”。

（宋）马麟绘　帝尧像

关于这场权力的斗争，儒家经典《尚书》中透露了一点蛛丝马迹，舜有了权力后，把尧在位时用的一些重臣都处置了，“尧使舜嗣位……流共工于幽州，放驩兜于崇山，窜三苗于三危，殛鲧于羽山，四罪而天下咸服”。

《韩非子》中记载，当年这些人都曾反对舜接任尧的位置，"尧欲传天下于舜，鲧谏曰:'不祥哉!孰以天下而传之于匹夫乎?'尧不听，举兵而诛杀鲧于羽山之郊。共工又谏曰:'孰以天下而传之于匹夫乎?'尧不听，又举兵而诛共工于幽州之都。于是天下莫敢言无传天下于舜"。他们反对舜接任的一个理由就是舜的身份为平民百姓，结果这些反对舜的，都被尧派兵剿灭了。在舜接任尧这件事上，出现了战争，文献虽说是尧"举兵"诛杀反对舜的人，但如果结合《竹书纪年》来看，舜是"挟天子以令诸侯"第一人也未可知。

因为舜是平民出身，从尧到舜，这样一种权力的交替，缺少了血缘传承的合法性,《史记》选择了儒家宣扬的"禅让"之说，而《竹书纪年》则选择了暴力夺权之说。同样,《韩非子》中有一篇，也是选择了"暴力夺权"之说，说舜是逼迫尧退位的，后来禹又逼迫舜退位，"舜逼尧，禹逼舜，汤放桀，武王伐纣。此四王者，人臣弑其君者也，而天下誉之"。综合各种传说来看，大禹和尧是同辈人，两个人的血缘关系较近，大禹本身就具有合法的血缘传承关系，有继承权，再加上传说大禹的父亲是鲧，而鲧又传说是被舜杀死的，当平民舜夺了尧的权力，大禹再武力重新夺权于舜，夺回属于自己的帝位，并为父亲报仇，从情理上来说，是有可能的。

当代学者王玉哲综合各种材料，在《尧、舜、禹"禅让"与"篡夺"两种传说并存的新理解》一文中指出:"尧的末年曾把其酋长职位传给他的儿子丹朱，有势力的有虞氏舜借口尧破坏了民主选举制，把尧囚禁起来，又放逐其子丹朱。舜于是把最高的领导权篡夺到自己手中。舜临死前，也想把酋长职位传给他自己的儿子商均，夏禹也借口不能破坏旧传统，逼迫舜把酋长职位让给他，夏禹终于占据了这个最高职位。"他说这个时期，反映的正是"传贤"与"传子"制度的斗争，是权力的获得从原始民主到世袭制的过渡，“在尧、舜、禹时期，民主选举的旧传统‘禅让’制虽然仍在执行，但是，这些酋长都已经视其职位为私有，都想传给自己的儿子，另外一些显贵，则利用氏族民主选举的传统，作为进行夺权的借口。一旦夺权成功，他又要效法他的前任，把职位传给自己的儿子。每经过一次这样反复斗争，传统的氏族民主选举制，就要进一步被削弱。而父子相传的世袭制，就是在这种反复的斗争中，逐渐产生和加强的。夏禹以后逐渐感到，‘选贤与（举）能’，‘天下为公’的旧制度，已经过时，于是‘各亲其亲，各子其子’的‘天下为家’的新时代，正式开始了”。[①]

总之，尧舜禹之事，如果按照儒家宣扬的，如《尚书》《论语》等记载，尧舜禹是“禅让”传承帝位，出土的楚简《唐虞之道》《容成氏》《子羔》也记载尧舜是禅让。而按照一些其他的史料和传说，三者却都是通过权力的斗争得到的天下。这两种传说在先秦时期都存在，都是为了解决权力过渡的问题。司马迁的《史记》最终选择了“禅让”这一版本的传说，因为儒家以及司马迁《史记》的重要影响，这一说法也就成了古代社会认可的主流，另一个版本的传说就逐渐湮没无闻了。

大禹之后，王权加强，从夏启开始，“公天下”变成了“家天下”，尧舜禹那种“禅让制”传说的土壤自此就不存在了。但因为儒家以及《史记》塑造了这种“让”的理想社会形态，树立了一种理想的标杆，它对后世帝王权力的过渡仍产生着重要的影响。

首先，在形式上的影响。古代皇帝即位前，基本都要象征性地“让一让”。皇帝登基前，大臣们往往要进行三次甚至多次请愿活动，皇帝首先要谦虚地拒绝几次，表现出这不是他想要的，最后才在“不得已”的情况

---

① 王玉哲：《尧、舜、禹“禅让”与“篡夺”两种传说并存的新理解》，《历史教学》，1986 年第 1 期。

下即位。《史记·高祖本纪》记载，刘邦打败项羽后，群臣都劝他当皇帝，当时还是汉王的刘邦说：别闹，我的德行不足以担当起这个虚名。然后群臣又都哭着说：您功劳大，就应该当皇帝。您要是不当皇帝，我们就死给您看！刘邦让了三次，原文说“汉王三让，不得已……”才做了皇帝。汉高祖死后，吕后专权，诸吕掌握朝廷军政大权。《史记·孝文本纪》记载，吕后一死，太尉周勃、丞相陈平等大臣把诸吕一网打尽，然后打算迎立代王刘恒入京为帝。代王一到京城，大臣们就开始了自己的表演，纷纷来劝代王即天子之位。代王说：不行啊，我没有才能，干不了这种大事，你们再找找，看看还有没有其他更合适的人吧。大臣们跪在地上，痛哭流涕地坚决请求：我们的心中只有你，你是我们心中的唯一候选人。他又谦让了两三次，原文说“代王西乡让者三，南乡让者再”，最后才即位做了天子。后代皇帝即位，基本都要走这样一个过场。直到近代，这样的戏还在上演。在袁世凯当皇帝前，国会中的一些成员以及筹安会，还有什么妓女请愿团、乞丐请愿团等社会团体，跪呈劝进表，请求袁世凯俯顺民意，早正大位。袁世凯很配合地揖让，假惺惺地说：“本大总统认为改革国体，不合时宜。”为了显示“民主”，后来又召开国民代表大会，内定各省国民代表，又在监视下让代表们投票。参政院统计的最终结果是：全国参加投票者 1993 人，赞成帝制为 1993 票，无一人反对，无一票作废。袁世凯又经过多次揖让，才最终接受了皇帝的尊号。

三国曹丕受禅碑　碑额

其次，在名义上的影响。“禅让”成为异

姓帝王们权力过渡的一个好名头。汉朝的最后一任天子汉献帝被迫“禅让”皇位给曹丕,《三国志·魏书·文帝纪》裴松之注引《魏氏春秋》说曹丕受禅当了皇帝后，顾谓群臣曰:“尧舜之事，吾知之矣!”我今天算懂得了，原来尧舜“禅让”是这么回事啊！曹丕认为“禅让”只是迫不得已，这倒是与《韩非子》《竹书纪年》中记载的尧舜禹互相逼迫的意味相契合。后来历史上又出现了几次禅让，确实也都是出于形势所逼，如北周静帝禅位于隋，后周恭帝禅位于宋等，“禅让”成为异姓帝王们夺权的遮羞布。当然，历史上还有一种“内禅”，就是父亲将皇位让于太子，自己当“太上皇”，如唐睿宗李旦让位于太子李隆基，唐顺宗让位于太子李纯等，这些同血缘的“禅让”，多少也都带有被迫无奈的因素。

可以说，尧舜禹那种“禅让”之名，在后世还存在，但其事实却又如同《韩非子》《竹书纪年》记载的尧舜禹逼迫夺权。司马迁选择了“禅让”之名与禅让之实，后世的人们则选择了禅让之名，而行《韩非子》《竹书纪年》所记之实。

02. 夏王朝真的存在吗？

目前，夏王朝的存在在学术界已经得到多数人的认可，但每当我们谈到这第一个“家天下”的王朝的时候，总能听到这样的声音：“有人说，夏王朝其实是不存在的”。你要是问出处何在，有何证据，则语焉不详。

实际上，在古代，并没有人对夏王朝的存在产生怀疑，直到 20 世纪“新文化运动”兴起，中国史学界萌生了“疑古思潮”，许多大学者才开始质疑这段历史。

夏曾佑在 1903 到 1905 年编写了《中国古代史》。在这本书中，夏先生首先发难，认为由开辟到周初为传疑时期，因为这一时期并没有可信的材料存在。有关这一时期的事，都是在后世的经书和诸子的著作中见到的，并不是当时的材料，往往寓言、实事分不清，读者各信其所习惯而已。

胡适的《中国哲学史大纲》写定于 1918 年，出版于 1919 年，他在导言中说“以现在中国考古学的程度看来，我们对于东周以前的中国古史，只可存一个怀疑的态度”。[①] 胡适认为唐虞夏商的事实，今所根据，只有一部《尚书》，但《尚书》是不是真的，很难确定，没有信史价值。其后，胡适在《研究国故的方法》（1927 年 7 月胡适在东南大学的演讲稿）一文

① 胡适：《中国哲学史大纲》，上海古籍出版社 1997 年版，第 16 页。

中又说："在东周以前的历史，是没有一字可以信的。以后呢？大部分也是不可靠的。如《禹贡》这一章书，一般学者都承认是可靠的。据我用历史的眼光看来，也是不可靠的，我敢断定它是伪的。在夏禹时，中国难道竟有这般大的土地么？四部书里边的经、史、子三种，大多是不可靠的。我们总要有疑古的态度才好！"

陈梦家在1936年发表的《商代的神话与巫术》中提出"夏世即商世"，认为夏史乃全从商史中分出：第一，夏商地理文化相同，都在东方，只有周起源于西方；第二，在王位继承上，夏商也有相似性，都是兄终弟及制，周人则是嫡长子继承制；第三，夏的大禹、商的祖先契都是治水的功臣，也相似；第四，夏商先妣都为神媒，信仰传说也一样；第五，《诗经·长发》"洪水芒芒，禹敷下土方。……有娀方将，帝立子生商"，这个帝就是大禹，大禹生了"商"，也就是说禹为商人之祖，是禹生的契；第六，夏商帝王名多有重复，夏商都是十四世，夏商帝王名相重复的就有七个，如夏启的名字启，可能就是根据商人始祖契（xiè）而来的，等等。因而陈梦家认为夏之十四世即商之十四世，夏朝是人们根据商朝编的。[①]

顾颉刚1923年发表了《与钱玄同先生论古史书》一文，以"大禹是条虫"这一论说震惊文史界，顾颉刚说："至于禹从何来？……我以为都是从九鼎上来的。禹，《说文》云，'虫也，从禸，象形'。禸，《说文》云，'兽足蹂地也'。以虫而有足蹂地，大约是蜥蜴之类。我以为禹或是九鼎上铸的一种动物，当时铸鼎象物，奇怪的形状一定很多，禹是鼎上动物的最有力者，或者有敷土的样子，就算他是开天辟地的人。流传到后来，就成了真的人王了。"[②]1935年，鲁迅对此还特意写了一篇文章予以

① 陈梦家：《商代的神话与巫术》，《燕京学报》1936年第20期。

② 顾颉刚：《古史辨》第一册，上海书店1993年影印本。

讥讽,《故事新编·理水》:“至于禹，那可一定是一条虫，我有许多证据，可以证明他的乌有，叫大家来公评……”鲁迅的影响很大，此文一出，顾颉刚更是受到了广泛的批判。他曾多次解释大家实际是误会了他的意思，1937年他在《九州之戎与戎禹》一文中说“言禹为虫，就是言禹为动物”[①]，说禹是条虫，不是说他就是一条具体的虫，是说禹可能是夏的动物图腾。无论大禹是虫，还是什么动物，反正不是正常人。顾颉刚是古史辨派的代表，他对秦汉以前的历史往往持怀疑的态度，对于这一时期的史料，他有这样几个观点：第一，时间越是往后，传说的古史时期就越长。比如，西周时期人们心中最为古老的祖先就是大禹。到了孔子的时候，出现了尧舜。战国时又有了黄帝和神农，秦的时候三皇五帝也出来了。汉代以后才出现了盘古开天辟地的传说。第二，时代越往后，传说中的中心人物形象就越放越大。大概就是越早的帝王越贤能，能力也很强。第三，尽管这些传说时期的历史现在的历史学家可能没有办法一一证实，但是我们可以将它们在传说过程当中最原始古老的样子展现出来。我们不晓得尧舜时期的历史，但是可以搞清楚战国时期尧舜时期的历史。不知道夏王朝具体的历史，但可以研究春秋时期的人们如何看待夏朝。顾颉刚是否定夏朝存在论的主要学者之一，在1936年，他还和童书业发表了《夏史三论》[②]，对有关夏的传世文献进行了更为全面的辨析，现举几点：第一，夏被提出来，在殷周之际，商人没说过，周人常说，但史书中提到的夏桀几乎就是商纣的翻版；第二，最初文献记载中，大禹是地神，和夏朝没有任何关系，直到战国时期的墨子，才使禹与夏发生了关系；第三，传世文献材料显示，先是大禹与夏发生了联系，之后禹有

① 顾颉刚:《九州之戎与戎禹》，载《古史辨》第七册，上海古籍出版社1982年版。

② 顾颉刚，童书业:《夏史三论》,《史学年报》1936年第2卷第3期。

了个父亲鲧，然后又有了一个儿子启。启本是另一个神话传说中的人物，当禹和夏发生关系之后，他才被“追认”为禹的儿子。夏朝有了头尾，之后中间的部分，勇于作伪的战国秦汉间的历史家就继起完成他们的工作，战国秦汉间的有关夏的记载一步步完善起来，但大多是其他历史人物事迹的翻版而已。

1941年顾颉刚主编的《古史辨》第七册收录了杨宽先生《中国上古史导论》一文，杨宽先生说：“夏代传说之确立，至早在殷周之际。夏史大部分为周人依据东西神话辗转演述而成者，故周人盛称之，而殷人则不知，亦无怪乎卜辞之不见其踪迹矣。”他认为夏朝是周人编造的，夏史大部分为周人依据神话传说转述而成，因而殷商人不知道。所以，在出土的殷商甲骨文中，从来就没有关于夏的历史记载。

河南偃师二里头遗址　青铜礼器

除了国内，国外一般也不认可夏王朝的存在，我们再来看看究竟是怎么回事。20世纪后期至今，国外一些历史著作或教科书基本认为中国文明是从商王朝开始的，如西方研究中国历史的权威著作《剑桥中国上古史》中就没有夏朝的章节。闫敏1991年发表的《洛杉矶“夏文化国际学术研讨会”英文本论文译述》记录了海外学者对夏王朝研究的一些看法，如英国伦敦大学艾兰的

河南偃师二里头遗址　绿松石铜牌饰

《夏存在吗?——历史方法论诸问题》指出，目前无法证实夏王朝的存在。她认为，周代关于夏的记载是从商代二元神话衍生出来的。她还指出中国考古学家徐旭生等人，为寻找“夏墟”，先仔细分析有关夏代都城及其地点的文献记载，然后再去人们称为“夏都”的地方去寻找新石器时代遗址的证据，这种方法带有“先入为主”的弊病。苏联刘克甫《夏民族国家：事实还是传说?》一文认为，一个民族的“自我认证”，须要有文献做证明，而这些文献必须是书写而非口传的，是当时的记录而非后来的，是用本民族语言写成而非其他民族语言写成的。而目前有关夏的种种证据，均不具备上述三要素，因此，不能认为夏民族国家是个事实。2002 年美国华盛顿有一场“夏商周断代工程：交流与争鸣”的讨论会，中外学者唇枪舌剑，过程就是夏商周断代工程的代表中方说有，海外学者说无，结果就是谁也没说服谁。

我们不是已经有出土材料了吗? 二里头是不是夏王朝的所在呢? 实际上对二里头的质疑也一直存在。

陈淳、龚辛《二里头、夏与中国早期国家研究》[1]一文指出，二里头遗址发掘至今还未发表一张比较完整的遗址布局图，这样的操作要让国内外学者了解遗址的规模、重要性及其整体状况和发展趋势，认可其“夏墟”的都邑地位显然存在很大的不足；即便我们确认二里头文化与河南龙山文化的分界，也无法认定这就是夏朝的开始；我国学者的“二里头文化＝夏文化＝夏民族 ＝一批有特色的器物分布＝夏国＝夏国的疆域”这种推理方式有问题。

其实坚持夏王朝存在的学者，理由也大多很充分，如豫西和晋南是周代文献中提到的夏人活动区域，其中二里头文化最有可能是夏文化的代表；二里头发现了宫殿遗迹，表明国家的存在；碳 -14 测年结果证明二里头在夏的纪年内；甲骨文可以证明司马迁所记载的商朝为信史，那么其所记载的夏，也应该是可信的。

为了考究夏商周历史的可信，排定中国夏商周时期的确切年代，国家还特意在 1996 年启动了“夏商周断代工程”，2000 年结项，是国家“九五”科技攻关重点项目。170 多名学者参与其中，他们几乎都是历史学、考古学、文献学、古文字学、历史地理学、天文学和测年技术学等领域顶尖的大佬。其中对夏王朝的研究主要有这样几个方面：

1.《有关夏商周年代、天象及都城文献的整理及可信性研究》

2.《夏商周天文年代学综合研究性问题研究》

3.《夏代年代学的研究》，包括“早期夏文化研究”“二里头文化分期与夏商文化分界”“《尚书》仲康日食再研究”“《夏小正》星象和年代”。

4. 夏商周年代研究的综合和总结

---

① 陈淳、龚辛：《二里头、夏与中国早期国家研究》，《复旦学报（社会科学版）》，2004 年第 4 期。

工程经过多方面的研究，走出了“疑古”的时代，证实了夏王朝的存在，并最终确定夏王朝的年代为：公元前 2070 年到公元前 1600 年。

夏商周断代工程可以说是集中了考古、文献、天文、历法等各个领域的专家，从研究过程来看，都很严谨，各有见解，基本可以确定夏王朝的存在。

03. 大禹治水的功绩被夸大了？大禹治理的是哪里？孙悟空与夏启有关系？

“大禹治水”，这是夏王朝建立的基础。古人认为，对天下人有功的人才能当帝王，而大禹治水就是一件特别大的功劳，这是为全天下人开辟了生存的场所。所以周代以及秦代的王室都屡屡提到禹，说自己的祖先曾经随从大禹一起治过水，以证明今日坐天下理所应当。

大概也正因为大禹的这个功劳，禹之后，“公天下”变成了“家天下”。传说禹死后，他的儿子启按照禅让的惯例避位退让，让伯益做君主，结果人们离开伯益的根据地而到启的根据地。人们都支持启，所以启即位了。

我们谈到夏朝的历史，印象中往往就是大禹治水，然后大禹的儿子启把“公天下”变成了“家天下”，再然后似乎就只还记得夏朝最后有个暴君叫桀，中间的三四百年历史好似一片空白。殊不知，其中有一件重要的事情，那就是到了大禹的孙子太康的时候，夏朝的统治实际上中断了约40年。夏启之后，夏王朝就乱了，这一方面可能是原始民主与世袭制的争斗所致，另一方面则很可能是大禹治水埋下的“隐患”所致。

《史记·夏本纪》中记载了“太康失国”，孔安国解释说，夏启的儿子

（清）谢遂仿唐人　大禹治水图

太康即位后，终日田猎无度，不以百姓为重。东夷族有穷氏首领后羿趁着他外出打猎，夺取了他的国家。太康被后羿流放，病死于阳夏。后羿掌控了朝政，立太康的兄弟仲康为帝，作为自己的傀儡。仲康在位 30 年，忧愤而死。仲康儿子相继位，不久，后羿逼走相，自己做了国君。后羿即位后，也四处去打猎，把政事交给了自己的手下寒浞（zhuó）。寒浞却是个小人，《天问》说他和后羿的妻子私通，“浞娶纯狐，眩妻爰谋”；《左传》说他暗中培养自己的势力，“浞行媚于内而施赂于外，愚弄其民而虞羿于田，树之诈慝以取其国家，外内咸服”。后来寒浞找机会害死了后羿，继而追杀被逼走的仲康之子相，最后射死了相。而这时候相的妻子已经怀孕，她逃到了娘家有仍氏，生下相的儿子少康。少康长大后，在姥姥家有仍氏和舜的后代有虞氏的帮助下，发兵一举灭掉寒浞，成功恢复了夏朝，实现了“少康

大禹治水玉山

中兴”。

在这段混乱的历史中，值得注意的有这样几个内容：第一，史书说夏启晚年好打猎，他的儿子太康好田猎，篡位者后羿也好游猎，后人评价说他们荒淫无度，沉迷于打猎的游戏之中。然而，这反映的可能只是游牧民族的生活方式罢了。与大禹同时代有一个叫后稷的人，他被称为农神，善于种庄稼，这说明农业应该在夏朝有所发展。但无论是游牧的逐水草而居，还是农耕的伴水而生，水资源都极其重要，《尚书·五子之歌》中记载“太康失国”，就隐约暗示出围绕河水进行的争夺地盘之战，“太康……畋于有洛之表，十旬弗反，有穷后羿因民弗忍，距于河”，太康到洛水的南面打猎，百天还不回来。有穷国的君主羿在河的北面抵御太康，不让他回国。夏王朝坐落于伊洛流域之间，伊洛在则夏在，伊洛落入他人之手则夏入他人之手，伊水洛水干涸则夏亡，“伊洛竭，则夏亡”（《国语》）。

第二，夏启的时候，有攻益之战、讨伐有扈氏的甘之战，有河西之战；仲康的时候，有攻羲氏和氏之战；相的时候，有攻东夷之战，浇灭相之战；少康的时候，有复国之战、灭浇之战；随后即位的夏王时期，战争也是不断，如灭豷之战、攻东夷之战等，部族之间的战争冲突也实在不少，如洛伯与河伯两大家族之战等。夏王朝几乎就没有消停的时候，一方面是因为“家天下”，夏王朝想集中统治权力，在不断加强自己势力的过程中与其他部族发生冲突；另一方面大概与各个部族之间争夺生活资源有关。

第三，我们知道在神话传说中有个射日的后羿，他和我们上文提到的夺人国家的后羿都善射，其实在先秦至汉，两者往往混在一起。而两者混在一起的原因或许也是一种观念的反映。《尚书》里说尧的时候洪水滔天，《孟子》称“当尧之世，洪水横流”，而《淮南子·本经训》却说，在尧的时候天上出现了十个太阳，庄稼都被烤焦了，草木也被晒死了，人们没有

（宋）马麟绘 大禹王像

了吃的，于是射日的后羿站出来了，“逮至尧之时，十日并出，焦禾稼，杀草木，而民无所食”。这段文字的描述显然是大旱观念的反映，同样是对尧的时候的记载，一会儿大水，一会儿大旱，这又是怎么回事呢？

我们不妨在此做一个大胆的推测：这是因为这次发洪水并非因为降水量大，而是气温升高所致。据学者考证，在公元前二十一、二十世纪，发生了一次回暖的气候变化，气温骤然升高，山上冰雪融化，造成了世界各地的洪水。《淮南子》提到大禹伐三苗的时候，有“夏冰”，夏天见到冰了，大概就是山上冲下来的冰。也就是说，这次大旱与大水是相伴而生的，水大，水流过的地方，就是洪涝；气温高，没有水的地方，就是大旱。这次大水持续的时间很长。各个部族逐水草而居，随着水的分布散落各处。而大禹治水，经过疏导降服了洪水，《尚书》：“予决九川距四海，浚畎浍距川。”经过大禹的治理（其中可能也有一些是附会他名下的功绩），洪水退去了，但气温高的现实还没有改变。当大水的主要河道形成，一些分散的积水也就失去了源头，尔后，或者随着积水流入大河，或者随着气温升高而蒸发，原来生活

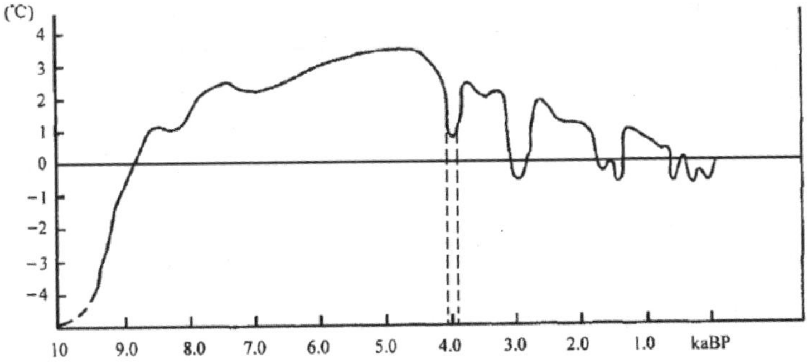

中国一万年来气温变化图①
（图中 4.0 即表示距今 4000 年）

在这一片积水边上的人们逐渐失去水源，也就会面临着大旱。当然，有一些小河沟是慢慢消失的，大概有穷氏生活的地方也是这样的。他们逐水草而居，消失一泊没有源头的死水，就只能搬到另一处。他们经历的大概就是《淮南子》描述的大旱的情景。到了太康的时候，后羿就带着部族迁徙到了伊洛流域的夏王朝附近，与夏发生了争夺之战，他靠着善射的本领终于夺取了夏的宝地，解决了干旱的问题，这大概就是后羿射日这一神话观念的反映吧。

大禹的时候，氏族部落极多。《左传·哀公七年》说“禹合诸侯于涂山，执玉帛者万国”。当时的部族有数万。这些部族原先分散在各地，他们各自守着自己部族的小河沟，进行生存繁衍。大禹治水，名声很大，夏王朝也就有了民众基础，使得后来“家天下”成为可能。但大禹治水同时也埋下了隐患，三代之后，这些人的后代不一定还听从自己后人的命令，更重要的是当主要河道被确定下来，一些失去源头的小河沟虽然暂时还能维持氏族部落的用水需求，但随着气温升高，不断蒸发，又没有新的水源

① 宋豫秦：《中国文明起源的人地关系简论》，科学出版社 2003 年版，第 200 页。

进行补充，它们终究会消失。消失之后，这些部族就又不得不重新迁移，伴水而生，逐水草而居，部族之间抢夺水资源的战争也就会不断发生。史书上说，到了夏朝末年，当年的“万国”也就只剩下“三千”部落了，可见战争之激烈。

大禹治水是夏王朝权力的来源和基础，而坐落于伊洛流域的王朝随后不断受到其他缺水部落的挑战，三四百年的时间，最后终于因大旱而灭亡，这大概是大禹不能想到的“隐患”。夏得天下，或是因为大禹治水；失去天下，或也与之有关。另外，夏朝之后，商人、周人、秦人都想与“大禹治水”事件发生联系，他们都说自己的祖先曾与大禹共同战斗过，对天下有功。周人推翻商人，秦人统一天下，都可以以这件事为名义，为自己提供合法性，这也可以说是大禹治水留下来的一种历史“隐患”。可以想象，当年与夏王朝打仗的那些部落，很可能也是打着自己先人与大禹一起治水有功的幌子而进行“造反”的。

“大禹治水”除了对历史进程、政治宣传有影响，可以说，在历史中埋下了“隐患”，还对神话传播、文学创作有着重要影响，可以说，在后世小说、戏剧等题材中也埋下了“隐患”。

我们先来看一下早期神话传说中对大禹治水的记载，《山海经·海内经》中记载：“洪水滔天，鲧窃帝之息壤以堙洪水，不待帝命。帝令祝融杀鲧于羽郊。鲧复生禹，帝乃命禹卒布土以定九州。”先是大禹的父亲鲧负责治水，为了能尽快堵住决堤的江河，他从天帝那里偷来可以自己生长的土壤，哪里有缺口就放在哪里。可惜越堵缺口越多，最终惹恼了天帝，被天帝派来的火神祝融所杀，然而未能使人间渡过难关的鲧心有不甘，死不瞑目，于是把自己的肚子破开，生出禹，希望他能完成自己未竟的事业。根据其他文献记载，禹长大后继承了父亲的志向，他改变“堙”的方法，开始用“疏导”的策略治水，最终成功了。远古时期的洪水神话是一个世界性的题材，据现代学者考察，当时全世界都发生了海平面上升的问题，所以许多民族都有被洪水淹没的传说，如中国有大禹治水，西方则有诺亚方舟等。海平面上升就会形成海水倒灌，《孟子·滕文公》说：“当尧之时，洪水横流，泛滥于天下”，“当尧之时，水逆行，泛滥于中国”。我国的领土是西高东低，正常情况下水应该是从西向东流，只有海水由东向西倒灌，才会出现“横流”“逆行”的现象。从事理上来讲，当发大洪水的时候，一条河道被冲开了口子，人们首先想到的肯定是堵，但因为水太大了，堵是堵不住了，等过了一段时间，洪峰退去，已经形成了自然的千沟万壑，这时候要开辟生存场所了，就需要疏通。大禹的父亲没有成功，主要是没有赶上好时候啊，那正是海水向陆地奔涌，洪峰凶猛、水流泛滥的时候。等大禹出来，海水倒灌结束，百川归海，他采用疏通的方法，正合时宜，于是他成功了。

在《尚书》中，也记载了鲧和禹治水之事。尧问大臣们谁能治水，大家都一致推荐鲧，可见其治水才华应该是有目共睹的。结果没有成功，尧死了，舜就把鲧杀了，然后让禹继续治水，“禹，汝平水土，惟时懋哉”，最后大禹成功了。后来屈原在《天问》里就为鲧叫屈：当年是你们推荐鲧治水的，你们都说他行，而且他治理川谷也见功劳，为何还要处置他？又说大禹能成功，离不开前人之功，“不任汩鸿，师何以尚之？佥曰何忧？何不课而行之。…… 伯禹愎鲧，夫何以变化？纂就前绪，遂成考功”。他还问：“鲧何所营，禹何所成？”是什么耽误了鲧的一生，是什么成就了禹？要我回答就是：时也，命也。

我们再重新看《山海经》中的神话记载，说上天杀鲧是因为他“不待帝命”，说他没有听从上天的命令，大概就是对其没能赶上“天时”的反映。《山海经》将“大禹治水”的历史背景神秘化了。

大禹治水成功了，那么，他亲自治理的是哪里呢？后世实际将大禹治水的功绩夸大了，而为了“适应”这种夸大，又诞生了不少相关的神话与传说。

出土材料中，最早记载大禹治水事件的是约制作于西周中期的《豳公盨》：“天令（命）禹尃（敷）土，墮山，濬川。”上博简中大约为战国中期的文献《容成氏》记载得更详细，说大禹治水涉九州，河济、淮沂、江汉、泾渭、伊洛等河流都在其治理范围内。传世文献《尚书·禹贡》也提到九州，大禹足迹遍及今日的18个省。《孟子》中也说：“禹疏九河，瀹济、漯而注诸海，决汝、汉，排淮、泗而注之江，然后中国可得而食也。”根据记载与传说，好像大半个中国都有大禹的足迹，黄河、长江等流域都被其治理过，《墨子》还说大禹开凿了龙门，“古者禹治天下。……凿为龙门，以利燕、代、胡、貉与西河之民”。

试想，公元前2000年，以当时的生产力，大禹真的能有这样的实力吗？地质学家丁文江在1924年就对此提出了质疑，以现代技术疏导长江、黄河都很困难，何况是上古时代，而且龙门是天然的峡口，非人力所能为也。

那么，大禹治水可信吗？大禹治水是可信的事实，但又是被夸大的事实。吕思勉在《先秦史》一书中指出，大禹所治水系只可能是某一段，并非涉及所有中国的大水系，“禹之治水亦仅限于一隅”。[①] 如果把范围划小一点，大禹治水的事实就容易被接受了，但把夸张的部分去掉，大禹亲自治理的水究竟是哪一段呢？

① 吕思勉：《先秦史》，北京日报出版社2018年版，第83页。

有诸多前辈学者对此曾有考证与论断，如：徐旭生《中国古史的传说时代》指出“洪水的发生区域主要的在兖州，次要的在豫州、徐州境内。余州无洪水。禹平水土遍及九州的说法是后人把实在的历史逐渐扩大而成的”，“洪水发生及大禹所施工的地域主要是兖州。在豫州东部及徐州的部分平原，可能也曾施工”。[①] 沈长云《论禹治洪水真相兼论夏史研究诸问题》也有相同的看法，“古代洪水只是发生在河、济之间，即《禹贡》十三州的兖州及其附近地区”。[②]《尚书·禹贡》曰“济、河惟兖州”，古代兖州在河、济两大水系中间，是黄河下游低洼地区之一，其地盘约在今河南东北部、河北南部、山东西部。张磊《大禹治水地域范围新论》也认为大禹治水主要是在兖州，“治理对象是黄河下游河道，还包括附近的河流、湖泊和沼泽”。大禹治理的主要是黄河下游，没有到长江，早期文献提到大禹治水涉及长江，除了夸张，还有可能就是误读引起的。《史记·殷本纪》说商汤作《汤诰》提到大禹治水涉及了江、河、淮、济，“(汤)曰：‘古禹、皋陶久劳于外，其有功乎民，民乃有安。东为江，北为济，西为河，南为淮，四渎已修，万民乃有居。’”人们常以为“江”是长江，而侯仰军在《考古发现与大禹治水真相》[③] 一文中指出，在唐以前，“江”并非长江的专称，这里的“江”可能是指古沂水，“淮”也不是今淮河，据《左传》记载，现在河南东部地区在古代的时候也有叫“淮”的河流。另外，“河”“济”也都是流经河南以及山东的河流，济水发源于今河南济源王屋山，向东经今山东注入大海。侯仰军也同意以往学者的考证，大致确定大禹治水的位置为泰山以西、濮阳以东、聊城以南、商丘以北，古兖州一带，

① 徐旭生：《中国古史的传说时代》，科学出版社 1960 年版，第 161 页。

② 沈长云：《论禹治洪水真相兼论夏史研究诸问题》，《学术月刊》，1994 年第 6 期。

③ 侯仰军：《考古发现与大禹治水真相》，《古籍整理研究学刊》2008 年第 2 期。

即今天的豫东、鲁西南地区。

也有学者有不同的看法，他们认为大禹治水主要是在豫西和晋南的黄河中游，这是夏王朝的中心地带。豫西和晋南出土大量夏代文物，坐实了这一地区为夏朝统治中心，但大禹治水未必就是在这个区域。郭立新、郭静云《古史复原应遵从的史料学原则——以大禹治水在豫西晋南说为例》一文指出，“从地形来看，豫西晋南地区黄河、汾河、伊洛河、颍河上游支流等皆穿行于高原、山地和狭谷之间，河道坡降大，发生常年大洪水的可能性小。从微观地形分析，豫中地区龙山时代诸城均位于颍河、双洎河、溱水等淮河支流的上游，受洪水威胁的风险较小。已有学者指出，陶寺和王城岗两处遗址皆不大可能发生大水灾”。[①]所以大禹治水应该不是黄河中游，而正是如徐旭生等学者指出的那样，是在黄河下游，下游疏通了，中游也就安全了，这正对应着历史传说中大禹是用“疏导”的方式治水成功的。

我们知道，当河道决口，发生洪水，尤其是在平地，堵的方式是最直接有效的，但根据传说大禹的父亲鲧用堵的方式失败了，而禹用疏导的方式成功了。上古时期，历史与神话传说往往是混淆的，一些传说往往带有历史原型，从地理学上来考察这样一种文化记忆，可能就是因为大禹治理的是黄河下游，疏导更有用。因为大禹靠着“疏导”方式保护了处在黄河中游的部落，所以“疏导”的方式就被赋予了一种“正确性”并在神话中传承了下来，大禹治水的方式也成了一种可歌可颂的内容。反过来，大禹“疏导”河流这样一种传说，又恰恰可以证明其治理的是下游，如果下游不疏导，堵着，中游疏导管什么用呢！其父亲鲧治理的大概是中游，用堵

---

① 郭立新、郭静云:《古史复原应遵从的史料学原则——以大禹治水在豫西晋南说为例》,《齐鲁学刊》2020年第3期。

的方法，结果下游海水倒灌，中游又赶上洪水洪峰，没堵住。

在黄河下游通过挖沟渠疏导河流等方式，大禹治水是成功了，《论语·泰伯》："子曰'禹，吾无间然矣……卑宫室，而尽力乎沟洫'。"按照孔子的看法，大禹治水的工程量似乎并不大。后来大禹到过其他一些地方，别人或者效仿他治水的方式，或者借他之名聚集人力，其他地方的洪水也渐渐退去，人们就把所有的功绩归在了大禹的名下，好像全天下的洪水都是大禹治服的，于是有了大禹划定九州的传说。

总之，大禹治水的功绩在后世被夸大了，而为了弥补这样一个功绩与现实能力的矛盾，人们就将大禹神化，比如说他可以变身，可以变成熊开山。《山海经》《淮南子》《拾遗记》里都记载了这样一个远古的神话故事：大禹治水的时候，妻子怀孕了。大禹疏导河流，为了开山方便就变成了一只熊，这大概是图腾信仰的反映，黄帝据说就是有熊氏。他为了不吓到自己怀孕的妻子，就在身边准备了一面鼓，让妻子在听到鼓声的时候再来送饭，届时他会变回人。有一次，他挖山，不小心滑落一块石头，正好击中了身边的鼓，他的妻子闻声就提前来送饭，结果被眼前突然出现的一只熊吓坏了，转头就跑。大禹见妻子跑，就在后面追，他忘了自己实际是熊的模样。妻子一直跑到河边，见无路可去，吓得缩成一团，结果就变成了一块大石头。大禹追上来，这才发现自己还是熊的模样，于是赶紧变回人形，跑到妻子面前哭泣，并不断大喊："还我儿子。"这时候，石头突然裂开了，一个孩子从里面生了出来，大禹于是就给他取名为"开"，也就是"启"的意思。这个孩子就是后来历史上经常被人们指责的那位把"公天下"变成"家天下"、破坏了禅让制的夏启。

禹治洪水，通轩辕山，化为熊。（禹）谓涂山氏曰："欲饷（送饭），闻鼓声乃来。”禹跳石，误中鼓。涂山氏往，见禹方作熊，惭而去。至嵩高山下，化为石，方生启。禹曰：“归我子！”石破北方而启生。（《汉书·武帝纪》颜师古注引《淮南子》）

夏启诞生这个神话，源于古人对主管生育的高禖石的信仰，《太平御览》记载说，民间有乞子石，向这种石头祈求，可以生儿子。后来《西游记》中，神猴出世，从石头里蹦出来孙猴子，就是借鉴了大禹儿子夏启出生的神话，孙悟空有着夏启的影子。大禹变熊开山的传说，正是为了弥补上大禹治理九州水患这样一个功绩与现实能力的矛盾而编造出来的。

此外，人们还想象出各种神人、神兽来帮他，如河伯献出河图，伏羲帮助他丈量土地，一条神龙和一只灵龟帮助他从事劳动等。人们为了突出大禹的艰辛，又想象出他降服了很多妖魔鬼怪，如诛杀相柳，等等。因为有先秦对大禹神化的基础，后世对“大禹治水”相关传说的想象与附会就一直没有结束，所以“大禹治水”从神话体系本身的角度来说，就为后世留下了不少“隐患”，如某个作品中，河里有怪兽出现，作者就可以附会说这是当年大禹治水的时候留下的。

唐人小说中有一篇《古岳渎经》，讲一个渔人无意间在水下发现了一条巨大的铁链，不知为何物，于是就报告了当时的刺史李汤。李汤命人用五十多头牛拉动铁链，没想到铁链尽头竟然锁着一头巨大的怪兽。这只怪兽长得好似猿猴，眼放金光，环视人群，欲发狂怒，观看的人都被吓跑了，这只怪兽才拖着群牛慢慢地回到水中。此后，有渔人又见其锁却再未见其兽。后来李公佐到太湖游玩，在包山的一个石洞里得到一本《古岳渎经》，上面记载的内容就是关于这只怪兽的，原来它是大禹治水的时候降服的一个水怪，叫无支祁（鲁迅说这就是孙悟空的原型之一）。这个故事将淮水水怪无支祁跟大禹治水联系了起来，大禹就这样“背锅”了。另外，《西游记》中说孙悟空的金箍棒是大禹治水用的定海神针，如此说来，“大禹治水”还为龙宫与天庭埋下了“隐患”。

总之，大禹治水是我们文化当中的一个重要记忆与公共话题。在政治意义上，周人、秦人都以自己的祖先参与大禹治水为荣，将其视为政治宣传的资本；在文学意义上，后世将很多神话传说都附会到大禹治水这件事上，增加了故事的神秘性、古老性；文献学的意义就是，有关史料与传说能够帮助我们认识上古的政治生态以及进行文化人类学探究，等等。

04. 夏朝历史和神话传说中都有叫后羿的？嫦娥嫁的是哪个？两个都嫁过？

在中国古代传说中，有两个叫羿的，一个是历史传说人物，一个是神话传说人物，嫦娥与他们两个都发生过“绯闻”，这是怎么回事呢？

我们先来看看历史传说中的羿。《史记·夏本纪》记载，大禹死后，其子启用非常手段，杀害了继承人伯益，破坏了禅让制，公天下就此变成了家天下。启继承了帝位，临死前又把帝位传给了自己的儿子太康。太康荒淫无度，不修政事，只喜欢四处游玩打猎，这时候另一个部族首领后羿图谋篡夺帝位。“昔有夏之衰也，后羿自鉏迁于穷石，因夏人而代夏政。”（《史记·夏本纪》）史书记载，东夷族有穷部落首领羿趁着太康出外狩猎之际，谋夺了夏国政权。太康被羿流放到阳夏，后来病死在那里，这就是历史上的“太康失国”事件。后羿掌控了朝政，立太康的兄弟仲康为帝，作为自己的傀儡。仲康在位三十年，忧愤而死，仲康的儿子相继位。不久，后羿就将相赶走，自己做了国君。后羿非常善于射箭，因而仗着自己这个本事，胡作非为，不修人事，不理朝政，把一切都交给自己的臣子寒浞（zhuó）处理，自己则像太康一样四处去打猎游玩。没想到寒浞却是个奸诈的小人，他杀了后羿的亲信，建立了自己的势力。“浞行媚于内，而施赂于外，愚弄其民而虞羿于田，树之诈慝以取其国家，外内咸服。”（《左传》）有一次，后羿打猎回来，寒浞就趁机派人把后羿杀死了。

我们再来看看神话传说中有关后羿的故事。传说帝尧的时候有一个神人后羿，《淮南子》说，帝尧之时，天上同时出现了十个太阳，把土地都烤焦了，庄稼也枯干了，“而民无所食”，人们连吃的都没有了，后来后羿出来，射掉太阳，万民欢喜。《淮南子》还说，十日并出的时候，一些妖魔鬼怪也趁机出来作乱，“猰貐（yà yǔ）、凿齿、九婴、大风、封豨（shǐ）、修蛇皆为民害”（《淮南子》）。这些神兽，早在《山海经》等文献中就都有记载，后世根据相关记载又不断完善后羿射杀它们的相关故事，如：猰貐，是一只形状像牛，浑身披着红色长毛，人脸，马蹄，叫起来像婴儿啼哭的怪物，“有兽焉，其状如牛，而赤身、人面、马足，名曰窫窳（即猰貐），其音如婴儿，是食人”（《山海经·北山经》）。十日同出时，它出来吃人，羿找到它，用弓箭射死了它，“上射十日而下杀猰貐”（《淮南子》）。凿齿，

汉画像砖《后羿射日》

传说它住在畴华之野，长着野兽的头，其牙齿形状像凿子，能把金石贯穿。后羿找到作乱的它，它拿起盾牌遮挡自己，迎战后羿，后羿则拉弓上箭，将其射杀。《山海经·海外南经》曰："昆仑虚在其东，虚四方。一曰在反舌东，为虚四方。""羿与凿齿战于寿华之野，羿射杀之。在昆仑虚东。羿持弓矢，凿齿持盾，一曰持戈。"九婴，传说它住在凶水。这个妖怪既能喷水，又能喷火。十日并出时，凶水沸腾，它上岸吃人。后羿找到它，杀死了它，"杀九婴于凶水之上"（《淮南子》）。大风，狗的身体，人的头，见到人就会笑。人见到他，就预示着有大风灾害，如飓风、台风之类的。它后来被封为风伯。"状如犬而人面，善投，见人则笑，其名曰山狎，其行如风。见则天下大风。"（《山海经》）它被羿射杀于青丘之泽，"缴大风于青丘之泽"（《淮南子》）。封豨是一只大野猪，住在桑林，常常出来危害人间。羿找到它，也射死了它，"擒封豨于桑林"（《淮南子》）。修蛇，又叫巴蛇，居住在洞庭湖一带，吞食过往的动物，传说它曾经生吞了一头大象，过了三年，才把大象的骨架吐出来。"巴蛇食象，三岁而出其骨，君子服之，无心腹之疾。其为蛇青黄赤黑。一曰黑蛇青首，在犀牛西。"（《山海经·海内南经》）由于修蛇也袭击人类，所以后羿前往斩杀，"断修蛇于洞庭"（《淮南子》）。后羿首先用箭射中了修蛇，然后将其斩为两段，修蛇的尸体变成了一座山丘，现称为巴陵。

历史上的后羿和神话中的后羿在传说中常常是混淆的，因为二者有一个共同特点，就是都擅长射箭。近代有学者研究，认为神话中的后羿"射十日"的传说，原型可能就是历史上的后羿射杀夏"相"之事，古书传抄过程中可能抄错了，将"相"字误写成了"十日"。羿射十日，实为后羿射死相，"甘水之间，有羲和之国。有女子名曰羲和，方日浴于甘渊。羲和者，帝俊之妻，生十日。"（《山海经》）在东海之外，甘水之间，有个羲和国，这里有个叫羲和的女子，一天到甘渊中洗澡。羲和这个女子，是帝俊的妻子，生了十日。学者们认为“十日”不是十个太阳，而是人名，“十日”即“相”。夏朝的帝王仲康之子相，后来被后羿、寒浞追杀，射死。这时候相的妻子已经怀孕，逃到了娘家“有仍氏”，生下相的儿子少康。少康长大后在姥姥家有仍氏和舜的后代有虞氏的帮助下，发兵一举灭掉寒浞，成功恢复了夏朝，实现了“少康中兴”。

三星堆神树，上边有九只金乌，据说十只金乌轮流背负太阳

历史上的后羿和神话中的后羿最大的不同就是，历史上的后羿是有妻子的，《天问》曰：“浞娶纯狐，眩妻爰谋。”《史记·夏本纪》正义曰：“浞杀羿，烹之，以食其子，子不忍食，杀于穷门。浞因羿室，生浇及豷。”寒浞瞒着后羿，与他的妻子私通，并和她生了两个孩子。而在先秦时期，神话中的后羿，杀妖怪的那个后羿，是没有任何关于他妻子的记载的。直到东汉，在高诱注《淮南子》的时候，才第一次说嫦娥是射日的那个后羿之妻。

嫦娥奔月的故事大概先秦时期就有了。到了汉代，《淮南子·览冥训》提到嫦娥趁羿不在的时候，偷吃了长生不死药，奔逃到月宫里去了，“羿请不死之药于西王母，姮娥窃以奔月，怅然有丧，

河南南阳西关“嫦娥奔月”画像石

无以续之”。这是第一次将嫦娥和后羿联系起来，为什么嫦娥能拿到后羿的不死药呢？到了东汉，高诱进一步做出解释说“姮娥，羿妻”，姮娥是后羿的妻子。姮娥即嫦娥（一说姮最初又为恒），为了避汉文帝刘恒的名讳而改称嫦娥。因为高诱的这条注解，嫦娥与射日的后羿的“绯闻”从此流传开来。

到了唐代，嫦娥又有了一个绯闻男友，那就是吴刚。李白诗曰：“白兔捣药秋复春，嫦娥孤栖与谁邻？”孤独的嫦娥，她在月亮上有邻居吗？唐代的时候，真的就有了。唐段成式《酉阳杂俎·天咫》记载说西河有个叫吴刚的人，因学仙有过，被罚到月亮上砍桂树。月亮上的这棵桂树很神奇，一斧子砍下去，切口瞬间就能愈合，于是吴刚只能不停地砍，而桂树则随砍随合。这有点儿像希腊神话中得罪了众神、被要求不断推着石头上山的西西弗斯，石头每快到山顶就会滚落下去，他不得不从头再来。月亮上有了“孤男寡女”，一些民间传说就将吴刚与嫦娥视为夫妻，当然，这种说法出现得很晚了。毕竟这之前，还有一个嫦娥是后羿妻子的传说存在。另

（宋）刘松年 《嫦娥月宫图》

外，从嫦娥奔月到唐代吴刚登月这段时间，还发生了一件尽人皆知的大事：按照《西游记》故事的纪年，孙悟空大闹天宫大约在东汉末年，五百年后是唐朝，唐僧师徒四人开始西天取经，而这期间，月宫上发生了“骇人听闻”又为人“喜闻乐见”的八戒调戏嫦娥事件。

嫦娥当初为何要奔月呢？历来语焉不详，都只说她背着后羿偷偷吃了长生不老药，结果就独自一人飞升了。唐代李商隐诗曰：“嫦娥应悔偷灵药，碧海青天夜夜心。”人间清暑殿，天上广寒宫，嫦娥应该后悔了吧。宋代辛弃疾词曰：“飞镜无根谁系，嫦娥不嫁谁留？”嫦娥还不出嫁，究竟是在等谁啊？至于后羿与嫦娥的娱乐新闻再炒作，要到明末了，题作钟惺编辑、冯梦龙鉴定的《有夏志传》说夏朝国王太康看上了后羿的妻子嫦娥，想用一座城池跟后羿交换，后羿居然答应了，嫦娥知道消息后大失所望，偷偷吃了长生不老药而飞升月宫。这又把历史上的后羿与神话中的后羿混在了一起，嫦娥又与历史中的后羿有了“绯闻”。这个故事不仅为嫦娥奔月找了一个理由，更把罪责安到了男人身上。明末清初的文人们倒都是很喜欢看这样的故事。男人们都是大猪蹄子，乱世之中，竟无一人是男儿，钱谦益不如柳如是，侯方域不如李香君，这都是借女子来反讽那些所谓的大丈夫。

《有夏志传》书影

05. 商代就有了愤怒的小鸟？古代有哪些器物像是穿越的？

商代的青铜器，大家最熟悉的可能就是司母戊鼎了，现在国家博物馆已经将其改名为“后母戊鼎”。最初给该鼎命名的是郭沫若，叫司母戊鼎，“司”就是祭祀的意思。由于商代的字体较自由，可以正写，也可以反写，所以“司”和“后”字形可以一样，因而有专家认为应该叫“后母戊

鼎”,“后”不是动词祭祀,而是形容词,有伟大的意思,如“皇天后土”中“后”字之意。国家博物馆在展览的时候,率先使用了这个名字,后母戊鼎,伟大母亲戊的鼎。但一些专家仍坚持它应该叫司母戊鼎。

给青铜器命名有争议的还有东汉的“马踏飞燕”,这个名字最初也是郭沫若起的,后来学者们也提出了不同的意见。燕子的尾巴是分开的,而该件器物中,马下面那只鸟,尾部并不像燕子,所以现在学界一般称呼其为铜奔马。

青铜器作为饮食器以及礼器主要应用于夏商周时期,到了汉代,随着陶器以及铁器的应用,实用性的青铜器就逐渐被取代了。而夏商周三代的青铜器,在我看来,又以商代的青铜器最具有厚重感,比如后母戊鼎,重达 832.84 千克,当年国民党本想将其运往台湾,就因为太重了,而被丢弃在了机场。

当然，商代也有一些灵巧的青铜器，比如右图这件。随着近些年来游戏与影视的发展，这件商代的青铜器也火了起来。

商代晚期　青铜鸮卣

这是商代晚期青铜鸮卣，卣是一种盛酒的器具。鸮，猫头鹰，但你看它的造型像不像是愤怒的小鸟？

再来看安阳出土的商晚期青铜鸮，是不是更像了？

商晚期　青铜鸮

古代还有不少器物，可以与我们现在常见的器物相比对的，还有一些奇奇怪怪的造型，如同“穿越”过去的。

如四川广汉三星堆出土的一件器物：

像不像方向盘？

山西襄汾陶寺出土的青铜器（约前 2100—前 1900）：

像不像青铜齿轮？

再来看西周云纹五柱器：

像不像路由器？

再来看西周四足带盖方鼎：

是不是有点儿像安卓系统的图标？

战国错金银兆域图铜版：

是不是很像电路板？

以上器物只是造型与我们现在的器物比较相像，但功能则完全不同，比如西周云纹五柱器肯定不是路由器，而是祭祀用具。战国错金银兆域图铜版也不是电路板，而是最早的建筑规划图。

古代还有一些器物，不仅造型与现代的相同，用途也一样。

如西周盘鼎：

王莽时期的青铜“卡尺”：

战国执把黑陶杯：

战国水晶杯：

西汉玻璃杯：

玻璃在西周晚期已经传入中国了。3 世纪到 4 世纪初，西晋上层人物喜好玻璃器。玻璃器成为他们斗富的物品。东晋南京象山王氏墓也发现了玻璃杯，同时还有金刚指环，很像今天的钻戒。

再来看看盛饭的家伙，越窑青瓷方格盒：

再来看看一些用于梳洗打扮的东西，唐代的金柄玉梳：

内蒙古赤峰辽国墓葬出土的一堆牙刷：

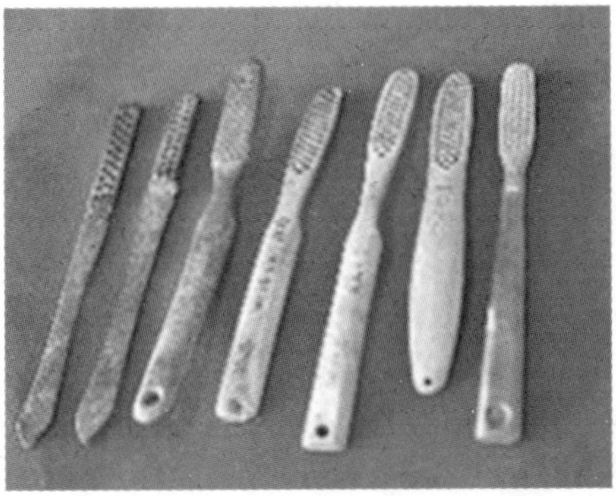

“穿越”的小孩子玩具，敦煌壁画中有婴儿车：

北宋苏汉臣《冬日婴戏图》中有逗猫棒：

清代冷枚《百子图》中小孩在玩小陀螺：

再来看看清代人画的小孩子放风筝的设备，也很“先进”：

清代小孩子的车也很有意思：

再来看看清代的“老年代步车”：

再来看看男人的快乐，南宋马远《寒江独钓图》中描绘了一根带滑轮的渔竿：

明代戴进《渭滨垂钓图》中也有类似的渔竿：

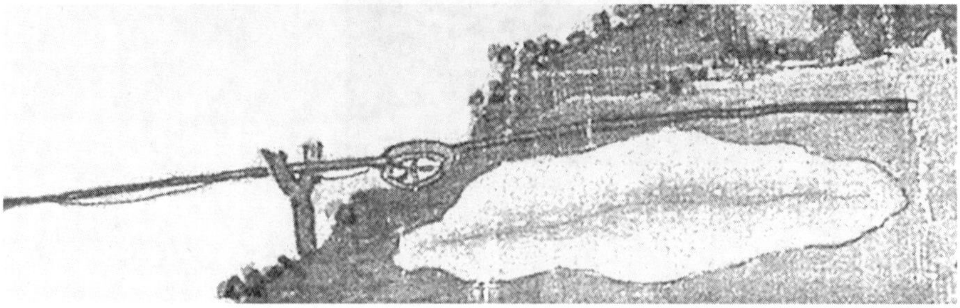

钓鱼的是姜太公，说好的不是为了钓鱼呢？设备倒是很先进了。

再来看看女人的快乐，现在流行的背包，在古代也有了，如敦煌壁画中所见：

女孩子喜欢的好看的帽子，古代也有了，如唐麟德元年（664）彩绘骑马女俑的打扮：

再来看看男人的房车、双层巴士，南宋朱锐《溪山行旅图》中是这样的：

古代还有不少让我们大吃一惊的器物或者画作，这种惊喜主要在于它们仿佛是今日“穿越”到古代的，它们为我们的文化增添了不少乐趣。禅宗有一个比喻，叫“指月之喻”，你问我月亮在哪儿，我用手指给你，但你不要在我的手指上找月亮，你应该顺着我手指的方向去看，月亮在天上。笔者介绍的这些器物也是，它们能够引起你的注意，引起你的兴趣，但你不应该止步于此，传统文化中还有更多精美绝伦的东西，值得去关注。

06. 商纣王真的很坏吗?

为商纣王翻案的文章已经不少,《论语》里就记载孔子的弟子子贡的话说,商纣王的不善,应该不如传说的那样严重吧,“纣之不善,不如是之甚也”。近人顾颉刚曾发表过一篇文章《纣恶七十事的发生次第》(见《古史辨》第二册),他发现殷纣王共有七十条罪状,都是各朝各代陆续加上去的,比如战国增加二十项,西汉增加二十一项,东晋增加十三项等等。显然这位商朝的末代帝王是被“黑”了,但这些“黑”材料又并非空穴来风,大多是对周武王伐纣时提出的罪状的进一步想象和演绎。

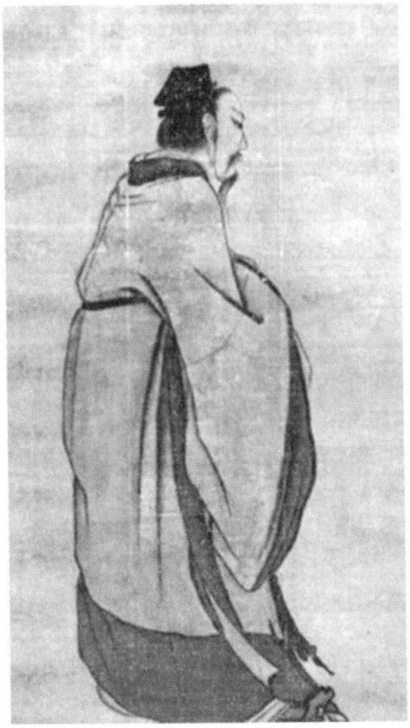

南薰殿[①]周武王像

最早在《尚书·牧誓》里,周武王指出商纣王的罪责有:第一,什么都听女人的,“惟妇言是用”,这在后世就演绎出一个狐狸

① 南薰殿始建于明朝,位于武英殿西南,为一独立的院落,内部藏有历代帝王像、历代皇后像、历代贤臣图。

精变的“妲己”来，她成了断送殷商江山的推手；第二，不用贵戚旧臣，“昏弃厥遗王父母弟不迪”，这在后世就想象出残害忠良之事以及残害的方法，如炮烙、挖心之类；第三，祭祀不恭敬，“昏弃厥肆祀，弗答”，这在后世竟演绎出对女娲不敬的小说来。此外，因为殷商人好喝酒，也就有了后世“酒池肉林”的想象。可以说后世商纣王所有的“黑材料”都源于这四点指责。

好色好喝酒，残害忠良，还对上天不恭敬，显然，按照后世的道德标准，这十足是个昏君的形象。可以看出，后世将纣王作为靶子，把沾边的坏事都安在他身上，完全是一种道德攻击。世人多认为商纣王和后世的一切昏庸帝王一样，就是因为道德败坏，所以才会亡国。

真是这样吗？王国维在《殷商制度论》里说，商周的改朝换代，看似是一家一姓的改变，实际上却是文化制度上的大转变，这种转变是后世帝王做梦也想不到的，“殷、周间之大变革，自其表言之，不过一姓一家之兴亡与都邑之移转；自其里言之，则旧制度废而新制度兴，旧文化废而新文化兴。……其心术与规摹，迥非后世帝王所能梦见也”。[①] 商纣王最初被认为“坏”，绝非如后世所言，是因为个人道德上有缺陷，而是在文化上，商跟周王朝有着巨大的区别。因而在胜利者周人看来，这位商王帝辛的言行不符合他们的标准，于是他就有了周人给他起的名字“纣”。后世又根据帝王的道德标准，不断地给“纣”添油加醋，才有了我们现在印象中这个商纣王。

那么，现在就让我们拂去后世的蒙尘，摒弃“成王败寇”的观念，从根源上来看看，这位商朝的末代皇帝究竟为何会被抹黑，看看最初，周武

① 王国维：《殷周制度论》，载《王国维文集》（第四卷），中国文史出版社 1997 年版，第 42 页。

王罗列的他的罪责的根据究竟是什么。

首先，我们来看第一点，周武王指责商纣王听女人的话，“惟妇言是用”。这实际上是因为在商朝，女人享有很高的地位，她们不仅可以主持祭祀，还可以参政，有的甚至可以统率军队。妇好墓的发现，也证实了这一点。妇好是商朝第二十三代王武丁的妻子，她曾多次率兵出征，如东南伐夷，西败巴军，立下赫赫战功。晁福林《先秦民俗史》[①]指出，殷商王虽然多妻，但殷商很可能还没有出现周人那种正妻、妾之分。周人实行“媵妾制度”，贵族娶妻，往往会娶一个正妻，陪嫁几个妾，妾的地位不高，她们往往会被殉葬，从中也可看出殷商与周人对待女性的不同。另外，据《礼记》记载，孔子见过的一种八卦排序是坤卦在前、乾卦在后，与周文王的乾卦在前、坤卦在后不一样，这可能也是殷商人对女性尊崇的表现（后世老子大谈玄牝，崇尚坤，老子的思想可能源于殷商文化的影响）。商文化是农业与游牧并重，从出土的资料来看，商人每次祭祀都要杀几百头牛，这也反映出商人畜牧业的发达，而在畜牧业上，男女分工差距并不大，再加上母系社会的余波，女人的地位也就差不到哪里去，她们的发言权也就可想而知。周人则不同，周人常说是自己的祖先后稷改良了农业生产，周人以农耕为主，男女体力上的差距也就进一步显现出来，这大概就使得在周人的文化里，男人的地位逐渐升高，女人的地位则逐渐下降。在商人的文化里，女人参政很正常；而在周人的文化里，则形成了反对女人干政的观念。所以，周武王指责商纣王听女人的话，与后世指责帝王沉湎女色是不尽相同的，说到底，乃是文化认知上的差别。但因为有了周武王这一条指责的历史文献存在，在周人“女色祸国”论的影响下，到了春秋时期，

---

① 晁福林:《先秦民俗史》，上海人民出版社 2001 年版。

人们就“坐实”商纣王就是受到妲己的魅惑而亡国的，《国语·晋语》说，“妲己有宠，于是乎与胶鬲比而亡殷”。到了西汉刘向《列女传》中，妲己就已经被“黑”得体无完肤了，炮烙之刑、酒池肉林、挖比干的心等等，其始作俑者都被认为是妲己：

> 妲己者，殷纣之妃也。嬖幸于纣。纣材力过人，手格猛兽，智足以拒谏，辩足以饰非，矜人臣以能，高天下以声，以为人皆出己之下，好酒淫乐，不离妲己，妲己之所誉贵之，妲己之所憎诛之。作新淫之声、北鄙之舞、靡靡之乐，收珍物，积之于后宫，谀臣群女咸获所欲，积糟为丘，流酒为池，悬肉为林，使人裸形相逐其闲，为长夜之饮，妲己好之。百姓怨望，诸侯有畔者，纣乃为炮烙之法，膏铜柱，加之炭，令有罪者行其上，辄堕炭中，妲己乃笑。比干谏曰：“不修先王之典法，而用妇言，祸至无日。”纣怒，以为妖言。妲己曰：“吾闻圣人之心有七窍。”于是剖心而观之。囚箕子，微子去之。武王遂受命，兴师伐纣，战于牧野，纣师倒戈，纣乃登廪台，衣宝玉衣而自杀。于是武王遂致天之罚，斩妲己头，悬于小白旗，以为亡纣者是女也。书曰：“牝鸡无晨，牝鸡司晨，惟家之索。”诗云：“君子信盗，乱是用暴，匪其止共，维王之邛。”此之谓也。

《名山记》记载说狐狸是最淫之物，多称自己的名字为阿紫，“狐者，先古之淫妇也，其名曰阿紫，化而为狐。故其怪多自称阿紫”。东晋干宝据此在《搜神记》中塑造了一个专门勾引男人的女狐阿紫，从而使“狐狸精”成为后世淫妇的代名词。骆宾王在讨伐武则天的檄文中用“狐媚偏能惑主”来指责武则天媚惑君主，可见世人对女狐的态度。后世不断在妲己身上“做文章”，也就有了《封神演义》中狐狸精变成的妲己，那个形象就更坏了，她剖孕妇肚、造虿盆，等等，已经到了惨无人道的地步。妲己被“越描越黑”，自然也就是商纣王的进一步被“黑”。

再说第二点，对贵戚旧臣的排挤。王国维曾指出，商王是诸侯之长，而非诸侯之君。也就说当时的诸侯和商王地位是一样的，只不过商王是实力最强的诸侯。《尚书·盘庚》记载，盘庚要迁都，但他必须努力说服大家才行。《尚书·洪范》提出“稽疑从众”，可以看出，个人专断是行不通的。因而，在商朝，无论是外还是内，其结构都是从氏族社会发展而来的贵族共政制度。然而到了商朝末年，战争越来越频繁。在战争中，要想取得胜利必须集中整个国家的力量。在当时的战争中，占卜又是重要的一环，打与不打都由占卜决定，因而集中国家力量实际上就是控制占卜的权力。出土的甲骨文显示，商末负责管理占卜的贞人的名字很少在甲骨上出现了，这很可能是因为商王实行自占造成的。而占卜机关的管理者往往由各个邦族的首领或者长老担任，商王的这种权力集中必然造成邦族之间的矛盾，于是就有了杀九侯、鄂侯，囚西伯之事。军区产生王权，王的权力不断增大，必然会削弱其他贵族旧臣的权力，也就有了“排挤”之说，这实际上是一场从“共政”到“独断”的王权运动，是历史的发展轨迹使然。而周人则刚刚从氏族社会走出来，他们还保留着氏族共同议政的特征，长老、旧臣因为掌握着大量的知识经验，因而在族内有着崇高的地位，所以在周人看来，商王排斥贵戚旧臣，是不可理喻的，这与周人的精神格格不入。《史记》里记载了周武王重新修复贵族旧臣共同议政制度之事，“周武王……令修行盘庚之政，殷民大说（悦）”。什么是“盘庚之政”呢？《尚书·盘庚》说“图任旧人共政”，大概就是这一“共政”制度。但毕竟“共政”遭到了破坏，于是到了周初，周人对殷商制度有所损益，发展出自己的一套体系。商纣王的悲剧更像一场历史的悲剧，氏族社会遗留下来的以奴隶作为人殉的遗风随着祖先不断增多，祭祀越来越频繁，造成奴隶的需求不断加大，而为了掠夺奴隶，战争也就越来越频繁，战争又必然造成王权的不断加强，这又和氏族遗留下来的共政传统发生了冲突，造成了王与其他部族首领、与贵族旧臣的矛盾。总之，所谓的商纣王排斥贵戚旧臣，与后世帝王因忠言逆耳而滥杀无辜不尽相同，这实际上是加强王权的运动和从氏族社会脱胎而来的“共政”制度之间的冲突，是商周文化发展、认知上的差异。而后世不察，就在此条基础上，塑造了一个残害忠良的商纣王形象，说他挖了比干的心，还发明了臭名昭著的炮烙之刑。挖比干的心实则纯属杜撰，炮烙之刑乃是夏桀的发明，这些都是对不用贵族旧臣的想象发挥，而这只不过是在军事活动中，王权不断加强的结果。

再来看第三点，祭祀不恭敬。郭沫若说这是周人的诽谤造谣，因为商人祭祀实际极其频繁。祭祀频繁不假，但说他祭祀不恭敬其实也并非诽谤，这依旧是文化认知上的差异。商人是多神崇拜，如祖先崇拜、各种自然神崇拜，以及对“帝”的崇拜，等等。其中占主要地位的是祖先崇拜，商王朝历史悠久，又足够强大，历史上出现了很多英雄，商人有很强的部族自豪感，他们认为自己的这些先人足够保护自己，因而“帝”的地位也就显得不是那么重要了，它只是和祖先神处在并列的位置。晁福林《先秦民俗史》指出，帝可以降下灾

凤柱斝

祸，也可以保佑，但与商人的祖先神比较，其能力要小，甚至不如河岳之神灵。商人只向帝问问题，如会不会下雨，却不用祭品祭祀他，商人崇拜的中心是祖先神。周人则不同，对周人来说昊天上帝的地位已经超过了祖先神。周人历史上一直自称“小邦周”，足见它的弱小。此外，周人为了能联合其他邦族，就必须克服自己部族祖先崇拜的局限性，因而更具有包容性、显得更为强大的“天帝”的崇拜信仰就被提高了。“天”的观念是周人独有的意识，从周初开始，“天”逐渐取代“帝”而成为至神，而自己的祖先则陪在“天帝”左右。周人敬祖先更敬“天”，商人敬祖先，相对而言，对“帝”没有更高的崇拜，这在周人眼里恐怕就成了“弗敬天”。所以周武王指责商纣王祭祀不恭敬，与后世指责君王狂妄自大不同，这实则是商、周祭祀对象偏重不同造成的文化认知差别。而后世却就以此条为基础，演绎出了《封神演义》中对女娲娘娘不尊重的商纣王。

最后，再来谈谈喝酒的问题。周武王在伐纣的时候没有提商人酗酒的事，大概是因为他了解殷商的文化传统。殷商人时常饮酒，这和他们的大量祭祀有关，而绝不是单纯的如后世昏君那般纸醉金迷。商人极度迷信鬼神，在殷商人的眼里，鬼神比活人更有威力，活人解决不了的疑难和祸福，诸如人的生死病疾、天的阴晴冷暖、战争的胜败、田猎的吉凶等等，都要通过占卜请示祖先，祈求祖先给予启示和保佑。于是商人一年中几乎有三百六十天都在祭祀，而祭祀最主要的环节就是喝酒。周文化与此不同，《礼记·表记》说商人“率民以事神，先鬼而后礼”，说周人“事鬼敬神而远之”，《尚书·酒诰》记载了周公命康叔执行禁酒令的训言，其中提到禁酒最主要的原因，第一点就是太浪费粮食了。我们前文提到，周以农业起家，深知种粮的不易，看到商那样大量饮酒杀牛，心疼啊，真是不知稼穑之艰难！因而周人对商人好喝酒的指责实际上也是文化认知上的差异。后世为了“黑”商纣王，就在此条罪状上做文章。《韩非子》说商纣王没日没夜地喝酒，连日子都忘了，“纣为长夜之饮，欢以失日”。《史记》就说商纣王“以酒为池，县（悬）肉为林”，一水池子的酒，到处都挂满了肉。如果真是这样，那简直太愚蠢了，这实际是对商人喝酒祭祀活动的歪曲罢了。

可以说后世“黑”商纣王的故事都可以追溯到商末周初提及的这几条罪状，但周武王的指责体现的是商周文化的不同。在商人看来很正常的事情，因为商周文化的不同，周人不能理解，所以将其定为罪过。后世又把周人树立的这个“靶子”不断地进行夸大。子贡跟孔子说，“纣之不善，不如是之甚也”，商纣王可能没有传说的那么坏，他还有一句话，“是以君子恶居下流，天下之恶皆归焉”，一个人千万别被别人贴上坏人的标签，否则全天下的坏事都是他干的。

当然，史书中也有为商纣王说好话的，《史记》中说他天资聪颖，闻见甚敏，材力过人，能够徒手与野兽格斗；《帝王世纪》说他力大无穷，能倒着拉九头牛，“能倒曳九牛，抚梁易柱”。但这些好话显然塑造的还是一个靠着蛮力而骄横自大的帝王。

如果商纣王真的特别特别坏的话，贤人伯夷、叔齐为何会出来帮助他阻挡周武王，为何在国灭后不食周粟、采薇而食，最后饿死在首阳山，以

（南宋）李唐绘 《采薇图》

身殉国？商纣王的军队为何会那么为他卖命，仗打得血流漂杵？

郭沫若说：“殷辛（商纣王）之功迈周武，殷辛之罪有莫须。殷辛之名当恢复，殷辛之冤当解除。”[①] 他也认为商纣王是受了莫须有的冤枉。我们从商周文化的冲突中，终于明白后世抹黑他的根源在哪里，他最初为什么会被抹黑了。而出土的材料也逐渐让我们认识到了他的功绩：他对外开疆拓土，奠定了后世大一统的王朝格局；他对内改革，加强王权，到了周初，王终于不再是诸侯之长，而成了诸侯之君，君臣之分已定。这位商朝末代帝王对后世的实际影响，恐怕也是后人做梦都不曾想到的。

① 郭沫若：《豫秦晋纪游二十九首》，《光明日报》1959 年。

07. 周厉王是改革家？“国人暴动”实际是贵族们的阴谋？

周初王室与贵族政治秩序的建立，最主要的一项政策就是“分封制”的进行。“分封制”给予了贵族属下们极大的权力，王说某个地方属于你了，你就可以带着兵去占领，然后在那里合法“自治”，成为一方之主。当然，对于某个地盘来说，你是老大，但对于整个天下来说，你还是要听王的，“普天之下，莫非王土，率土之滨，莫非王臣”，过一段时间你就要回到王那里述职，王还要派巡查大臣到你的地盘监管。西周的“封建”与西方社会的“封建”有所不同，西欧的国王与领主有契约，约束是双向的，而西周的诸侯是要完全服从王室的，且西欧的国王没有自己的军队，要靠封建领主服兵役，兵役还是有期限的，西周的王则有自己的常备军。

周初实行“分封制”，主要是分封自己的亲戚，《左传·昭公二十八年》说周初封建兄弟之国有十五人，姬姓之国四十人（周王室姓姬，文王是姬昌，武王是姬发，周公是姬旦），“其兄弟之国者十有五人，姬姓之国者四十人”。西周的宗法制将各诸侯纳入姬姓宗法制度下，而王为姬姓贵族的大宗，周王就是同姓诸侯的宗主。诸侯不仅是周王的臣子，也和周王是一家子，周王就是整个家的家主，所以即便从家的层面来说，他们也都必须听周王的。

从另一个方面来说，分封又是对贵族们的安抚或者妥协，帮你打天下了，你不得给点好处啊，周王室只有通过对内部的权益进行合理的分割，才能够稳定这些“亲戚”。周王室对身边的贵族，用赏赐土地等方式激励；而畿外诸侯，那些离得远的、去外地任职的，除了在都城附近保有土地外，还可以凭借着王室的信任，在周王都四方建立一个个“小国家”，以藩屏保卫王室，如晋国、鲁国等，至于能建立多大的地盘，就看自己的本事了，这就激发了他们无限的创造力。这是周王室和贵族最大的利益共享，周王室需要依靠贵族们开疆拓土，周王室的安宁和政策的执行都必须得到贵族们的支持，而贵族得到了周王室的封赏，又要依靠周王室的名义和保护去领取自己的“战利品”，二者由此保有最大的共生性，这也就形成了贵族团结在周王室之下而与王室共政的局面。

周初的裂土分封，虽然达到了藩屏周室的目的，但同时也留有隐患，尤其是随着时间的推移，一些矛盾越发突显出来。

第一，从地域上来看，周天子的中央政权，被局限在了丰、镐一带，这是周初的政治格局以及周边的环境决定的，到了西周中后期，王室在客观上就处在了弱势的地位。第二，从血缘关系上来看，经过百年的发展之后，贵族们与周王室的血缘关系必然是不断疏远，随着代代相传，贵族们对这种宗统血缘关系必然是深刻否定。第三，在政治上来看，王虽然处于权力的中心，有着决断权，但他的意见只有取得大家的支持才有效力，而分封以及老旧贵族世袭官职带来的则是贵族集团势力的不断膨胀。第四，在经济上来看，赏赐与分封，周王室这种对贵族通过赏赐土地换忠诚的做法，无疑是在“自杀”，因为土地资源毕竟是有限的，赏赐出去的土地越多，周王室的经济受损也就越严重。青铜铭文《周公簋》《殷簋》等记载周王朝到了康昭时期，土地就不够用了，王畿之地都开始被赏赐出去。第五，从军事上来看，无论是贵族们的私人武装还是隶属于诸侯们镇守疆土的将士，他们最初的设置都是为了拱卫王室，但在客观上却又为贵族以及诸侯们保留了一支将来可以与王室相抗衡的军事力量。此外，就王师而言，成王、周公为了加强统治，又实行了国、野制度，“国”也是重要的兵员来源，在军事上，国人又保留着原始民主遗留下来的军事民主大会制度，这在客观上也是对王权的一种制衡力量。

周王室的衰落、贵族力量的崛起从西周中期就开始了。经过近一百年的发展，在西周中期，贵族与周王室的权力秩序有了许多新变。

在宗法上，一方面，贵族与王室的关系疏远，时间越往后，血缘关系就越远，第二代、第三代诸侯贵族远没有第一代诸侯与王室的关系那么亲密；另一方面，随着时间的推移，贵族家族逐渐壮大、崛起。

在经济上，《礼记·王制》说“田里不鬻”，普天之下的土地都是王的，贵族们不能私下交易，但到了西周中期，裘卫诸器铭文显示，“王土”已经成为贵族们可以互相交易的私人财产了，其中《卫盉》记载矩伯为了获得朝觐用的玉璋不得不出售土地。不仅是一般土地，《九年卫鼎》记载矩伯为了从裘卫那儿领取一套服饰和车马器，要给裘卫一处叫林里的地方，包括颜家的林地，由此可见，林地也成了贵族的私产。土地可以交易，这意味着贵族最主要的经济来源——土地，不只是靠着周王赏赐才能得到，贵族们也可以通过自己的各种方式获得土地，这就表示贵族们对周王室的依赖性在减弱。我想得到土地，不需要你王，从别人那里也能得到，我干吗还要总臣服你？周王室用赏赐土地的经济措施团结贵族，但一方面导致土地不断减少，另一方面又对部分土地所有权失去了控制。

在军事上，周王室的军队不断丧败。《竹书纪年》记载周昭王丧师于汉水一带，“（昭王）十六年，伐楚，涉汉，遇大兕”。“十九年，祭公、辛伯从王伐楚，天大曀，雉兔皆震，丧六师于汉。王陟。”周王室的军队在昭王南征的时候遭受了很大的损失，连昭王自己也不明不白地死在了江上，“卒于江上”，从此周王室的军事实力开始衰落。到了西周后期，周王室的“常备军”已经不如贵族的军事力量。从青铜器铭文如《禹鼎》《多友鼎》等可见，贵族的军事力量开始成为维护王朝稳定的主导力量了。

西周多友鼎

对于日益坐大的老旧贵族，在西周后期，周厉王发起了一场加强王权的改革运动。周王室要想不被架空、不成为贵族们控制的傀儡，只能削弱贵族们的利益，而已经坐大的贵族们又怎肯坐以待毙？于是就有了贵族口中所谓的暴虐的周厉王，对于他们来说，周厉王强行“损害”他们的利益，当然是“暴虐”了。《史记·周本纪》说：“夷王崩，子厉王胡立。厉王即位三十年，好利，近荣夷公。……王行暴虐侈傲，国人谤王。……王怒，得卫巫，使监谤者，以告，则杀之。”厉王与贵族们的冲突主要集中在两个方面，一是在经济上用荣夷公为自己争夺利益，一是在政治上用卫巫控制国人的言论。

为了挽救天子的权威，周厉王在贵族之中挑选了一个自己的代理人荣夷公去和其他贵族争夺利益，这就是贵族们指责周厉王的“专利”行为。实际上这只不过是周王室在面临日益崩溃的经济局面的时候，为了维护王朝的利益而做出的一次变革。李峰在《西周的灭亡——中国早期国家的地理和政治危机》[①] 一书中提到，西周早期的青铜器铭文称王室赏赐贵族的土地为“土”，而中晚期青铜器铭文中赏赐变成了“田”。“田”要比“土”小得多，这表明周王室的土地已经不足，周王再继续赏赐，必然导致经济的衰退、国力的衰退。维持贵族的忠诚需要花费，抵御外族的入侵也需要花费，这大概就是厉王不得不“专利”的原因。《国语·周语下》中记载了东周时期周灵王的太子晋追溯历史的一段话：“厉始革典，十四王矣。”从太子晋的叙述中可以看到，厉王这次革典的影响一直到春秋时期。从长远来看，厉王的这次变革应该是成功了。这项改革被周厉王之后的周王室当成一项正确的政策推行了将近三百年，以后实际还有效仿者，只不过第一个这样做的周厉王被骂得最惨。

周厉王的“专利”，是专什么利呢？根据学者们的研究，主要是山泽之利。封建制度下，土地被封给了诸侯，而一个地盘内的山川湖海也随之被诸侯贵族们占有，周厉王想着把山川、湖海归王室所有。当时家国一体，周厉王也就是想把山川的矿产、湖海中的盐的经营权收回国家经营。后来汉武帝打匈奴没钱了，实行的就是此种盐铁专卖。

对于周厉王的“专利”行为，李玉洁《评周厉王革典》一文中说：“把山林川泽的采择开发收归周王室所有，剥夺或者取消宗法贵族占有山林川泽的部分特权，这种改革，是国家发展过程中的前进现象。”[②] 作者肯定了厉王的这次经济改革，认为这是王室为了维护国家稳定迫不得已与贵族集团进行的一种较量。贵族们大骂周厉王“专利”，说他占有山川等公共资源，而不与大家分享，实际上最初行“专利”之事的是贪婪的贵族们。随

① 李峰：《西周的灭亡——中国早期国家的地理和政治危机》，上海古籍出版社 2007 年版。

② 李玉洁：《评周厉王革典》，《河南大学学报》（哲学社会科学版），1986 年第 1 期。

着时间的推移，贵族们因为世袭，越来越强大，他们的子弟也越来越多，对地盘、金钱等的需求也越来越大了，于是他们就开垦一些荒地，并且在山林、川泽等方面与周王室争利。这些地方，本来贵族可以开采，周王室也可以，但他们联合起来对抗周王室，只允许贵族开采，这就导致周王室财源枯竭，财政匮乏。实际上是他们抢夺周王室的财产在先，周王室的“专利”、阻止贵族们开采，只不过是为了维护整个国家的利益而对他们进行的反击。

周王室任用听信自己的近臣荣夷公与其他世族大家对抗，但已经坐大的贵族们利用了民众的声音对抗周王室的权威。现在《诗经》中留存的有关周厉王的几首诗，都是贵族们骂周厉王的，如《民劳》，贵族反复说“民亦劳止”，老百姓受不了啦，《国语》中也记载贵族的话说“民不堪命矣”，周厉王你这么做不行啊，人民群众不答应。实际上是贵族们自己不答应。他们又忽悠老百姓，说周厉王多么暴虐，多么无道，大家起来反抗他啊！面对这样一种舆情，周厉王又由专利而专言，想控制言论，于是找了卫巫来监视人们，“国人谤王。……王怒，得卫巫，使监谤者”（《国语》）。

周厉王“专言”实际也有其迫不得已的地方。当时，周王室财政困难，外敌还经常入侵。解决财政问题，阻挡外敌入侵，战争难免。战争是要花钱的，这钱就得从贵族与国人身上出，所以他们肯定不愿意打仗。根据国民议政的传统，国人的意见是有很大影响力的，周厉王使用强制手段以取缔国人议政的传统，排除原始遗留下来的国人军事民主干预国家政治的形式，而其目的就在于加强王权，是为了能集中力量对抗外敌。

厉王时期的战争诗不多，传世文献中有关他的战功也鲜有记载，但从出土的青铜器中，我们发现，为了挽救周王室的危机，周厉王实际上曾采取了一系列军事措施打击南淮夷与狎狁的入侵。《师旋簋》记载了一场周厉王时期的战争，师旋的“师”应该是官职，属于王官，这表明厉王即位不久就开始命令王室的直属部队进行战斗，“唯王五年九月既生霸，壬午，王曰：‘师旋，令汝羞追于齐，……敬无败绩。’旋敢扬王休，用作宝簋，子子孙孙永宝用”。从出土的青铜器铭文中，我们还看到周厉王亲征的例子，《无曩簋》铭文记载，无曩在周厉王十三年跟随周厉王征伐南夷，“惟十又三年正月初吉，壬寅。王征南夷，王锡曩无马四匹。无曩拜首，曰：敢对扬天子鲁休令。五用作朕皇祖季尊簋，无万年子子孙孙永宝用”。除了无曩，跟随厉王征战的，出土青铜铭文中记载还有翏生，《翏生盨》记载了征伐南淮夷，这次征伐，战果不小，“王征南淮夷，伐角、津，伐桐、遹，翏生从。执讯折首，俘戎器，俘金。用作旅盨，用对烈。翏生眔大媍其百男百女千孙，其万年眉寿永宝用”。厉王对东南方面的战争，主要是为了掠夺战利品，以解决周王室所面临的经济困境。周厉王不断发动战争，这种强硬的军事态度对周边的环境确实也起到了一些威慑作用，如《噩侯驭方鼎》记载，在一次征战回来的路上，一个部族首领噩侯驭方主动向周厉王示好，“王南征，伐角、遹，唯还自征，才（在）坯。噩侯驭方纳醴于王，乃祼之。驭方侑王。王休宴，乃射，驭方王射。驭方休阑。王宴，咸饮。王亲赐驭方玉五瑴、马四匹、矢五束。驭方拜手首，敢对扬天子丕显休，用作尊鼎，其万年子孙永宝用”。《史记·楚世家》说当时楚国称王，因为畏惧周厉王，又主动把“王”的名号去掉了，“及周厉王之时，暴虐，熊渠畏其伐楚，亦去其王。”这些周边的部族都畏惧厉王的“暴虐”，实则是厉王在军事上实行强硬的手段所致。《晋侯稣编钟》记载周厉王亲自到了前线，周厉王一到，这些夷狄就吓跑了，“王至。淖淖烈烈夷出奔”。这是周厉王亲至前线，指挥贵族军队，部署战斗方案。

已经坐大的贵族们自然不会容忍周厉王如此“胡闹”。西周建国以来，周王室一直以自己的“慷慨”赏赐笼络贵族，而到了周厉王，任用荣夷公“专利”，触及众多贵族的利益。贵族们第一次感受到这样“不公”的变革，于是打着不符合王道的幌子劝谏周厉王；你不能这么做，先王都没有这么做的，你要是这么做，会失去贵族阶层支持的。学者李玉洁评价周厉王的政策说：“打击了大贵族的政治经济利益，剥夺了下层贵族和平民赖以生存的山林川泽之利，故周厉王被大贵族和平民联合的国人暴动推翻了。”王室的“专利”伤害了贵族的利益，但更大的受害者是“国人”，于是他们就联合了起来，贵族们假惺惺地以民本思想在法理上与王权抗衡，又以情绪煽动在实践中唤起民众，于是就有了所谓的“国人暴动”。

我们现在有出土的材料显示，参与暴动的实际不仅有“国人”，还有正人等贵族官员以及师氏，即军队等，如《曌簋》记载：“……又（有）进退，雩邦人、正人、师氏人又（有）辠又故（有罪有辜），迺（乃）𨜒倗即女（汝），迺（乃）繇宕，卑（俾）復虐逐乓（厥）君乓（厥）师，迺（乃）乍（作）余一人咎。”

《荀子·成相》云“孰（即虢）公长父之难，厉王流于彘”，周厉王在军事上依靠的重臣虢公长父在暴动之前就被其他贵族排挤掉了，使周厉王失去了其军事上的支持。这次暴动可以说是贵族们有意识的策划。周厉王最后是带着一支军队逃走了，他的军队没能打得过贵族们混在“国人”中的军队。金文显示，周厉王时期，周王室的军队战斗力已经下降到贵族实力之下，《禹鼎》记载周厉王派八师、六师征伐驭方都失败了，最后还是由贵族武公命禹带领自己的私人军队逮捕了驭方。《多友鼎》记载了武公另一个手下多友的军功，玁狁已经伐至京师，王命武公出击，武公的手下多友以公车打败敌军，还追回了被敌人抓去的俘虏。此外，在《多友鼎》中，我们还看到，在西周后期，君臣体系已经出现了隔绝关系。多友要献捷于武公，武公再献捷于王，王赏赐武公，武公再赏赐多友，贵族有了自己的私臣，而且是不受王直接领导的私臣。

武公等强大的贵族力量日益增强，而周王室却一天天贫弱下去。为了挽救王朝危机，周厉王采取了一系列王权重构的措施，但可能操之过急，招来普遍的不安和批评。《国语》记载最后周厉王被赶到了“彘”这个地方，“王流于彘”。最终贵族力量在与民众的合作下战胜了王权。李峰在《西周的灭亡——中国早期国家的地理和政治危机》中评价周厉王被驱逐的事实说：“最好的解释应该是当时周王权与一些有影响力的宗族之间的一场主要争斗，在这些宗族的逼迫下，周厉王失去了自己的权力。”[①]想象一下，如果这次王权改革是周厉王胜利了，王权加强了，诸侯贵族势力的崛起恐怕还要延迟几百年。周厉王的失败导致贵族们继续膨胀，之后即位的周宣王为缓和与贵族们的关系又进一步向贵族们妥协，连诗人们都看出来了，周王室不行了，贵族们已经成为时代的主角。读《诗经》会发现，当年周王室强大

周厉王自作宗周钟，上面的铭文中记载了他亲自征讨东夷、南夷，并降服了二十六个部族之事

① 李峰：《西周的灭亡——中国早期国家的地理和政治危机》，上海古籍出版社 2007 年版。

的时候，诗人歌颂的都是周王室，而到了周宣王时期，诗人们歌颂的都是贵族。郭伟川《两周史论》说：“《诗经》所载宣王时的诗作，屡见对大臣或侯国军阀之诵诗，亦可见周室之威仪尽失，已沦落到何等地步。”[1]到了周幽王时期，西周终被贵族们与戎狄联合所灭，之后二王并立，周平王东迁，时代进入了春秋，春秋五霸就起来了，周王室就越来越没有存在感了。

公元前841年，是中国有确切纪年的开始。这一年，贵族们面对与周厉王的“改革”之争，在劝说无效的情况下，策划了一场“国人暴动”，最终胜利了。贵族们的权力得到了进一步加强，王权则进一步被削弱，历史从此被改写。历史都是胜利者书写的，所以，《诗经》中保留下来的几篇与周厉王有关的诗篇，如《民劳》《板》《荡》等都是骂他的。要不是有出土的青铜铭文，我们可能永远也不会知道，原来这位贵族口中“暴虐”的周厉王只不过是为了维护王权而进行了一场打击贵族集团的改革。这个没有人歌颂、被逼得自己做青铜器歌颂自己的周厉王（周厉王自作了一个青铜器宗周钟）也曾战功赫赫。

① 郭伟川：《两周史论》，北京图书馆出版社2006年版，第192页。

08. 历史上真的有周幽王烽火戏诸侯吗？烽火实际是战国以后才有的？

公元前776年，第一届奥林匹克运动会在古希腊举行。而五年后，公元前771年，中国这边，有个叫周幽王的就举办了长跑比赛，开跑的信号就是点烽火。结果玩大了，导致了西周的灭亡，中国进入春秋时代。

提及褒姒，我们最熟悉的故事大概就是“周幽王烽火戏诸侯”了，这个故事出自司马迁的《史记·周本纪》。周幽王为了博褒姒一笑，屡次点燃用于警戒外敌的烽火，诸侯们急忙来勤王，到了之后才发现上当受骗，褒姒看到他们灰头土脸的样子，终于笑了。后来戎狄真的来了，周幽王举烽火，而兵不至，周幽王兵败被杀，西周灭亡。

> 褒姒不好笑，幽王欲其笑万方，故不笑。幽王为熢燧大鼓，有寇至则举熢火。诸侯悉至，至而无寇，褒姒乃大笑。幽王说之，为数举熢火。其后不信，诸侯益亦不至。

然而，现在没有任何证据可以证明先秦已经存在“烽火”这种报警系统（钱穆《国史大纲》），根据文献记载以及考古分析，这一报警系统大概是战国以后才出现的。李峰在《西周的灭亡——中国早期国家的地理和政治危机》一书中指出，在司马迁之前的文献中，只有《吕氏春秋》记载了周幽王戏诸侯的故事，《吕氏春秋·疑似》曰：

> 周宅丰、镐，近戎人。与诸侯约：为高葆祷于王路，置鼓其上，远近相闻；即戎寇至，传鼓相告，诸侯之兵皆至，救天子。戎寇当至，幽王击鼓，诸侯之兵皆至，褒姒大说，喜之。幽王欲褒姒之笑也，因数击鼓，诸侯之兵数至而无寇。至于后戎寇真至，幽王击鼓，诸侯兵不至。幽王之身，乃死于丽山之下，为天下笑。此夫以无寇失真寇者也。贤者有小善以致大善，不肖者有小恶以致大恶。褒姒之败，乃令幽王好小说以致大灭。故形骸相离，三公九卿出走，此褒姒之所用死，而平王所以东徙也，秦襄、晋文之所以劳王劳而赐地也。

（清）周培春绘　褒姒

我们看到在《吕氏春秋》中记载的是“周幽王击鼓戏诸侯”，而到了司马迁的笔下，其大概根据战国以后出现的烽火系统，而最终将其变成了“周幽王烽火戏诸侯”。《吕氏春秋》中这个故事是不是真的，也不好说，毕竟《吕氏春秋》成书的时候，距离幽王去世已经五百多年了，好比我们现代人回忆一件明朝的事情。

周幽王为博褒姒一笑而灭国这样的传说充满了传奇色彩，而关于褒姒的来历，更是充满了神秘色彩。可以说，传奇故事的形成很可能就是受到了早期神秘传说的影响。司马迁的《史记》中就承袭了《国语·郑语》记载的一个神秘传说：周幽王八年，史伯对郑桓公讲了这样一个神话故事，在夏朝的时候，天空上突然出现了两条龙，它们在天上盘旋，留下了一摊水就飞走了。夏朝的巫师说要用一个盒子把水装起来，然后封印，告诫说盒子不能打开。否则必有大祸。这个盒子从夏朝传到了商朝，又从商朝传到了周朝，一直没有人敢打开。到了周厉王的时候，周厉王刚愎自用，非要打开盒子。他刚一打开，那水就流了一地，接着又变成了一只黑色的大乌龟，然后，这只大乌龟迅速向后院跑去，人们就跟在后面追。后院恰好有个小宫女，大乌龟就向小宫女冲过去，然后一下子就不见了。过了几年，周厉王死了，他的儿子周宣王即位。有一天，那个小宫女突然发现自己怀孕了，不久就生下一个孩子。宫女很害怕，就把孩子偷偷地扔到了宫外。当时，在国都流传着一个童谣，说“檿弧箕服，实亡周国”，卖山桑弓、箕木袋，灭亡周国的祸害。这首童谣预言卖桑木作的弓箭之人，就是灭亡周国之人。这话传到了周宣王耳中，周宣王很生气，就下令到处抓卖桑木弓的人，要把他们杀掉。这时候正好有老两口来京城做生意，吓得撒腿就跑。在路边，忽然听见有小孩子的哭声，老两口走过去一看，发现是个弃婴，这个孩子就是之前那个宫女抛弃的。老两口得了一个孩子，很高兴。夫妇两人继续往前逃，就逃到了褒国。后来褒国人得罪了周朝，这时候国君已经是周宣王的儿子周幽王了。褒国人怕被周朝灭掉，就想把被小宫女扔掉的那个女孩献给周幽王，以求赎罪。因为这个女孩是褒国献出的，褒是夏的后代，姒姓，所以叫她褒姒。

史伯讲这个故事的时候，是幽王八年，彼时褒姒正受宠，离幽王战死、西周灭亡还有三年。史伯是想以这样一个神话来说明，西周的灭亡乃是“天命”。

在西周初期和中期的诗篇中，也有将女子与“天命”相联系的内容。传说周人的女祖先，一不小心踩上一个大脚印，然后就怀孕了，生下了周人的男祖先后稷。《诗·大雅·生民》曰：“厥初生民，时维姜嫄。生民如何？克禋克祀，以弗无子。履帝武敏歆，攸介攸止，载震载夙。载生载育，时维后稷。”同样是无夫而生子，周人的女始祖姜嫄被神化，踩大脚印而生育，是天命，女性成为得天命的现实反映。西周末期的褒姒则被“妖化”，

清人焦秉贞绘赞美太姒的画，太姒像麒麟一样有仁德

出身不明，是天命来断绝周家王朝的，女性成为周家丧失天命的一种反映了。

周家开国的时候也有一位姓姒的女子，《大雅·思齐》第一章曰："大姒嗣徽音，则百斯男。"周文王的妻子就是太姒，即周武王的母亲。诗人赞美太姒，因为她生下了伟大的周武王。姒姓是夏部落的姓氏，诗人赞美姬姓的周王室与姒姓的联姻关系，因为他们的结合给周家带来了天下之主。而到了西周后期，诗人破口大骂，"赫赫宗周，褒姒灭之"。巧合的是，西周的灭亡同样是与一个夏的后裔有关，即褒姒。在西周初、中期的诗篇中，出现的女子往往都是安天下的象征，而在西周末年，诗篇中再次出现女子，则成为诗人眼中惹得天下大乱的"根源"了。

这位褒姒是如何"惹得"天下大乱的呢？本来，幽王已立申侯女为后，申后子宜臼为太子。可后来宠信褒姒，幽王废申后，立褒姒为后，生下了伯服。幽王因为宠信褒姒，就想废掉原来的太子宜臼，宜臼出奔申国投靠外祖父。周宣王时期，王室与申伯缔结婚姻，其时周王室已经衰弱，欲借申国的政治军事实力以辅周王室。周幽王废申后，逼走太子，显然忘却了周王室岌岌可危的处境。当时申国强盛，周幽王逼走宜臼，就必然导致与申国的决裂。《竹书纪年》记载，宜臼奔西申姥姥家后，被申侯、许文公等人拥立为王，"平王奔申，申侯、鲁侯、许文公立平王于申"。周幽王又带兵攻打申国，申国联合戎人一起打败了周幽王，同时也杀死了伯服，西周灭亡。

人们往往将西周灭亡的罪责推到褒姒身上，这可能与褒姒扰乱宗法以及长期干政有关，但其中体现的也是周家"女色祸国论"的传统，这一思想一直影响了后世几千年，成为男权社会诋毁以及压制女子的重要理论基础。如唐代元稹的《莺莺传》中，张生对崔莺莺"始乱终弃"，他说他抛弃崔莺莺的理由是这女子长得太好看，自己恐怕镇不住，当年商纣王宠信妲己，周幽王宠信褒姒，因此而灭国，至今被天下人所嘲笑，所以他不能走他们的老路，不能因为一个美女耽误自己的前程，“大凡天之所命尤物也，不妖其身，必妖于人。使崔氏子遇合富贵，乘宠娇，不为云、为雨，则为蛟、为螭，吾不知其所变化矣。昔殷之辛，周之幽，据百万之国，其势甚厚。然而一女子败之。溃其众，屠其身，至今为天下僇笑。予之德不足以胜妖孽，是用忍情”。张生先提出女子祸国的历史根据，然后引申出自己的不得已，发表“忍情”说。人们不但没有对其薄情提出批判，反而表扬他为“善补过者”，足见这一思想在当时有着广泛的群众基础。而追根溯源，这种糟粕的观念传统在先秦时期就已经有了。在封建男权社会，缺少话语权的女性没有能力为自己辩解，就只能成为男子口中的“背锅侠”了。

09. 历史上有三个老子？老子是如何成为太上老君的？

司马迁在介绍老子的时候提到了三个人：老聃、老莱子、太史儋，也就是说《史记·老子韩非列传》中有三位“老子”。老子究竟是谁，谁才真正是老子？司马迁的说法模棱两可。

他首先介绍的是老聃，是楚国苦县厉乡曲仁里人，姓李，名耳，字聃，做过周朝掌管藏书室的史官，孔子曾向他学习，“老子者，楚苦县厉乡曲仁里人也，姓李氏，名耳，字聃，周守藏室之史也”（《史记》）。

说完老聃，司马迁又提到一个人，一个叫老莱子的。他说这个人也是楚国人，著书十五篇，都是谈论道家的，与孔子同时。司马迁可能觉得这个老莱子或许是老子，“或曰：老莱子亦楚人也，著书十五篇，言道家之用，与孔子同时云”（《史记》）。

接着司马迁又说，孔子死后一百二十九年，有个周太史儋，有人说他就是老子，也有人说不是，世上没有人知道哪种说法正确，“自孔子死之后百二十九年，而史记周太史儋见秦献公曰：‘始秦与周合，合五百岁而离，离七十岁而霸王者出焉。’或曰儋即老子，或曰非也，世莫知其然否。老子，隐君子也”。

到了司马迁的时代，究竟谁才“配得上”传说中的“老子”的称号，司马迁都蒙了。

好在现在有了出土材料，出土的楚简提到“仲尼学乎老聃”，也就是说孔子求学的那位老子叫“老聃”，所以一般认为道家的开创者老子就是这位老聃，他大约生活在春秋末期，年纪略长于孔子，史官出身，孔子曾向他问过礼。

老子做过周朝图书馆的管理员，《史记》记载老子看到周王室要衰败了，打算隐退，“*居周久之，见周之衰，乃遂去*”。古史辨派认为“见周之衰”并不是泛指周王室的衰落，很可能是实指发生在老子生活时代的王子朝称兵作乱一事，这场叛乱持续了18年之久，最后以王子朝兵败带走周之典籍奔楚结束。老子作为图书馆的管理员，书都被人搬走了，“官守师传之道废”，最后也只能离周归隐。

《史记》说老子到了函谷关，关令尹喜对他说：“您就要隐居了，勉力为我们写一本书吧。”于是老子就撰写了五千言，阐述了道德的本意，这本书后来被称为《老子》或者《道德经》。今本《老子》分上、下两篇，《道经》在前，《德经》在后，分为81章。现在出土了好几种《老子》，如1973年长沙马王堆三号汉墓出土帛书《老子》甲乙本，编次为《德经》在前，《道经》在后。1993年在湖北省荆门市的郭店楚墓出土了一批战国的竹简，后来被学界称为“郭店简”，其中就有《老子》（甲、乙、丙）三篇，不分道经和德经。2009年初，北京大学抢救收藏一批流失海外的西汉竹书，有《老子上经》和《老子下经》的篇题，分别对应今本《德经》和《道经》。原本《老子》很可能就是《德经》在前《道经》在后，而且不分章。

一些论者据今本《道德经》认为老子是一个激烈的反礼斗士，而随着帛本和简本的出土，证明其绝非如此，如今本第十九章“绝圣弃智，民利百倍；绝仁弃义，民复孝慈；绝巧弃利，盗贼无有”，出土简本则为“绝智弃辩，民利百倍；绝巧弃利，盗贼亡有；绝伪弃诈，民复孝慈”，并无“绝圣”“绝仁弃义”等激烈的言论。今本《老子》第十八章“大道废，有仁义；智慧出，有大伪；六亲不和，有孝慈；国家昏乱，有忠臣”，出土简本记为：“故大道废，安有仁义？六亲不和，安有孝慈？邦家昏□，安有正臣？”这两个版本的意思可以说是完全相反的。现在所见的《道德经》版本是经后人整理和修改过的。

《论语·述而》载：“子曰：述而不作，信而好古，窃比于我老彭。”根据出土的“帛本”《老子》和“简本”《老子》，现代学者考证认为老聃其实就是老彭，孔子说他和老彭一样是“述而不作”，那么《老子》最初应该只是老聃的口述——“嘉言善语”。他的继承者将其记录了下来并加入阐释补充，老莱子和太史儋很可能就是在《老子》流传成书过程中对其加以阐释、加工、补充和整理的人。伏俊琏等现代学者认为，老聃、老莱子、太史儋三人可能在不同历史时期都对《老子》一书做出过不同的贡献，“《老子》最初由老聃口述大义，其弟子整理成最早的传本。老莱子和太史儋是《老子》流传成书过程中的阐释、加工、补充和整理者，三人在不

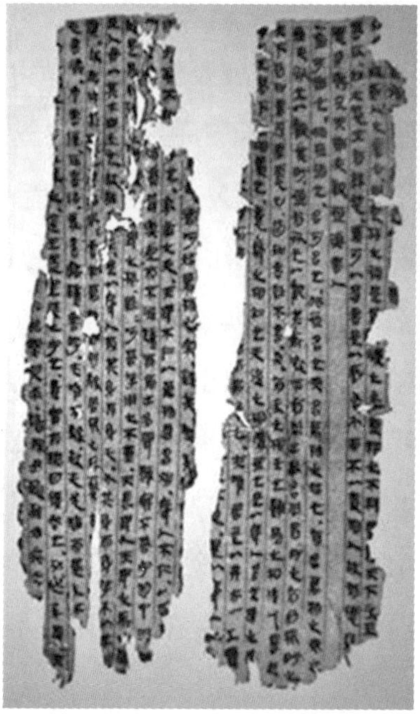

长沙马王堆汉墓帛书《老子》

同历史时期都对《老子》一书做出过不同的贡献。老聃口述的格言诗式的《老子》作为‘经’在社会上流传，且以口传为主，没有完全定型，因而不太完整，但思想已大致确定。老莱子在《老子》流传成书过程中起过重要的阐释、整理作用。太史儋是《老子》流传成书过程中最重要的阐释者，他整理、加工《老子》，并将其分为上下篇”。[①] 也就是说《老子》的成书不一定是一个人完成的，甚至最初的内容都未必是老子亲自写定的，正如《论语》非孔子私人著述一样。

作为儒家与道家各自的开创者，孔子与老子不一样的是，孔子后来成了圣人，而老子则演变为神人。在整个春秋时代，老子是人，没有任何神性的东西。战国以后，神仙方术渐渐被附会到黄老身上，因为老子思想的鸿蒙难解，玄之又玄，老子本人也开始变得神秘了。时代越往后，老子就变得越扑朔迷离，到了东汉，就成了人们信仰的神人。《后汉书·楚王英传》曰：“（英）晚节更喜黄老，学为浮屠，斋戒祭祀。”东汉末年，官方还为老子建立了祠堂，《后汉书·桓帝纪》记载曰：“（延熹）八年春正月，遣中常侍左悺之苦县，祠老子。”“十一月，使中常侍管霸之苦县，祠老子。”东晋葛洪的《神仙传》总结了早期人们对老子各类神异情形的描述，如出生神异，一说他母亲看到一颗大流星就怀孕了，一说他母亲怀了72年才生下他，而且老子一出生头发就是白的，所以被称为“老子”。老子为何姓李呢？也有神话传说，说因其母生之于李树下，并且他生而能言，指着李子树为姓，于是姓李。此外，《神仙传·老子篇》还记载说老子可以用符使人长生等等，这些大概都是从东汉以来就有的传说。

东汉末年，张道陵创立道教。为了吸引教众，他不断宣扬自己的神

① 伏俊琏，王晓鹃：《〈老子〉的作者及其成书时代》，《求是学刊》，2008年第2期。

异，而又说自己的神异是从老子那里得来的，这样，就把老子奉为了教主。张道陵为什么会选择老子呢？第一，已经神化了的老子有助于道教与当时同样被当作神的“佛”以及其他神仙方术相抗衡；第二，民间流传说老子西出函谷关，化身而为佛陀，说明佛教亦为道家的分支，而史书上又说儒家的创始人孔子曾经向老子学习过，这就又高了儒家一头，于是道教选老子，就有助于道教在三教的斗争中取得一个有利的位置；第三，汉代独尊儒术之后，儒家思想成为主流，而道教要想立身，就必须寻找一个能与之相抗争的体系，《道德经》就为道教的创立提供了理论支持。传说张道陵写了《老子想尔注》，这本书是对《道德经》的注解，而张道陵通过自己的阐释把哲学著作《道德经》改造成了宗教经典，尤其是使“道”人格化，他解释成为“吾”“我”，这就把“道”变成了人格神。《老子想尔注》文中又曰：“一散形为气，聚形为太上老君。”“一”即是道，其散形则为气，凝聚成形就是“太上老君”，“太上老君”的称呼第一次出现了。一直以来，神化了的老子常常被看作道的化身，而张道陵说道又是太上老君，这样，老子就成了太上老君。

（清）周培春绘　太上老君像

“太上”是什么意思呢？《老子》云：“有物混成，先天地生。寂兮寥兮，独立而不改，周行而不殆，可以为天地母。吾不知其名，强字之曰：道，强为之名曰：大。”“大”是

山东东平汉墓壁画《孔子见老子》

对“道”的形容，张道陵把“道”人格化，“大”也随之而变成了另一个形容词：“太上”。“太上”是至高无上的意思，《老子》云：“太上，不知有之；其次，亲而誉之。”《左传》说：“太上有立德，其次有立功。”《礼记》记载：“太上贵德，其次务施报。”《淮南子》第一篇“原道训”即讲太上之道。

总之，张道陵尊老子为道教的教主，而且最早把老子尊称为“太上老君”。到了南北朝，道教虽然分裂为各个派别，但基本都认可“太上老君”指的就是老子。当然，老子后来还有一些其他的名号，如道德天尊等，唐代段成式《酉阳杂俎》总结说：“老君又曰九大上皇洞真第一君、大千法王、九灵老子、太上真人、天老玄中法师、上清太极真人、上景君等号。”但“太上老君”这一称号，作为老子的代称，具有最普遍的社会认可度。

除了普通教徒尊称老子，统治阶层也对老子极为推崇。如唐代皇帝以老子李耳为始祖，于是建太清宫专奉老子，太上老君被封为太清境洞神教主。到了宋朝，宋真宗加封老子为“太上老君混元上德皇帝”。《续资治通鉴》记载说，“教主道君皇帝”宋徽宗自称曾梦到了被太上老君召见，他更是对太上老君信奉有加。

唐代老君石雕像

除了老子从历史人物变成了道教教主，道教从创立以来，还吸收了诸多历史人物进入其体系，如四大天师：张道陵、葛玄、萨守坚、许旌阳，他们都是在历史上确有其人的。其中，张道陵是道教的创始人，是张鲁的爷爷；葛天师葛玄是东晋写《抱朴子》的葛洪的从祖父，是道教灵宝派祖师，又被称为葛仙翁；许天师许旌阳就是许逊。此外，关羽、岳飞、姜太公等，也都是道教中的重要神仙。

10. 孔子是如何成为圣人的？人们为何把孔子画得丑丑的？

史料中记载了孔子的生活轨迹：他生于春秋末年，少年时代一直生活在鲁国，3 岁丧父，17 岁失去母亲，大约 18 岁后在宋，20 岁前回鲁，30 岁左右创办了私学，34 岁问学老子，35 岁到 37 岁在齐国，37 岁到 50 岁一直在鲁国，51 岁做官，55 岁到 68 岁周游列国，后返鲁。孔子的一生，他自己总结说："吾十有五而志于学，三十而立，四十而不惑，五十而知天命，六十而耳顺，七十而从心所欲不逾矩。"春秋末期，学在官府被打破，文献流散到社会上，孔子掌握了一大批文献，从而开创了私人教学模式，有教无类，弟子众多。他曾带着自己的主张周游列国，但处处碰壁，晚年回到家乡整理诗、书、礼、乐等文献。孔子 69 岁时，独子孔鲤去世。71 岁时，得意门生颜回病卒，孔子极度悲伤："天丧予！天丧予！"这一年孔子正在修《春秋》，有人在鲁国西部捕获了一只叫麟的怪兽，后来听说那个麒麟死了，孔子就停笔不写了，他感觉自己的大限也快到了。72 岁时，孔子突然得知大弟子子路在卫死于国难，哀痛不已。次年，孔子拄着拐杖在院子里，子贡去看他，孔子老泪纵横："我听说夏人死了要葬在东街，周人死了要葬在西街，殷商之人死了要葬在两个门柱之间，我昨晚梦到我坐在两个门柱之间（孔子祖上是宋国人，是殷商后裔），大概我也快死了吧。”7天后，孔子就逝世了，享年73岁。后来儒家的另一位圣人孟子活到了84岁。所以，民间有句谚语说“七十三，八十四，阎王不叫自己去”，人们认为圣人都活不过这两个“坎儿”，普通人更是没办法了。

孔子活着的时候就有人称他为圣人。一位官员问孔子的弟子子贡：孔子是圣人吧，为什么他知道的这么多啊，“夫子圣者与？何其多能也？”子贡马上说，那当然了，老天爷就想让我们老师当圣人，“固天纵之将圣，又多能也”。（出自《论语·子罕》）但孔子生前一直谦虚地声称自己不是圣人。

孔子去世后，他的弟子们发起了一场“造圣”运动。孔子一死，先是出来很多人诋毁他，如《论语》里面记载，当时的贵族叔孙武叔说“子贡贤于仲尼”，又记载“叔孙武叔毁仲尼”，陈子禽谓子贡曰“子为恭也，仲尼岂贤于子乎？”等等。当时人们诋毁孔子的一种方式就是捧孔子的学生子贡，子贡很有钱，也是著名的外交家，所以很被世人所看重，人们想借此来打压孔子的威望。但子贡对那些诋毁自己老师的言论都予以了回击，认为自己的老师如天，如日月，是高不可及的。正是子贡，一直把自己的老师奉为圣人，从而大大提高了孔子的地位，也使孔子的影响力逐步扩大。到了孟子的时代，孔子基本已经被定型为圣人了，孟子称他为“圣之时者”，即最知道什么时候该做什么事情的人。

到了汉代，司马迁写《史记》也夸赞孔子是圣人，他还把孔子传列入“世家”，评价孔子说：“《诗》有之：‘高山仰止，景行行止。’虽不能至，然心向往之。余读孔氏书，想见其为人。……天下君王至于贤人众矣，当时则荣，没则已焉。孔子布衣，传十余世，学者宗之。自天子王侯，中国言六艺者折中于夫子，可谓至圣矣！”独尊儒术以后，孔子以及儒学的影响力就更大了，其中一个重要原因是先秦的儒学在汉代被改造了。

秦统一六国，“焚书坑儒”，以法家治国。经历暴秦，又经过楚汉争霸，西汉初年，战争终于结束了，这时候，百姓们需要休养生息，而老子的清静无为恰好适应了时代的需求，“黄老之术”成为官方推举的一种治国思想。汉景帝的母亲窦太后极为推崇《老子》，有一次有个儒生来讲学，他批评了《老子》，窦太后很生气，把这个儒生扔到了猪圈里，让他和野猪打架。西汉前期中央王朝推行的“无为”思想虽对社会的恢复有一定的功效，但也有一个弊端，那就是放纵了地方势力的增长，这使地方逐渐有了挑战中央的实力，最终在汉景帝时期爆发了“七国之乱”。这次叛乱被平定后，统治阶层认识到，必须加强中央集权，因而就需要寻找维护封建大一统的指导思想。这时秦朝的灭亡已经证实单纯依靠法家暴力不可取，七国之乱也验证了黄老的“无为”面对现实往往无能为力，于是封建统治者把儒家当成了新的思想武器，用它来巩固封建专制统治。“三纲五常”就是汉儒总结的。“三纲”，即“君为臣纲，父为子纲，夫为妻纲”，孔子实际并没有说过这样的话。《论语·颜渊》有一句孔子的话是：“君君、臣臣、父父、子子。”意思是做君的要像君，做臣的要像臣，做父亲的要像父亲，做儿子的要像儿子，是说在其位要谋其政，但这话到了董仲舒嘴里就变了味，成为“三纲”，臣要服从君的统治，子要服从父亲的命令，妻子要唯丈夫命是从，后来宋儒也继承了这一说法。总之，儒学经过后代学者、士大夫们的不断改造与推崇，孔子渐渐成为维护封建统治的一面旗帜，所以历代统治者几乎都有对孔子的褒封，如汉代追称孔子为“褒成宣尼公”，宋真宗尊孔子为“玄圣文宣王”“至圣文宣王”，明世宗嘉靖尊其为“至圣先师”，清世祖顺治尊其为“大成至圣文宣先师”等等，孔子成为世代官方认可的圣人。

我们经常见到一些孔子像，把孔子画得丑丑的，如露着大板牙的明代《孔子燕居图》。

（明）佚名绘 《孔子燕居图》

孔子不是圣人吗？人们为什么会这样不尊重孔子呢？实际上这恰恰是对孔子的尊崇。这是当圣人的一个“副作用”，古人有一种思想，就是“圣人异像”，圣人一定要和普通人不一样。早在先秦时期，《荀子·非相》中就体现了这种思想，他说，古代的圣贤，像皋陶、周公旦、孙叔敖都奇丑无比。孔子更丑，他的脸

宋代绘 戴着驱鬼面具的人，荀子说的孔子可能长这样

就好像蒙上了一个丑恶难看的驱邪鬼面具。

注意，荀子说孔子丑，并不是为了讽刺他，而是为了表明，孔子虽然长得“丑”，但很有作为。长得好看的反而不行，他举例说桀、纣就长得英俊，身手敏捷，结果亡国了，成为天下人的笑柄。

在东汉王充的《论衡·骨相》中也说，大圣贤都长得很奇特，如传说尧的眉毛有八种颜色，天生不用描眉；禹的每只耳朵有三个洞，天生不用打耳洞；商汤的每只胳膊上有两个肘，你可以想象一下，他的手够到同一侧肩膀上，可能是个长方形。还有更奇特的，传说周文王有四只乳房；周武王不用抬头，眼睛就可以看见头顶上的太阳；孔子头顶凹陷，像翻过来的屋顶，等等。

所以，在“圣人异像”思想的影响下，汉代以后，随着孔子地位不断被提高，孔子被不断地“神圣化”，人们也就对孔子的相貌进行了一步步的“丑化”。地位越高，相貌越丑。如汉代纬书《孝经·钩命决》曰：

曲阜孔府藏 明代《孔子燕居图》

清代南薰殿藏画册中的孔子像

“仲尼斗唇，舌理七重”，“海口、牛唇、虎掌、龟脊、辅喉、骈齿”，等等。到了宋代，则又形成了“七陋”说：“鼻陋”，两个鼻孔朝天；“嘴陋”，两颗门牙是龅牙；“眼陋”，两颗眼球突出；“耳陋”，两只大耳朵下垂。这样一个人显然并不美观。曲阜孔府藏的明代《孔子燕居图》中的孔子就体现出“嘴陋”“鼻陋”等特征。

到了明代，张岱《夜航船》根据前代的纬书与传说，又提出了四十九种“丑法”：

> 仲尼生而具四十九表：反首，洼面，月角，日准，河目，海口，牛唇，昌颜，均赜，辅喉，骈齿、龙形，龟脊，虎掌，骈胁，参膺，圩项，山脐，林背，翼臂、窐头，隆鼻，阜胦，堤眉，地足，谷窍，雷声，泽腹，面如蒙倛，两目方相也，手垂过膝，眉有十二彩，目有二十四理，立如凤峙，坐如龙蹲，手握天文，足履度字，望之如仆，就之如升，修上趋下，末偻后耳，视若营四海，耳垂珠庭，其颈似尧，其颡似舜，其肩类子产，自腰以下不及禹三寸，胸有文曰“制作定世符”，身长九尺六寸，腰六十围。

孔子也真是不容易，活着的时候靠山山倒、靠河河干，四处奔波，没人重用；死了之后，思想被别人曲解，身份被别人利用，甚至连长相都由不得自己，被别人扭曲。

11. 孔子不姓孔？孔子后人怎么样了？孔融因不孝而被杀？

孔子不姓孔，而是姓子，孔氏。先秦时期，姓和氏是不同的，姓是一个部落的统称，而氏只是其中的一个分支。“子”是殷商的国姓，也就是说他是殷商人的后代，与商汤、商纣王是一家子。我们经常说孔子是鲁国人，实际上孔子祖上是宋国人，后来才移居到鲁国的。

当年周武王灭商后，按照当时的礼仪与信仰，灭人国家不灭人祭祀。殷商人的祖先还要被其后人祭祀（别的部族祭祀不管用），周朝统治者认为若不祭祀，这些殷商人的祖先会给周人捣乱，于是封商纣王的儿子武庚在商人的旧地河南安阳管理殷商遗民。后来武庚作乱，被杀，商纣王的庶兄微子启被封为宋公，管理殷商遗民，这就是宋国的创建者。微子去世后，传给微仲衍、宋公稽、丁公申，四传至湣公。宋湣公长子叫弗父何，本来他应该当国君，但他却让国于弟弟鲋祀，弗父何自己做了卿，孔子先祖由天子变为诸侯，再变为公卿之家。弗父何之曾孙叫正考父，据说《诗经》中的《商颂》就是他整理的，他也是卿，辅佐了宋戴公、武公、宣公。正考父之子叫孔父嘉，子姓，名嘉，字孔父。孔子六祖孔父嘉曾任宋大司马，也是卿，后来孔子姓孔，就跟这位叫孔父嘉的六祖有关。因为他名字中有

（明）仇英绘《孔子圣迹图》（孔子的母亲在尼丘山祷告）

个“孔”字，后人就从其名字中摘出为氏。汉以后，氏就变为姓了，姓与氏没什么区别了。孔父嘉在宋国的一场政变中，被一个叫华督的所杀，其后第二代或第三代人因为此事而从宋国移居到了鲁国，所以孔子出生在鲁国，也与这位六祖孔父嘉有关系。

到了鲁国的孔子前辈们又失去了卿的地位。孔子的父亲叫叔梁纥，子姓，孔氏，名纥，字叔梁，已经是士这个阶层了。叔梁纥是个大力士，有战功，但他有个遗憾就是家里没有能主持祭祀的儿子。孔子可能有九个姐姐和一个有残疾的哥哥叫孟皮。孟是大，仲是二。仲尼的称呼也可见孔子排行老二。叔梁纥是晚年才生的孔子，大约在他66岁的时候，娶了15岁的颜徵在，不久就有了孔子。大概因为年纪相差太大，不合礼法，所以《史记·孔子世家》说："纥（叔梁纥）与颜氏女野合而生孔子。"孔子3岁的时候，叔梁纥就去世了。孔子17岁的时候，母亲也去世了。当时鲁国的政权被"三桓"，即鲁桓公的后代，季孙、叔孙、孟孙控制着，其中势力最大的是季孙氏。这一年，季孙氏要宴请士这个阶层的人来吃饭，想看看有多少人还能为其所用。孔子听到消息后，认为自己的父亲是士，那么自己也应该是士，于是也去参加宴会。结果到了门口，他被季氏的家臣阳虎拦住，"孔子要绖，季氏飨士，孔子与往。阳虎绌曰：'季氏飨士，非敢飨子也。'孔子由是退"（《史记·孔子世家》）。阳虎说季氏请的是士，而不是孔子，言外之意，不承认孔子是士。士是贵族的最后一个阶层，失去这个身份，在当时就很难再做官了，年轻的孔子就这样要失去自己士的这个身份了。

孔子19岁结婚，20岁左右生了一个儿子。孔子说自己"十五而志于学""学而时习之"，因为好学名气渐渐大了，所以孔子生儿子，连鲁国的君主鲁昭公都知道了。鲁昭公派人送来一条鲤鱼给孔子，表示祝贺。礼不下庶人，国君给孔子送礼，就意味着承认了孔子的贵族身份，孔子靠着自己的好学赢回了士的身份。孔子这时候正好还没有给自己的孩子起名字，见到国君送来鲤鱼，于是就给自己的儿子取名"鲤"：孔鲤，字伯鱼。可以说孔子是第一个转发锦鲤的人。

王勃《滕王阁序》中说"他日趋庭，叨陪鲤对"，其中的"鲤"就是这位孔鲤。《论语》中记载有一个叫陈亢的人问孔鲤：您父亲有没有教给您一些不一样的东西？孔鲤回答说：没有。"尝独立，鲤趋而过庭"，有一次父亲独自站在堂上，我快步从庭里走过。他问我：学《诗》了吗？我说

（明）仇英绘《孔子圣迹图》（孔子的儿子出生）

没有，他说“不学《诗》，无以言”。于是我回去就学《诗》。又有一天，父亲又独自站在堂上，我快步从庭里走过，他问我：学《礼》了吗？我说没有，他说“不学《礼》，无以立”。于是我就回去学礼。陈亢听了很高兴，问了一个问题，得到三方面的收获：《诗》要学，《礼》要学，还知道了君子不偏爱自己的儿子。从这段记载可以看出，孔子对自己唯一的这个儿子的教育没有什么特别的地方。

孔子的这个儿子在孔子六十九岁的时候去世了，孔鲤留下一个孩子，即孔子的孙子孔伋，字子思。《史记·孔子世家》记载：“孔子生鲤，字伯鱼。伯鱼生伋，字子思。”据说是孔伋作的《中庸》，他的老师是曾子，他的再传弟子就是孟子，所以有人将其与孟子合称为“思孟学派”。没有子思，可能就没有孟子，他的影响很大，明朝的时候，他被奉为“述圣”。

台北故宫博物院藏　孔伋像

《史记·孔子世家》记载了司马迁同时代之前的孔氏传承：“子思生白，字子上，年四十七。子上生求，字子家，年四十五。子家生箕，字子京，年四十六。子京生穿，字子高，年五十一。子高生子慎，年五十七，尝为魏相。子慎生鲋，年五十七，为陈王涉博士，死于陈下。鲋弟子襄，年五十七。尝为孝惠皇帝博士，迁为长沙太守。长九尺六寸。子襄生忠，年五十七。忠生武，武生延年及安国。安国为今皇帝博士，至临淮太守，蚤卒。安国生卬，卬生驩。”孔子后人有好几次单传，后来渐渐开枝散叶，后人越来越多，据说到现在已经有两百万的孔子后裔了。

孔子的后人中出了不少名人，如第十一代孙西汉孔安国，是著名的经学家；第二十代孙中有我们都熟悉的孔融。孔融让梨的故事大家耳熟能详，长大后的孔融与曹操不合，经常讥讽他，如曹操禁酒，孔融反对，“操表制禁酒，融频书争之”（《后汉书·孔融传》），而且频频反对。曹操进攻邺城，袁绍家的妇人女子很多被掳掠，

清人绘　孔融像

曹操的儿子曹丕私自娶了袁绍之子袁熙的妻子甄氏，孔融就讽刺曹操，给曹操写信说：“武王伐纣，把妲己赏赐给周公。”曹操不明白，有这事？孔融说以现在的事来看，应该是有的。曹操这才明白，他是在讽刺自己父子两个，但因为孔融的名气大，曹操也无可奈何。曹操被封吴平侯，封地离都城仅仅三百余里，孔融就搬出《周礼》反对，“又尝奏宜准古王畿之制，千里寰内，不以封建诸侯”（《后汉书·孔融传》），曹操最终忍不了这个冷嘲热讽的孔融，就把他杀了，而杀他的罪名居然是孔融“不孝”，因为孔融曾经说过这样一段话：父亲对儿子没有亲情，他生儿子的本意，是为了发泄情欲；母亲像瓶子，儿子像瓶子里的东西，母亲生儿子，就像从瓶子里倒东西出来，东西出来后，两者就没什么关系了，“父之于子，当有何亲？论其本意，实为情欲发耳。子之于母，亦复奚为？譬如寄物缻中，出则离矣”（《后汉书·孔融传》）。曹操当年颁布招贤令，与汉代以来的“举孝廉”用人标准完全不同，他说“进取之士，未必能有行”，“不仁不孝，而有治国用兵之术”的人都能为自己所用。而当他想要杀一个对手的时候，不忠不孝则又成为一个重要的借口了，正如鲁迅在《魏晋风度及文章与药及酒之关系》中所说：“倘若曹操在世，我们可以问他，当初求才时就说不忠不孝也不要紧，为何又以不孝之名杀人呢？然而事实上纵使曹操再生，也没人敢问他，我们倘若去问他，恐怕他把我们也给杀了！”

孔子第三十二代孙有唐代的孔颖达，整理了《五经正义》。第六十四代孙清代的孔尚任，是著名的文学家，代表作就是《桃花扇》。

历代统治者几乎都有对孔子以及孟子的褒封，如汉代追称孔子为“褒成宣尼公”，后世称宣尼、尼父。到了宋朝的时候，孔子被宋真宗赵恒尊为“玄圣文宣王”，后来又被他尊为“至圣文宣王”。明世宗嘉靖尊其为“至圣先师”，清世祖顺治尊其为“大成至圣文宣先师”。不仅孔子受到追封，他的后代，曲阜孔氏家族也受历代帝王的封赐，孔子的嫡系后代可以世袭衍圣公的头衔，明清时期为正一品官阶，列为文臣之首，居住在衍圣公府，也就是现今的孔府，帝王们以此表示自己尊孔。作为儒家一个重要继承人的孟子，东汉赵岐首称他为“亚圣”，因为孟子主张“民为贵、君为轻”等思想，一直受到统治者的忌惮。直至宋代，因为大儒们对孟子的推崇，宋神宗才封孟子为邹国公，宋孝宗诏孟子为“亚圣”“四配”之首。元文宗又加赠孟子为邹国亚圣公，“亚圣”从此便成为孟子的代名词，从而使封建皇帝对孟子的封赐达到了极顶。明景泰年间孟子的第五十六代孙孟希文被授予世袭翰林院五经博士，从那以后，对孟子后裔也开始授世职。

我们常常看到姓孔或者姓孟的人，名字里都有一个相同的字，这实际是孔孟后人的标志。这种现象是从孔门第五十六代开始的，五十六代用“希”，五十七代用“言”。明朝初年，朱元璋曾赐孔氏八个辈字，即“公、彦、承、弘、闻、贞、尚、胤”供第五十八代到第六十五代起名用。同一辈的孔氏后代要用相同的字，孔府还专门颁布了《孔氏行辈告示》：“凡我族人，俱当遵照后开行辈，取名训字。”到了明末，崇祯帝又赐“兴毓传继广，昭宪庆繁祥”供孔氏第六十六代到第七十五代起名用。到了清朝同治年间，字不够用了，朝廷又赐字“令德维垂佑，钦绍念显扬”十个行辈字供第七十六代至第八十五代起名用。清末之际，政府动荡不安，孔子七十六代孙孔令贻未雨绸缪，在上次行辈字并没有用完的情况下，预先将孔氏家族行辈再续二十个字“建道敦安定，橘修肇益常。裕文焕景瑞，永锡世绪昌”，规定了第八十六代至第一百零五代的辈分排序，上报政府批准，然后颁布全国。孟氏家族的辈分排序，也是在明朝初期随即仿照孔家，这是因为不仅孔府与孟府有着良好的友谊关系，而且两个家族之间还存在着较为密切的婚姻关系，又因为孔子的后人历代世袭衍圣公，具有极高的地位，因而孟氏家族谱牒修成后要报孔府衍圣公备案。在孔府的影响下，孟氏从第五十八代“希”字辈开始，严格与孔氏用相同的辈分排字，两个家族的行辈完全一致起来。效仿孔氏家族的还有曾子的后人曾氏家族以及颜回的后人颜氏家族等。

现在孔氏后人的字主要用到了崇祯赐给的“昭宪庆繁祥”和同治年间的“令德维垂佑”，如我们熟悉的孔庆东、孔繁森、孔祥熙、孔令辉，我的朋友孔祥稳，等等。

12. 春秋时期一个美丽女子引起了历史的蝴蝶效应?

先秦史书和《诗经》中有不少作品会涉及同一女子，有的是褒扬，有的则是有意贬低。

齐国有个美女叫文姜，她本是齐襄公同父异母的妹妹，二人从小玩到大，感情深厚，后来文姜嫁给了鲁国的国君鲁桓公，而齐襄公却一直对她念念不忘。有一年，鲁桓公要去齐国会见齐襄公，文姜也要跟着，鲁桓公不明就里，就同意了。大臣们多知道文姜和齐襄公有暧昧关系，于是极力阻止，大臣申缟劝谏说，女人成了家，男人有了老婆，就不能冒犯对方，这就是礼，要是违反了这一点，离倒霉就不远了，“女有家，男有室，无相渎也，谓之有礼，易此，必败”。申缟说这话是在暗示鲁桓公，小心有奸情。《左传》未记载桓公的反映，《史记》中说鲁桓公不听，于是带着老婆就去了齐国，“公不听，遂如齐”。结果，文姜一到齐国，就出轨了，与哥哥齐襄公私通。纸终究包不住火，鲁桓公得知此事后，怒责文姜，文姜将鲁桓公的责骂告诉齐襄公。不久，齐襄公宴请鲁桓公，将鲁桓公灌醉后，让大力士公子彭生抱鲁桓公上车，公子彭生一用力就折断了鲁桓公的肋骨，最后鲁桓公死在了车中。在《诗经》中，《南山》这首诗就是讽刺齐襄公这段不正当婚外情的。齐国后来又有个美女叫哀姜，《列女传》说她是齐侯之女，对这个“齐侯”究竟是谁，则语焉不详，目前比较认可的是齐襄公或齐桓公。哀姜嫁给了鲁桓公的儿子鲁庄公，鲁庄公有个弟弟叫庆父。哀姜见到庆父后，和庆父开始私通。鲁庄公去世后，鲁闵公即位，哀姜就想着立庆父为国君，于是和庆父合谋杀了鲁闵公，但因吃瓜群众不服，舆论上一片骂声，哀姜逃到了邾国，最终被齐桓公引渡回国后杀了。都说国君的女儿不愁嫁，可这两个齐国的女儿却扰乱国家。当年齐僖公想把自己的女儿嫁给郑国的太子忽时，可把太子忽给吓坏了，他急忙推辞说，每个人都有自己的配偶，齐国是个大国，不是我的配偶，“人各有耦，齐大，非吾耦也”，我们郑国小，配不上您啊，饶了我吧。后来北戎部落入侵齐国，齐国向郑国求援，太子忽率领郑国的军队，帮助齐国打败了北戎。齐僖公又提起这件事，太子忽宁可得罪齐国的国君，也坚决推辞了这门婚事。

先秦史书和《诗经》都提到的祸乱女子除了文姜，还有褒姒。褒姒这个“惹得”天下大乱的女子，开启了“春秋”的时代，而另一个女子同样“惹得”天下大乱，同样先秦史书和《诗经》对她都有涉及，她则昭示了春秋末期的到来。

《诗经·陈风·株林》曰：“胡为乎株林？从夏南。匪适株林，从夏南！驾我乘马，说于株野。乘我乘驹，朝食于株。”这首诗背后就隐藏着一名奇女子，株林是夏姬的住地，这首诗是在讽刺陈灵公及其臣子与夏姬私通。

夏姬是郑国人，是郑穆公的女儿，长得极为漂亮，但因此招来了许多祸患，《左传》说：“子灵之妻杀三夫，一君，一子，而亡一国、两卿矣”。她克死了三任丈夫，为了她，死了一个国君，一个儿子，灭亡了一个国家，逃亡两个大臣。《列女传》说她“三为王后，七为夫人。公侯争之，莫不迷惑失意”。她四五十岁之后，还源源不断有人追求，无数高级贵族为了她争风吃醋，甚至天下格局也为之改变。

这个如此有“魅力”的女子，她的故事究竟是怎样的呢？

夏姬在郑国的时候，与庶兄公子蛮私通，不到三年，公子蛮就去世了，夏姬就远嫁给了陈国的官员夏御叔，这也就是为什么她被称为夏姬。《诗经·陈风·株林》中提到的夏南是夏姬与夏御叔的儿子，叫夏徵舒，字子南。夏姬生下孩子不久，夏御叔就去世了（出土材料清华简又说夏姬为夏徵舒之妻，可备一说），夏姬恢复了单身。《左传·宣公九年》记载陈灵公与大臣仪行父、孔宁经常借机与夏姬厮混，《诗经·陈风·株林》就是对陈灵公及大臣们与夏姬厮混的讽刺，“胡为乎株林”，他们到株林干什么去？“从夏南兮？”是去找夏南吗？欲盖弥彰，他们打着去找夏南的幌子，然而大家都知道他们去干什么。“朝食于株”，在夏姬家吃早饭，古人认为这里的“食”有“性”的暗示，即暗示这些君臣实际是到株林夏姬家淫乱。

夏南一天天长大，身材伟岸，善于骑射，陈灵公让其承袭父亲的官职，掌管兵马。夏南在家中款待陈灵公、孔宁与仪行父，结果三人喝醉后丑态百出，互相开玩笑。陈灵公说夏南长得像仪行父，仪行父说夏南长得也像陈灵公，三人哈哈大笑。早已经知道他们那些破事的夏徵舒，再也忍不了，一冲动就把陈灵公杀掉了，两个大臣则趁乱逃跑，一直跑到了楚国。“陈灵公与孔宁、仪行父饮酒于夏氏。公谓行父曰：‘徵舒似女。’对曰：‘亦似君。’徵舒病之。公出，自其厩射而杀之。”（《左传》）

弑君之后的夏南，自立为陈侯。孔宁、仪行父到了楚国，游说楚庄王（“问鼎中原”这个成语就与他有关），说夏南弑君无道，要求楚国出兵帮助他们。于是楚庄王带兵灭了陈国，车裂了夏南，同时也逮住了夏姬。楚庄王见到夏姬，也不由得为其美色迷惑，就想据为己有。楚国的贵族申公巫臣则用讲道理的方式予以阻止：你是来讨伐夏南弑君之罪的，要是你娶了夏姬，别人还会以为你打陈国就是为了女色，你要爱惜你的羽毛，珍惜你的名声啊，“君召诸侯，以讨罪也。今纳夏姬，贪其色也。贪色为淫，淫为大罚。《周书》曰：‘明德慎罚。’文王所以造周也。明德，务崇之之谓也；慎罚，务去之之谓也。若兴诸侯，以取大罚，非慎之也。君其图之！”（《左传》）楚庄王被申公巫臣“道德”绑架，无奈，只能放弃娶夏姬。

楚庄王之弟子反也想得到夏姬，申公巫臣又大费周章地劝子反放弃：因为她，一个国家灭亡，一个君主去世，两个大夫流亡，娶之不祥，天下美女有很多，干吗非要娶她呢？你仔细想想，娶她多危险啊，千万别给自己找事，“是不祥人也！是夭子蛮，杀御叔，弑灵侯，戮夏南，出孔、仪，丧陈国，何不祥如是？人生实难，其有不获死乎？天下多美妇人，何必是？”（《左传》）子反听完，认为有道理：多亏了您的提醒，我谢谢您。

最后，楚庄王把夏姬嫁给了楚国的另一个贵族连尹襄老。结果嫁过去不久，晋楚邲之战爆发，楚国虽然战胜，但也付出了惨重的代价，先锋连尹襄老战死沙场，他的尸体被停放在楚国的盟国郑国，他的儿子黑要连父亲尸体都没来得及收拾就返回去追求夏姬。

实际上申公巫臣也早盯上了夏姬，他给夏姬出主意，让她以给连尹襄老收尸为由回自己的母国郑国。申公巫臣则自己受王命出使齐国，他借此机会，取道郑国，带上夏姬一起去了齐国，后来又转道到了晋国，楚才晋用，从此在晋国做官。夏姬终归了申公巫臣。

子反得知后，快气死了，就联合子重灭掉了申公巫臣留在楚国的整个家族，并瓜分了他的家产，“杀巫臣之族子阎、子荡及清尹弗忌及襄老之子黑要，而分其室”（《左传》）。申公巫臣得知之后，痛心疾首，发誓要报仇，于是劝说晋国的君主，联合吴国一起对付楚国。他派自己的儿子狐庸出使吴国，给他们带去先进的战车与战术，教吴国人如何打仗，如何对付楚国,“与其射御,教吴乘车,教之战陈,教之叛楚”(《左传》)。从此,吴国不断侵扰楚国各地,仅仅一年的时间里,负责楚国军事任务的子反、子重七次疲于奔命,到处“救火”,但往往是按下葫芦浮起瓢,到处都是求救之声,他们疲于应对。原来属于楚国的蛮夷小国,几乎都被吴国占领,吴国实力大增,成为楚国劲敌,“吴始伐楚,伐巢、伐徐。子重奔命。马陵之会,吴入州来。子重自郑奔命。子重、子反于是乎一岁七奔命。蛮夷属于楚者,吴尽取之,是以始大,通吴于上国”(《左传》)。

当年一个晋国就够让楚国头疼了,现在后院起火,旁边又崛起了一个吴国,楚国再也无力争霸了。后来楚国又发生了逼走伍子胥之事,伍子胥到了吴国,带领吴国的军队直接打到了楚国的都城,还对楚王的尸体进行鞭尸。再后来楚国靠着秦国的势力,渐渐收复失地,而为了对抗吴国,楚国也在吴国的旁边扶持了一个国家,这就是越国。

春秋后期,吴越争霸。先是越国致吴国君主阖闾去世,吴王夫差报仇,然后又是卧薪尝胆的越王勾践复国报仇。从《左传》的记载来看,其根源似乎正与夏姬有关。夏姬这个女子在《左传》中始终没有正面出场,但她就如同一只蝴蝶,扇动翅膀,不承想后来竟引起一股飓风,扰乱了整个天下。这样的记载,很可能是史官为了合理解释春秋末期吴越争霸是如

越王勾践剑

何兴起的，就把这个责任归溯到了这样一个女子身上。

到这时候，夏姬的故事还没有完。据说夏姬嫁给申公巫臣之后，生了一个女儿，这个女儿嫁给了晋国的羊舌肸（xī）。开始这门婚事遭到了羊舌肸母亲羊舍姬的抵制，她认为夏姬这个女人不好，娶她的女儿会大祸临头。羊舌肸害怕了，打算放弃，但晋国的君主不知为何，偏要他娶夏姬的女儿。后来夏姬的女儿与羊舌肸生了一个儿子，叫羊舌食我，羊舌肸的母亲去看这个孙子，说他哭像豺狼，狼子野心，将来肯定会给这个家族带来祸患，“是豺狼之声也。狼子野心，非是，莫丧羊舌氏矣”（《左传》）。这个孩子羊舌食我后来果然给家族带来灾难，导致被灭族。羊舌氏的开基祖先是晋献公的侄孙，是晋文公的堂侄，他们是公族，是可以与当时其他世代掌握

（晋）顾恺之　晋羊叔姬[①]

① 羊舍姬是羊叔姬的婆婆。羊舍姬的儿子羊舌肸娶了夏姬的女儿，此女后被人们称为羊叔姬。先秦时期，男子称氏，羊舍就是氏；女子称姓，姬就是姓，女子的姓往往放在名字后边。我们熟悉的妲己，并不是姓苏，可能是“己”姓。

晋国重要职位的世家大族，如韩氏、赵氏、魏氏、智氏、范氏、中行氏等相抗衡的一个家族。晋景公、晋悼公扶持这个公族势力就是来平衡众卿势力的，羊舌氏与晋国君主有血缘关系，对晋国君主有着重要的保护作用。他们的被灭，也就为后来晋国君主势单力孤，国家最终被三家瓜分埋下了伏笔。不过在羊舌食我被灭的时候，他的后代逃了出来，逃到了陕西华阴，"羊舍"后人改为"杨"姓，这就是"弘农杨氏"。西汉的杨敞（司马迁的女婿），东汉的杨震（"天知、神知，我知、你知"就是他说的），三国时的杨修，隋文帝杨坚，唐代的杨玉环，宋代的杨万里等等，据说都是夏姬外孙后人的后人。

到了汉代，刘向《列女传》特意为夏姬立传，他评价说："夏姬好美，灭国破陈。走二大夫，杀子之身。殆误楚庄，败乱巫臣。子反悔惧，申公族分。"夏姬的故事可以说与褒姒是一样的，是"女色祸国论"的版本之一，鲁迅先生曾指出："历史上亡国败家的原因，每每归咎女子，糊糊涂涂的代担全体的罪恶，已经三千多年了。"（鲁迅《我之节烈观》）夏姬的一生，没有一句话流传下来，而陈、楚、晋、郑、吴、越等国所有的"坏事"好像都与她有关。在男尊女卑的社会，没有话语权的女子只能任历史"打扮"，成为某个时代的"背锅侠"。

13. 古代女孩也会对男权进行“反击”吗？
古代女性也吐槽

在古代到了一定年龄，女孩子就要出嫁。周代的贵族娶亲，发明了陪嫁制度，“一聘娶九女”，即娶一个，要九个女子陪嫁，这是为了方便与各个诸侯政治联姻，如鲁国君主娶了齐国的女孩子，宋国、陈国等就要跟着分别陪嫁女子，这几个国家就有了亲戚关系，而女孩子们则多半成为政治的牺牲品。在后世封建的婚姻关系中，帝王佳丽三千，一般男子也往往会一妻多妾（古代并不是一夫多妻制，而是一妻多妾，妻子只能有一个），女子在婚姻中的地位，就可想而知了。在我们的印象中，往往都是男子掌握着婚姻的主导权。但你知道吗？早在春秋时期，有一个国家，却保留着一种风俗，就是大女儿可以不出嫁，甚至可以招上门女婿，女子掌握着“主动权”。

《战国策》中有这样一个故事：有一年，齐国的使者来到赵国参见赵威后，这个赵威后就是《触龙说赵太后》中的那位赵太后。这个老太后是一个很厉害的女子，赵太后见到使者后说：今年的收成好吗？老百姓好吗？齐王好吗？“岁亦无恙耶？民亦无恙耶？王亦无恙耶？”使者听后很不高兴，回答道：我奉齐王的使命，来问候您，现在您不先问齐王是否安康，反而先问年成和百姓，岂不是把贱的放在前面，把尊贵的放在后面吗？赵太后说：不是这样，假如没有收成，哪里有百姓？假如没有百姓，哪里有国君？“不然，苟无岁，何以有民？苟无民，何以有君？”赵太后先问收成，再问百姓，最后才问齐王，这显然是以民为本。接着，赵太后又问齐国的几个大贤人为什么没有得到重用，其中就提到一个“大龄剩女”。赵太后说：北宫氏的女儿婴儿子平安无事吗？她摘掉耳环等装饰品，到老不嫁，来奉养父母，这是带领百姓尽孝心的人，为什么到今天还不让她上朝呢？“北宫之女婴儿子无恙耶？彻其环瑱，至老不嫁，以养父母。是皆率民而出于孝情者也，胡为至今不朝也？”赵太后显然是在指责齐国不尊重贤孝之人，认为北宫氏的女儿婴儿子为了照顾父母，不出嫁，多么孝顺啊，国家应该奖励她。实际上，赵太后谈到的北宫氏的女儿婴儿子到老不嫁，是齐国“大龄剩女”的风俗使然。据说齐国和鲁国刚封国的时候，鲁国用了三年时间才完成了初步的稳定，而齐国却只用了五个月。鲁国用的时间长，是因为鲁国的国君坚持用周礼治理鲁国，把鲁国当地的习俗都转变过来了；而齐国用的时间短，是因为齐国的封君简化了周的制度，并依照当地风俗来治理封国，于是齐国保留下来了很多原始的风俗。其中一个就是家中的大女儿可以不嫁人,《汉书·地理志》说，齐国的长女不嫁人，要在家中主持祭祀，是家庭中的掌权者和主持人，“于是令国中民家长女不得嫁，名曰‘巫儿’，为家主祠，嫁者不利其家，民至今以为俗”。这可能是母权社会的遗迹。当然，不嫁不等于不娶，在齐国，婚姻的“主动权”可能是反过来的，被操纵在女方的手中。

《诗经·齐风》中有一首叫《著》的诗：

俟我于著乎而。充耳以素乎而，尚之以琼华乎而。

俟我于庭乎而。充耳以青乎而，尚之以琼莹乎而。

俟我于堂乎而。充耳以黄乎而，尚之以琼英乎而。

“俟我于著乎而”意思是等我在屏风前，“俟我于庭乎而”意思是等我在庭院里，“俟我于堂乎而”意思是等我在厅堂上，你可以理解是男子来迎娶女子，女子眼中的男子一步步向自己走来，但也可以这样理解：在齐国由女子主导的婚姻习俗中，男子是来当上门女婿的。这首诗是新娘看着新郎一步步由“著”到“庭”到“堂”，女孩子：来来来，快到我的碗里来。男女地位的颠倒是有可能的。

在我们印象中，古代是男权社会，女子是被压迫的对象，是没有话语权的。实际上在古代，也有不少女子占主导地位，有女子“吐槽”男子的作品，或者女子对男子进行“反击”的故事留存。

先秦时期，我们熟悉的《诗经》中的一首作品《氓》就是一个女孩子对男孩子的大胆“吐槽”。“氓之蚩蚩”，刚开始的时候，这个男孩子伪装得很好，蚩蚩，忠厚貌，这个看似老实的男孩子来干什么呢？“抱布贸丝”，来找这个女孩子买蚕丝，“匪来贸丝，来即我谋”，自古套路得人心，男孩子追女孩子自古就是有套路的，找个借口搭讪，约着看个电影，一起吃个饭，其实都是在为自己接近女孩子创造机会。而实际上女孩子也对此心知肚明，但表面上还要假装不知道你的小心机：请开始你的表演。男孩子追女孩子的时候，往往女孩子占主导地位，但一旦追到手，西方有个谚语叫从奴隶到将军，男孩子开始得意了，而且会仗着女孩子喜欢上自己了就开始蛮不讲理。这个男孩子就是这样，他想和这个女孩子结婚，却偏偏不想走正规途径，即不找媒人。在古代，媒人是对女孩子的一种重要保护，是婚姻合法的一种象征。而这个男孩子就是不想走合法程序，并且还埋怨这个女孩子一直拖着，女孩子解释说“匪我愆期，子无良媒”。女孩子坠入爱河之后，往往就会不断妥协，她一看男孩子生气了，就又马上妥协说，好吧，好吧，没有媒人就没有媒人吧，我们秋天就结婚，“将子无怒，秋以为期”。结果这一妥协，换来的就是一场悲剧。“以尔车来，以我贿迁”，男孩子弄来一辆车，就把她的嫁妆都拉走了，而这批嫁妆后来都被这个男孩子挥霍掉了，“自我徂尔，三岁食贫”。这个男孩子不仅骗色，还骗财。女孩子嫁过去之后，这个男孩子对她很不好，女孩子“三岁为妇，靡室劳矣，夙兴夜寐，靡有朝矣”，结果这个男孩子不仅“二三其德”，还“言既遂矣，至于暴矣”。还好这个女孩子能及时地止损，河水还有个岸边，有到头的地方呢，“反是不思，亦已焉哉。”我们也就到此为止吧。这个女孩子通过自己的遭遇，警醒其他女孩子，远离渣男，要及时止损。

《左传》中有这样一个故事，记载的是一个女子如何反击性骚扰。楚文王的夫人息妫（xī guī），目如秋水，脸似桃花，长得非常漂亮，人称“桃花夫人”。楚文王去世后，令尹子元独揽大权，他看上了这位美貌的息夫人，于是就想要撩她，引诱她。子元先是在她的宫旁又造了一间房舍，继而时常在旁边跳一种叫“万舞”的舞蹈。闻一多《神话与诗》曾提到“万舞与妇人有特殊关系”，“万”字甲骨文的形状像一个蝎子。有学者就提出，“万舞”其实最初来源于模仿蝎子交配，由男女共跳，因而舞姿有诱惑性、挑逗性。它之所以后来有军事舞的意义，也是源于它的本义。息夫人看到后，反击说：“先君让人跳这个舞蹈，是用来演习战备的。现在令尹不用于仇敌，而在一个寡妇旁边跳，不是很过分吗？”子元听到后，羞愧难当，觉得一个女子考虑的都是国家大事，而自己却忘了做人臣的本分，于是出兵去攻打郑国。这年秋天，楚国内斗，子元就被申公斗班杀掉了。

在古代，夫妻之间，妻子据理力争的“反击”的故事也有很多。《世说新语》记载，王戎的老婆经常以“卿”称呼他，好比现在叫“亲”。王戎听到后很不开心，古代礼法等级森严，他认为这样的称呼不合礼仪，就指责老婆对自己不尊敬。结果他妻子反驳说：“亲卿爱卿，是以卿卿，我不卿卿，谁当卿卿？”我亲近你，爱恋你，所以才称呼你为“卿”，我不叫你“卿”，谁还能叫你“卿”呢？“卿卿我我”这个成语就出自这里。王戎听后，也没办法，只能听之任之了。

《世说新语》还记载了这样一个故事：许允的妻子是阮家的大小姐，虽然出身不错，但长得不好看。新婚之夜，两人拜完天地后，许允实在不想进洞房去见她。后来经过劝说，许允终于进了洞房，然而他见到新娘后，就又立即想往外走。新娘急忙上前拉住他的衣襟。许允闭着眼睛说：“妇有

明代《千秋绝艳图》局部（描绘了五十多个有名的女子，如班昭、王昭君、蔡文姬、卓文君、赵飞燕、罗敷、小乔、谢道韫、绿珠、苏小小、红拂、杨贵妃、关盼盼、步非烟、李清照、薛素素等）

明代《千秋绝艳图》局部

四德，卿有其几？”书上说，女人须具备妇德、妇言、妇容、妇功这四种品德，你又有其中几样呢？这个新娘虽然其貌不扬，但实际上很有才华，对答说：“新妇所乏唯容尔，然士有百行，君有几？”我所欠缺的只是颜值，然而读书人应该有各种好品行，夫君又有几种呢？许允说：“全都具备。”新娘接着说：“夫百行以德为首，君好色不好德，何谓皆备？”在各种好品行中德行居首位，夫君好色不好德，怎么能说全都具备呢？”许允听完，面有愧色。

女孩子还是要多读书。在《笑林广记》中有一个笑话也很有意思。一个人有一个很厉害的妻子，而且他妻子读了很多书。这个丈夫想再娶一个小妾，于是说“于传有之，齐人有一妻一妾”。他对妻子说：“书上说‘齐国人有一妻一妾’”，所以我想纳妾。妻曰：“若尔，则我更纳一夫。”妻子说，你要是敢纳妾，我就敢一妻多夫。丈夫问："你有书上的依据吗？过去有过这样的事吗？"妻答曰："河南程氏两夫。"有啊，书上说，河南叫程氏的妇女有两个丈夫。夫大笑，没有办法难住妻子。这里边涉及两个典故，"齐人有一妻一妾"一句出自《孟子》，"齐人有一妻一妾而处室者"，是说齐国有个人和一妻一妾共同生活。丈夫每次外出，都说自己是吃饱喝足才回家。妻子问跟他一起吃饭的都是些什么人，他说都是一些有钱有地位的人，后来发现实际上自己的丈夫是去坟墓捡祭品吃。"河南程氏两夫"出自《大学》序，实际指的是河南姓程的两位夫子程颢、程颐，即程朱理学的二程，夫是夫子的意思，是对长者的敬称。而这里妻子很聪明，用了"夫"字的另外一个意思。古代女子都称某氏，这里把程氏当成一个女人，两夫从两个夫子变成了两个丈夫。

《笑林广记》中还有一个故事，也是说一个人有一个厉害的妻子，男人每次想要纳妾，妻子就说，咱们家穷，哪儿有钱买妾啊？如果有钱，随便

（清）孙温绘 《红楼梦图册》中的王熙凤

你。丈夫从别人那里贷款，男人有钱就变坏，告其妻曰：“金在，请纳妾。”我现在有钱了，可以养个小妾吗？妻子把钱装进了自己的袖子中，说：我现在情愿做小的，这些钱就算是买我的吧。丈夫最后没有办法了。

在古典小说中，女子反击的故事就更多了，如《杜十娘怒沉百宝箱》中李甲把杜十娘卖给孙富之后，杜十娘的愤怒；《红楼梦》中贾琏偷娶尤二姐之后，王熙凤的报复。在戏曲的舞台上更是有不少男人被女人打趴下的故事，如薛丁山就打不过樊梨花，杨宗保也打不过穆桂英，等等。这样的男女故事，见仁见智，从中也可以看出，大概中国古代文人有着一种自轻自贱的想法。

14. 宋襄公：楚国人不讲武德

在中国古代历史上，有一段时期，战争是讲“武德”的。只不过因为一场战争，这种战场上的“武德”精神就渐渐没落了，这就是宋襄公与楚成王的“泓之战”。

齐桓公逝世后，齐国因君位继承而引发内乱，次年，宋襄公出兵协助齐孝公取得君位。宋襄公因为扶持了齐国的君主，感觉自己有实力了，就“膨胀”了。与此同时，南方的楚国渐渐强大，“汉阳诸姬，楚实尽之”（《左传》），楚国接连不断地吞并一些姬姓小国家，以壮大自己。楚成王就想借齐国中衰、中原无霸的机会将楚国的势力渗入中原地区。而已经“膨胀”的宋襄公，不顾宋国国力尚弱，想继齐桓公之后，当第二任霸主。两种“野心”碰到一起，必然引起矛盾。

宋襄公要当霸主，于是以盟主身份约楚成王以及陈国、蔡国、郑国、许国、曹国之君在盂（今河南省睢县西北）会盟，齐国和鲁国借故未到。宋襄公不顾自己大臣公子目夷的建议，轻车简从赴会，以争取与会诸侯的信任。结果在会场上，楚成王不讲“武德”，带领兵将搞偷袭。宋襄公打着“以德服人”的大旗，没有军事准备，大意了，因而被擒。

宋襄公被擒后，楚成王更是不讲“武德”，押着宋襄公来到宋国都城外，要求宋军投降，结果宋军不为所动，坚守城池，楚军数月未下。不久，在鲁僖公的调停下，楚成王于同年冬释放了宋襄公。宋襄公放下狠话，年轻人好自为之。回国后，不甘受楚之辱，亦未放弃争霸之心，不顾大臣公子目夷和公孙固的劝说，于公元前638年（周襄王十四年）夏，联合卫国、许国、滕国三国进攻附楚的郑国。楚成王为救郑率军攻宋。宋襄公遂由郑撤回迎战，于是就发生了著名的泓之战。

《左传》记载，在泓水之战中，宋军因兵力少而处于相对的劣势，但如果宋军能凭恃占有泓水之险这一先机之利，采用“半渡而击”，即当楚军渡河过来一小部分人，很多人还在河中间以及河对岸的时候，先发制人，是有可能打败楚军的。但宋襄公却坚持所谓的“武德”，认为人家过河过一半就进攻，不道德，所以不允许军队这样做。等楚军都过了河，队列还没有整理好，手下人又建议可以趁着楚军现在没有准备好而偷袭他们，宋襄公仍坚持所谓的道义，“不鼓不成列”，为了公平，不能趁对方没准备好而进攻。等楚军收拾好了，两军交兵，在战争的过程中，宋襄公还在坚持“武德”，要求手下人不要伤害对方的老人，“不重伤，不禽二毛”，而楚国却不管这一套，无论老幼，志在消灭宋军的有生力量，最终宋军大败，宋襄公自己不久也因伤股而死去。

对于宋襄公的做法，儒家称其“仁义”，法家斥其“愚蠢”，持道德理想主义立场的往往对宋襄公进行褒扬，而站在批判现实主义角度的则往往对其进行谴责。泓之战对春秋时期战争观的一个重要影响就是，战争从此就更不讲“武德”了。

在宋襄公之前，战争是讲“武德”的，在战场上，不杀害老人是古老的规则。《春秋穀梁传·文公十一年》云：“古者不重创，不禽二毛。”《淮南子·氾论训》云：“古之伐国，不杀黄口，不获二毛，于古为义，于今为

南宋李唐绘　宋襄公泓水之战后，礼遇正在流亡的重耳（背对者为宋襄公）

笑。”《司马法·仁本》曰：“见其老幼，奉归勿伤，虽遇壮者，不校勿敌，敌若伤之，医药归之。”对于老弱士兵，在战场上确实如宋襄公主张的那样，是不能杀害的。当代著名学者徐中舒先生在谈到宋襄公在泓之战中“不重伤，不禽二毛”“不以阻隘”“不鼓不成列”时指出：“大约这些是古代原始村社之间战争的公共规则，宋国保留古代礼制较多，江淮流域也是古代发展缓慢的地区。”宋襄公之前，在战争中，人们确实讲“武德”，但时代在变化，当此之时，楚国已经不讲“武德”了，而宋襄公却还在坚持“老理”。

子曰：“晋文公谲而不正，齐桓公正而不谲。”谲（jué）是欺诈、玩弄手段的意思，宋襄公正是处在从“正”到“谲”的时代。泓水之战规模虽然不大，但是在中国古代战争发展史上却具有一定的意义。它标志着商周以来以“成列而鼓”为主要特色的“礼义之兵”行将寿终正寝，新型的以“诡诈奇谋”为主导的作战方式正在崛起。春秋的战争已经进入了一个新的时期，新的时期要求战争就是为了胜利，为了胜利可以不顾及以前的战争规则，可以无所不用其极，哪怕是“诡诈之道”。

自泓之战后，“诡诈”的战法原则在军事活动领域内普遍流行。班固在《汉书·艺文志·兵书略序》说：“自春秋至于战国，出奇设伏，变诈之兵并作。”社会呼唤着新的兵法以适应变化了的客观情况，用来更好地指导战争。《孙子兵法》应运而生，它明确提出了“兵者，诡道也”“令半济而击之，利”“兵以诈立，以利动，以分合为变”等新时期的战争精髓要义，是孙子对战争本质特征的深刻理解，与先前的《司马法》倡导的“武德”迥然不同，两者之间确实存在着一条不可逾越的时代鸿沟。

宋襄公希望自己像齐桓公、管仲那样，通过仁义征伐达到“九合诸侯，一匡天下”的中原霸主地位。所以他率领“仁义之师”恪守上古军礼，但敌方楚国并没有遵守“武德”。这说明，上古军礼开始失去了权威性。宋襄公的失败在于彼此的作战理念不同。当时“礼”在人们心目中占据重要地位，认为失礼必败。而楚国不守军礼并因此获胜，为后继者做了效仿的榜样。从那以后，战争的直接目的逐渐由先前的讨伐不义、兴师问罪、存亡继绝等转变为战胜对方，不论胜利是通过何种方式取得的，也不管战争性质的正义与否。

遵守“武德”的情形到战国时已经不见了。《墨子·非攻》云：“今王公大人、天下之诸侯则不然，将必皆差论其爪牙之士，皆列其舟车之卒伍，于此为坚甲利兵，以往攻伐无罪之国，入其国家边境，芟刈其禾稼，斩其树木，堕其城郭，以湮其沟池，攘杀其牲牷，燔溃其祖庙，劲杀其万民，覆其老弱，迁其重器，卒进而柱乎斗。”城池、树木、牲畜、万民、老弱都是战争中毁坏杀伐的对象。

到了孟子时，“杀人盈城”“杀人盈野”。残酷的“内卷”时代，为了胜利，人们早已经抛弃了“德”的大旗了，只有孟子在不断地呼唤“仁义”，可惜没有人听得进去。商鞅与孟子同时，等商鞅变法后，大秦帝国这个杀人机器开始运转起来，在战争中，就更是不讲“武德”了。白起说：“我固当死，长平之战，赵卒降者数十万，我诈而尽坑之，是足以死。”靠着诈骗，坑杀了已经投降的数十万赵军，哪还有半点儿“武德”可讲！

15. 古人担心胖吗？春秋时期有哪些高超“运动员”？

我们现代人比较关注身材，古人也是这样。尤其是先秦时期，如果你胖了，可能就会有人来问你怎么胖的。

《左传》记载了“同事”之间的这样一个故事：鲁哀公从越国访问回来，大夫季康子、孟武伯在五梧迎候。当时，郭重是鲁哀公的亲信，为鲁哀公驾车，孟武伯一直对郭重被鲁哀公器重不满，但又抓不住他的把柄。鲁哀公在五梧宴请大夫，孟武伯看了看郭重，一边敬酒，一边取笑说：您怎么长得这么胖啊？“武伯为祝，恶郭重，曰：‘何肥也。’”鲁哀公听了，很是厌恶，便代替郭重答道：这个人吃自己的话吃得多了，能不肥胖吗？“食言多也，能无肥乎！”“食言”，《尔雅》释：“食，言之伪也。……言而不行，如食之消尽，后终不行，前言为伪，故通称伪言为食言。”意思是说的假话像吃的食物一样，吃下就没了，不谈兑付与行动。这句话其实是反过来讽刺孟武伯惯于说话不算数，平时孟武伯就经常食言。在此众目睽睽之下，鲁哀公绵里藏针地回击，大家心照不宣，都会心一笑，都知道是在说孟武伯。孟武伯因此被羞得面红耳赤，说不出话来，本想让胖子郭重难堪，没想到最后小丑却是自己。

《韩非子》记载了“同学”之间这样一个故事：开学了，孔子的学生们都回来了。子夏见到曾子，曾子问子夏：哟，你怎么胖了？“子夏见曾子，曾子曰：‘何肥也？’”子夏说，因为战胜了，所以胖了。曾子说，啥意思？子夏说，我在家学习，了解了古代的圣明君王，就爱上了这些圣明君王的大道理，可一出门，当看到荣华富贵，我又被这种荣华富贵的欢乐所吸引，所以这两个念头在脑子里经常斗争，不分胜负，因而就瘦了。而现在，终于是先王的仁义道德胜了，所以没有了纷争烦恼，我就胖了。子夏曰：“吾入见先王之义则荣之，出见富贵之乐又荣之，两者战于胸中，未知胜负，故臞（同“瘦”）。今先王之义胜，故肥。”这是一个能够战胜自己而自“胖”的故事。

宋人绘《孔子弟子图》中的子贡与子夏

有时候胖与思虑或吃得多少无关，可能就是体质问题。东汉王充《论衡》就记载说陈平当年家境贫困，没什么吃的，结果他还是很胖，大家都很奇怪，陈平是吃了什么长得这样胖，“平何食而肥”。有时候，胖没有什么不好的，陈平正是靠着自己胖乎乎的形象，获得了刘邦的信任，成为西汉的开国宰相。

我们现代人为了保持好身材，需要经常运动，春秋时期的人也比较在乎身材，也有各种运动方式。而且春秋时期，在一些特殊历史事件中，还展现出不少特殊的“运动”高手，如果让他们参加“运动会”，绝对能拿好名次。

如长跑项目，可以派出南宫长万。他是春秋时期宋国人，力大无比。但有一次，宋国与鲁国交兵，南宫长万不小心被俘，最终宋国求情，才被送回来。没想到，宋国的国君气量狭小，从此不再敬重他，还经常拿他当过俘虏这件事开玩笑，国君说：原来我尊敬你，如今，你做过鲁国的俘虏，所以我便不再敬重你了，“始吾敬子，今子，鲁囚也，吾弗敬子矣”（《左传·庄公十一年》）。后来南宫长万一气之下杀死了宋国国君。做了这等大逆不道之事，宋国国内的贵族、大臣们自然要诛杀他，南宫长万用了一天的时间就从宋国逃到了陈国。这一天足足跑了二百六十多里，而且他还是推着车跑，车上还坐着他年迈的老母亲，“南宫万奔陈，以乘车辇其母，一日而至”（《左传·庄公十二年》），可见其气力之大，速度之快。

帆船项目，男子可以派出奡（ào），女子可以派出蔡姬。《论语》记载“羿善射，奡荡舟”，后羿善于射箭，奡则力大无比，能在陆地上推着船行走。蔡姬是蔡国的一个小女孩，嫁给齐桓公的时候，齐桓公岁数已经很大了。蔡姬很顽皮，有一次她和齐桓公在园子里坐船游览，蔡姬故意摇动游船，使齐桓公摇来晃去。齐桓公大概不会水，很害怕，脸色都变了，叫她别摇。蔡姬不听，用尽洪荒之力，继续摇，很会玩。但齐桓公却很生气，就把她送回了蔡国，但并不是断绝婚姻关系。蔡国人却把蔡姬改嫁了，“齐侯与蔡姬乘舟于囿，荡公。公惧变色，禁之不可。公怒，归之，未之绝也。蔡人嫁之”（《左传·僖公三年》）。

三级跳项目，可以派出魏武子。晋文公重耳还没有做国君之前，曾流亡到曹国，曹国国君对他无礼，但曹国的大臣僖（xī）负羁（jī）却对他很好，私下给他送去食物，并把一块璧玉放在食物下面。重耳接受了食物，把璧玉还给了僖负羁。后来重耳做了晋国的国君，在一次与曹国的战争中，占领了曹国，他下令军队不得侵犯僖负羁及其家人，以报答当初僖负羁的款待。但晋文公身边的大臣魏武子这时候不干了，自视功高的他愤愤不平，难道我的功劳还不如僖负羁的一碗饭吗？于是他就和晋国的另一个大臣颠颉（jié），放火烧掉了僖负羁的家。放火的时候，魏武子不小心伤到了自己的胸。晋文公重耳知道有人敢违抗军令，大怒，想杀死魏武子，但又爱惜他的才能，就派人去慰问，同时观察病情，如果伤势很重，就准备杀了他。魏武子知道使者的来意，就勉强起床，捆紧胸膛出见使者，在使者面前故意向上跳了三百多次，又向前跳了三百多次，“距跃三百，曲踊三百”（《左传·僖公二十八年》），表现出身体很强健的样子。晋文公觉得他还可以继续打仗，就赦免了他，而杀了他的小伙伴颠颉，以儆效尤。

铁饼项目，可以派出高固。齐晋鞌（ān）之战前，两军对垒，齐国大将高固徒步闯入晋军，举起大石头，向敌人砸去，“桀石以投人”，砸死砸伤好多人。他全身而退，回到齐军，鼓舞自己的士兵说，想要勇猛的，可以来买我多余的勇力！“欲勇者，贾余馀勇。”（《左传·成公二年》）

射箭项目，可以派出养由基。养由基是楚国著名的神射手，成语“百发百中”“百步穿杨”最初说的就是他。晋楚鄢（yān）陵大战中，楚国国君被晋国大将射中了眼睛。楚王忙召唤养由基，给他两支箭，让他射杀刚才射自己眼睛的人。养由基只用了一支箭就射中了对方的脖子，然后他拿剩下的一支向楚王复命。养由基从此名声大振，后世称其为“养一箭”。

举重项目，可以派出叔梁纥（hé）。这位叔梁纥就是孔子的父亲，是鲁国有名的大力士。有一年，晋国带领鲁国等进攻一个叫偪阳的地方，联军包围了这个地方，却一直攻不进去。终于有一次，联军趁偪阳人打开城门的时候，发起了进攻，但偪阳国内城的人却突然把闸门放下。这时候，叔梁纥双手撑住门，把已经攻入城里的将士放出来，为部队的撤出争取了时间，“县门发，郰人纥抉之，以出门者”。后来孟献子称赞说，这就是《诗经》所说的像老虎一样有力气的人，“《诗》所谓‘有力如虎’者也”（《左传·襄公十年》）。据说孔子也是个大力士，《列子·说符》载“孔子之劲能拓国门之关”，孔子的力量能徒手打开城门，“而不肯以力闻”，但他却并不想因为力气大而被众人知晓。设想一下，孔子要是参加一项运动，会参加什么呢？《论语》里记载达巷党这个地方有人说，孔子真伟大啊！他学问渊博，因而不能以某一方面的专长来称赞他，“大哉孔子！博学而无所成名”。孔子听说了，对他的学生说，我要专长于哪个方面呢？驾车呢？还是射箭呢？我还是驾车吧，“吾何执？执御乎？执射乎？吾执御矣”。如果有赛车比赛，孔子应该可以拿个好名次。

春秋时期，射和御是最为重要的两项运动，是“六艺”（礼、乐、射、御、书、数）的内容，是贵族们的必修课。这两项课程不仅可以锻炼身体，更是礼仪之需，也是战争之需。学得好，可以保命；学得不好，就容易丢了命。《左传·昭公二十一年》就记载了一次比较有意思的“射”的比试：宋国发生内乱，战场上叛贼华豹遇到了公子城，公子城本不想跟他打，准备回去。华豹却叫他的名字：“城”。公子城听到自己被点名了，很生气，就掉转车头准备跟他打。两人对着射箭，华豹是个快手，没等公子城举起弓箭，就先放了一箭，险些射中公子城。公子城刚要举弓箭，华豹接着又放了一箭，又险些打中。公子城不高兴了，说：你这个人太卑鄙了，不让我还手！华豹于是放下弓箭说：你来呀。公子城举起弓箭，一击毙命，射死了华豹。在春秋时期也有一场比较有意思的“御”比试：春秋时期的打仗有点儿像现在的体育竞技，如晋楚城濮之战，楚国大将子玉在战前写给晋文公的战书说，请让我们的军队和君王您的将士们做一次游戏吧，君王您可以在车上观看，我也陪同君王一起观看，“请与君之士戏，君冯轼而观之，得臣与寓目焉”（《左传·僖公二十八年》），这是把打仗称为做游戏。这场战役最终的结果，我们都知道，退避三舍的晋文公最终赢了。晋楚两国打仗，楚国军队失败了好几次，但晋国军队也有逃跑的时候，如晋楚“邲（bì）之战”，晋国就吃了败仗。将士们开始逃亡，晋国人有战车陷在坑里不能前进，后面追的楚国人就教他们说，你们把车前的横木抽出来就好了，晋国人抽出车前横木，果然能继续跑了。楚国人跟在后面也继续追，可没跑多久，晋国人的马又盘旋不能前进，楚国人又教晋国人说，你们拔掉大旗，扔掉车辕头上的横木就能继续跑了，那些东西都没用，都是装饰品。晋军转过头来说，还是你们逃跑有经验啊！“吾不如大国之数奔也。”（《左传·宣公十二年》）楚国学霸教给晋国学渣如何“御”，晋国学渣却嘲笑人家，你擅长这个，你学得好，是因为你原来错得多，错题做多了，也就有经验了。

16. 刺客与侠客有什么区别？有哪些著名的刺客？女刺客有多厉害？

侠客与刺客是不同的，司马迁作《史记》分列“游侠”与“刺客”两传以示区别。侠是路见不平，拔刀相助，是为“振人不赡”，“趋人之急”，“温良泛爱，振穷周急”，他不依附任何人或者政治集团，独来独往，替天行道，仗义行侠。而刺客往往是被一定势力或者集团所豢养，因而也就只为自己的主人效命，受人驱使，唯命是从，“为知己者死”“为知己者用”。

司马迁的《史记》中记载了“四大刺客”。

专诸：春秋时期吴国人，为吴国公子光（即后来的吴王阖闾）所雇，用来刺杀王位竞争对手吴王僚。公子光与僚的矛盾，还要从其父辈说起。公子光的爷爷有四个儿子，大儿子诸樊（公子光的父亲）、二儿子余祭，三儿子夷昧，四儿子季札。其中季札国际知名，最贤能，有一次他出使其他诸侯国，路过徐国，徐国的国君看他带着一把宝剑，很喜欢，但又不好直接开口要，季札知道他的意思，但因为使命在身，剑是自己身份的象征，出使不能没有它，就没有送给徐国的国君。后来季札完成使命，再次经过徐国，不想徐国的国君去世了。于是他解下宝剑，挂在了徐国君主墓前的树上，对其他人说，虽然徐国的国君已经去世了，但当初我离开的时候，心里已经默许把这把宝剑给他，只是当时因为使命在身，不能立即给他，如今就把这宝剑赠送给他，完成我的诺言吧。季札如此贤能，公子光的爷爷当年就想把吴国的王位传给他，结果季札不同意，他说，自己的大哥是嫡长子，要嫡长子继承才符合礼仪。于是公子光的父亲诸樊继承了王位，诸樊也觉得自己的弟弟有才，也想把王位传给季札，于是每天就做一件事，每天祷告，希望自己快点死，好把王位传给季札。结果不久之后他就去世了，人们让季札来当吴王，结果季札不受，他说自己还有二哥，比自己年长，应该让二哥来当，于是二哥余祭当了吴王。这位余祭也觉得季札应该当吴王，季札肯定比自己强，于是他也每天祷告，希望自己快点死，好把位置传给季札。结果没过多久，他也去世了。季札还是不当吴王，要让自己的三哥夷昧（僚的父亲）当，夷昧没办法，只得继承了王位。但他觉得要是弟弟季札当吴王，肯定比自己治理得好，他为了能让弟弟季札早日当吴王，和哥哥们一样，每天祷告，希望自己快点去世。果然不久他就病重了，但季札为了不当君主，就跑到很远的地方躲了起来，夷昧找不到季札，没办法，就把吴王的位置传给了自己的儿子僚。这时候公子光不干了，心想：我父亲当年是老大，现在四叔不当吴王，这个位置应该轮到我坐才对啊，于是公子光就想办法要除掉僚。公子光召开宴会，宴请吴王僚，吴王僚带着卫队赴宴。专诸把匕首藏在鱼腹中，假装为吴王僚献菜之际，突然撕开鱼腹，拿出匕首刺向吴王僚，吴王僚当场毙命，专诸也当即被侍卫剁成肉泥。再后来，吴王阖闾登上王位后，吴王僚的儿子庆忌逃往卫国，招兵买马，伺机为父报仇。阖闾为除去这个心头大患，寻找到另一个刺客要离，两人定下苦肉计，要离先是自断手臂，逃往卫国投靠庆忌。要离走后，阖闾还依计杀掉了要离的妻子，庆忌得知后，视要离为心腹，不想一天夜里要离却趁机将他刺死。要离回国后，没有要赏赐，他说自己杀庆忌是为了吴国百姓能过上安稳的日子，不是为了荣华富贵，他可能觉得对不起亲人，最后自刎于金殿。

豫让：春秋战国间晋国人。他深受智氏的恩情，所以当赵、韩、魏共灭智氏后，他为了报答当年的知遇之恩，去行刺赵襄子。他说了一段著名的话："嗟乎！士为知己者死，女为说己者容。今智伯知我，我必为报仇而死，以报智伯，则吾魂魄不愧矣。"（《史记·刺客列传》）为了能成功，他用漆涂身，吞炭让自己变哑，使自己变得面目全非，连妻子都不认识自己了，但屡次行动，都没有成功。赵襄子都被他屡败屡刺的精神感动了，最后豫让实在没办法了，希望赵襄子能把衣服给自己用一下，豫让拔剑击斩其衣，以示为主复仇，然后就伏剑自杀了。他死之后，很多人都被他这种忠于主人的精神感动，为他流泪。

豫让刺杀赵无恤（赵无恤即赵襄子）

聂政：战国中期人，韩国刺客。受韩国贵族严仲子雇佣刺杀本国首相侠累。聂政很孝顺，当他母亲活着的时候，即便严仲子登门送来很多黄金，他也没有答应此事，后来母亲去世，他才启程去完成严仲子之事。聂政说自己之所以要这样做，并不是因为严仲子的钱财，当年严仲子给钱，他并没有要，而是感激严仲子一个贵族能够不远千里来看他一个布衣之人，这是对他最大的尊重与肯定，所以他要报答严仲子，“且前日要政，政徒以老母；老母今以天年终，政将为知己者用”（《史记·刺客列传》）。聂政只身一人从首相府门外一直杀进大厅，杀了数十人，最后将侠累刺死。侍卫将他包围，他为了不连累姐姐，不让别人认出自己，先把自己的眼睛挖出，然后把自己的脸划成一堆肉泥，最后自杀。聂政的姐姐聂荣却不顾个人生死，到弟弟的尸体旁放声大哭，最后哭死在一旁。

荆轲：战国末年人，燕国刺客。“风萧萧兮易水寒，壮士一去兮不复还。”“图穷匕见”，荆轲刺秦王的故事可以说妇孺皆知。

可以看出，战国时期，豢养刺客是非常普遍的一件事情。而唐代有一段时期，养“刺客”之风也很兴盛，两《唐书》记载了许多藩臣节帅蓄养刺客以谋杀对手的事件，如元和十年宰相武元衡即死于藩镇所遣刺客之手，朝野之间“暗养死士”的风气甚至让朝廷都惶恐不安。这种培养刺客的风气也在文学作品中有所反映，唐传奇中就出现了不少“女刺客”。

如《聂隐娘》，故事讲女刺客聂隐娘奉魏博节度使之命去杀陈许节度使刘昌裔，却被刘昌裔的道术所折服，反而做了他的保镖。之后她为了保护刘昌裔，勇斗精精儿，智斗妙手空空儿，让这两位刺客都没有得手。这个故事非常具有传奇性，侯孝贤电影《刺客聂隐娘》就是根据这个故事改编的。

唐代还有一部传奇叫《红线传》，讲的是红线一举慑服妄图兴兵作乱的藩镇节度使，使人民免于战争之苦的故事。红线是潞州节度使薛嵩的婢女，因为她擅长乐律，通晓经史，薛嵩就派她掌管书写文书的工作，看似一个文科生，实际上她是个身怀绝技的特长生。薛嵩与魏博节度使田承嗣是亲家，但田承嗣野心勃勃，他以患有热毒风为由，选拔出三千名勇士，并用丰厚的俸禄供养他们，打算择机造反，夺取薛嵩的领地。薛嵩得到消息后，寝食难安，红线看出了他的心思，主动请缨，愿意去一探究竟。薛嵩不知红线会异术，对她不放心，怕她失败了会招来祸患。红线凭借自己的异术，在田承嗣府邸来去自如，视其豢养的勇士如无物。她趁着田承嗣睡觉的时候，把其床头的宝盒偷了出来，以示警告，“但取床头金合为信耳”，我能取你的宝盒，我就能取你的脑袋。田承嗣可被这个刺客吓坏了，再也不敢有什么非分之想。小说中写道薛嵩见到红线盗的金盒之后大喜，马上派人给田承嗣送去一封信，说昨天有人送给我一个宝盒，应该是你的，我不敢留着，所以给你送回来，“昨夜有客从魏中来，云自元帅头边获一金合，不敢留驻，谨却封纳。”田承嗣收到之后，惊悼绝倒，不仅回赠了薛嵩大量礼物，还解释说，我豢养的那些人，都是为了防盗，没有别的意思，现在已经全部解散了，“所置纪纲仆号为外宅男者，本防宅盗，亦非异图。今并脱其甲裳，放归田亩矣”。红线完成了自己的使命，选择了离开，从此隐遁了。

司马迁《史记》里面的男性刺客，如专诸、聂政等，对其技艺的描述，没有过于夸张，作者着重表现的是他们的个人品质，如有的不畏强权，有的重视名誉，有的知恩图报，有的将生死置之度外，等等，其中又寄托着司马迁本人的精神。司马迁因为李陵事件而受宫刑，但他咬碎钢牙不松口，事后，谈起李陵事件，当年怎么说的，还是坚持怎么说，这种刚烈精神正与这些刺客们相通。在文学作品中，女刺客则武艺高强，而且有点玄幻色彩。当然，这些女刺客同样寄托着作者的某种思想，她们巾帼不让须眉，不慕虚名，功成身退。中国古代男人最喜欢用这种方式自嘲，他们自己做不到的事，就换一种方式来表现，比如让男子诚服或者拜倒在女子的石榴裙下，然后又让女子喊着他们想要的口号选择隐遁或者离开。

17. 秦始皇嬴政应该叫赵政？孟姜女哭长城与他无关？

秦始皇，一个充满争议的历史人物，几千年来，人们对他的历史评价呈两极分化，有人说他是暴君，也有人说他是千古一帝。你对秦始皇真的了解吗？关于他的传说，有哪些是误读或者误解？关于他，有哪些谜团因为出土材料的出现而解开了，还有哪些谜团至今尚未破解呢？

首先，我们来看一个“误解”，秦始皇的姓氏。有一部电视剧叫《芈月传》，芈月的丈夫秦惠文王嬴驷，实际应该叫赵驷。秦始皇也不叫嬴政，而应该叫赵政，至少在早期的时候，是这个名字。姓氏的起源及演变很复杂，简单来说，先有的是姓，大约在母系社会时期，后起的是氏，大约在父系社会时期。一个人是由母亲所“生”，生下来只知其母不知其父，所以加一个“女”字旁。可见，“姓”与人的出生有关，中国的许多古姓也都是女字旁，如姬、姚、姜、嬴等。养育后代是哺乳动物的天性，人类在母系社会时期就知道近亲结合生出的孩子不健康。为了避免这种情况，就有了姓，为的是同姓不婚，于是一个部落取一个姓，这个部落是李家，那个部落是张家。进入父系社会后，李家人口众多，内部又有了等级差别，就需要进一步区分，于是李家的老大、老二、老三开始分家，取了不同的名字作为氏，老大氏、老二氏、老三氏。嬴就是姓，下边分成了好多氏。《史记·秦本纪》曰："秦之先为嬴姓。其后分封，以国为姓，有徐氏、郯氏、莒氏、终黎氏、运奄氏、菟裘氏、将梁氏、黄氏、江氏、修鱼氏、白冥氏、蜚廉氏、秦氏。然秦以其先造父封赵城，为赵氏。"赵氏是其中的部落之一，最早是秦人与赵人的先祖造父（传说他为周穆王养马、御马有功）封地在赵城，所以以该城邑名字为氏。秦国与赵国实际同族，而且是同一小部落，都是嬴姓赵氏。先秦时期，往往是女子称姓，男子称氏，所以当时称呼作为男子的秦始皇为赵政。《史记·楚世家》："十六年，秦庄襄王卒，秦王赵政立。"也是称呼其为赵政。现代出土材料北大汉简《赵正书》也可证明秦始皇当时叫赵正，"昔者，秦王赵正出游天下"。嬴政是很晚才出现的一种叫法，大概要到西汉中期以后，这是因为秦汉以后，姓与氏混合起来，有的姓即氏，有的氏即姓，姓氏合二为一了，《通志·氏族略》曰："秦灭六国，子孙该为民庶，或以国为姓，或以姓为氏，或以氏为氏，姓氏之失，由此始……兹姓与氏浑为一者也。"在这种混乱的观念下，人们不再区别姓（称呼女子）和氏（称呼男子），因而既有赵政，也有了嬴

（明）《三才图会》中的秦始皇像

政的称呼，二者并存。近代以来，嬴政的称呼才逐渐占据了主流。

关于秦始皇有一个传说，也是误解，那就是孟姜女哭倒了秦始皇的长城。据说孟姜女的丈夫修长城累死，被砌在了长城城墙里。孟姜女去给自己的丈夫送寒衣，知道情况后，大哭，一下子哭倒了长城，累累白骨出现在了眼前。她又通过滴血认尸，找到了自己丈夫的尸骨。最后，孟姜女投海而死。实际这个故事最初跟秦始皇没有任何关系。据顾颉刚等学者的研究，孟姜女的故事源于《左传》中杞梁妻子的历史记载，最初女主角没有名字，也没说她哭长城，只是说她的丈夫杞梁是齐国的将士，在一场战争中战死了。齐国的君主在路上遇到了杞梁妻子，想在路上就吊唁杞梁，却被杞梁妻子拒绝了，认为这样不合礼法。齐国的君主无奈，只能到杞梁家里去吊唁。到了汉代刘向《列女传》中，出现了杞梁妻子哭倒城墙的故事，但哭倒的可能是齐国的长城，因为文中说她"遂赴淄水而死"，淄水是齐国境内的一条水系。到了唐代，就出现了杞梁妻子哭倒秦始皇的长城的完整故事了。《琱玉集》记载曰："杞良，秦始皇时，北筑长城，避苦逃走，因入孟超后园树上。超女仲姿，浴于池中，仰见杞良而唤之，问曰：君是何人？因何在此？对曰：吾姓杞名良，是燕人也。但以从役而筑长城，不堪辛苦，遂逃于此。仲姿曰：请为君妻！良曰：娘子生于长者，处在深宫，容貌艳丽，焉为役人之匹！仲姿曰：女人之体不得再见丈夫，君勿辞也。遂以状陈父，而父许之。夫妇礼毕，良返于服役之处。主典怒其逃走，乃打煞之，并筑城内。超不知死，遣仆欲往代之。闻良已死，并筑城中，仲姿既知，悲哽而往，向城啼哭。其城当面一时崩倒，死人白骨交横，莫知孰是。仲姿乃刺指血滴白骨，云：若是杞良骨者，血可流入。即沥血，果至良骸，血径流入，便将归葬之也。"在这个故事中，男主角依然是杞梁（杞良）没变，

（清）袁江绘《阿房宫图》

但女主角有了名字，叫仲姿。在古代，仲是排行第二，而孟也是古代排行用字，宋元以后孟姜女名字的出现大概就是对照这个名字来的，而杞梁则因为谐音而变成了万喜良或范喜良。

关于秦始皇，除了有历史上的“误解”，还有“误读”，“焚书坑儒”事件就是一例。“焚书”，实际上并不是将所有的书都烧了，烧的主要是列国的史书以及儒家的诗、书和百家之言。“焚书”事件的起因是一场会议辩论——究竟是封建制好，还是郡县制好。博士儒生淳于越来自齐地，他认为姜姓的齐就是因为分封自己的族人比较少，后来没有依靠，就被田氏所代替了，所以他看好分封制。他引经据典，说自古就有封建制，封建制要比郡县制好，而且要合法，只有效法古人封建子弟作为屏障，执政才能长久，“臣闻殷周之王千馀岁，封子弟功臣，自为枝辅。今陛下有海内，而子弟为匹夫，卒有田常、六卿之臣，无辅拂，何以相救哉？事不师古而能长久者，非所闻也。今青臣又面谀以重陛下之过，非忠臣”（《史记·秦始皇本纪》）。李斯却对此予以驳斥：古今不同，制度亦当不同，这是自然而然的事，“五帝不相复，三代不相袭，各以治，非其相反，时变异也。”（《史记·秦始皇本纪》）然后李斯建议为了防止读书人以古薄今读死书，与国家政策对着干，最好把诗、书以及百家之言烧了。秦始皇在全国已经推行郡县制八年有余，郡县制方便秦始皇一人独裁统治，与其个人集权思想不谋而合。如果是封建制，皇权就会受到封君的制约，于是秦始皇听从了丞相李斯的意见，开始烧书。除诗、书以及百家之言，一起烧掉的还有六国的史书，秦与六国为敌，六国史书中肯定有不少骂秦国的。“非博士官所职，天下敢有藏诗、书、百家语者，悉诣守、尉杂烧之。有敢偶语诗书者弃市。以古非今者族。吏见知不举者与同罪。”（《史记·秦始皇本纪》）所烧书之范围，医学、药书、卜筮和种树等书籍不在其内，而即便是要烧的书，秦始皇在“国家图书馆”实际都是留存有副本的。后来刘邦先攻进咸阳，萧何搬了一批书籍出来，“沛公至咸阳，诸将皆争走金帛财物之府分之，（萧）何独先入收秦丞相、御史律令图书藏之”（《史记·萧相国世家》）。再后来，项羽来了，秦朝国家图书馆所有的书都被其付之一炬。当然，儒家文化并没有因此断绝，有些书的内容被人们背下来了，汉初的时候，重新写定。还有一些书，当年秦始皇搜书的时候，有些人没有上交，而是藏起来了，如《尚书》在被烧之列，一个叫伏生的就把它藏在墙里。后来汉朝的时候，老头儿去找，只找到了28篇，丢了很多。后来民间又有人说发现了一篇《泰誓》，也是《尚书》中的一篇，再后来晋朝有人弄出来50多篇，其中包括之前的29篇，人们一直怀疑其真假。到了清朝终于证实，只有那29篇是真的，其他都是伪书。再说“坑儒”，这跟“焚书”是两回事，坑儒事件发生在焚书事件的第二年，最初是由江湖骗子引起的，是两个方士，而非儒士。秦始皇好神仙，求长生，就派人到处去找长生不老药，卢生、侯生两个人拿了钱，没找到仙药，担心受罚，就私下骂了一通秦始皇发泄，说秦始皇刚愎自用，专任刑杀，迷恋权力，他不配享有仙药，然后就跑路了。秦始皇闻言大怒：拿我的钱，还骂我，“卢生等吾尊赐之甚厚，今乃诽谤我，以重吾不德也”（《史记·秦始皇本纪》)，就将跟这两个江湖术士有牵连的四百六十人坑杀了，其中可能有部分读书人，但大部分很可能就是像卢生、侯生那样的帮助秦始皇找长生不老药的术士。在汉代，记录基本都是秦始皇“坑术士”或“杀术士”，如《史记》《潜夫论》《汉书》等。术士与儒生有别，他们也读儒家经典，但更加精通阴阳五行方术，并不是纯儒。而到了魏晋南北朝，开始有了“坑儒”之说，而且有了新的“坑儒”故事，说秦始皇统一文字，怕读书人不服，就在有温泉的地方种了瓜苗，冬天，结了果实，于是请七百多个读书人来看，趁机把他们坑杀在骊山的瓜田里，这就变成了秦始皇坑杀的是纯粹的读书人这样一个故事。唐以后，“坑术士”与“坑儒”的说法混淆起来，反正就是说秦始皇杀了很多读书人，同时，焚烧诗书，也变成了焚烧所有书籍，两者的范围都扩大了。“坑灰未冷山东乱，刘项原来不读书”，无论事实怎样，“焚书坑儒”实际上已经符号化了，一如“孟姜女哭长城”，秦始皇是暴君，“焚书坑儒”与修长城都是暴政。人们对“焚书坑儒”的夸大指责以及用孟姜女哭长城来附会演绎都表达了对暴政与暴君的谴责与抗议。

关于秦始皇还有一件事可能也是有争议的，那就是传说秦始皇本想传位给扶苏，而不是胡亥，按照《史记》中的说法好像是这样的。秦始皇生前没有立皇后，也没有立太子，他病危的时候，留下一封加盖了皇帝符玺的诏书给扶苏，让其主持葬礼，结果没有来得及给使者，就死了。赵高拦截了这个诏书不发，“其年七月，始皇帝至沙丘，病甚，令赵高为书赐公子扶苏曰：‘以兵属蒙恬，与丧会咸阳而葬。’书已封，未授使者，始皇崩……赵高因留所赐扶苏玺书，而谓公子胡亥曰：‘上崩，无诏封王诸子而独赐长子书。长子至，即立为皇帝，而子无尺寸之地，为之奈何？’”(《史记·李斯列传》)秦始皇去世后，赵高与李斯一起密谋篡改了诏书，立胡亥为二世皇帝。这个传言的兴起大概与秦末农民起义有关，扶苏被看作具有仁德的公子，二世胡亥为暴君，于是人们就打着为扶苏报仇的旗号，说他才是真正的接班人，造胡亥的反，后来这个说法就被司马迁所接受了。“陈胜曰：‘天下苦秦久矣。吾闻二世少子也，不当立，当立者乃公子扶苏。扶苏以数谏故，上使外将兵。今或闻无罪，二世杀之。百姓多闻其贤，未知其死也。项燕为楚将，数有功，爱士卒，楚人怜之。或以为死，或以为亡。今诚以吾众诈自称公子扶苏、项燕，为天下唱，宜多应者。’”（《史记·陈涉世家》）而出土的西汉早期文献《赵正书》中记载，秦始皇指定的继承人实际就是胡亥，“丞相臣斯、御史臣去疾昧死顿首言曰：‘今道远而诏期群臣，恐大臣之有谋，请立子胡亥为代后。’王曰：‘可。’”扶苏因为反对烧书政策与李斯不和，也触怒了秦始皇，秦始皇应该不是很喜欢他，让他去边疆监督蒙恬修长城了。据说秦始皇有12个儿子，他可能最喜欢胡亥，他最后一次出游就只带着胡亥。《赵正书》中所说把大位传给胡亥，或许比《史记》中所载传给扶苏更接近真相呢。

有时候出土文献能够帮助我们重新认识一些历史问题，比如上文提到的秦始皇王位继承人的问题，又如关于劳役延期是否会被杀头的问题。陈胜、吴广起义的一个理由就是因为大雨耽搁，劳役延期了，而迟到了就会被杀头，与其到了目的地被杀头，不如当即揭竿而起，和他们拼了。但1975年出土的睡虎地秦简上记载，秦朝的法律并不是这样的，上面写着征调劳役，迟到5天以内只是口头警告，10天以内的交罚款，上面还特意提到，如果赶上大雨，因为恶劣天气而迟到的，可以免受处罚。陈胜、吴广对部属们说“公等遇雨，皆已失期，失期当斩”（《史记·陈涉世家》）大概是在“忽悠”他们，然后再用一句“王侯将相宁有种乎”煽动他们，实则可能早有反心了。

总之，对秦始皇功过的评论充满了争议，对他的误读或者误解颇多。此外，还有诸多谜团未曾解开，如徐福真的是去日本了吗？秦始皇陵被盗过吗？里面真的有用水银铺成的江河吗？还有其陪葬的兵马俑，考古学家们分析了八千名士兵的脸型、发型以及头型，发现这八千士兵头部特征与十个汉字非常相像，即：日、甲、由、中、用、自、目、风、田和国，其中究竟有怎样的寓意，又隐藏着多少秘密，引人遐想。

18. 古代武侠功夫的真实与想象

中国功夫或者说中华武术是传统文化中的一个重要符号。先秦典籍《韩非子》说："儒以文乱法，侠以武犯禁。"可见，中国功夫最早与"侠客"这一群体有着莫大的关系。关于侠的起源，说法不一。章太炎认为儒家与侠有关，他在《检论·儒侠》中主张"以儒兼侠"，儒家尚勇，孔子说"勇者不惧"，儒家又尚义，杀身以成仁，这些都是侠所认同的精神品质。鲁迅则认为侠与墨家关系紧密，他在《三闲集·流氓的变迁》中说："孔子之徒为儒，墨子之徒为侠。"墨家以忧患救世为己任，侠与墨在思想观念上非常接近，相比于儒家，墨家提"勇"的次数更多，而且其成员真正做到了"勇"，《淮南子》记载说："墨子服役者百八十人，皆可使赴火蹈刃，死不还踵。"另外，在行为方式上，两者也有相似之处，墨家有很多擅长打仗、专事武力攻伐的专家，墨子本人就曾凭借着自己的军事才能而"止楚攻宋"。还有学者认为侠起源于士阶层，先秦的士学习"六艺"，既有"礼乐"的文，也有"射御"的武，侠是从他们中间脱离出来的。总之，侠的起源很复杂，但从一开始，中国武术就被赋予了两个方面的内容，一是精神层面，一是技艺层面。

从精神层面的发展来看，先秦时期，会功夫的人讲求言信行果，倡导敢于为解救别人而献身，标榜施恩而不图报，等等。汉代以功夫为能事的人开始出现分化，一部分人依旧保持着传统的武侠精神，扶危济贫，不计自身的得失，如郭解、剧孟等；另一部分人则开始走向豪暴，仗着武艺而作恶，成为匪盗。唐代，“义”被看作行武的一个最为重要的精神品质。唐代以前，习武之人要么充当门客依附于权贵，要么将武作为晋升的途径。而宋明时期，习武之人仍以“忠孝节义”为主导精神，但有了自己独特的栖身场所——绿林和武林。绿林本是一个地名，西汉末年，王凤等人聚集在绿林山中对抗当时的王莽政权，后来“绿林”成为不与当时政府合作的一个群体的代称，绿林好汉的提法，就形成于宋代。吏治腐败，异族入侵，一些行武之人啸聚山林、湖泊，构成了一个与压迫力量相抗争的江湖体系。在民间，发展出抵抗异族入侵、维护社会治安的社会团体，他们遵守公共秩序，承认官府的权威，形成了武林阶层。无论是亡命江湖的“绿林”，还是习武健身的“武林”，这一时期，“江湖义气”成为习武之人最为重要的观念。中国是宗法制社会，一个人要想生存下去必须依靠宗族的保护。在大家庭里面，维持人际关系的纽带除了血缘就是忠孝等伦理观念，而一旦一个人沦落江湖，失去大家族的保护，要想以某种手段或手艺生存下去，就必须建立新的自保机制，要么结成假的血亲，如结拜，要么就遵循“义”的规则，互相帮衬，等等。

（清）任熏绘《水浒人物图》 武松用雪花镔铁双刀

“非武不成侠”，中华武术有些是真实存在的，有些则是文人的想象。武术反映

（清）任熏绘《水浒人物图》 金钱豹子汤隆用锤

的是人们对习武之人的一种期待，希望有超凡本领的人主持正义，惩罚邪恶，因而，武艺又总是和武德紧密联系在一起。

从技艺层面的发展来看，我们常说“十八般武艺”，这种说法最早见于宋人话本小说《史弘肇龙虎君臣会》，但没有详说究竟是哪十八种。到了《水浒传》里，才有明确的说法，即枪、戟、棍、钺、叉、镋、钩、槊、环、刀、剑、拐、斧、鞭、锏、锤、杵等。先秦时期，膂力过于常人，或者敏捷矫健的人就是武艺高强之人，他们最主要的武艺之一是射箭。秦汉以后，剑术成为重要的武术，一些武功高手又被称为“剑客”或“剑士”，“剑”往往是习武之人的标配之一。《汉书·艺文志》有“剑道三十八篇”，这当是秦汉时期流传的剑法。

大诗人李白很可能也是一个剑客，《新唐书·李白传》载：李白“喜纵横术，击剑，为任侠，轻财重施”。李白在《侠客行》中写道：“十步杀一人，千里不留行。事了拂衣去，深藏身与名。”其《赠从弟襄阳少府皓》又曰：“结发未识事，所交尽豪雄。却秦不受赏，击晋宁为功。托身白刃里，杀人红尘中。当朝揖高义，举世称英雄。”李白似乎真的杀过人，与李白有过交往的魏颢，在《李翰林集序》中说李白“少任侠，手刃数人”。除了李白，与其同时代的崔颢，其《游侠篇》曰：“少年负胆气，好勇复知机。仗剑出门去，孤城逢合围。杀人辽水上，走马渔阳归。”大约到了唐代，剑也成了文人们的“标配”。古代有“左琴右剑”的说法，象征着一文一武。

和武将不同，读书人的佩剑并不是御敌的兵器，而是一种象征风雅的装饰。在古人眼中，宝剑有君子之德，文人佩剑，意味着尊贵的身份和地位。除此之外，由于封建政府一般都采取愚民政策，所以有文化的“士”阶层，也就是读书人属于少数，他们为了彰显士族的尊严，无论多穷，也要仗剑而行，其中包含着礼制和修身养德的含义。

不过，武侠小说中的中国功夫与现实中的功夫其实并不是一回事，先秦两汉就开始出现了神奇的剑侠传说。如《吴越春秋》记载了“越女试剑”的故事，越女以柔克刚，以竹梢为剑。后世小说中，高手以木棍、竹竿、手杖等为剑大约可追溯于此。从魏晋开始，志怪小说兴起，中华功夫也被神秘化，唐传奇更是继承了这一点，充满神奇的武功。如《聂隐娘》，聂隐娘本是魏博大将聂锋之女，十岁的时候被一女尼用法术偷去。女尼教给她剑术。她学了四年，剑法已经出神入化，即便是白天在大街上杀人，别人也看不到她。第五年的时候，聂隐娘被女尼送回家，于是聂隐娘随父亲做了魏博节度使的手下。魏博主帅与陈许节度使刘昌裔不和，于是令聂隐娘去暗杀他，没想到刘昌裔能掐会算，收买了聂隐娘。魏博主帅又派精精儿去杀二人，却被聂隐娘杀死。魏博主帅再派妙手空空儿前去刺杀，这个妙手空空儿的剑术远在聂隐娘之上，聂隐娘说他神秘莫测，“人莫能窥其用，鬼莫得蹑其踪。能从空虚而入冥，善无形而灭影”。敌人来势汹汹，该如何是好呢？聂隐娘这次并没有与对手直接硬碰硬，而是采取“智斗”，这个空空儿有个性格缺陷，什么缺陷呢？就是必须一次进攻就把对手干掉，绝不出第二招，要是第一招失手了，那就走人，表明任务失败。聂隐娘就利用了这一点，巧用玉石保护脖子。空空儿一击不中就走了，主仆二人也就此安全了。聂隐娘完成了自己的使命后，就云游四方去了。空空儿是个高手，后来古龙创作武侠小说，还想象出一套“妙手空空夺旗掌”。

到了清代，小说中的剑术更加离奇，“剑仙”出现了。袁枚《子不语》记载了“姚剑仙”的故事，留下一种说法，“剑不出则已，一出的话就有了杀气，必须斩杀一活物后才能收敛”。近代以来对剑术进行想象描述的武侠小说就更多了，如金庸作品中就有杨过的君子剑、小龙女的淑女剑、灭绝师太的倚天剑等。

中国传统武术本没有内功、外功之分，直到明末，黄宗羲、黄百家父子提出了内家拳，才有了内家拳和外家拳的区别。但在近代还珠楼主等人的武侠小说中，出现了内功，并被神秘化，还珠楼主的《青城十九侠》首次提到了“内功”，呼吸吐纳之法从此从非武术招式变成了超过外功的高深莫测的武功招式。后来金庸、梁羽生等人的武侠小说不断丰富“内功”的想象：内功可以打通任督二脉，身轻如燕，如《连城诀》中的狄云即打通了任督二脉，踢死了血刀老祖；还可以练成金钟罩，刀枪不入，如梁羽生《女帝奇英传》中的灭度神君会金钟罩，李元会铁布衫；更有甚者，可以将内功的气发出去直接伤人，如金庸《天龙八部》中提到的“六脉神剑”“无相神功”等。

从精神层面上来说，侠客是高来高去。为了适应这一点，古人想象出了飞檐走壁的“轻功”。“轻功”的表现很早就有，但对轻功最为精细的描述始于唐代的传奇小说,《红线传》中的红线女，一夜能往返七百里。后世小说往往取象于此，如《水浒传》中的神行太保。唐代裴铏的《昆仑奴》中有一高手，能背着人飞出十几重高墙。唐代文人的想象，造就了不少轻功高超的侠客，在后世小说中，“轻功”往往成为习武之人主要的技能之一。近代武侠作品中，最著名的“轻功”，大概就是金庸作品中的“凌波微步”了。

至于拳脚功夫，有一些是真实存在的，也有一些是文人创作出来的。

在古代，拳脚主要拼的是神力、速度与技巧。神力上往往表现为斗牛斗虎，我们常说“力大如牛”，这是因为古代习武之人有斗牛的传统，而斗虎的也有，且更能表现神力，因此成为小说最喜欢表现的内容。速度和技巧也是拳脚走向高超的要求，但是随着元杂剧的兴起，很多技巧在舞台上为了适应观看的需求而失去了实用价值，观赏性成为打斗艺术的追求，导致很多人错认舞台艺术为传统武术。清代出现义和团运动之后，民间的练拳之风遭到了朝廷的压制，但“功夫”这一武术的别称诞生了。也是在近现代武侠小说中，各种拳法被神化，如金庸作品中提到的“七伤拳”等。

暗器也是习武之人的兵器之一，所谓“明枪易躲，暗箭难防”，大概暗器的发展与箭有相通之处，只不过，“箭”用于远距离攻击，而飞镖、飞刀等可以用于近距离内突然发射，出其不意，攻其不备。在武侠小说中，较早对暗器进行描写的是清代小说《施公案》，其中的黄天霸善于使用金镖。受有清一代的小说影响，在近现代的武侠小说中，暗器也就成为习武之人常备的兵器之一，如古龙作品中的“小李飞刀”、金庸作品中的“冰魄银针”，等等。

在中医经络穴道理论的启示下，武侠小说中还出现了一种神奇的武功，那就是点穴。较早出现点穴功夫的是清代的《三侠五义》，越往后发展，点穴功夫越神奇。清末民初北方武侠小说作家郑证因的《鹰爪王》提到了“三十六手擒拿点穴术”，一度热播的电视剧《武林外传》中又提到了“葵花点穴手”，这些都是想象出来的武术招式。

总之，中国功夫经过武侠文学的渲染而更为深入民心。侠之大者，为国为民，武艺高强的大侠存在于每个人的梦中。人们希望出现奇迹，希望他们能用压倒性的优势以最直接的方式主持正义，解人急难，除暴安良，这也是最朴素的愿望。

19. 项羽为何是西楚霸王，而不是楚王？项羽最后或许没有死在乌江？

项羽坑杀了20万投降的秦人士兵，到了咸阳，又将秦的宫殿付之一炬。他似乎对秦的一切都充满了“恐惧”与“愤恨”，甚至包括秦的制度。胜利后，他不想实行秦朝那样的郡县制，而是想回到春秋战国时期诸侯林立共治的局面。一起参与讨伐秦朝的，除了刘邦，也多是六国之后或者贵族，他们自然也希望能复国，或者当一方诸侯。但为了牵制这些人，项羽往往并不把他们封到原来的位置，或者将原来的地盘“分解”，或者另外安排人，或者将对他威胁大的人分到“鸟不拉屎”的地方。综合各种考量，项羽就分封了十八路诸侯，如封刘邦为汉王，把当时偏僻的巴、蜀、汉中这些地盘给了他；把原来秦国的关中分为三部分，给了三个投降的秦国将领章邯、董翳、长史欣；封原来魏国的君主魏王豹为西魏王，治所在河东，只是原来魏国的一部分；封原来的赵

（明）《三才图会》中的项羽

王歇为赵王，治所是代郡，而赵国的大部分地盘则给了跟自己关系不错的当初的赵相张耳；项羽把原来的齐地三分，原来的齐王田市封为胶东王，地盘只在原来齐国的东部，都城在即墨，封齐国的将领田都为齐王，地盘也是齐国的东部一部分，都城在临淄，封齐国王室后代跟自己关系好的田安为济北王，地盘是原齐国的北部，等等。不知是人太多分不过来，还是项羽本身品格太高了，为了“公平”，他连原来的楚地也“分裂”开，如分封自己的手下黥（英）布为九江王，治理九江郡；封吴芮为衡山王；封共敖为临江王，都江陵。这些地盘都是原来楚国的一部分。

楚国当年包含三部分：一部分是江东地区，《货殖列传》认为包括东海、吴、广陵等地，唐代张守节认为从彭城之东，历经扬州到苏州，称为东楚，这原来是吴越的地盘，楚国将他们灭亡后，纳入了自己的版图；一是两湖地区，这是楚国最老的地盘，《货殖列传》认为包括衡山、九江、江南、豫章、长沙等地，称为南楚；还有就是江淮一带，《货殖列传》认为包括沛、陈、汝南、南郡等，唐代的张守节认为从徐州的沛县到湖北荆州一带都称为西楚，《辞海》说“淮水以北，泗、沂水以西，当今豫中和豫东、皖北和江苏西北部地区”。[1] 项羽祖上就活跃在这一带，这里是他们家族的老根据地，所以项羽将原来楚国的西楚（实际还有东楚一部分），归于自己。他不想做皇帝，这个二十多岁的年轻人太理想化了，他天真地只想当一个类似春秋五霸的霸主，所以封自己为西楚霸王，定都彭城，即徐州，“项王自立为西楚霸王，王九郡，都彭城”（《项羽本纪》）。“正月，项羽自立为西楚霸王，王梁、楚地九郡，都彭城。”（《高祖本纪》）

这样的分封制实际是有很大问题的，各诸侯王都有自己的地盘与军

① 《辞海》，上海辞书出版社 2009 年第 6 版，第 2441 页。

（清）周培春绘　虞姬

队，迟早有一天他们会不听项羽的话。项羽本来可以坐拥天下，现在只是有了原来楚国的一部分，地盘大大缩小，他手下的将领，最能打的英布等人也被分封出去，这就又损失了大将。可以说这种分封制，对其他人都有利，对项羽来说则是弊大于利，项羽太“高风亮节”了，本来他可以做皇帝的，偏偏只想做一个众诸侯名义上的领袖。

结果分封不到一年，各路诸侯就打了起来，刘邦也带领军队与项羽争天下。项羽最后被刘邦等人逼得在乌江自刎。

然而，项羽最后的结局是在乌江自刎，历史上真是如此吗？有一位学者曾说，项羽很可能并不是在乌江自刎的，也许项羽在到达乌江之前就已经死了。

最早提出这一观点的是一名中学语文教师计正山，1985年，这位老师在《光明日报》上发表了一篇文章《项羽究竟死于何地》。这位老师生活在定远，《史记》中提到的“东城”在安徽定远东南50华里处，他对家乡这一片很熟悉，于是根据历史遗迹以及文献记载，推论项羽其实是死在自己的家乡东城，而不是乌江。1999年，董书冰《浅探项羽自刎之地》也有相同的看法。2007年，中国人民大学国学院院长冯其庸先生写了一篇文章《项羽不死乌江考》发表在《中华文史论丛》上，冯先生通过实地考察和文献检索，用将近三万字的篇幅，列举了大量项羽并非自刎乌江，而是死在东城的证据。

综合各家的说法，考诸文献记载，我们重新梳理一下各家的证据。

先来看一下《史记·项羽本纪》中记载的项羽最后的行军路线：

> 项王军壁垓下，兵少食尽，汉军及诸侯兵围之数重……于是项王乃上马骑，麾下壮士骑从者八百余人，直夜溃围南出，驰走。平明，汉军乃觉之，令骑将灌婴以五千骑追之。项王渡淮，骑能属者百余人耳。项王至阴陵，迷失道，问一田父，田父绐曰“左”。左，乃陷大泽中。以故汉追及之。项王乃复引兵而东，至东城，乃有二十八骑。汉骑追者数千人。项王自度不得脱。……于是项王乃欲东渡乌江。乌江亭长檥船待……乃令骑皆下马步行，持短兵接战。独籍所杀汉军数百人。项王身亦被十余创。顾见汉骑司马吕马童，曰：“若非吾故人乎？”马童面之，指王翳曰：“此项王也。”项王乃曰：“吾闻汉购我头千金，邑万户，吾为若德。”乃自刎而死。

项羽被围在垓下，带领八百余人，突围后向南，渡淮，剩百余人，到达阴陵，迷失道路，被人欺骗不小心陷入大泽中，追兵赶到，项羽引兵向东，到达东城，还剩二十八骑，《项羽本纪》说最后，项羽到了乌江自刎而死。然而学者们指出，《史记·项羽本纪》论赞中却又提到项羽是身死东城，“五年卒亡其国，身死东城”，东城距离乌江还有很远的路程，项羽与乌江亭长的故事，很可能只是民间传说对历史事实的遮掩。民间传说“误入”了部分历史记载当中。

一个信息一旦在这个世界上产生之后，会有两个后果：一是它所有衍生的信息之间必然会存在着自身合理的逻辑关系，如果更改了其中一个信息，那么信息之间就会产生矛盾。比如改变项羽在东城的结局，让他跑到乌江，感慨一番无颜见江东父老，时间是否来得及就受到了诸多学者的质疑。根据《史记》的记载，项羽从垓下突围出来后还有八百余人，但到了东城激战后，项羽身边就只剩下 28 人了。此时，汉军有数千人将其团团围困，这时候项羽是做好了必死的准备的，“项王自度不得脱”，于是他便在这里开始布阵，想着决一死战。可司马迁的笔锋又突然一转，项羽一下子就从东城跑到了乌江岸边，这在衔接上就显得很突兀。此外，东城与乌江亭相隔 260 华里的路程，何东格《再析项羽不死于乌江》指出，按照古今的换算，1 华里是 1 里，也就是 500 米，急行军一天可走 100 里，快马一天可以走 500 ~ 600 里的路程，260 华里要花费 6 ~ 7 小时，经过鏖战，项羽等人的战马体力是否充足无法考证，但即使是正常的马匹，完成这段路程，也需要 6 个小时左右。从常理上推断，项羽从东城突围，再连续奔跑 6 个小时，到 130 公里外的乌江岸边，不大可能。

信息传播的第二个后果就是，一个信息一旦形成之后，会和其他信息、人物、事物发生联系，虽然改变一个，但有可能在其他信息中还保留着蛛丝马迹。项羽在东城被杀，这在其他人的本纪以及列传中也留下了线索，如在《史记·高祖本纪》中就记载灌婴在东城杀了项羽，“汉五年……骑将灌婴追杀项羽东城，斩首八万，遂略定楚地”。《汉书·高帝纪》：“灌婴追斩羽东城。”而在《汉书·灌婴传》也有着相似的记载：“项籍败垓下去也，婴以御史大夫将车骑别追项籍至东城，破之。所将卒五人共斩项籍，皆赐爵列侯。”等等。至于乌江的说法，只有《项羽本纪》提到“于是项王乃欲东渡乌江，乌江亭长檥船待”，学者们认为“欲”字是表明意向，并非已经到达了乌江。

当然，也有学者对他们的看法提出了反驳，有人认为乌江在那时候也属于东城的管辖地区，所以说项羽身死东城，只是一种笼统的说法罢了。而又有学者回击，说那时候的乌江不属于东城。而又有学者说“身死东城”，不是在东城死亡，而是败亡的意思等等。对于项羽究竟死在哪里的论争，其实涉及这位英雄究竟是不能过江东，还是不肯过江东，他是不是有东山再起的意愿，这也就涉及了对项羽的历史评价。

我拜读这些论争的文章，最大的启发还不是观点本身，而是他们实地考察的问学方式。我看钱锺书的《管锥编》，里面提到作者的笔法，欧阳修《醉翁亭记》说“环滁皆山也”，如果没有去过滁州，读这一句，还以为这里会是四面是山的盆地，而实际上，滁州只有一点山，其余都是平原，既不能“环滁”，更谈不上“皆山”，真实情况是“环滁竟少山”；还有李白的《梦游天姥吟留别》提到的“天姥山”，李白说“天姥连天向天横，势拔五岳掩赤城”，后来方苞去实地考察，问天姥山怎么样，当地人说就是一个小山包，啥都没有，到那里一看，果然如此。

“纸上得来终觉浅，绝知此事要躬行”，或者有时可以说是“纸上得来终觉假”。古人常曰“文人笔舌不可信”，而对美人的描述更是被看作“书中三不可信”之一，一经文人笔舌，丑女也能被说成像西施。文人笔下总是自带“美颜”功能，对于女人如此，英雄亦如是。所以，读书重要，游学也很重要，要想理解那些人、那些事，要读万卷书，或许还要行万里路进行实地考察。

20. 历史上的匈奴去哪儿了？在古代，长城真的有用吗？

长城虽然在秦代以前就有部分存在，但长城形成一种影响力，显然是到了秦始皇以后。传言秦始皇修筑长城，和当时流传的一个谶语有关系。

《史记》中记载了这样一件事，秦始皇派人到处找仙人，求不死之药。有一个卢生回来交差，说他虽然没有找到不死药，但得了一本神奇的书，上面写着“亡秦者胡也”，预言灭亡秦朝的是“胡”。秦始皇以为这个“胡”指的是北方的胡人匈奴，大概在公元前四世纪后期，匈奴就成为北方大漠对南方诸国的主要威胁了。秦、赵诸国都曾经与匈奴发生军事冲突，由于后者握有马匹这一重要的战略物资，所以中原诸国一直没有讨到什么便宜，说匈奴是秦帝国的首要敌人确实有道理。于是秦始皇就派将军蒙恬率兵三十万去攻打北方的胡人，夺取了黄河以南的土地，以绝亡秦之患，又修筑万里长城，以防胡人南侵，“乃使蒙恬将三十万众，北逐戎狄，收河南。筑长城，因地形，用制险塞，起临洮，至辽东，延袤万余里”。(《史记·蒙恬列传》) 秦始皇死后，李斯等人拥立秦始皇少子胡亥为帝，是为秦二世。秦二世暴虐无道，导致了秦朝的灭亡，应验了“亡秦者胡”的预言。秦始皇怎么也不会想到，原来“胡”指的并非“胡”族（匈奴），而是名字里带有“胡”字的他的儿子胡亥。

长城，如今已经成为古代建筑中的一个代表，它展现了古代人的勤劳与智慧，是我们民族文化的骄傲。而长城最初修建的目的是抵御北方的游牧民族，尤其是匈奴。但匈奴这个族群后来好像在中国的历史中消失了，那么，长城防御的匈奴人去哪儿了呢？长城真的管用吗？

中原与匈奴交手很早，在周厉王的时候，多友鼎上的铭文记载，匈奴的先民（王国维《鬼方昆夷猃狁考》认为商朝时的鬼方、混夷、獯鬻，周朝时的猃狁，春秋时的戎、狄，战国时的胡，都是后世所谓的匈奴[①]），当时被称为猃狁（xiǎn yǔn），侵扰周王朝，王命武公出击，武公的手下多友打败了敌军，还追回了被敌人抓去的俘虏。王赏赐了武公，武公又赏赐了多友，多友做了个鼎，把功劳记下来，希望子子孙孙能够永远享用。

（明）《三才图会》中的匈奴

在周宣王时期，猃狁也屡屡进犯周朝。蒙文通《周秦少数民族研究》[②]指出，宣王时期，西北地区连年干旱，因而北方发生猃狁内侵。《诗经·六月》歌颂了尹吉甫抗击猃狁内侵的功劳。然而，周王朝对于猃狁，一直是防守的姿态，“薄伐猃狁，至于大原”，只是把敌人赶出我们的领土

① 王国维：《鬼方昆夷猃狁考》，载《观堂集林》卷 13，中华书局 1959 年版。

② 蒙文通：《周秦少数民族研究》，龙门联合书局 1958 年版。

就可以了。周人农耕文明的养成，造就了周人安土重迁、不事扩张的文化心理与观念。正因为如此，往往养虎为患，最终，一个犬戎部族灭亡了西周，逼迫周平王不得不东迁。东周也一直受到游牧民族的威胁，“南夷与北狄交，中国不绝若线”，周围的部族交替进攻中原诸侯，中原文化的命就悬在一根线上。《论语》中记载了一句孔子评价管仲的话说，要是没有管仲，我们可能会被蛮夷统治，就不得不和他们一样，穿左衽的衣服了，“微管仲，吾其披发左衽矣”。春秋以后，北狄经常侵扰中原诸侯国，邢国和卫国差点儿灭亡了，多亏了管仲辅佐齐桓公“存邢救卫”，才又帮助卫国复国。

到了秦朝，秦始皇统一天下，驱赶了河套地区的匈奴（河套就是黄河“几”字形包围的地方，像个套子），并且修筑了长城，与匈奴有了一个明显的分界线。汉朝继续修建长城，汉长城是历史上最长的长城。在汉代，匈奴是王朝最主要的威胁。

汉初，刘邦也想靠武力解决匈奴问题，没想到打不过，刘邦被匈奴围困于白登山，史称“白登之围”。后来，刘邦采用陈平的计谋，走夫人路线，向冒顿单于的妻子行贿，才得以脱险。从此汉朝改变了对匈奴的政策，打算搞和平演变，每年输送“岁币”，顺便输出“中国礼节”，以经济和文化的手段渗透匈奴。另外，实行“和亲”政策，匈奴王娶了汉家公主，生的儿子必然就是太子，将来当了匈奴王，那就是大汉的番臣了。可二十多年后，大汉奸中行说一语惊醒梦中的匈奴人。中行说是西汉文帝时人，原为宫廷太监，后因陪送公主到匈奴和亲而对汉王朝怀恨在心，转而投靠匈奴，成为单于的重要谋臣。在中行说的鼓动下，老上单于在给文帝回书中口气傲慢，对汉朝使臣也威逼利诱，动不动就索要钱物金银，不给就威胁秋熟后大发兵马侵入大汉边境。

（南宋）李迪绘 《苏武牧羊》

贾谊《陈政事疏》曾说，“料匈奴之众，不过汉一大县”，匈奴的人口数量，顶多和汉朝的一个大县差不多。到了汉武帝的时候，经过“文景之治”的财富积累，国家有了实力。汉武帝终于下定决心，让卫青、霍去病带领一县之众去与匈奴拼命，《史记·匈奴列传》里说两位将军大规模地出兵围攻单于，杀死和俘虏八九万人，而汉朝士卒也死了好几万，汉朝的马匹死了十多万。匈奴人虽然被搞得疲惫而远去，但汉朝也因为马匹少，无法再去追击。汉朝这真是拼了命了，和亲忍让只能换来一时的和平，汉武帝跟匈奴人拼命换来的，则是两汉繁盛的文物，以及得以滋长的和平。曾有人质疑长城的作用，还说长城是闭关自守的符号，但我们从汉代的长城可以看出，绝非如此。汉代出征每每都是从长城出发，长城是一个很好的依靠，进可攻，退可守，而且修建长城是为了保护华夏文明，有了长城也并不是闭关自守，汉代丝绸之路的开拓就是最好的证明。

汉武帝对匈奴的猛烈反击，大伤了匈奴的元气。到了东汉，匈奴分为两部，南匈奴和北匈奴，南匈奴投降了汉朝，后来被渐渐融合而汉化，最终消失了。东汉和帝时，又发动了针对北匈奴的反击战。公元 89 年，窦宪、耿秉率领汉军大败北匈奴，一直追击到燕然山。范仲淹《渔家傲·秋思》"浊酒一杯家万里，燕然未勒归无计"，用的就是窦宪打败匈奴，到燕然山，刻石纪功而还这一典故。当时班固任中护军随行，《燕然山铭》就是他这时候写的。《后汉书》记载这是一次决定性的战役，杀敌一万三千人，二十余万人投降。《燕然山铭》虽然史书上有记载，但其刻石却一直没有找到，直到2017年8月，内蒙古大学才发布消息称终于在蒙古国境内找到了石刻文字。

91年，汉军再次出击北匈奴，在金微山（今阿尔泰山）大败北单于，至此，东汉对北匈奴的战争取得了全面胜利。北匈奴被汉朝打败后，就一路西迁，到了中亚和欧洲。《罗马与中国：历史事件相关性研究》一书认为，这间接导致了西罗马帝国的灭亡。长城就如同多米诺骨牌的起点，它的存在在欧亚大陆上引起了一系列的变化。[①]

匈奴这一族群虽然渐渐在中国大地上消失了，但北方游牧民族对中原农耕文明的威胁还在，于是在汉以后的朝代中，也多次对长城进行修建。如明代的长城，我们现在见到的长城大部分是明代修建的。明朝万历年间，有一朝鲜使者见过长城之后，曾发出这样的感慨："长城三里一烟台，一台十名军；五里一小铺，十里一大铺，三十里一大寨。贼来则烟军交臂瞭望，铺卒各把弓家，中朝防戍之法，亦云周且宏矣。"可以看出，长城主要是一个防御的军事建筑，修长城只不过是为了保境安民。在古代，长城也确实能发挥重要的防御作用，这主要跟它的建筑形式以及环境有着重要的关系。首先，它多建在高山或险要之处，易守难攻，而且其烽火台白天用烟，晚上用火，能够快速传递信号（有学者研究表明，烽火发明于战国之后，主要是为了防御匈奴，所以历史上传说的西周末年周幽王"烽火戏诸

① （美）费雷德里克 J. 梯加特：《罗马与中国：历史事件相关性研究》，大象出版社2009年版。

候"很可能并不是真的），其平台道路又能迅速调集兵力，这就可以应对机动性很强的游牧民族的军事力量了。如果敌人集中从某一个突破口越过了长城，那么其后背则又是危险的，因为很快会有援兵从其他长城的关隘直接增援过来。其次，长城修建的位置正好是游牧与农耕文明的分界线，如果长城被占领了，实际意味着游牧民族将必须放弃其骑兵优势，而采取和中原一样的防御措施，这不是他们的强项。对于他们来说，占领长城没有什么用处，所以往往长城一带受到侵扰之后，很快就又被中原王朝重新夺回来了。

21. 秦汉以后姓与氏一样了？历史上这些姓氏可能是同一个祖先？

姓氏的起源及演变很复杂，简单来说，先有的是姓，大约在母系社会时期，后起的是氏，大约在父系社会时期。一个人是由母亲所“生”，生下来只知其母不知其父，所以加一个“女”子旁，可见，“姓”与人的出生有关。班固《白虎通德论》说：“姓，生也，人禀天气所以生者也。”中国的许多古姓也都是女字旁，如姬、姚、妫、姒、姜、嬴、姞、妘等，当然，古人对早期的这些姓的来历还有其他推测，如《左传》提到“因生以赐姓”的说法，如舜生于妫，其后代就被赐姓为妫；姜族起源于姜水，故以姜为姓等等。

养育后代是哺乳动物的天性，人类在母系社会时期就知道近亲结合生出的孩子不健康，为了避免这种情况，就有了姓，为的是同姓不婚。于是一个部落取一个姓，这个部落是李家，那个部落是张家。进入父系社会后，李家人口众多，内部又有了等级差别，就需要做进一步的区分，于是李家的老大、老二、老三开始分家，取了不同的名字作为氏，老大氏、老二氏、老三氏。春秋时期的鲁国是姬姓，是老姬家，而这一家子到了鲁桓公的时候，鲁桓公有四个儿子，嫡长子鲁庄公继承鲁国国君，而其他三个儿子庆父、叔牙、季友的后代分别称为孟孙氏、叔孙氏、季孙氏。可见，姓是大族的统一称呼，是根。而氏是姓的分支，是大部落中的小部落。

《通志·氏族略》说夏商周时期，姓和氏是有区别的，男子称氏，女子称姓，“三代以前，姓氏分而为二，男子称氏，女子称姓。氏所以别贵贱，贵者有氏，贱者有名无氏。姓所以别婚姻，故有同姓异姓庶姓之别”。需要说明的是，周代的姓和氏又往往有政治功能的考虑，如周王室通过联姻的方式给予异姓贵族“尚父”“伯舅”等称号，将其纳入姬姓宗法制体系中。有的诸侯国之间为了政治目的，则可能出现近亲联姻。如春秋时的鲁国与齐国，一个是姬姓，一个是姜姓。为了保持与齐国的关系，鲁国的女子常常嫁入齐国，而这些女子生的女儿又往往会被鲁国的下一代君主娶回来，虽然是异姓，但从血缘上来说，相当于表兄妹结婚，属于近亲。

秦汉以后，姓与氏被统一了起来，姓即氏，氏即姓，姓氏合二为一了。《通志·氏族略》曰：“秦灭六国，子孙该为民庶，或以国为姓，或以姓为氏，或以氏为氏，姓氏之失，由此始……兹姓与氏浑为一者也。”姓与氏的混用，可能就导致本是同一个家族的人，而分为不同的姓。当然，这种本是同宗，而为不同姓氏的情况，不只是姓与氏的混用造成的，还有一些特殊原因。

有的是避讳而造成的同宗异姓。比如师姓，古代掌管音乐的称为“师”，春秋卫国有师涓，晋国有著名乐师师旷，到了西晋为了避讳司马师而改成“帅”姓，帅姓与师姓同宗；汉安帝的父亲叫刘庆，为了避讳，“庆”姓就改为“贺”姓了。同样，为了避讳北宋皇帝赵恒，“恒”姓改为了“常”姓。为了避讳蜀王王审知，“沈”姓改为了“尤”姓，等等。

有的是同音造成的同宗异姓，如“闫”和“阎”本是同宗，“丙”和“邴”本是同宗；战国韩亡后，韩国贵族后代有以韩为姓的，而古代“韩”

18世纪《历代帝王圣贤名臣大儒遗像》中的姜太公像

和“何”同音，所以姓何与姓韩的有一部分是同宗；“勾”、“句”和“钩”实为一源，为同宗；妫姓后代“爰”和“袁”同音同源；“裘”和“仇”同音，二姓同宗；“缪”和“穆”同音，二姓同宗；“花”和“华”到了唐朝才有区分，二姓同宗；“籍”改为音近的“席”，二姓同宗；周王室姬姓旁支建立的虢国，被晋国假道伐虢后，后人改姓虢，“虢”和“郭”同音，二姓同宗；会稽望族的“稽”和“嵇”同音，二姓同宗；古代有雕国和善于雕刻的能工巧匠，以“雕”为姓，后改为“刁”，二姓同宗；等等。

有的是封地的变化造成的同宗异姓。如楚国是芈姓，熊氏，楚武王封儿子“瑕”到屈邑去做首领，人们于是称他为屈瑕，屈瑕的子孙也就以封地为姓，世代姓屈，屈原就是这一支的后代。楚国公子有一个被封在项地，后代姓项，西楚霸王项羽即是这一脉后代。楚国灭亡，有了楚姓，楚国又叫荆楚，一部分贵族又姓荆；姜太公被封在吕地，所以又称他为吕尚，后人或姓吕，或姓尚，田氏代齐后，一部分族人改回姜姓，一部分为了纪念姜齐而姓齐，一部分继续姓吕，还有一部分因姜太公后代有一个叫公子高的而姓高。齐国建都营丘后，姜太公的一部分后人姓丘，清雍正三年，丘姓为了避讳孔子仲丘而改为邱；召公的后代为了表示有封地就改姓邵，又因召公被封在燕国，子孙有的姓燕。耳刀旁在古代写成“邑”，代表着有封地，所以一些失国的贵族为了避祸常常把邑去掉，作为自己的姓氏，比如邾国后代因亡国失去封地而改姓朱，一部分因为邾国国号为邹而改姓邹；

郕国传到郕武公，字伯颜，被称为颜公，一部分后人改姓颜；障国也是姜太公的后裔，后来被齐国所灭，后人改姓章；邘国后人改姓于，郾国后人改姓禹，鄫国后人改姓曾，等等。齐国大夫祁盈被封在羊舌，后代以羊舌为姓，或者姓羊；周公的儿子在邢台建邢国，有了邢姓；丹朱的后裔有一个叫累的因为帮助孔甲驯龙（鳄鱼）有功，被封在刘，在今河北唐县，刘累后代一部分开始姓刘，一部分开始姓龙，后来刘姓后裔迁到杜邑，改姓杜，再后来分为两支，一支留在晋国改姓士，一部分到秦国改回刘，战国末年刘姓随秦军东进，其中一支定居沛县，后来出了汉高祖刘邦。

有的是祖先的谥号造成的同宗异姓。如楚平王的谥号为景平，所以有一部分后人以景为姓；楚庄王后代支孙以庄为姓，到了东汉明帝刘庄时，就把庄改成了意思相近的严姓；鲁孝公之子姬展的孙子无骇，以祖父名字展为姓，死后谥号为惠，因食邑在柳下，后人以柳为姓，展无骇之子就是著名的柳下惠。

还有的是官职造成的同宗异姓，如彭祖管钱，所以钱和彭是同宗；左史记言，右史记事，就有了左姓和史姓；制造弓弩的官吏叫弓正，弓正也叫弓长，一部分姓了张，一部分姓了弓，等等。

清晚期百家姓长命锁

对于姓氏的排名，我们熟悉的是《百家姓》，它产生于宋朝。“赵钱孙李”，宋朝“赵”姓是皇姓，所以排在第一，而“钱”是五代十国吴越国钱镠的姓，“孙”是吴越王钱弘俶皇后的姓，“李”是当时吴越邻国南唐的国姓，可见百家姓是按照政治地位来排序的，而非按照人口的多少。到了清代，统治者为了拉拢读书人，又把“孔孟”排在了前面，“孔师阙党，孟席齐梁，高山瞻仰，邹鲁荣昌”，以表示对传统儒家文化的尊崇。

据统计，中国仅单姓就将近七千个，每个姓氏背后都积淀着历史文化，它们是我们文明传承的重要载体。

22. 如果你在汉朝当官，这几个案子怎么判?

如果你穿越到了汉代，做了官员，遇到这样几个案子，你会怎么处理呢?

第一个案子：有个男子叫张三，没有孩子，偶然捡了个弃婴，取名叫张四。张三将其作为养子抚养，张四长大后杀了人，张三把张四藏了起来。对于张三窝藏罪犯的行为，你会怎么判决?

第二个案子：有个男子叫张三，他把自己的亲生儿子送给了李四，李四为这个儿子取名叫李五。李五长大后，张三有一次喝醉了酒见到了他，对他说，你是我儿子。结果李五很生气，以为他在玩伦理哏，就打了张三二十大棍子。张三认为李五是自己的儿子，居然敢打自己，于是告官，在以“孝”治天下的汉代（汉武帝的谥号实际是汉孝武帝。除了刘邦，汉朝皇帝的谥号都带一个孝字，如汉孝文帝、汉孝景帝等等），打父母是很严重的罪行。别说打了，就是子女要告父母，官府不仅可以不受理，甚至还可以直接处罚子女，将他们杀了。而这个案子，对于李五打张三的行为，你会怎么判决?

第三个案子：有个男子叫张三，他有个朋友叫李四。有一天两人因口角发生斗殴，李四一着急拿起一把刀去砍张三。这时候张三的儿子看见了，抄起棍子去救父亲张三，结果张三的儿子一不小心伤到了父亲张三，把张三打晕了。这也是儿子打老子，对于张三儿子的行为，你该怎么判决?

第四个案子：有个女子叫张三，她的丈夫李四坐船时不幸落水失踪，无法找到尸体安葬。四个月后，父母将张三改嫁。当时通行的法律是如果丈夫死了，没有埋葬，妻子不能改嫁。对于张三及其父母的行为，你该怎么判?

第一个案子，如果按照当时通行的法律，藏匿犯人，要受重刑。第二个案子，如果按照当时通行的法律，儿子打父亲，判处死刑。第三个案子，如果按照当时通行的法律，也是儿子殴打父亲，也要判处死刑。第四个案子，如果按照当时通行的法律，丈夫没有埋葬就改嫁，女子要判处死刑。

但在通行的法律之外，董仲舒提出了一种判案的标准——“春秋决狱”，即按照儒家的经典以及孔子的思想来裁定一个案件，特别是从《春秋》中去寻找答案，不是一刀切地按照法律文书来判。要从儒家的经义来看犯罪者的动机如何，如果动机是好的，一般要从轻处理，甚至可以免罪；如果动机是邪恶的，即使未遂，也要受到严厉的惩罚，“春秋之听狱也，必本其事而原其志。志邪者不待成，首恶者罪特重，本直者其论轻”（《春秋繁露》）。董

清人绘董仲舒像

仲舒去世之后，在《盐铁论》中也继承了这一思想：“法者，缘人情而制，非设罪以陷人也，故《春秋》之治狱，论心定罪。志善而违于法者，免。志恶而合于法者，诛。”

所以，第一个案例，董仲舒认为张三与张四有父子之实，因为儒家经典《诗经》中说“螟蛉有子，蜾蠃负之”，螟蛉的孩子被蜾蠃收养，就是蜾蠃的孩子了。父子是可以互相隐匿的，应该无罪。这种父子互隐，当年孔子就支持，在《论语》中有这样一段谈话：楚国的叶公对孔子说，我的家乡有一个直率坦白的人，他父亲偷了羊，他便告发父亲。孔子说，我的家乡直率坦白的人与你所说的不同，“父为子隐，子为父隐，直在其中矣”，父亲为儿子隐瞒，儿子为父亲隐瞒，直率坦白就在这里面了。叶公所说的那个“直率坦白”的人，在孔子看来，算不得“直”，并不是真性情的流露。父母生了儿子，养育他，从本性上来说，儿子必然会袒护父母，但如叶公的说法，儿子举报父亲，显然，这是亲情受到了权力的威慑，儿子是经过权衡利弊才做出的决定，并不是出于真性情。董仲舒继承的正是孔子主张的这种从本性、动机出发去判断是非对错的价值标准。所以第二个案例，董仲舒认为张三没有抚养自己儿子李五，两个人不存在父子关系，张三抛弃李五的时候，就已经恩断义绝。从李五的行为动机上来说，不能用维护父亲利益的法律去处死李五，“甲能生乙，不能长育，以乞丙，于义已绝矣。虽杖甲，不应坐”。第三个案例，董仲舒说，儿子的动机不是打父亲，是去救父亲的，所以应该赦免，“臣愚以父子至亲也，闻其斗，莫不有怵怅之心。扶杖而救之，非所以欲诟父也”。第四个案例，董仲舒说女子改嫁不是为了私利，应该赦免，“甲又尊者所嫁，无淫衍之心，非私为人妻也。明于决事，皆无罪名，不当坐”。可见，这种断案方式还是挺有“人情味”的。

元人绘《商山四皓》(商山四皓是秦末汉初四个德高望重的老人，刘邦对他们极为尊敬)

古代文献记载中还有一些与“春秋决狱”相关的案例，如侮父案，张三侮辱了李四的父亲，李四一怒把张三杀了,《春秋》上有子为父报仇的例子，所以这个案件李四杀人，本当死罪，但因有情缘与《春秋》上的依据，所以最后皇帝宽恕了他。有一女子张三，丈夫去世，剩下她带着一个孩子。早先她父亲被李四所杀，李四调笑她，说她们家现在没有男人了。后张三路遇李四，趁其不备将李四杀死，然后自首。因动机是为父报仇，有《春秋》的支持，官府最后也赦免了她的死罪。对于该不该为亲人复仇，韩愈曾说过这样一段话：不允许，伤了孝子之心；允许吧，又怕人们依照这条法律条文乱来，相杀报仇，就没完没了了，“盖以为不许复仇，则伤孝子之心，而乖先王之训；许复仇，则人将倚法专杀，无以禁止其端矣”。所以，这样的情况就没法写进法律条文内，“春秋决狱”主要就是适用于法律之外的一些特殊情况。古代是宗法社会，家国一体，所以对于家庭相关的判决往往体现出一些特殊性。而涉及孝道的，尤其是关于老人的，则明确作为法律条文确定下来的也有不少，如汉朝的法律规定：

如果有官员民众胆敢辱骂、殴打老人，损害其拐棍的，可以判处死刑；如果老人经营国家垄断不允许私人经营的酒业，也不受处罚；假如老人杀了人，如果不是首恶，也可以免于治罪，等等。这体现的是“尊老”的社会价值观念。

所以如果你穿越到古代，当官员去判案，依据法律条文是一方面，还要考虑道德人伦建构的社会关系的影响。

23. 韩信真的要造反吗？曹操是韩信转世来报仇的？

有一句俗语叫“成也萧何，败也萧何”，说的是萧何和韩信的关系。

韩信年轻的时候不得志，被人欺负，甚至承受了胯下之辱，“淮阴屠中少年有侮信者，曰：‘若虽长大，好带刀剑，中情怯耳。’众辱之曰：‘信能死，刺我；不能死，出我袴下。’于是信孰视之，俛出袴下，蒲伏。一市人皆笑信，以为怯”。

元末明初《萧何月下追韩信》梅瓶

后来韩信投靠项羽，没有被重用，再后来改投刘邦，当时刘邦正被项羽排挤，自顾不暇，韩信到了刘邦那里也没有施展才华的机会。这时韩信结识了萧何，萧何发现他确实是一个人才，称赞他“国士无双”，多次向刘邦举荐，刘邦却仍无暇顾及。刘邦被项羽封为汉王之后，率领部下到“鸟不拉屎”的地方任职，途中很多士兵、将领都受不了苦，认为跟着刘邦没有什么希望就逃跑了。萧何听人说韩信也逃跑了，来不及跟刘邦说，就骑着快马连夜追赶。有人报告刘邦说萧何跑了，刘邦很生气。后来萧何回来说明情况，说自己不是逃跑，而是去追一个重要的人物，这个人就是韩信，这就是有名的“萧何月下追韩信”。因为萧何的这次举动，刘邦终于认识到韩信在萧何心目中的地位，他决定相信萧何的眼光，听从了萧何的建议，封韩信为大将军。从此韩信开始一路“开挂”，大展才华，涉西河，虏魏王，引兵下井陉，背水一战，诛成安君，徇赵，胁燕，定齐，南摧楚人之兵二十万，四面楚歌逼迫项羽自杀，汉朝几乎大半个天下都是韩信打下来的。因为萧何举荐，韩信被封为齐王、楚王，从一个“常从人寄食饮”（《史记·淮阴侯列传》）的要饭的而位极人臣。

要是没有萧何，就没有韩信；要是没有韩信，就没有刘邦。然而功高盖主，刘邦一直对韩信有戒备之心。当时有个谋士，早已看透了二人的关系，就劝韩信造反，没有什么理由，就因为你功劳大，对刘邦是个威胁。但韩信没有听他的，不相信自己会因为功劳大而被杀，有功劳还有错了？结果却正如那位谋士预料的那样，等天下渐渐平定，刘邦就开始找各种借口来整治韩信了。

打败项羽一年后，刘邦就演了一出戏。当时韩信当楚王，项羽死后，他的手下钟离昧投靠了韩信。刘邦用这个人作突破口，要韩信把钟离昧交出来。他假装游云梦泽，云梦泽恰好位于楚国边境，天子出游，还到了韩信的封地，韩信必须去迎接刘邦，于是，他只能带着钟离昧的

南薰殿韩信像

头颅去表忠心。刘邦召见了韩信，拿出一封信，说有人告他谋反。韩信在这个情景下，说："果若人言，'狡兔死，良狗亨；高鸟尽，良弓藏；敌国破，谋臣亡。'天下已定，我固当亨！"（《史记·淮阴侯列传》）"果若人言"四个字表明兔死狗烹的劝诫话语是韩信从别人那里听来的，谁还说过这话呢？《史记·越王勾践世家》中，是越王勾践打败吴王夫差后，范蠡劝谏文种说的，要他赶紧离开勾践，"蜚（同'飞'）鸟尽，良弓藏；狡兔死，走狗烹。越王为人长颈鸟喙，可与共患难，不可与共乐。子何不去？"结果，文种还是被勾践害死了。那么，谁跟韩信说过这话呢？谁像范蠡一样用这话劝韩信呢？就是当初劝他造反的谋士，不幸被他言中了，"大夫种、范蠡存亡越，霸勾践，立功成名而身死亡。野兽已尽而猎狗烹"（《史记·淮阴侯列传》）。

18世纪《历代帝王圣贤名臣大儒遗像》中的刘邦像

韩信直接说出"兔死狗烹"这句话，刘邦就不好意思拿着一封子虚乌有的谋反信杀韩信了，那样自己不就真成了史书上所说的"可与共患难，不可与共乐"的勾践式的君主了吗？其他异姓王怎么看？后世人们不知得怎么编派自己呢？第一次杀韩信，刘邦失败了，因为没有确凿的证据，就赦免了韩信的罪，但削除了韩信楚王的封号，改封他为淮阴侯，并把他带到了洛阳。范蠡数百年前说的一句话，没能救文种，却救了韩信一次。

刘邦当然不甘心，韩信被刘邦软禁在身边。后来陈豨叛乱，刘邦御驾亲征，韩信没有跟从。《史记·淮阴侯列传》中说，陈豨被任命为钜鹿郡守，向韩信辞行，韩信跟他说了一大段肺腑之言：如果将来你被逼造反，我会配合你。

> 陈豨拜为钜鹿守，辞于淮阴侯。淮阴侯挈其手，辟左右与之步于庭，仰天叹曰："子可与言乎？欲与子有言也。"豨曰："唯将军令之。"淮阴侯曰："公之所居，天下精兵处也；而公，陛下之信幸臣也。人言公之畔，陛下必不信；再至，陛下乃疑矣；三至，必怒而自将。吾为公从中起，天下可图也。"陈豨素知其能也，信之，曰："谨奉教！"汉十年，陈豨果反。

《史记》说陈豨真的反了，韩信就准备趁此机会里应外合造反，于是假传诏书赦免京城的罪犯和奴隶，打算依靠他们去袭击吕后和太子。当时，韩信的一位家臣得罪了韩信，韩信把他囚禁起来，打算杀掉他。这位家臣的弟弟向吕后告发了韩信准备谋反的情况：

> 信乃谋与家臣夜诈诏赦诸官徒奴，欲发以袭吕后、太子。部署已定，待豨报。其舍人得罪于信，信囚，欲杀之。舍人弟上变，告信欲反状于吕后。

吕后打算把韩信召来，又怕他人多势众不肯就范，于是找来萧何，让萧何出主意。萧何找到韩信，让韩信进宫，说刘邦已经凯旋，应该去祝贺，韩信对自己这位恩人深信不疑，结果韩信一进宫，就被捉拿，连审都没有审，迅速被吕雉处死了，"吕后使武士缚信，斩之长乐钟室"（《史记·淮阴侯列传》）。后来刘邦回来，听说韩信被处死了，也不问谋反罪名是不是真

清人绘　刘邦像

的，也没有处罚任何人，就是很开心，“高祖已从豨军来，至，见信死，且喜且怜之”（《史记·淮阴侯列传》）。这次杀韩信，终于成功了，而且刘邦还借了别人的手，萧何成了最大的“背锅侠”。没有刘邦的支持，萧何敢这么做？我是不信的。刘邦终于想了个好办法，免得自己落个坏名声。当然，他还是担心的，问吕后，韩信临死前有没有说什么，是不是如上次那样，对他有所指责。吕后说韩信只是抱怨没有听从谋士的建议，早一点造反。刘邦放心了，当了皇帝的刘邦跟当年打天下的时候不一样了，这时候作为天下的表率，作为以后被写入历史的帝王，他还是挺在乎面子的。

韩信真的要谋反吗？古人多不相信，在我看来，也未必是真的。

首先，韩信有自知之明，韩信是知道自己不能做帝王的，他曾跟刘邦讨论过这个问题。他说，自己善于领兵，多多益善；而刘邦善于领将，这是天授，是学不来的。他自知没能力让那么多将领听自己的，韩信多次向刘邦表忠心，都体现出他没有反叛的意图。

其次，《史记》记载他和陈豨的约定实际模棱两可，没有确切的证据。魏艾在《韩信之死略论》一文中指出，司马迁的这段记载有问题。《史记》中除了这一篇，从来不见韩信与陈豨有交往，他们交往的信件与对话属于高级机密，不可能是韩信自己暴露出来的，陈豨也没有机会提供，很可能就是当时有人编的，而且司马迁很可能当时就知道韩信是被冤枉的，“司马迁记叙韩、陈谋反时，只用了三百来字，而记叙韩信拒绝武涉和蒯通的策反建议时，却用了一千八百多字的篇幅。这些详略安排，是否可以认为是司马迁别具匠心的设计、有意设计的疑案，意在让后人窦破疑窦，为韩信昭雪？”①

再有，《史记》记载，传言他召集囚徒造反，这个描述有点儿像山寨版的商纣王发骊山之徒，估计就是据此编造的，那个所谓的告发人也来历不明，不足为信，很可能也是故意安排好的。

更为重要的一点是，韩信是一个知道感恩的人。他年轻的时候没饭吃，河边有一位洗衣服的老妇同情他，每天都会给他带来饭食，等韩信荣华富贵衣锦还乡，用千金来报答她。在天下未定的谋反最佳时期，谋士劝他谋反，他说，自己有今日，得感恩刘邦，不能背叛刘邦，他不是见利忘义之人，“汉王遇我甚厚，载我以其车，衣我以其衣，食我以其食。吾闻之，乘人之车者载人之患，衣人之衣者怀人之忧，食人之食者死人之事，吾岂可以向利倍义乎”（《史记·淮阴侯列传》）。清代包彬在《淮阴侯庙》中说：“鸟尽良弓势必藏，千秋青史费评章。区区一饭犹图报，争肯为臣负汉王？”一饭之恩都不忘，怎么可能背叛对他有更大恩情的刘邦呢？

韩信像　清宫内务府藏

所以我推测，韩信之死是刘邦的阴谋。坐定天下后，刘邦首先要消除的就是对刘氏江山有威胁的异姓王，消灭他们就得有借口。在韩信之前以及之后，有不少类似他这样的异姓王，即不姓刘的王，被扣上谋反的罪名，如张

① 魏艾：《韩信之死略论》，《西北民族大学学报》（哲学社会科学版），1990年第2期。

敖、彭越、英布，甚至还有刘邦的发小卢绾，等等。可见除掉韩信是既定的路线，不管他是不是真的谋反，“谋反”这个大帽子一定要给他扣上。

《史记》中对于韩信具体是怎么被杀死的没有交代，只说他进了皇宫，吕后命令武士把他捆起来，在长乐宫的钟室杀掉了。但在民间的传说就比较详细了。估计民间也觉得韩信冤枉，所以，即便官方为其定了罪，民间传说中往往还是“站在”韩信这一边的。如有故事说当年汉高祖刘邦许诺韩信“三不死”，“见天不死，见地不死，见金属兵器不死”，吕后和萧何把韩信骗到宫中后，宫女们突然将韩信绑起来，悬在大钟之下，铺上地毯，让其离地，再用麻袋套上韩信，让其不见天，然后用桃木棒，也有人说用竹子，避免用金属兵器，把韩信活活打死了。这实际就是对《史记》中“信入，吕后使武士缚信，斩之长乐钟室”的演义，这样的故事足以反映出，杀韩信是有准备的，老百姓以这样的表述替韩信因“谋反”被杀死而感到不公。

人们还想办法让韩信报仇，在明代的小说《喻世明言》第三十一卷有一篇“闹阴司司马貌断狱”，韩信到了地狱打官司：“一宗屈杀忠臣事，原告：韩信、彭越、英布。被告：刘邦、吕氏。”韩信辩解说自己有功却被杀，把刘邦、吕氏、萧何都告了。萧何全招了，“萧何答道：‘有个缘故。当初韩信怀才未遇，汉皇缺少大将，两得其便。谁知汉皇心变，忌韩信了得。后因陈豨造反，御驾亲征，临行时，嘱付娘娘，用心防范。汉皇行后，娘娘有旨，宣某商议，说韩信谋反，欲行诛戮。某奏道：韩信是第一个功臣，谋反未露，臣不敢奉命。娘娘大怒道：卿与韩信敢是同谋么？卿若没诛韩信之计，待圣驾回时，一同治罪。其时某惧怕娘娘威令，只得画下计策，假说陈豨已破灭了，赚韩信入宫称贺，喝教武士拿下斩讫。某并无害信之心。’重湘道：‘韩信之死，看来都是刘邦之过。’”判定元凶就是刘邦，韩信蒙受了千古奇冤，“审得汉家天下，大半皆韩信之力；功高不赏，千古无此冤苦。转世报冤明矣”。让韩信转世投胎为曹操以报仇，让刘邦转世为汉献帝，“你来生仍投入汉家，立为献帝，一生被曹操欺侮，胆战魂惊，坐卧不安，度日如年。因前世君负其臣，来生臣欺其君以相报”。吕后为汉献帝之后，“你在伏家投胎，后日仍做献帝之后，被曹操千磨百难，将红罗勒死宫中，以报长乐宫杀信之仇”。萧何转世为杨修，“你在杨家投胎，姓杨，名修，表字德祖。当初沛公入关之时，诸将争取金帛，偏你只取图籍，许你来生聪明盖世，悟性绝人，官为曹操主簿，大俸大禄，以报三荐之恩。不合参破曹操兵机，为操所杀。前生你哄韩信入长乐宫，来生偿其命也”。阎王上呈玉帝，玉帝对于韩信转世为曹操，报仇汉室江山很满意，但又说怕曹操弑君被后人学习，所以得安排司马家欺负曹氏子孙，“曹操虽系韩信报冤，所断欺君弑后等事，不可为训。只怕后人不悟前因，学了歹样，就教司马懿欺凌曹氏子孙，一如曹操欺凌献帝故事，显其花报，以警后人，劝他为善不为恶”。这种还报史观在民间很盛行，如传说刘邦起义的时候，来到芒砀山，遇到白蛇，一剑把白蛇斩为两段。夜里白蛇给刘邦托梦说，要他还命，刘邦随口推说，这里高山陡岭哪有命还？到了平地（帝）再还你罢。白蛇说，你今天欠下的账总有一天要还的。你斩了我的头，我就篡你的头，你斩我的尾巴我就篡你的尾，现在你把我腰断两截，我就在中间平帝时篡你的朝。所以西汉传到汉平帝，白蛇转为王莽（莽不就是蛇），杀了汉平帝，篡了汉朝。后经光武中兴，平灭了王莽，才又恢复了汉室，建立了刘氏东汉王朝，西汉 210 年 15 帝，东汉 195 年 19 帝，王莽正好在中间。这种还报观念的故事还有，李唐灭了隋杨，人们就说杨贵妃是来报仇的，等等。

对于韩信是否谋反，正史记载的时候，可能有其无奈的地方。但民间自有体系，大量的诗词、小说、戏曲都变着法为韩信“申冤”。

24. 古代七夕不是晒情人，而是晒被子

时至今日，除了清明节，其他的节日几乎都被我们这几代人过成了“情人节”，而七月初七，更是被看作中国传统的情人节。实际上在古代，这个节日更像是一个女性的节日。女性往往会在这一天祈祷自己能像织女那样做一手好的针线活，东晋葛洪《西京杂记》说汉朝的少女们常常七月七日在开襟楼拿丝线比赛穿针孔，当时的人们纷纷效仿，“汉彩女常以七月七日穿七孔针于开襟楼，人俱习之”；南朝梁宗懔的《荆楚岁时记》也记载了南朝妇女七夕穿针乞巧的民俗，“七月七日，是夕人家妇女结彩楼穿七孔针，或以金银瑜石为针。”

除了乞巧，还有拜织女、求子等等，实际上七夕的风俗很多，只是随着历史的发展，有的消失了，有的则转变成其他节日的习俗。

西汉时期有一本书叫《淮南万毕术》，里面记载了一个奇葩巫术，说一个男人要想留住自己的妻子，不让妻子和他人私奔，可以在七月七这一天，取来女人的月事布烧掉，把灰放在门楣上，且不能让妇人知道，就行了，“赤布在户，妇人留连。取妇人月事布，七月七日烧为灰，置楣上，即不复去。勿令妇人知”。春秋时期，在民间，到了七月，还流行着男女自由结合私奔的习俗。西汉初期，尽管媒妁之言之类的礼法已经逐渐占据主

流，但民间可能依旧有男女七月私会的遗风，《淮南万毕术》中的烧布巫术大概正是男子们用来抗拒这种遗留下来的风俗的。而随着礼法以及道德观、封建贞洁观不断加强，这种男性操纵的巫术风俗也就逐渐消失了。

七月七，还有一种习俗就是“曝书晒衣”，把书和衣服拿出来晒晒。汉代的《四民乐令》说七月七日，要“暴经书及衣裳”，白天要暴晒经书和衣物。《世说新语》里记载了这样一个故事：阮家是个大家族，其中也有富有贫，于是一条大道的北面，就形成了高级住宅区，住的全是阮姓中的富人，而道南是棚户区，住的全是穷人，阮咸属于穷人这一边，住在道南。七月初七，路北的阮氏各家都晒衣服，炫耀自家的纱罗锦绮，阮咸看到后，故意也用竹竿挂起干粗活用的大裤衩晒在庭院当中。有人对他的举动感到奇怪，他回答说：我不能免除世俗之情，姑且也这样应应景罢了，“未能免俗，聊复尔耳”。实际上这是阮咸对当时借晒衣而夸富这一风气的嘲讽。而“未能免俗”，亦可见七月七晒衣服是当时的习俗。此外，唐朝杜甫《牵牛织女》也有诗句说：“曝衣遍天下，曳月扬微风”。

除了晒衣服，七月七还有晒经书的习俗。王隐《晋书》（佚文）记载，司马懿不愿当曹操的幕僚，于是他托词腿部麻痹无法起床而躲在家里。曹操就派了一个亲信令史暗中探查真相，时值七月七日，令史发现司马懿居然在家中晒书，显然腿部麻痹的说法是假的，“时七月七日，高祖方曝书”。令史回去禀报曹操，曹操马上下令要司马懿回朝任职，否则即刻收押，司马懿只得乖乖地遵命回朝。不能免俗的司马懿也就这样暴露了自己。《世说新语》中还有这样一个故事：七月七日人人晒书，只有郝隆跑到太阳底下去躺着。人家问他为什么，他回答说在晒书，“我曝书”。这一方面是在蔑视晒书的习俗，另一方面也是夸耀自己腹中的才学，晒肚皮即是晒书，这是满腹经纶的自信。此外，唐朝郑愿《七夕卧病》也有诗曰：“不应须卧疾，为曝腹中书”。

在古代，随着历史的发展，七夕的节日特征越来越女性化，其节俗变为主要是“乞巧”，如五代王仁裕《开元天宝遗事》记载说，到了七夕，宫中嫔妃们要祭祀牛女二星，并对月比赛穿针，民间百姓也效仿她们，“七夕，宫中以锦结成楼殿，高百尺，上可以胜数十人，陈以瓜果酒炙，设坐具，以祀牛女二星，妃嫔各以九孔针五色线向月穿之，过者为得巧之候。动清商之曲，宴乐达旦。土民之家皆效之”；元陶宗仪《元氏掖庭记》也说，七夕，宫女们比赛穿针引线，先完成的就是“巧者”，大家要凑钱奖励巧者，“九引台，七夕乞巧之所。至夕，宫女登台以五彩丝穿九尾针，先完者为得巧，迟完者谓之输巧，各出资以赠得巧者焉”。而七夕关于男性的节俗要么消失了，要么转移到其他日子当中。《西游记》有一集描述唐僧取经回来，又路过通天河，因忘了老龟的嘱托而被老龟扔到了河里，打湿了经书，不得不捞出来晒干。民间传说也是说玄奘取经返国于六月六不慎落水，打湿了经书，因而不得不打开晾晒，而自那以后，寺院每年都会在这一天把经书拿出来晒晒，称为“翻经节”，有关“曝书晒衣”的习俗也就逐渐从七月七转移到了六月六。

如今的七夕，更多地充满了爱情的味道，无妨，在别人晒情人的时候，你不如致敬一下传统，晒晒被子，晒晒肚子。

25. 魏晋时期有哪些帅哥？魏晋风度实际是因为吃药？

魏晋南北朝是一个非常动乱的时代，我们先来看一下魏晋南北朝年表：

220 年：曹丕建立魏国。

221 年：刘备建立蜀国。

222 年：孙权建立吴国。

228 年：诸葛亮第一次北伐。

266—290 年：晋武帝司马炎在位。

280 年：晋灭吴，三国彻底结束。

290—307 年：晋惠帝司马衷在位。

291—306 年：八王之乱。

307—313 年：晋怀帝在位。

313—316 年：晋愍帝在位。

318—322 年：东晋元帝在位。

322—325 年：晋明帝在位。

325—342 年：晋成帝在位。

342—344 年：晋康帝在位。

344—361 年：晋穆帝在位。

361—365 年：晋哀帝在位。

365—371 年：晋废帝海西公在位。

372—372 年：晋简文帝在位。

372—396 年：晋孝武帝在位。

383 年：淝水之战。

395 年：罗马帝国分裂为东、西两部分。

5 世纪：大和统一日本。

420 年：刘裕建立刘宋，东晋结束。

424—453 年：刘宋文帝在位。

439 年：鲜卑族北魏统一中国北方。

476 年：西罗马帝国灭亡，欧洲封建社会开始。

479 年：萧道成建南齐取代刘宋。

481 年：法兰克王国的墨洛温王朝开始。

502 年：萧衍建梁取代南齐。

534 年：北魏分裂为东魏和西魏。

548 年：侯景乱梁。

550 年：北齐取代东魏。

557 年：北周取代西魏；陈霸先建陈取代梁。

577 年：北周灭北齐。

581 年：杨坚夺取北周政权，建立隋朝。

这种分裂动乱的局面，持续了三百六十多年，直到隋文帝灭陈才告一段落。说起这段动乱，应该从晋惠帝时期的八王之乱开始。历史上多认为晋惠帝是个白痴，当时天下闹饥荒，许多老百姓饿死了，晋惠帝听说后说：他们也太无知了，没有粮食，为什么就不能煮肉粥吃呢，“何不食肉糜？”还有一回司马衷在跟父皇司马炎吃饭时，三岁的司马遹（yù）走了进来，司马衷问：这孩子是谁啊？司马炎无奈地笑了笑：儿子，记住了，这个小孩子是你儿子，我孙子。司马衷是司马炎的第二个儿子，他哥哥早死，于是他成了司马炎的接班人。除了从继承顺序上来说，司马衷继位比较合理，司马炎打算把帝位传给司马家的这个傻儿子，还有一个考量，那就是司马衷的这个儿子司马遹很聪明。据说有一次宫中着火了，司马炎登楼观看，突然有一只小手拉他，原来是自己的孙子司马遹。司马炎问他为什么要拉自己，司马遹说，夜晚着火了，场面很混乱，要小心其中有坏人，别让火光照见您，别让坏人发现您。司马炎对于这样一个聪明的孩子非常喜爱，觉得将来他要是继承王位，司马家应该会发展得不错。可惜，司马炎死后，司马衷即位，还没来得及传位给这个聪明的小孙孙，八王之乱就爆发了。大动乱的时代，被这样一个傻儿子开启了。八王之乱，先是司马家乱了，接着是天下大乱，北方出现五胡闹中原，“十六国”割据政权，皇室被迫南渡，偏安江左，进入东晋。东晋被刘宋取代以后，拓跋氏统一北方，建立魏朝，历史上称为北魏，从此形成南北对峙。南北朝时期统治阶级内部又不断地自相残杀，因而王朝频繁更替，政局变幻莫测。

从东汉末年军阀割据，大一统的思想也就不复存在，曾经在神权与君权的重压下，人是渺小的，但到了东汉末年，君权动摇，汉儒的权威被消解，思想禁锢被打破，人们开始思索人本身的价值。魏晋南北朝时期，大动乱，朝不保夕，人们更是关注生命现实的意义，人自身得到了关注和赞扬。

《世说新语》“容止”篇是以人的身体为审美对象的记录。古人是怎么表现一个人长得好看呢？《世说新语》记载说何晏相貌很美，脸非常白，“何平叔美姿仪，面至白”，魏明帝怀疑他搽了粉，想查看一下是不是化妆了。当时正好是夏天，就给他吃热汤面（男孩追女朋友，也可以用这招），何晏吃完后，大汗淋漓，自己撩起红衣擦脸，脸色反而更加光洁。《世说新语》还记载了这样几位帅哥：魏明帝让皇后的弟弟毛曾与夏侯玄坐在一起，人们说，这是芦苇倚靠着玉树，“蒹葭倚玉树”，夸夏侯玄姿容美好，像玉树，可怜的毛曾成了“茅草”。还有人说，见到夏侯玄，仿佛日月投入了怀抱，“朗朗如日月之入怀”。嵇康也很帅，人们说他喝醉酒的时候，像玉山将要崩塌的样子，“其醉也，傀俄若玉山之将崩”。帅是遗传的，嵇康的儿子嵇延祖也很帅，有人对王戎说：嵇延祖气度不凡，如同鹤立鸡群，“嵇延祖卓卓如野鹤之在鸡群”，王戎说，那是你没见过他父亲，言外之意，嵇康更帅。潘岳走在路上，女孩子见到他，就都围过来，手拉手围观他，“莫不连手共萦之”。相反，左思很丑，他一出门，女孩们都冲他吐唾沫。左思很有才华，无奈这是一个看脸的时代。王济是卫玠的舅舅，他的风度仪表已经非常好了，但他的外甥卫玠更帅。他每见到卫玠，总是赞叹说，跟你在一起的时候，就好像珠玉在我身边，我自惭形秽，“珠玉在侧，觉我形秽。”王导说卫玠身体瘦弱，弱不胜衣，“居然有羸形，虽复终日调畅，若不堪罗绮。”卫玠从豫章郡到京都时，人们早已听到他的名声，出来看他的人围得像一堵墙，“观者如堵墙”。卫玠本来就有虚弱的病，终于形成重病而死，当时的人说他是因为太帅，被人们看死的，“看杀卫玠”。有人去拜访太尉王衍，遇到王衍的堂兄王戎、堂弟王敦、堂弟王导在座，到了另一个房间，又见到王衍的两个弟弟王季胤和王平子。回家后，他告诉别人说，今天走这一趟，见到的都是大帅哥，满眼都是珠宝美玉，“今日之行，触目见琳琅珠玉”。王家这一家子都很帅，别人夸他们帅，他们家内部也互相夸，这是真的“老王”卖瓜，自卖自夸。大将军王敦称赞太尉王衍说，他处在众人之中，就像珠玉放在瓦砾石块中间，“处众人中，似珠玉在瓦石间。”言外之意，跟王衍比，在座的都是垃圾。王导的堂侄是王羲之，王羲之夸赞杜预的孙子杜弘治脸像凝脂一样白嫩，眼睛像点上漆一样黑亮，这是神人，“面如凝脂，眼如点漆，此神仙中人”。庾统和弟弟们过江到吴地，途中想在驿亭里住宿，几个弟弟先进去，看见满屋都是平民百姓，那些人一点儿回避的意思也没有。庾统说：我进去看看。他刚进门，旅客们望见他的神采，一下子都躲开了，“始入门，诸客望其神姿，一时退匿”，刷脸就有位置。

可以看出，在《世说新语》中要想夸奖一个人长得好看，常常用玉等事物来比喻，或者通过丑的来比较，或者通过帅的来陪衬，或者通过他人的反应来表现……

魏晋时期，除了人的形体、容颜得到关注，人的行为方式也成为一种审美，如吃药、喝酒、裸体、长啸等爱好，都是这一时代的“行为艺术”。

《世说新语》记载，何晏服食五石散，他说这药不只能治病，还可以使精神清爽。魏晋名士吃药导致了很多行为方式的改变，如吃完五石散得把毒排出去，要散步，不能穿厚衣服、新衣服等，鲁迅《魏晋风度及文章与药及酒之关系》说得很清楚。魏晋时期，很多人都吃这种叫“五石散”的药，“五石散大概是五样药：石钟乳，石硫黄，白石英，紫石英，赤石脂，另外怕还配点别样的药”“先吃下去的时候，倒不怎样的，后来药的效验既显，名曰‘散发’。倘若没有‘散发’，就有弊而无利。因此吃了之后不能休息，非走路不可……走了之后，全身发烧，发烧之后又发冷。普通发冷宜多穿衣，吃热的东西。但吃药后的发冷刚刚要相反：衣少，冷食，以冷水浇身。倘穿衣多而食热物，那就非死不可。因此五食散一名寒食散。

只有一样不必冷吃的，就是酒。吃了散之后，衣服要脱掉，用冷水浇身，吃冷东西，饮热酒。这样看起来，五石散吃的人多，穿厚衣的人就少……现在有许多人以为晋人轻裘缓带，宽衣，在当时是人们高逸的表现，其实不知他们是吃药的缘故。一班名人都吃药，穿的衣都宽大，于是不吃药的也跟着名人，把衣服宽大起来了！还有，吃药之后，因皮肤易于磨破，穿鞋也不方便，故不穿鞋袜而穿屐。所以我们看晋人的画像和那时的文章，见他衣服宽大，不鞋而屐，以为他一定是很舒服，很飘逸的了，其实他心里都是很苦的。更因皮肤易破，不能穿新的而宜于穿旧的，衣服便不能常洗。因不洗，便多虱。所以在文章上，虱子的地位很高，'扪虱而谈'，当时竟传为美事……到东晋以后，作假的人就很多，在街旁睡倒，说是'散发'以示阔气。"[①]

竹林七贤几乎都爱喝酒，其中以刘伶为最甚。有一次他喝多了酒，口渴得厉害，就又向妻子要酒喝。妻子把酒倒掉，把酒器也毁了，哭着劝告他说，喝酒有害身体健康。刘伶说，好，我要戒酒，可是我自制力不够，你去买点酒肉，我要祭祀神灵，让神灵监督我戒酒。等媳妇把酒肉供在神前，请刘伶祷告、发誓。刘伶跪着祷告说："天生我刘伶，靠喝酒出名；一喝就十斗，五斗才解酲。妇人家的话，千万不要听。"说完就拿过酒肉吃喝，一会儿就又喝得醉醺醺地倒下了。刘伶喝酒之后任性放纵，有时在家里赤身露体，"或脱衣裸形在屋中"，有人看见了就责备他。刘伶说，我把天地当作我的房子，把屋子当作我的衣裤，诸位为什么跑进我的裤子里来了啊？裸体也是当时常被记录的"行为艺术"。

还有的人爱好听驴叫。《世说新语》说王粲生前喜欢听驴叫，到安葬

① 鲁迅：《魏晋风度及其他》，上海古籍出版社 2019 年版，第 231—233 页。

（清）俞龄《竹林七贤图》 济南市博物馆藏

时，魏文帝曹丕去参加他的葬礼，回头对往日同游的人说：王仲宣喜欢听驴叫，各位朋友，让我们一起学驴叫吧。于是去吊丧的客人都一一学了一声驴叫。

还有的人爱好“吹口哨”。《世说新语》记载，阮籍很会吹口哨儿，声音能传一两里远。有一天，传说苏门山里来了个得道的真人，很多人去看，阮籍也去看，见到之后，阮籍谈古论今，上述黄帝、神农，下考夏商周三代，那个人什么话也不说。阮籍谈到儒家的德教主张、道家凝神导气的方法，他还是没反应，目不转睛地凝视着。阮籍对着他长长地吹了一声口哨儿，“籍因对之长啸”。他才笑着说：这个好，再来一次啊。阮籍就又吹了一次。待到意兴已尽，阮籍就下山了。回到半山腰处，忽然听到山顶上众音齐鸣，好像几部器乐合奏，树林山谷都传来回声。阮籍回头一看，原来是刚才那个人在吹口哨儿。

还有人爱好打铁，那就是嵇康。嵇康在当时是名人，做了官的钟会想结识他，邀请当时一些才德出众人士一起去寻访，碰上嵇康正在大树下打铁，向子期打下手拉风箱。嵇康看到他们，继续挥动铁槌，没有停下，旁若无人，过了好一会儿，也不和钟会说一句话。钟会起身要走，嵇康才问他：“听到了什么才来的，看到了什么才走的？”钟会说：“听到了所听到的才来，看到了所看到的才走。”钟会因访问嵇康受到冷遇，怀恨在心，后借故在司马昭面前诬陷嵇康，嵇康最终被杀害。鲁迅《魏晋风度及文章与药及酒之关系》中说“嵇阮（嵇康、阮籍）二人的脾气都很大，阮籍老年时改得很好，嵇康就始终都是极坏的。阮年轻时，对于访他的人有加以青眼和白眼的分别，白眼大概是全然看不见眸子的，恐怕要练习很久才能够做到，青眼容易装，白眼却不易装好。后来阮籍竟做到‘口不臧否人物’的地步，嵇康却全不改变。结果阮得终其天年，而嵇竟丧于司马氏之手，与孔融、何晏等一样，遭到了不幸的杀害”。[1]阮籍变化很大，从喜形于色反抗礼教转变为沉默的反抗，而嵇康却一辈子都坚持自我，看不惯的就大声疾呼。山涛举荐他做官，结果他就公开给山涛写了一封绝交书，其中他提到了阮籍，“阮嗣宗口不论人过，吾每师之而未能及”，说我也想像阮籍那样，看到别人错了，不去指责了，可惜我总是做不到，修养不够。然后嵇康又举出自己的两个爱好，表明自己不适合做官，一是爱好睡懒觉，如果做官，早上可能起不来，二是喜欢弹琴唱歌、射鸟钓鱼，如果做官，得坐班，外出还有人跟着，人就不能自由自在了，“卧喜晚起，而当关呼之不置，一不堪也；抱琴行吟，弋钓草野，而吏卒守之，不得妄动，二不堪也”。

总之，在魏晋南北朝大动乱的时代，人们赞扬的是人本身的美好，同时又通过或豪爽、或荒诞的行为方式以及个人爱好把自己洒脱的本性表现出来，展现出的是对这样一个时代的生活态度。

---

① 鲁迅《魏晋风度及其他》，上海古籍出版社 2019 年版，第 234—235 页。

26. 历史上很重要，如今被忽略的小节日

历史上有不少很流行、很重要的节日，时至今日却式微了，比如“三月三”。

农历三月三古为上巳（sì）节，因是三月的第一个巳日而得名。由于每年的三月上巳都不固定，但又都在三月三日前后，从魏晋开始就统一将上巳节定在三月初三。按照最初的习俗，在这一天，人们都要在东流水中洗掉宿垢，叫作祓禊或者修禊，这就为适婚男女相会提供了契机，可以说是中国最早的情人节。

在春秋时期，由于战争频繁，人口大量减少，统治者为了繁育人口，往往会提供诸多男女相会的机会，如规定青年男女在仲春（农历二月）至季春（农历三月）上旬聚会联欢，在歌舞、遨游中区别姓氏后，相恋相爱。超龄的男女还未结婚的，甚至可以借着游玩的机会，自由相会，自由同居。《诗经·溱洧》即反映了郑国一群青年男女在上巳节这一天相聚，并趁机互相表达相爱之情的事。

《诗经·郑风·溱洧》：

溱 (zhēn) 与洧 (wěi)，方涣涣兮。士与女，方秉蕑 (jiān) 兮。女曰：

"观乎？"士曰："既且（cú）。""且往观乎！"洧之外，洵讦（xū）且乐。
维士与女，伊其相谑，赠之以勺药。

简单翻译一下就是：在水边，男男女女，好多人出来游玩，他们手里拿着兰花。女的说，咱们去看看河边的节日活动吧。男的说，我刚才去看过了。女的说，再陪我去看看嘛。洧河之外，真宽敞，让人心情愉快。少男，少女，互相调笑戏谑，还送一支定约的芍药。

这首诗历来被认为是第一首"上巳诗"。

从先秦到两汉，"上巳"节的活动内容不断丰富，除了男男女女交游，或沐浴祓禊的仪式外，还有对水引吭高歌，或者"流觞"活动，即一群好朋友坐在环曲的水流旁，在上游放置酒杯，酒杯顺流而下，停在谁面前，谁就取饮。永和九年，三月三日，王羲之和谢安、孙绰等人在会稽山阴的兰亭相聚，他们流觞饮酒，赋诗写字，留下了千古传诵的《兰亭集序》。

唐代的上巳节，临水游乐之风被发展到了极致，杜甫《丽人行》记载这一天说：

三月三日天气新，长安水边多丽人。
态浓意远淑且真，肌理细腻骨肉匀。
绣罗衣裳照暮春，蹙金孔雀银麒麟。
头上何所有？翠微㔩叶垂鬓唇。
背后何所见？珠压腰衱稳称身。

白居易《三月三日祓禊洛滨》对这一习俗也有描述：

三月草萋萋，黄莺歇又啼。柳桥晴有絮，沙路润无泥。

禊事修初半，游人到欲齐。金钿耀桃李，丝管骇凫鹥。

白居易此诗前还有一《序》，说这一天他和刘禹锡等十五个人乘船游玩，看到洛水边，从早到晚，到处都是人，到处都是欢声笑语，“自晨及暮，簪组交映，歌笑间发，前水嬉而后妓乐，左笔砚而右壶觞，望之若仙，观者如堵。尽风光之赏，极游泛之娱。”

虽然“上巳节”在唐代繁盛，但到了宋元时期，这一节日在中原地区逐渐衰落了。柳永《小镇西犯》写到了这一节日：

水乡初禁火，青春未老。芳菲满、柳汀烟岛。波际红帏缥缈。尽杯盘小。歌祓禊，声声谐楚调。

路缭绕。野桥新市里，花秾妓好。引游人、竞来喧笑。酩酊谁家年少。信玉山倒。家何处，落日眠芳草。

从柳永的词中，我们看到这一节日一方面与“禁火”的寒食节重合（后来寒食节又与“清明节”重合），一方面又在楚地保留着。

到了南宋杨万里的《上巳诗》中，我们看到，“上巳节”更是没有什么“热闹”了：

正是春光最盛时，桃花枝映李花枝。

秋千日暮人归尽，只有春风弄彩旗。

白居易的时代，三月三这一天是“观者如堵”，而到了宋代，已经没有多少人参与这样的节日了。

上巳节在唐代达到了它的顶峰，《墙头马上》《曲江池》《金钱记》这些表现唐代爱情故事的元杂剧往往将上巳节作为其中的一个背景，这一方面可见上巳节在唐代的盛况空前，是男女交往的一个重要契机，另一方面又显示出宋元以后，随着这一节日的淡出，它已经成为人们羡慕或者追忆的一种情景了。

总之，唐代以后，汉族的节日中，上巳节逐渐与清明节重合。但在其他一些民族的习俗中，仍有对这个传统节日的保留，如壮族、侗族等。而日本的三月三“桃节”，即给女儿过节，俗称“女儿节”，实际上也是源于中国三月三的传统习俗。

还有一个节，在古代很重要，尤其对于农民，那就是芒种。

“二十四节气”里有很多都可以“望文生义”，比如“雨水”“小满”“霜降”“冬至”等等，而“芒种”呢？如果你四体不勤，又五谷不分，那么从字面上来看，就很难知道这个节气的意义，是忙着播种吗？那只说对了一半。

实际上这里的“芒”指的是带“芒”的作物，“芒”就是某些禾本科植物种子壳上的细刺，我们有个成语说“针尖对麦芒”，就是把麦芒的尖细与针来比较，表示两者旗鼓相当，不相上下。还有个成语叫“如芒在背”，《汉书·霍光传》说大臣霍光权势震主，汉宣帝和他一起出去，感觉自己后背好像芒刺针扎一般，皇帝这是怕他，心里极度不安。

《月令七十二候集解》中说：“五月节，谓有芒之种谷可稼种矣。”到了芒种，在一些地区，有芒的小麦类作物开始成熟了，而有芒的稻类作物也要播种了。所以有民谚曰：“芒种芒种，连收带种”，有的地方把这一节气叫作“麦收”或者“农忙”。这就是“芒种”的另一半意思，不仅忙着种，还忙着收。

古代有很多诗也提到了芒种这一节气，如宋代陆游的《时雨》前四句写道：

> 时雨及芒种，四野皆插秧。
> 家家麦饭美，处处菱歌长。

在《诗经》中有不少的农事诗都是表现农忙的，并且往往是在一首诗中表现了农作物从播种到收获的一气呵成，如《载芟（shān）》就描写了春种夏长秋收冬祭的情形，这是因为这首诗用于祭祀，也就是人们把粮食奉献给祖先的时候。唱这首诗，告诉祖先这粮食是我亲自种的，请祖先们品尝，这样就表现了自己的虔诚，从而能获得祖先们的保佑。而后世的文人士大夫们把诗当作文学作品，对农事的表现则有这样的情形：要么是将“播种”与“收获”分离，关注当下的一个镜头，如“晨兴理荒秽”“锄禾日当午”“半夜呼儿趁晓耕”“丰年留客足鸡豚”等；要么就是把“收获”与“播种”联系起来，并通过对比表达悯农之情，如“春种一粒粟，秋收万颗子。四海无闲田，农夫犹饿死。”“运锄劚耕侵星起，陇亩丰盈满家喜。到头禾黍属他人，不知何处抛妻子”等。

芒种节，在一些地区，往往是收割和播种时节的分界点，“栽秧割麦两头忙”。这样一个时令，恰好播种与收获的内容都有，因而不必通过想象才能完成对农事活动的整个表达，如上面提到的陆游的诗篇，通过“四野皆插秧”的种和“家家麦饭美”的收这两个同时存在的真实场景，就衬托出一片太平景象。

我们习惯了春种秋收的寓意，而实际上，芒种，才更能体现古代劳动人民生活的不易，忙着收，忙着种，一茬接一茬。在忙碌中，劳动者没有诗人们那么多的幻想，也没有那么多的慨叹，小麦一炸了芒，麦粒儿就落在地里，收成也就减少，要是再赶上下雨，那情况就更糟了，所以“春争日，夏争时”，农民们要赶紧抢收，“麦上场，蚕出筐，此时只有田家忙。半月天晴一夜雨，前日麦地皆青秧。阴晴随意古难得，妇后夫先各努力”（宋陈造《田家谣》）。不仅要收得快，还要种得快。“过了芒种，不能强种”，过了这个时节，农作物的成活率也会越来越低。这段时间那叫一个“紧”，要抢着收麦，抢着种上新苗，没有哪个节令有着如此强烈的号召力，能调动农民们迅速出动，并让他们忙得不亦乐乎。

五月人倍忙，田家日不闲，时间就像一股洪流，裹挟着我们不得不向前，目标完成一个又会有一个，事情也是做完一件就又有一件，想饱食终日，无所用心，难矣。但这忙也是值得的，因为在芒种，我们能清晰地看到，一半是收获的情景，一半是种下的新的希望，付出与回报的双重图画就在眼前。我们的生活像芒种，每日急急忙忙，忙得不可开交，但生活也在随时激励着我们，一分的耕耘就有一分的收获。

27. 李渊与隋炀帝杨广是亲戚？唐朝皇帝的女儿也愁嫁？

隋朝是短暂的，一如秦王朝，二世而亡，取而代之的是大唐。唐王朝的第一任皇帝是李渊，李渊实际上和隋朝的最后一位君主隋炀帝还有一点儿亲戚关系。

北朝有一个大帅哥叫独孤信。他有七个女儿，女儿们大概遗传了他的基因，也都非常漂亮。女儿们长大后，长女嫁给了西魏大将宇文泰的儿子宇文毓。谁能想到宇文泰去世后，他的儿子宇文觉建立了北周，宇文觉去世后，宇文毓即位，当了北周王朝的第二任皇帝。独孤信的长女也就登上后位，为北周明敬皇后。独孤信的七女儿叫独孤伽罗，她嫁给了杨坚，那时候杨坚才 17 岁。谁能想到，杨坚后来取代北周，建立了大隋，独孤伽罗成为皇后，为隋朝的文献皇后，也正是她生下了杨广，也正是她主张废了太子杨勇，支持二儿子晋王杨广即位，从此改变了大隋王朝的命运。独孤信的四女儿嫁给了李家，生下了唐朝的开国皇帝李渊，李渊称帝后，将母亲追封为元贞皇后。也就是说李渊的母亲与杨广的母亲是亲姐妹，李渊与杨广是表兄弟。

独孤信的女儿们嫁得都太好了，三个都当了皇后，这是一个很有眼光的父亲。但是，你知道吗？在唐朝，光有眼光还不行，还得“门当户对”。在一些士家大族看来，即便是皇帝家的女儿，他们也看不上，也就是说，皇帝家的女儿有时也愁嫁。

东汉之后，门阀制度形成，姓氏更是成为贵族们的一个身份符号。从东汉到魏晋南北朝，朝廷用人的标准是看你的门第与家庭出身，于是一些家族就对官场形成了垄断，造成“上品无寒门，下品无士族”的局面。北魏孝文帝也很重视官员的门第出身，把清河崔氏、范阳卢氏、荥阳郑氏、太原王氏定为四大高门。而到了唐代，王室为了提高自身的地位，把博陵崔氏、赵郡李氏，与太原王氏、清河崔氏、范阳卢氏、荥阳郑氏、陇西李氏，定为“五姓七家”，除了陇西李氏，其他各家都在崤山以东，所以又被称为“山东士族”。史书上说，“五姓七家”为了保持血统的纯正，不屑与他姓通婚，傲慢地进行着内部通婚，博陵崔氏、荥阳郑氏等姓氏大族甚至因为陇西李氏胡化严重，而不愿与皇室通婚。唐文宗曾希望宰相郑覃能把孙女嫁给皇太子，但郑覃宁可把孙女嫁给时为九品官的崔某，也不愿成为皇太子妃和未来的皇后。

唐宪宗为长女岐阳公主选驸马，结果士家大族们都不愿意迎娶，还找了个借口，说按照礼制，公主去世，丈夫要服丧三年，礼仪太烦琐，受不了，实际就是不想跟皇家联姻，而想和其他士家大族通婚。最后岐阳公主嫁给了杜佑之孙杜悰，并非士家大族。这个岐阳公主的母亲是郭氏，郭氏是郭子仪的亲孙女，郭氏的父亲就是郭子仪的儿子郭暖，郭氏的母亲是升平公主，也就是戏曲中“醉打金枝”的主人公。为了笼络功勋，皇家常常将公主与功勋之家联姻。这些功勋之家不像士家大族那样“傲娇”。

唐宪宗的儿子唐宣宗也为公主选驸马，看上了新科进士王徽。王徽是太原王氏，他这时候都四十多岁了，听说皇帝要把公主嫁给自己，赶忙找人推辞，说自己体弱多病，怕命不久矣，宁可自己诅咒自己死，也不娶公主（当年王羲之的儿子王献之为了不娶公主，自残，把自己的脚烧伤了，结果那位公主还是不放过他，没有腿也要）。

唐宣宗为自己的长女万寿公主招驸马，看上了状元郎郑颢。郑颢是荥阳郑氏，士家大族，他不想娶公主，但又不敢拒绝，于是就做了驸马。结婚后，他一直忌恨做媒的那位大臣，于是经常在唐宣宗面前诋毁他。所以，皇帝的女儿愁嫁，有时候士家大族不愿意娶，但摄于皇威，不娶也得娶。郑颢应该是有史可查的唯一的状元驸马。我们看古代戏曲小说，经常是男主角中了状元，然后娶公主做驸马，双喜临门，实际这种现象并不多见。因为考中状元时，年纪往往已经很大了，古人又早婚，所以很多状元都没有机会娶公主。唯一有机会的郑颢，却不愿意娶，但又没办法，胆子小，不敢拒绝，不得不娶。

其实从唐太宗开始，皇室为了提高自身的门户，就一再打压山东士族，如唐太宗修《氏族志》把陇西李氏排在第一，高宗颁布《禁婚诏》禁止自大的士族内部通婚，但这些都不能改变世人的看法，反而使世人更羡慕、更看重高门士族。宰相薛元超享尽荣华富贵，却仍有一叹："此生所遗憾者，未能娶五姓女。"时人把能攀附"五姓"以成姻亲看成一件极有面子的事情。除此之外，因为士家大族做大官的比较多，只要与士族望姓结为婚姻，也就为科举考试（唐代考试不糊名，可以看到名字）或者出将入相铺平了道路。这些大户人家的姓氏在当时基本都为小说的主角所用，就像我们现在的网文小说，大家最爱用的姓氏是听起来比较浪漫的，如苏、顾、楚、南宫、慕容、上官等，在唐代的时候，崔、李、王、卢、郑五姓因为士家贵族的身份而在小说中备受推崇。如唐传奇《枕中记》中作者让卢生实现的第一个梦想就是娶"清河崔氏女"，接下来中进士、做官也就是顺理成章的事。

在唐代，皇家嫁女与士家大族有矛盾，科举出身的新贵，即新兴地主阶级也与世代承袭的士家大族有矛盾，最能表现这一矛盾的事件就是牛李党争。

牛李党争是唐后期统治集团内部争权夺利的一场内耗。“牛党”是指以牛僧孺、李宗闵为首的官僚集团；“李党”是指以李德裕为首的官僚集团。陈寅恪先生《唐代政治史述论稿》指出，牛党代表进士出身的新官僚，李党代表北朝以来山东士族出身的士家大族官僚。[①] 他们之间的分歧不仅是政见不同，也包括对礼法、门风等文化传统的态度之异。

起因是唐宪宗元和三年，牛僧孺、皇甫湜、李宗闵考试的时候，答卷评论时政，主要是指责宰相李吉甫做得不好，考官与李吉甫不和，就把试卷给了皇帝。宰相李吉甫认为考官故意徇私舞弊，联合牛僧孺等人整自己，他向皇帝申诉，皇帝就处置了考官和牛僧孺等人。李德裕是李吉甫的儿子，因此双方结怨甚深，双方各从派系私利出发，互相排斥将近四十年。

我们知道安史之乱是大唐由盛转衰的转折点，发生在唐玄宗时期，之后依次是唐玄宗儿子唐肃宗、唐肃宗儿子唐代宗、唐代宗儿子唐德宗、唐德宗儿子唐顺宗、唐顺宗的儿子唐宪宗、唐宪宗的儿子唐穆宗在位。

唐穆宗长庆年间（821 — 824 年）牛僧孺做宰相，就把李德裕排挤出朝廷。李德裕到了西川任节度使。他还是很有才能的，凭一己之力将一位吐蕃将领弄投降了，还收复了重镇维州（今四川理县）。结果上报朝廷之后，牛僧孺因为派系斗争，意气用事，强令把降将和城池都退还给吐蕃，就是不要。李德裕快气死了。

---

① 陈寅恪：《唐代政治史述论稿》，生活 · 读书 · 新知三联书店 1957 年版。

唐穆宗之后是唐穆宗的长子唐敬宗，在位两年，为宦官所杀，接着是唐穆宗的二儿子唐文宗。

唐文宗死后，牛党和他们依靠的宦官所支持的继承人未能继位，另一派宦官拥立唐穆宗第五子唐武宗即位，牛党因此失势。而李德裕得势，他做了宰相，把牛僧孺、李宗闵等人赶出朝堂，放逐到南方。唐武宗死后，唐穆宗的异母弟唐宣宗即位。牛党成员白敏中任宰相（白敏中是白居易的堂弟，此人就是上文提到的举荐郑颢娶公主的人，郑颢因此忌恨他。另外，郑颢是士家大族，属于李党，白敏中则是牛党的人，所以郑颢屡屡在皇帝面前说白敏中坏话，白敏中差点儿被皇帝发配了），牛党成员又纷纷被重新起用，而李党成员则被罢斥。李德裕被发配海南崖州，不久忧郁而死。

著名诗人李商隐是牛党令狐楚的学生，令狐楚像爱自己孩子一样爱他，让他和自己亲儿子一起学习，后来李商隐科举考中，也是令狐家帮忙。李商隐受恩于牛党令狐楚之后，本来前景大好，但他才华出众，又被李党看重，成了李党王茂元的女婿，李商隐也难以抵挡与士家大族联姻的“诱惑”。在政治斗争中，决定前途的往往不是你的才干，而是你站的团队和你的坚持与品行，所以李商隐这个中国诗坛上传奇的奇才，生存在牛党和李党之争的夹缝中，无论谁得势，他都得不到重用，一直受到排挤和打压。陈寅恪先生《唐代政治史述论稿》说：“李商隐之出自新兴阶级，本应该始终属于牛党，方合当时社会阶级之道德。乃忽结婚李党之王氏，以图仕进。不仅牛党目以放利背恩，恐李党亦鄙其轻薄无操。斯义山所以虽秉负绝代之才，复经出入李牛之党，而终于锦瑟年华惘然梦觉者欤”。[①]

李德裕死后（850），牛李党争基本结束了，牛党暂时获得了胜利。又

① 陈寅恪:《唐代政治史述论稿》，生活・读书・新知三联书店 1957 年版，第 93 页。

过了五十多年，大唐就灭亡了。在唐朝灭亡的最后时刻，平民出身的朱温痛恨士家大族，将他们赶尽杀绝，尸体扔到了黄河里面，从此东汉以来的士家大族灭绝了。五代十国时武人兴起，宋代杯酒释兵权，科举糊名誊抄，传统的旧贵族世家士族传承方式消失了，新兴的科举士大夫的时代到来了。世家的时代，东晋时期琅琊王氏家族与司马氏共治天下，所谓“王与马，共天下”，而宋朝则是皇帝与士大夫共治天下，然而宋代士大夫们因为立场的不同，也有派系之争，那就是宋代的朋党之争了。

28. 唐代的诗人靠着名气大，就可以科举考中？

有人形容高考是万人过独木桥，十分不易。同样，在古代，科举考试的录取率也极低，而在唐朝，要想考上，你不仅要拼考试的实力，还要拼“名气”。

《唐才子传》记载：大诗人王维没什么名气的时候，为了考中，他先是投奔唐玄宗的弟弟岐王李范，这就是杜甫说的“岐王宅里寻常见”的那位“岐王”。王维希望能得到岐王的帮助。岐王让王维准备了几首得意诗作和一首琵琶新曲，然后带他去见玉真公主，“子诗清越者，可录数篇，琵琶新声，能度一曲，同诣九公主第”。当时玉真公主好才，朋友圈都是社会名流、饱学之士，凡是经她延誉称赞过的人，必定能名声大振，科举考中。宴会进行了一半，一群演唱的伶人拥簇着王维开始独奏。玉真公主瞬间被琵琶声吸引了，问这是什么曲，王维回答说，这是我自己作的《郁轮袍》，说完便把曲谱和自己写的诗都呈了上去。公主读罢，大为惊叹：你太有才了，这些都是我平常读的诗，我还以为是古人写的呢，原来你就是作者啊，“皆我习讽。谓是古作，乃子之佳制乎？”没想到玉真公主居然是王维的粉丝，她将王维请于上座，继续说道，王维要是能考第一，就是我们京城的荣幸，“京兆得此生为解头，荣哉！”玉真公主此话一出，朋友圈都看到了，大家都知道有个才子叫王维了，在开元十九年（731），王维果然状元及第。

《全唐诗话》记载了这样一个故事：白居易16岁时从江南到长安考试，他带了自己平日写的诗文去谒见当时的大名士顾况。顾况看了看作者的名字“白居易”，没听说过，就开玩笑说“长安米贵，居大不易”，京城的物价太高了，想在这里居住可不容易啊。但当他翻开诗卷，读到“野火烧不尽，春风吹又生”两句时，不禁连声赞赏说：“有才如此，居亦何难！”有这样的才华，在京城买个房又有什么难的呢？经过老前辈的推荐，白居易名声大振，一考也就考上了。

（明）周臣绘《香山九老图》（晚年白居易与一群老人在香山聚会）

《唐诗纪事》记载：朱庆馀有首诗叫《近试上张水部》，也是参加“高考”前写的，是给时任水部郎中兼著名诗人张籍的，诗曰：“洞房昨夜停红烛，待晓堂前拜舅姑。妆罢低声问夫婿，画眉深浅入时无。”这首诗看似描述新婚的诗，实则不然。快要考试了，朱庆馀怕自己的作品不符合考官的要求，因此以新媳妇自比，以新郎比张籍，把主考比作公婆，朱庆馀问张籍的意见：我这个新媳妇描画的眉毛，颜色深浅是否合宜呢？公婆看不看得上我啊，我的作品行不行啊，我能不能考上啊？这是玻璃心的朱庆馀将自己能否考中的心情与新妇紧张不安的心绪做了一个对比。某论坛版主张籍读罢此诗，大为赞赏，将其置顶，四处推荐，“时人以籍重名，皆缮录讽咏”，当时的文人名士因而广为传抄吟诵，“由是朱之诗名流于海内矣”。朱庆馀名声大噪，不久之后，也就考中了进士。

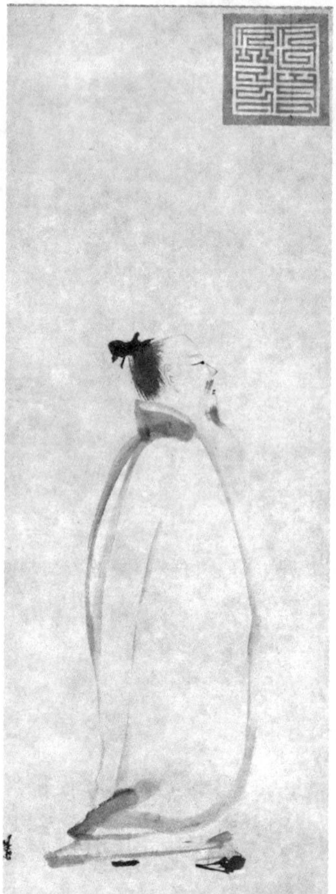

（南宋）梁楷绘《太白行吟图》

为什么名气大了就能考中呢？因为唐朝科举实行的是“行卷”制度，科举中的礼部试卷是不糊名、不密封的，因而主考官除了看试卷答得怎么样外，还要看考生的名字，有没有名气，有没有人推荐。考官可以根据考生名气的大小择优录取。所以考生们为增加及第的可能和争取名次，多将自己平日诗文加以编集，写成卷轴，在考试前送呈一些大V，求推荐，求转载，此后形成风尚，即称为“行卷”。

不拘一格的李白年轻的时候也曾“行卷”过，《与韩荆州书》就是李白初见荆州长史韩朝宗时写的一封自荐书。李白不欲经“高考”这种常规考试进入仕途，希望走艺术生的路线，故广事干谒，投赠诗文，以表现才能，培养声名。然而他虽四处送诗送文，却一直无人理睬。直到天宝初年，按《唐才子传》的记载：李白从蜀中来到京城长安，此时他依旧名声不大，他把自己所作的诗歌献给当时的官员兼知名诗人贺知章看。贺知章读到《蜀道难》一诗时，感叹道：“子谪仙人也！”贺知章在转发李白的诗的时候加上了自己的评论：你啊，简直是被贬谪到人间的仙人啊！这条评论获得了10万+的阅读量，1万点赞。于是贺知章将李白直接推荐给了唐玄宗，玄宗在金銮殿召见了李白，与他谈论时局国政，李白“奏颂一篇”，献上颂文一篇。皇上很高兴，赐给他饭食，“亲为调羹”，并亲手为他调汤，降旨命李白为翰林供奉。说到底，名气还是来自才华，才气足够大，直接上头条，连考试都省了，直接人才引进，甚至还能享受大老板亲手喂饭的待遇。

名气大的才能考上，主要就是因为唐朝的“行卷”制度，但这种制度虽然促进了文学的繁荣，同时，也带来一些弊端。如一些亲贵往往推荐“自己人”，排斥异己，有人读了《阿房宫赋》，推荐杜牧，可惜前几名都被别人占了；一些学子为了能考上或者引起推荐者的注意，又时常背诵《五年高考三年模拟》之类的教科书模版，“于京师书肆百钱得此”，书坊之中有人专门刻印这类行卷进行发售；有的学生干脆直接抄袭他人的诗文，甚至还发生过将行卷投给原主的笑话。到了宋代，糊名和誊录制度实行，科举变得相对公平，也就再无“行卷”的现象了。

总的来说，唐代前期“行卷”比较注重诗文，唐代中晚期，传奇小说开始兴盛，一些考生开始送给推荐者自己编写的“小说”。古时候娱乐活动少，赶考的学生们为了打发路上的寂寞无聊，常常晚上一群人坐在一起讲故事，这就是唐传奇。所以，唐代不仅有唐诗，还有故事。

29. 古代的父亲与古代的家风、家训

中国古代很长一段时间都是以男权为中心的封建社会，所以古代父亲的角色非常重要，在古代文献中，记载了不少父亲对整个家族关系的影响，如：

《礼记》中记载了这样一个传说：有一天，周武王对周文王说，我昨天做了一个梦。文王问是什么梦。武王说，我梦到老天爷给了我九颗牙齿。文王说：你觉得这是什么意思？武王说，西边有九个国家，是不是我能统治这九个地方？文王开始解梦，说：不是，古时称年龄为齿，齿也就是年龄，我将活一百岁，你能活九十岁，这样吧，我再给你三岁吧。于是，文王到了九十七岁而死，武王九十三岁而死。历史上有一种“文王受命”的说法，即上天把天命从商纣王那里转移到了周文王的手里，要周人代替商人的统治，但周文王未来得及推翻商王朝，就去世了，于是武王继承了这份天命。这个故事说文王把自己的寿命传给儿子武王，我们不妨把它看作某种观念的反映，可以说是为了表明作为儿子的武王对“天命”的某种继承，也可以理解为是文王把自己积累的“德”传给了儿子武王。商代的继承制度是父死子继，辅之以兄终弟及，即哥哥死后，由弟弟继承，周人则实行严格的宗子继承制，即统治权必须由儿子继承。正是从周朝开始，

“父”与“子”的关系变得极为重要，“家”与“国”的关系也就变得格外紧密。

周文王与周武王的故事，体现的是做父亲的第一难，父亲要为子孙后代留下宝贵的财富，这个财富并非物质上的，而是德行上的。如果父亲做得好，那么子孙后代就会因此受益，而父亲如果德行不好，子孙又不低调，那么很可能就会给家族带来不好的影响，《左传》中就记载了这样一个反面的例子：

（明）戴进《渭滨垂钓图》描绘周文王访姜尚
台北故宫博物院藏

春秋时期，晋国有个大臣叫栾黡（yǎn），史书评价他，说他“汰”（tài），即专横暴虐。有一次，晋国与秦国打仗，晋国的中军主帅荀偃说，都要听我的，“唯余马首是瞻”。此时，作为下军统帅的栾黡，却傲慢地说，晋国从来没有这样的命令，“余马首欲东”，敌军在西边，我要去东边，不跟你玩了，宝宝要回家了。说完，就带着自己的军队回国了。栾黡的“专横暴虐”是有名的。有一次，秦景公问从晋国逃难来的大臣士鞅：

晋国的大夫，将来哪个人先灭亡？士鞅说，大概是栾黡的家族吧。秦景公说：是因为他太专横吗？士鞅回答说：没错，栾黡太高傲了，但他或许还可以免于祸难，祸难恐怕要落在他的儿子栾盈的身上。秦景公问为什么。士鞅继续说，因为栾黡的父亲栾武子曾经对人民很好，他的恩德还留在百姓中间，这就像人们对待当年有德行的召公一样，召公曾经在甘棠树下为民众处理诉讼案件，百姓们因爱戴他而连那棵甘棠树都不舍得砍伐，何况伤害他的儿子呢？但是栾黡就不同了，他并没有给自己的儿子留下什么好的名声，也未对百姓施舍恩德，如果他死了，那么，这时候，他的儿子栾盈的好处还没来得及到达别人那里，爷爷辈的栾武子所施舍的又逐渐用完了，民众对栾黡的怨恨就会彰显出来，所以灭亡将会落在他的儿子栾盈身上了。后来，果如其说，到了栾盈这一代，栾盈被杀，栾氏被灭族。

以上所说，都可见古时候父亲在家族中的重要地位。孟子说："天下之本在国，国之本在家。"家与国是中国传统社会千百年来形态相对稳定的社会构成和政治构成。所以在古代，父亲要以身作则，当好家庭的榜样，才能为家族的发展贡献自己的力量。同时父亲也要承担起教育好子女的责任，为家风的传承打好基础，这是古代做父亲的"第二难"。

古代一个家族要想保持兴旺，必须源源不断地培养出合格的接班人，所以，"家训"就成为家族教育的重要方式。古代有不少经典的家训范本，如：

刘向《戒子歆书》，这是刘向写给儿子刘歆的训书，"贺者在门，吊者在闾"印证了"谦受益，满招损"的古训。

马援《诫兄子严、敦书》，这是马援教导他的两个侄子不要随便议论别人的长短，要做一个正直的人。要他们学习龙伯高，敦厚周慎、口无择言、谦约节俭、廉公有威，即使学不到，也可以"刻鹄不成尚类鹜"，而不要学侠义的杜季良，怕他们学不到反而会“画虎不成反类狗”。

张奂《诫兄子书》，张奂的侄儿凭借着叔父的名望、官职，不把乡里邻居放在眼里，骄傲自满，盛气凌人，张奂知道后，写信劝他“年少多失，改之为贵”。

诸葛亮《诫子书》《诫外甥书》，“静以修身，俭以养德，非淡泊无以明志，非宁静无以致远”，“志当存高远，慕先贤”。

蔡邕《女训》，女人不仅要修饰自己的容貌、衣着，更应该注重修养自己的品德和心灵。

郑玄《郑氏诫子书》，通过回顾自己坎坷的一生，告诫儿子要勤勉。

羊祜《诫子书》，“言则一忠信，行则笃敬，无口许人以财，无传不经之谈，无听毁誉之语”。

陶潜《与子弟书》，谆谆教导晚辈要互相谦让，互相体谅，和睦相处，体现了古代家庭“五世同堂，兄弟同财”的家庭观。

颜之推《颜氏家训》，中国历史上影响最深远的家训之一，“古今家训，以此为祖”。

元稹《诲侄等书》，劝勉勤俭学习。

《太公家教》，四字一句，不可多得的教育四字经，笔者认为读《三字经》《弟子规》，不如读此四字经，“罗网之鸟，恨不高飞；吞钩之鱼，恨不忍饥；人生误计，恨不三思”。

柳玭《戒子弟书》，告诫子弟不可仗门第高贵而骄奢淫逸无所不为，一定要居安思危，努力学习。此书历来被誉为“名门子弟座右铭”。建议当今家庭条件优越的朋友读之。

欧阳修《诲学说》，全文：“玉不琢，不成器；人不学，不知道。然玉之为物，有不变之常德，虽不琢以为器，而犹不害为玉也。人之性，因物则迂，不学，则舍君子而为小人，可不念哉？”

司马光《训俭示康》，这是司马光写给儿子司马康的，训诫儿子要节俭，“由俭入奢易，由奢入俭难”，奢侈的人“居官必贿，居乡必盗”。

胡安国《与子寅书》，这篇家书提出了“治心修身，以饮食男女为切要”，在饮食上，要不耻恶衣恶食，在男女问题上要避免失足错误。

陆游《放翁家训》，处世之道、立德交友、待人接物、人生荣辱、生死态度、职业选择、培养良好的习惯等无所不包，此时的陆游已近暮年，宦海波折及老之将至的感慨，使得他在勉励子孙的同时，却不时流露出消极避世的情绪。

袁采《袁氏世范》，此文被誉为“达诸四海”的做人典范，与《颜氏家训》齐名。

朱熹《朱子训子贴》，教育儿子要处处留心，随时请教，不耻下问，唯善是取，交友当择敦厚忠信、能言己过者，而谄谀轻薄、傲慢亵狎者当离之去之，另外，在校期间不可饮酒，以免精神恍惚，荒废学业。

袁衷《庭帏杂录》，“毋抄袭，毋雷同，毋以浅见而窥，毋以满志而废，毋以作文之心而妄想俗事，毋以鄙秽之念而轻测真诠，毋自是而恶人言，毋倦勤而怠己力”。

杨继盛《给子应尾、应箕》，杨继盛是保定人，为严嵩所害，此文是他训儿的遗嘱。杨继盛是刚正的知识分子，敢于冒生命危险弹劾权倾一时、祸国殃民的奸相严嵩，而且至死不悔，他还勉励儿子“若是做官，必须正直忠厚……不可因我为忠受祸，遂改心易行，懈了为善之志”。颇有屈原“虽九死其犹未悔”的气概。

徐媛《训子书》，“钻燧之火，可以续朝阳”，要立大志，不要自暴自弃，“物小而益大”。

史桂芳《训家人》，“劳则善心生，逸则妄念生”。

王夫之《示侄孙语》，“传家一卷书，惟在汝立志”。

周怡《勉谕儿辈》，“常将有日思无日，莫待无时思有时”。

郑板桥《郑氏家书》，这封家书是郑板桥写给妻子的，他在信中谈及教子的原则、方法，入情入理，是不可多得的治家格言。

曾国藩《曾文正公家训》，此文从清代问世后，诸多达官显贵、名门望族将它作为必读书目。

彭端淑《为学一首示子侄》，“天下事有难易乎？为之，则难者亦易矣；不为，则易者亦难矣。人之为学有难易乎？学之，则难者亦易矣；不学，则易者亦难矣”。

毛先舒《与子侄书》，言简意赅地阐释了“少壮不努力，老大徒伤悲”的道理。

陆进《与九牧侄》，作者以过来人的体会，谈到修身养性、待人处事、勤奋读书的重要性。

左宗棠《致孝威、孝宽》，信中既有严厉的批评，又有殷切的教导，特别提出读书要目到、口到、心到的方法。读书用功，最要专一无间断。

张之洞《致儿子书》，外寇纷来，边境累失，腹地亦危，全篇贯穿着“用功学习，力求上进”的精神，希望儿子日后可以成为国家干城之器、有用之才。

吴汝纶《谕儿书》，“凡遇不易处之境，皆能掌学问见识”。翻译成现代文就是如果你感觉有一段路走得特别艰辛，那说明你正在走上坡路。

总结这些中国古代的经典家训，既是我们自己修身养性的需要，也是为了育儿养女能有所借鉴。古代家训中，流传最广、最著名的是《朱子家训》，我们将全文附录在此：

黎明即起，洒扫庭除，要内外整洁；既昏便息，关锁门户，必亲自检点。

一粥一饭，当思来处不易；半丝半缕，恒念物力维艰。

宜未雨而绸缪，毋临渴而掘井。

自奉必须俭约，宴客切勿流连。

器具质而洁，瓦缶胜金玉；饮食约而精，园蔬愈珍馐。

勿营华屋，勿谋良田。

三姑六婆，实淫盗之媒；婢美妾娇，非闺房之福。

童仆勿用俊美，妻妾切忌艳妆。

祖宗虽远，祭祀不可不诚；子孙虽愚，经书不可不读。

居身务期质朴，教子要有义方。

勿贪意外之财，勿饮过量之酒。

与肩挑贸易，毋占便宜；见贫苦亲邻，须加温恤。

刻薄成家，理无久享；伦常乖舛，立见消亡。

兄弟叔侄，须分多润寡；长幼内外，宜法肃辞严。

听妇言，乖骨肉，岂是丈夫；重资财，薄父母，不成人子。

嫁女择佳婿，毋索重聘；娶媳求淑女，勿计厚奁。

见富贵而生谄容者，最可耻；遇贫穷而作骄态者，贱莫甚。

居家戒争讼，讼则终凶；处世戒多言，言多必失。

勿恃势力而凌逼孤寡；毋贪口腹而恣杀生禽。

乖僻自是，悔误必多；颓惰自甘，家道难成。

狎昵恶少，久必受其累；屈志老成，急则可相依。

轻听发言，安知非人之谮诉，当忍耐三思；

因事相争，焉知非我之不是，须平心暗想。

施惠无念，受恩莫忘。

凡事当留余地，得意不宜再往。

人有喜庆，不可生妒忌心；人有祸患，不可生喜幸心。

善欲人见，不是真善，恶恐人知，便是大恶。

见色而起淫心，报在妻女；匿怨而用暗箭，祸延子孙。

家门和顺，虽饔飧不济，亦有余欢；

国课早完，即囊橐无余，自得至乐。

读书志在圣贤，非徒科第；为官心存君国，岂计身家。

守分安命，顺时听天。为人若此，庶乎（圣人）近焉。

30. 欧阳修等圣贤大多是女性单独带大的？古画中父母带孩子有何区别？

中国古代是宗法制社会，很容易形成父子都有名的局面，如“三曹”（曹操、曹植、曹丕），“二王”（王羲之和王献之），“三苏”（苏洵、苏轼、苏辙），清代刘统勋与刘墉，等等。古代还有一种吉祥画，就是带子上朝，画一个大人带着一个孩子，穿着官服。好像在历史上，父亲对儿子的影响更大些。但也有一些特殊情况，一些圣贤往往是由母亲或者女性单独培养大的，古代也有母子“同框”的吉祥画。

姜嫄是周朝祖先后稷的母亲，《诗经·大雅·生民》说她“履帝武敏歆”，姜嫄野祭时不小心踩到天帝的脚印，回家后不久就发现自己怀了孕，之后就生下了后稷，这大概是只知其母不知其父的母系社会文化的反映。刚出生的后稷因为有母无父，被认为不祥，因而吃了不少苦头。《古列女传》说他先是被姜嫄丢弃到隘巷，然而“牛羊避而不践”，过往的牛羊、马都避开而不踩踏他；后又被丢弃到山林中，“伐平林者咸荐之覆之”，谁知许多人来林中伐木，把他又送了回来；最后，被丢弃到寒冰之上，“飞鸟伛翼之”，飞来一群鸟用羽翼保护他。姜嫄以为神，所以抱回他，独自抚养并教育他。这个故事说姜嫄丢弃后稷的原因是“以为不祥”，这大概是后人的揣测之一，那么我们也可以揣测：当后稷第一次被丢弃，是谁看到“牛羊避而不践”的；第二次被丢弃，伐平林者是如何找到孩子的父母的；第三次被丢弃，又是谁见到“飞鸟伛翼之”的？与其说这是弃子的故事，不如说是一位母亲独自养育孩子的无奈和艰辛过程：先是送孩子学畜牧，又送他学伐木，又送他学渔猎，大概这些有的他不适合学，或者别人以为不祥，不愿教，又或者母亲姜嫄有所不忍，这些都是人之常情，最后她终于决定要自己亲自教育他。《古列女传》说姜嫄“清静专一，好种稼穑”，善于种庄稼，于是等后稷长大一些，姜嫄就教给他种植桑麻的本领。《史记·周本纪》载：“弃（后稷）为儿时，屹如巨人之志。其游戏，好种树麻、菽，麻、菽美。及为成人，遂好耕农，相地之宜，宜谷者稼穑焉，民皆法则之。”后稷小时候就喜欢种植麻、菽，麻、菽都长得很好，长大后终于以“耕农”出名，母亲对孩子小时候志趣的影响可见一斑。后来后稷被帝尧封为农师，别姓姬氏，姬姓部族靠着强大的农业技术而日益壮大，同时也带动了中国古代社会由渔猎文明向农业文明过渡。终于，到了后稷的第十四代孙周武王的时候，姬姓部族灭掉了商纣而建立了周王朝，姜嫄也因之成为周人的女祖先。

姜嫄有“三弃”，换了三个朋友圈的传说；孟母有“三迁”，三次换学区房的典故。孟子年少丧父，由母亲独自养育。刚开始居住之所近于墓地，年少的孟子就跟人家学丧葬，孟母说不能住在这儿，于是搬到了市场附近。孟子又喜欢跟商人学做买卖，孟母说不能住在这儿，于是又“舍市，近于屠”，孟子又学屠宰之事。孟母说不能住在这儿，最后搬到了学宫之旁，孟子学行礼进退之事，孟母说：这里可以居住了。等到孟子长大，学习六艺，终于成了圣贤。

带“三”的字，男子有“三打”“三顾”，女子则有“三弃”“三迁”，

（清）康涛绘 《孟母断机教子图》

似乎母亲更善于选择。男人和女人的不同在于，男人往往目标一定，而女人却往往会选择最佳目标。据说，这大概是源于最初男女分工的不同。男人出去打猎，往往盯住一个目标，一击致命。而女人负责采摘野果子，往往总会挑来挑去，最后挑出最好吃、最好看的。在教育方式上的区别想必亦如是。当然说女性善于选择，并非说她们多变而没有恒心，孟母虽然没有姜嫄“种稼穑”的本领，但其眼界和品行亦足以教孩子，“子不学，断机杼”，孟母断机杼教的正是“恒心”，后来孟子一个主要观点就是“恒心”，如“无恒产而有恒心者，惟士为能”。可见，孩子的志趣和行为习惯都是要从小培养的。传说孟母还对孟子进行过“胎教”，《韩诗外传》就载有她的一段话，她说怀孕的时候，席子不放正了不坐，肉割得不正不吃，“吾怀妊是子，席不正不坐，割不正不食，胎教之也”。

中国古代的圣贤大多出自母亲之手，除了上文提到的孟子，《史记·孔子世家》说“丘生而叔梁纥死”，孔子出生不久，父亲叔梁纥就去世了，孔子也是由母亲颜氏独自养育大的。

唐宋八大家之一的欧阳修，四岁丧父，也是由母亲独自带大，“居穷，自力于衣食，以长以教，俾至于成人”（欧阳修《泷冈阡表》）。欧母被视为“四大贤母”之一，家里穷，为了能让欧阳修学习，她想尽办法，教育儿子，后来找来荻草，以其当笔，在地上写字。这就是著名的“画荻教子”。在古代，“欧母”也是良母的代称。

另外，祖母和嫂子代替母亲的职责教育孩子，也培养出了许多讲孝廉有才学之人，如李密就是其祖母养大的，他在《陈情表》中说：“臣以险衅，夙遭闵凶。生孩六月，慈父见背；行年四岁，舅夺母志。祖母刘愍臣孤弱，躬亲抚养。”《旧唐书》记载韩愈三岁丧父，然后与堂兄韩会一起生活，韩会死后，则由嫂子郑氏抚养。

这些从小失去父亲的孩子，跟随母亲生活在男权社会，为生活所迫吃苦受累是可以想象的。曾经有人说，孔子是圣人吧，为什么他这么多才多艺啊！孔子自己解释说：“吾少也贱，故多能鄙事。”我小时候生活艰难，所以会干一些粗活。然而“致远恐泥”，孔子最终并没有被这些“鄙事”束缚住。对于这些孤儿寡母的家庭来说，做些买卖或者做些“鄙事”，可能会缓解一下家里的压力，但伟大的母亲们却并未被生活的艰辛吓倒，也

杨柳青年画《忠孝节义》

未被眼前的利益所迷惑，她们培养孩子的目标，从来就不是眼前的苟且。

在家庭教育中，不能说母亲教育孩子就一定比父亲教育得好，“子不教，父之过”，父亲的教育也很重要。但书本上的案例显示，从质量上来说，伟大母亲的教育完胜。《伤仲永》中倒是提到父亲的教育，父亲发现儿子的“神童”之名能给自己带来钱，就不让他学习而将他当作“造钱工具”，最终“神童”只能“泯然众人矣”，变成了普通人。成年后做官，教育的情况怎么样呢?《左传·僖公二十三年》说:“子之能仕，父教之忠，古之制也。”古代的制度，儿子能做官，要由父亲教之“忠”。然而，写下“精忠报国”、流芳百世的却仍是一位伟大的母亲。

在一些文学作品中，虽然以男人为“当家的”，但在整个家庭关系中，父亲的身影却又往往是模糊的，母子关系往往成为一种家庭伦理关系表现的中心。比如大家都知道有个岳母，却不曾想过岳飞的父亲是谁。小说及一些文学作品中经常出现黄河泛滥导致岳飞少年时丧父，岳飞由母亲养育成人的情节，实际在历史上，岳飞22岁时，其父岳和才病逝。等升级为

（清）孙温绘《红楼梦》

婆婆公公，公公的形象更是退隐，《杨家将》里有佘太君，《红楼梦》里有贾母，好像这样的大家族也都是母亲坐在顶端。

除了小说，在中国传统戏曲中也有很多母亲与儿子的故事，如《钓金龟》《四郎探母》《三娘教子》等等。此外，在艺术表现上，古代还有不少表现母子关系的图画，如清代任伯年所画的《授书图》。母教子在中国唐代非常盛行。我们常说“女子无才便是德”，这其实是清朝人的一种说法。早些时候，女子也是要读书识字以向子女传授社会准则和社会价值观的。

清代钱慧安的《慈母图》，一个孩子站在母亲身旁，在听母亲的教诲，画面把母亲的端庄娴雅以及对孩子的爱与期待都渲染了出来。

任伯年《授书图》

钱慧安《慈母图》

有没有父亲带孩子的？有的，在宋代《清明上河图》中，就有父亲带孩子的描绘，但父亲带着孩子都是出去玩，“瞎转悠”：

《清明上河图》中的父与子（父亲遇到了老朋友，互相寒暄，把孩子晾到了一边）

《清明上河图》中带孩子围观的父亲

同样在这样一幅画中，母亲在干吗呢？我们看在医馆中，孩子生病了，是母亲在陪着：

《清明上河图》

在仇英的《清明上河图》中也是如此：

参苓補糕
各色細果

看热闹、玩的时候，都是父亲带着；孩子累了，辅导作业的时候，就“甩手”给母亲了：

总之，从上边的故事与这些图中我们可以看出，在古代，无论是良好品格的养成，还是读书学习之道的提升，都可见母亲在孩子背后的含辛茹苦，无微不至。

古代有一种牌坊，就是专门奖励给含辛茹苦的母亲的。一提到牌坊，我们以为就是“贞节牌坊”，实际上不是的。大约到了清代，牌坊已经不局限于表彰那些为丈夫殉情、守节的烈女、贞妇，更看重的是对后嗣的抚养，尤其是“教子成立”那些女子。这类牌坊是对教育子女特别成功的母亲的褒扬。如余家节孝坊，就是一位单身母亲独自抚养儿子，儿子后来中了科举，当了官，为了报答母亲的恩德请道光皇帝允许修建的，而统治阶级也是为了表彰这样一位母亲，同意了他的申请。还有济宁市慈孝兼完坊，该牌坊修建于乾隆年间，是为了表彰孙氏而建的，孙氏也是历尽艰难独自将孩子养大，而且她认真培育孩子，使儿子通过科举而进入了仕途。另外还有修建于乾隆年间的山东成武县刘氏牌坊，也与母亲含辛茹苦、教子有方有关。

31. 有哪些孩子看相貌就觉得了不起？有哪些孩子靠“贪玩”而功成名就？

中国古代有不少聪明的小孩，如《世说新语》中记载了这样一个故事：孔融10岁的时候，跟随父亲到洛阳去拜访人事部部长李膺。那时李膺的名气很大，进他的家门，要么是因才智出众，有名望，要么就必须是他的亲戚。小孔融到了他家门前，对看门的官吏说：“我是李膺的亲戚。”通报了以后，上前坐下来。李膺问：“您和我有什么亲戚关系？”孔融回答说：“从前我的祖先孔子曾经拜您的祖先老子为师，所以我和您是世代通好啊。”传说孔子当年曾向老子问礼，老子即李耳，既然孔子与李耳“有师资之尊”，所以，孔融对李膺说孔李两家实乃“世为通好”。李膺和他的那些宾客听完，没有不对孔融的话感到惊奇的。这时候太中大夫陈韪（wěi）刚来，别人就把孔融说的话告诉他，陈韪说“小时了了，大未必佳”，小的时候很聪明，长大了未必很有才华。孔融说“想君小，必当了了”，我猜想您小的时候一定很聪明吧，你不是说小时候聪明的，长大了未必好吗？我现在马上就夸你，你小时候应该很聪明，言外之意，如果按照你说的逻辑，你现在长大了，确实不怎么样。陈韪听后，尴尬了。

小孔融因为他的机智而得到了众人的赞赏，众人觉得他长大了一定了不起。在中国古代历史的书写方式上，对人物传记的记载有一个特征，就是为了凸显某个人物的不一般，往往会记载其小时候的聪明事件作为例证。此外，还有两种方式来代替这种表现方式，一是通过其小时候相面的经历，一是追溯其小时候玩什么游戏。

我们先看看在历史书籍中，有哪些是通过给小孩子相面来“预示”其不一般的。

汉武帝时期的卫青，小的时候，父亲让他牧羊，父亲前妻生的儿子们都把他当作奴仆来对待，不把他看作兄弟。有个犯人有一次见到卫青，给他相面说“贵人也，官至封侯”，你是个贵人，将来能当大官，可封侯！卫青笑了一笑说：“我母亲是侍女，我是被人奴役的人所生的孩子，能不挨他人打骂就心满意足了，怎能想到封侯的事呢！”不承想，果然被那个犯人说中，卫青后来官至大司马大将军，封长平侯。(《史记·卫将军骠骑列传》)

秦末汉初的英布，小时候，有位客人给他看了相，说“当刑而王”，当在受刑之后称王。英布到了壮年，犯了法，被判处黥刑，于是人们都叫他黥布，黥布笑道：“曾经有人给我看了相，说我当在受刑之后称王，现在，我大概要称王了吧？”听到他这么说的人，都以为他在说大话，因而嘲笑他。然而不久，黥布就靠着赫赫战功，先被项羽封为九江王，后又被刘邦封为淮南王。(《汉书·韩彭英卢吴传》)

南北朝时期的暴显，小时候，一个和尚指着他说“这个孩子颜值真好，长大了，必为良将，贵极人臣”，说完，就不见了。暴显长大后，果然成了北齐著名的将领。(《北史·列传第四十一》)

南北朝时期的柳元景，小时候生活很贫苦，有一天碰到一个老头儿，老头儿自称善于相面，他对柳元景说“君方大富贵，位至三公”，你将来能大富大贵，当大官。柳元景认为他在开玩笑，说：“我现在连饭都吃不饱，哪还敢奢望什么富贵？”老头儿说：“等你以后当了大官就会想起我今日所言。”后来，柳元景果然位列三公，他再去寻找当年那个老头儿，老头儿早已不知所终。（《南史·列传第二十八》）

南北朝时期的章昭达，小时候遇到一个算命的先生，先生看了一眼，说：“你的颜值很好，但需要经历一次小的摧残，然后才能富贵。”后来章昭达有一次酒驾，因醉堕马，鬓角处受了轻伤。章昭达对此很高兴，去找算命先生，先生看了看说：“还不够。”后来，侯景叛乱，章昭达率领招募的乡民援救台城，被乱箭射中，瞎了一只眼。算命先生看见了他，说：“您的容貌现在好了，不久就会富贵。”侯景之乱被平定后，章昭达果然被封为将帅，且荣耀待遇超过同辈。（《南史·列传第五十六》）

南北朝时期的张欣泰，小时候有人给他看相说：“你能官至三公，但只能活到三十岁。”后来屋瓦掉下伤了他的额角，他又跑去问那人，那人说：“没有三公之相了，但年寿可以增加，还可以做到一方长官。”果如其言，张欣泰死时四十二岁。（《南齐书·列传第三十二》）

唐朝的张仲方，小时候长得很好看，“少朗秀”，父亲的好友高郢见而奇之，说“这小子非比寻常，将来肯定能成为国家栋梁，我要是能获得高位，必要先提拔他”。后来高郢做了御史大夫，首先就提拔张仲方做了御史。（《旧唐书·列传第四十九》）

《宋史》记载柴禹锡小时候，有宾客见到他说：“你资质不凡，如果学习经术，必定达到将相之位。”柴禹锡从此留心治学，后来果如客人所言。由此看来，小时候相面，相的是“资质”，后天的运气和努力也十分重要。

元朝的张留孙，小时候到龙虎山为道士，有个道人给他相面说：“神仙宰相也。”后来，他经历元成宗、武宗、仁宗、英宗四朝，备受宠遇，历

（北宋）张择端绘《清明上河图》中宋朝的看相算卦

（明）仇英绘《清明上河图》中明代的看相算卦

（清）徐扬绘《姑苏繁华图》中清代的看相算卦

次加封为特进、上卿、玄教大宗师、开府仪同三司等。(《元史·列传第八十九》)

以上所说基本都是人臣小时候的事，至于帝王，就不仅是小时候了，人家出生的时候，就不一般。如魏文帝曹丕出生时，《三国志》说“有云气青色，而圜（yuán）如车盖当其上，终日，望气者以为至贵之证，非人臣之气”，传说有青色的云气在屋顶上盘旋凝结，注定要当皇帝；宋太祖赵匡胤出生时，《宋史》说“赤光绕室，异香经宿不散”，传说有赤红的光出现，并伴有奇异的香气，经宿不散等等。

相面，在古代是一个非常普遍的职业，所以很多古人小时候，都被相过面。《北史》中记载了这样一个故事：说念贤小时候，在学校中读书。有一个善于相面的人路过学校，同学们都争着去相面，只有念贤不去。人们问他为什么不着急去了解一下自己的未来，他笑着对诸生说：“男儿死生富贵，皆在天也，何遽（jù）相乎！”男儿志在四方，死生有命，富贵在天，干吗要相信面相呢？这个故事表现了念贤小时候就与别人不一样，以此可以作为他长大后有所成就的例证。而这则故事中，还透露一个消息，就是当相面的来了之后，同学们都争着去相面，说明在古代，小孩子相面确实很流行，而等其长大了，有所成就，别人在为其写传记的时候，就可能询问打听相关的事情，这就被记录了下来。通过小时候的相面以及帝王出生时候的“神异”来烘托某个人物的不一般，作为一种“预兆”来解释他们后来的成就，这是古代史书常见的书写方式。

史官还有一种类似的表现方式，就是追溯某人小时候“贪玩”什么，然后将其与相关功业联系起来。如：

周人始祖后稷，“其游戏，好种树麻、菽，麻、菽美”，小时候喜欢玩的游戏是种植麻、菽等，长大后，遂成了帝尧的“农师”。（《史记·周本纪》）

春秋时期的孔子，“为儿嬉戏，常陈俎豆，设礼容”，小时候喜欢玩的游戏是陈列俎豆和各种礼器，演习礼仪动作，长大后，因礼乐而终成了“圣人”。（《史记·孔子世家》）

三国时期的贾逵（kuí），“自为儿童，戏弄常设部伍”，小时候喜欢玩的游戏是假装带兵打仗，长大后，他历仕曹操、曹丕、曹叡三世，成为曹魏政权中具有政治、军事才干的人物。（《三国志》）

十六国时期的吕光，“年十岁，与诸童儿游戏邑里，为战阵之法”，小时候喜欢玩的游戏是排兵布阵，长大后，先是因军功而被升为鹰扬将军，后来又建立了自己的王国——凉国。（《晋书·吕光载记》）

南北朝时期的阮孝绪，“幼至孝，性沉静，虽与童儿游戏，恒以穿池筑山为乐”，小时候喜欢玩的游戏，是穿水池、筑山峰这种山水之乐，长大

（明）仇英绘《孔子圣迹图》中孔子小时候

后，他成了当时著名的“居士”。(《梁书·列传第四十五》)

北周隋初的宇文忻（xīn），“为儿童时，与群辈游戏，辄为部伍，进止行列，无不用命，有识者见而异之”，小时候喜欢玩的游戏，是指挥小伙伴组成“军队”，长大后，成了名震一方的将军。(《隋书·宇文忻传》)

隋朝的薛世雄，“儿童时，与群辈游戏，辄画地为城郭，令诸儿为攻守之势，有不从令者，世雄辄挞之，诸儿畏惮，莫不齐整”，小时候喜欢玩的游戏是在地上画一座城池，指挥大家攻打和防守；长大后，他跟着周武帝平定齐国，立下战功，被封为都督；隋文帝时期，他又多次建立战功，

官至仪同三司、右亲卫军骑将。（《隋书·列传第三十》）

五代时期的钱镠（liú），“镠幼时与群儿戏木下，镠坐大石指麾群儿为队伍，号令颇有法，群儿皆惮之”，喜欢玩指挥队伍的游戏。长大后，他建立了吴越国。他在位期间，保境安民，使江南经济繁荣，文士荟萃，人才济济。后来宋朝统一后，编《百家姓》，钱姓在赵之后，能排第二，相传也与他的功绩有关。

无论古今，做游戏，永远是孩子的天性。在不同的游戏形式中，孩子的能力也会得到不同的锻炼，如孔子小时候玩“陈俎豆，设礼容”这种游戏，锻炼的是规则能力；吕光这些人玩扮演将军，排兵布阵的游戏，对以后他们扮演的人生角色产生了重要影响。史官在表现某人主要功绩的时候，追溯其小时候的游戏，其中蕴含的一种思想就是，一个人小时候玩什么，大抵也就构成了其后生命的底色。

（明）仇英绘《清明上河图》局部

32. 宋仁宗时期这些士大夫的关系有多复杂？欧阳修与包拯同时代？

宋仁宗时期可谓群星璀璨，出现了一大批知名人物，如欧阳修、范仲淹、晏殊，等等。当然，除了一些盛年以及主要功绩在这一时期的，有的则是晚年赶上了仁宗时期，如寇准等；有的则是青年或少年赶上了仁宗时期，如王安石、苏轼等。而宋朝的这些大人物，他们之间往往有着某种千丝万缕的关系。本文希望通过梳理这些人物关系，能够为大家了解他们生活的时代提供一些参照，比如包拯实际上是和欧阳修一个时代的，等等。此外，通过梳理他们的关系，你会发现，这种复杂的关系从仁宗朝一直延展到南宋，这就为我们了解两宋的人物又提供了一些时间坐标。

（清）姚文瀚绘　宋仁宗

宋仁宗（1010—1063）是宋朝的第四位皇帝，他的妻子是曹皇后，曹皇后的祖父是北宋开国大将曹彬。曹皇后的弟弟就是后来“八仙”中的曹国舅。宋仁宗的女儿鲁国公主 67 岁的时候，发生了靖康之变，这之后她在南宋又活了 20 多年，是最长寿的公主。鲁国公主的儿媳与陆游的母亲是亲姐妹。鲁国公主的丈夫是钱景臻（zhēn），钱景臻是钱惟演（977—1034）的孙子，钱惟演是吴越国王的儿子，《百家姓》“赵钱孙李”，排第二的是“钱”，就跟他们家有关系。丁谓（966—1037，宰相）的女儿是钱惟演的儿媳妇。钱惟演的妹妹嫁给了皇后刘娥的哥哥刘美，王蒙是刘美儿子的岳父，王蒙犯法，寇准法办了他，他们就联手设计罢免了寇准的宰相。钱惟演与杨亿交好，编订了《西昆酬唱集》，开创了西昆体，神童杨亿又是寇准的好朋友。

寇准（961—1023，两度入相），寇准的死对头是王钦若（962—1025，两度担任宰相），王钦若主持修了《道藏》《册府元龟》。寇准提拔了丁谓。寇准有一次喝粥，不小心粥沾在了胡子上，丁谓拍马屁去给他擦拭。寇准一下子把他扒拉开，说大家都是大臣，不要这样子。“溜须”就来自这里。丁谓从此恨上了寇准，后来竟害了寇准。寇准被贬走后，王钦若回来，丁谓又设计赶走了王钦若。寇准的女婿是王曙（宰相），他也参与编修了《册府元龟》，王曙是宋仁宗的老师。王曙的儿子王益柔，受到范仲淹的推荐而入馆阁。王益柔后来受到了王拱辰的弹劾。

南薰殿　寇准像

范仲淹（989—1052），曾主持庆历新政。范仲淹与滕子京是好友，与宋祁也是好友，他被贬谪的时候，宋祁写了一篇文章说他是西汉的贾谊，可见两人的友情之深。然而宋祁的哥哥宋庠（原名宋郊，三元及第）却不喜欢范仲淹。范仲淹有一个学生叫孙复，孙复的学生有

南薰殿　范仲淹像

一位大才子叫石介，石介与欧阳修、尹洙是好友，他在庆历三年（1043）写了一首《庆历圣德颂》，赞颂晏殊、范仲淹、富弼、欧阳修、蔡襄等。这首诗当时流传甚广，被一个远在他乡的六岁孩子读到，诗中提到的这些人印在了他的脑海中。十四年后，他将被自己仰慕的偶像欧阳修所赏识，他就是苏轼。

王拱辰（1012—1085）主要生活在宋仁宗时期。滕子京被指责滥用公款（诬陷），王拱辰弹劾他，搞倒了他。滕子京就跑到巴陵重修了岳阳楼，请同年范仲淹写了《岳阳楼记》。苏舜钦滥用公款（实际上就卖了点公家的废纸），王拱辰弹劾他，搞倒了他。苏舜钦就回到老家苏州修了个亭子，写了篇《沧浪亭记》。王拱辰和欧阳修是同年，也是连襟，都是薛奎的女婿。欧阳修娶的是四小姐，王拱辰娶的是三小姐。后来三小姐去世后，王拱辰又把小姨子五小姐给娶了。他们两个也都是晏殊的学生，但他跟欧阳修不和，他得意的时候，欧阳修被贬到滁州写了《醉翁亭记》；他不得意的时候，和范仲淹、王安石也都不对付，也是一贬再贬，他死后，苏辙等人给他写了墓志铭。多年以后，他孙女生了一个大词人，名字叫李清照。李清照的父亲李格非，娶了王拱辰的孙女，后来又续娶了王珪（1019—1085，北宋名相）的大女儿，王珪四子的女儿后来嫁给了一个叫秦桧的人。李格非的老师是苏轼，王珪曾想借“乌台诗案”整死苏轼。苏轼当年得到过欧阳修（1007—1072）的赏识与提携。欧阳修的孙女后来嫁给了苏东坡的第二个儿子。少年王安石在欧阳修家见过苏洵，两人都看不上对方，后来苏轼与王安石也长期不和。但苏轼乌台诗案的时候，王安石上书为其求情，王安石死后的悼词是苏轼撰写的。欧阳修提携过包拯（999—1062），当过开封府尹，这之后才是“包龙图打坐在开封府”。包拯在开封府工作只有一年，这一年也没有大的案件，后世的故事基本都是传说杜撰。包拯反对庆历新政中的按察制度，这与其在民间传说中专门纠察各地不法官员的形象大相径庭。

包拯与韩琦、文彦博（1006—1097，宰相）等都是同年。包拯也得到过王拱辰的提拔，他拆范仲淹的台。包拯的小女儿嫁给了文彦博的儿子，包拯和文彦博是亲家，蔡襄的孙女是文彦博的外孙女。蔡襄与欧阳修是好朋友，蔡襄与苏轼、黄庭坚、米芾并称“苏、黄、米、蔡”，蔡襄的堂弟叫蔡京。文彦博历仕仁、英、神、哲四朝，活了九十多岁，出将入相五十年，反对王安石变法，司马光、邵雍、程颐、程颢等都是他的好友。程颐、程颢是写《爱莲说》的周敦颐的学生。王安石曾经拜访周敦颐，周敦颐看不上他，两个人结下了梁子。文彦博退居洛阳后，和富弼、司马光、王拱辰等十三个老人，效仿白居易九老会的旧事，经常开退休老人会，当时人们都很仰慕，称之为洛阳耆老会。

富弼（1004—1083，北宋名相）也反对王安石变法，吕夷简是富弼的对头，王拱辰也弹劾过富弼。晏殊（991—1055）是晏几道的父亲，也是富弼的老丈人。富弼的女婿是宋朝最后一位三元及第的状元冯京，富弼两次将自己的女儿嫁给他。冯京反对王安石变法，与司马光是好朋友。富弼曾与范仲淹等共同推行庆历新政。

南薰殿　包拯像（包拯并不黑，民间说他黑，可能是对其铁面无私的演绎）

韩琦（1008—1075，宰相）也与范仲

宋代《八相图》中的韩琦

淹推行庆历新政，南宋权臣韩侂胄是韩琦的曾孙。欧阳修曾向韩琦举荐过王安石。欧阳修、尹洙与范仲淹（989—1052）都是好友，尹洙与宋庠、宋祁、郑戬是同年。

尹洙赏识狄青，把他推荐给了范仲淹，狄青从此平步青云。尹洙又是韩琦的嫡系，狄青与韩琦同岁，两个人不和。庞籍也赏识狄青，在《杨家将》中，他就是被丑化的庞太师。司马光特别亲近庞籍，将庞籍当作父亲一样。欧阳修不喜欢狄青，写了一篇《论狄青》。范仲淹庆历新政的时候，王安石刚中进士，在南方一个小地方当芝麻小官。范仲淹与郑戬是连襟，都是李昌言的女婿，就是郑戬检举范仲淹的好朋友滕子京滥用公款的。晏殊是范仲淹的大恩人，但对范仲淹的新政不感兴趣。范仲淹新政核心人物王益柔是杜衍（晏殊之后为宰相）的女婿，苏舜钦也是杜衍的女婿。王益柔是王曙的儿子，王曙是寇准的女婿，寇准曾得罪过少年晏殊，寇准做宰相的时候，晏殊还是个孩子。

南薰殿　狄青像

王安石（1021—1086），范仲淹庆历新政26年后，王安石变法。范仲淹变法，大量德才兼备的人才支持他，如欧阳修、韩琦、富弼、蔡襄等等；王安石变法，缺少道德品质较高的人支持，大多数有名望的人都变成了保守派反对变法，如韩琦、富弼、欧阳修、司马光，范仲淹的儿子范纯仁等。王安石大女儿嫁给了吴充的儿子吴安特，亲家是吴充，吴充也反对王安石变法。王安石小女儿嫁给了蔡汴，蔡汴是蔡京的弟弟，蔡京是支持变法的投机者。王安石的弟子有一位叫陆佃，做过参知政事，他是陆游的祖父。王安石的战友曾布，是曾巩的弟弟，王安石失败后，反王安石，人品不佳。程颢早期是王安石变法的支持者，后来反对。

（南宋）刘松年绘《西园雅集》局部（苏轼在写书法）

苏轼（1037—1101）讨厌程颐，给程颐起外号，说他是腐儒叔孙通，在司马光的葬礼上，两人彻底决裂。《水浒传》等小说提到，高俅曾经是苏轼的小吏。苏轼和父亲苏洵，再加苏辙，并称“三苏”。苏轼并没有一个妹妹叫苏小妹的，这个传说最早出自南宋无名氏的《东坡居士佛印禅师语录问答》，“东坡之妹，少游之妻也”。说苏轼有个妹妹，嫁给了秦少游。后来就有了不少有关苏小妹的爱情故事，如据说黄庭坚把王安石的儿子王雱（pāng）介绍给苏小妹，说王雱绝顶颖慧，读书一遍就能了然于胸，这时一直坐在旁边默不作声的父亲苏洵冷冷地说：“这有什么可稀奇的，谁的儿子看书还要看两遍呢？”黄庭坚无话可说。苏轼的学生有黄庭坚、秦观、晁补之、张耒，据说晁补之当过李清照（1084—1155）的老师。李清照出生的时候，距离仁宗朝已经20多年了，在她44岁的时候，发生了靖康之变。李清照的丈夫是赵明诚，赵明诚的父亲是赵挺之（1040—1107），苏轼曾骂过赵挺之，赵挺之支持王安石。赵挺之与苏轼不和，可他的儿子却偏偏爱上了苏轼后期的学生李格非之女李清照。李清照曾写过一篇《词论》，把北宋16位词人都骂了，其中有张先、宋祁、宋庠、沈唐、元绛、晁次、晏殊、苏轼、曾巩、晏几道、贺铸、秦观、黄庭坚、欧阳修、王安石、柳永。当然，主要是从词学的角度指摘他们的弊端。

（南宋）刘松年绘《西园雅集》局部（苏辙、黄庭坚、晁补之、张耒等看李公麟画画）

通过以上列举，可以看出，北宋，尤其是宋仁宗时期那些有名的学士之间显然有着我们意想不到的复杂关系。除了联姻、师生形成关系，宋朝仅有的两次改革，庆历新政、王安石变法，也使得众多文人士大夫产生了复杂而微妙的关系。

33. 王安石变法导致了北宋的灭亡?

王安石（1021—1086），字介甫，号半山，封舒国公，后改荆国公，谥号“文”，所以又称“王文公”。他是我们熟悉的大诗人，“爆竹声中一岁除，春风送暖入屠苏。千门万户曈曈日，总把新桃换旧符”，这首《元日》几乎妇孺皆知。王安石还有一首极为著名的词作《桂枝香·金陵怀古》：

登临送目，正故国晚秋，天气初肃。千里澄江似练，翠峰如簇。归帆去棹残阳里，背西风，酒旗斜矗。彩舟云淡，星河鹭起，画图难足。

念往昔，繁华竞逐，叹门外楼头，悲恨相续。千古凭高对此，谩嗟荣辱。六朝旧事随流水，但寒烟衰草凝绿。至今商女，时时犹唱，后庭遗曲。

除了是文学家，王安石还是著名的政治家，他为了改变北宋百年“积贫积弱”的局面，而推行了变法。王安石变法在历史课本上，是被当作正面史绩来宣扬的，然而在古代，这场变法实际上充满了争议，更多的是负

清人绘王安石像

面评价，甚至曾有人指出，王安石变法导致了北宋的灭亡。

王安石变法推行的政策确实有不妥的地方，如青苗法，本意是为了在荒年以较低的利息给老百姓贷款、贷粮，防止老百姓借高利贷。王安石当地方官在地方推行的时候，很有成效。但当他将其作为一项国家政策推广的时候，就出现了麻烦，一些官员将这项推广作为自己的政绩指标，有些人不需要借贷，他们也强制摊派，不仅普通农民，甚至一些富人也必须借，这样就可以上报朝廷说今年青苗法普及率百分之百了。还有就是将中产之家与贫苦者绑在一起，如果借贷的贫苦者不能还贷，将由中产担保人负责还款，结果很多地方赶上自然灾害（熙宁七年，大旱），农民还不起贷跑了，中产的家大跑不了，大量破产、返贫。《宋史·司马光传》记载："今出钱贷民而敛其息，富者不愿取，使者以多散为功，一切抑配。恐其逋负，必令贫富相保，贫者无可偿，则散而之四方，富者不能去，必责使代偿数家之负。春算秋计，辗转日滋，贫者既尽，富者亦贫。"青苗法后来的利率几乎跟高利贷差不多了。很多政策没有像王安石想的那样，"去重敛、宽农民"，没有减轻民众的负担，反而加重了民众的负担。青苗法还有一个问题就是农民借的可能是种子，还款的时候要用货币，古代实物货币是有限的，国家是变得有钱了，老百姓就没钱了。再有市易法、均输法，国家用行政权力强

（明）周臣绘《流民图》

制进行收购、运销也损害了一些生产者的利益。还有募役法，官府雇人承担劳役，不愿服差役的，交纳一定数量的钱就行。富人肯定愿意交钱，而劳役的重担就一直落在贫苦大众身上，他们不得休息。王安石变法的初心是民不加赋税而国富，“民不加赋而国用饶”，目标是国富，然而目标是实现了，国家有钱了，前提民不加赋却没能保障，富人、平民都被搜刮，所以变法在一定程度上导致老百姓与富人都不满意；并且官员们把本该全部交给国家的钱中饱私囊，借着新法贪污，更是大失民心，民众与统治阶级的矛盾日益激化。民众越来越贫困，流民在大宋版图上铺卷开来，一直持续到十几年后的宋徽宗时期。流民越来越多，宋江、方腊等都是在这一背景下发展壮大的，政府为了对付他们，消耗了不少国力。

王安石为了新法的顺利推行，在用人上，过于激进，也有失误。凡是赞成变法的就用，不赞成的就贬谪，导致很多小人钻空子——打着变法的幌子而谋求荣华富贵，其德行不怎么样，这些人就为北宋的灭亡埋下了祸端，蔡京就是其中之一。宋徽宗所用之小人，几乎都是当年靠着新法投机取巧上位的，也就是说王安石变法时期提拔的“人才”，实际都成了北宋的掘墓人。

王安石的变法，还有一个副作用就是引起了党争，使朝廷的力量在内讧中消耗。虽然司马光、苏轼等人对王安石变法有异议，但他们是君子之

宋徽宗绘《听琴图》（中间为宋徽宗，左边有童子的为“六贼之一”的王黼，右边低头者为蔡京）

争。司马光，我们都熟悉，据说他小时候砸缸救了小伙伴，这个故事在宋代的时候就广为传颂了。实际上，最早的版本是司马光击“瓮”，瓮中捉鳖的“瓮”，缸是敞口的，容易爬出来，瓮是内卷口，肚大口小。（有人认为北宋还没有大缸，未必，我们现在找到了南宋的大缸文物。）长大后的司马光一直做到了宰相，他是反对变法的领袖，在王安石推行变法的时候，他反对，反对无效就去洛阳编写《资治通鉴》了。后来权力更迭，宋神宗死后，即位的宋哲宗年幼，由高太后临朝执政，高太后一向反对新政，一朝天子一朝臣，他就回来主持废除了新法。

王安石跟司马光主要是治国理念上的争端，王安石要开源，司马光主张节流，但他们的目标是一致的，即为了国家有钱。虽然司马光一直反对新法，还亲手中断了王安石的新法，但他对王安石个人的评价一直很高，王安石去世后，他也没有落井下石，他建议朝廷追赠王安石为太傅，谥号为“文”。苏轼并不反对新法，他反对的是操之过急，所以在王安石掌权的时候，他不得志，而当新法被全部废除的时候，他也反对这么做，认为新法中也有可取之处，结果还是不得志，一贬再贬。王安石去世后，苏轼也没有落井下石，其《王安石赠太傅制》中写道："将有非常之大事，必生希世之异人，使其名高一时，学贯千载；智足以达其道，辩足以行其言，瑰玮之文足以藻饰万物，卓绝之行足以风动四方，用能于期岁之间，靡然变天下之俗。"这评价是极高的。在他看来，王安石不是一般人，简直是生得其所，是专门为某件大事而出现在人间的。他们是君子之争，和而不同，与小人佞臣之间的低劣争斗是绝对不一样的。元祐元年（1086），王安石、司马光相继去世。这之后，新法是什么已经不重要，治国理念之争演变为私利与权力的斗争。人们分成了两派，一派是靠着支持变法上台的，被称为新党，即元丰党人（元丰年间，新法推行）；一派是打着恢复祖宗之制旗号的，为旧党，即元祐党人（元祐更始，新法被废除）。统治者领导层有变动，一会儿支持新党，一会儿支持旧党，从此党争日烈，统治阶级内部的矛盾也激化了。

明人绘 《司马光归隐图》

变法滋生了贪污腐败，小人得势，国力内耗，政治内斗，这些都间接

《清明上河图》中，有一车拉着旧党的书籍准备烧掉

导致了国家的灭亡。1127年，靖康之变，建国才167年的宋帝国大厦瞬间倒塌了。一个封建王朝一般都能挺个二三百年，北宋却才一百多年，少了的那几十年，或许真的与此次变法埋下的隐患有关系吧。

早期的时候，这场变法不叫王安石变法，而叫熙宁变法。熙宁是宋神宗的年号，变法自熙宁二年（1069）开始，到元丰八年（1085）宋神宗去世结束，所以又叫熙丰变法（二十六年前的“庆历新政”也是用的年号，而不叫范仲淹变法）。后来变法失败，几十年后，北宋灭亡，进入南宋，人们总得找个理由，探究灭亡的原因，士大夫们不好直接说皇室腐败，得找个替罪羊，就直接怪罪到了王安石的身上，所以称其为王安石变法，带有贬斥王安石的意味，认为是他的瞎折腾让大宋失去了半壁江山。宋文人罗大经的《鹤林玉露》评价王安石变法说，国家由统一而分裂，是王安石的罪责，国家分裂而不能再统一，是秦桧的罪责，这是把王安石与秦桧并列在一起了，“国家一统之业，其合而遂裂者，王安石之罪也，其裂而不复合者，秦桧之罪也。”大儒朱熹也批判王安石各项政策“聚敛害民”，明朝商辂《续通鉴纲目》里说靖康之变的祸乱始于宋神宗、王安石，他们的罪责不在宋徽宗、蔡京之下，“汴宋之祸，始于神宗、安石，终于徽宗、蔡京。君子原情定罪，不当置神宗、安石于徽宗、蔡京之下”。明末清初的王夫之《宋论》中也说王安石是小人，等等。

除了明代王安石的老乡陆九渊（陆王心学中的“陆”）为王安石说了几句公道话，在古代，对于王安石变法的评价基本都是否定的。直到清朝末年康梁变法的时候，梁启超发现王安石追求富国强兵的理想，与自己契合，而且这样一位名相的变法，依靠的也是一个年轻的皇帝，也有一个老太后作为反对派，梁启超颇为感慨，于是1908年他写了一部为王安石翻案的著作《王荆公》。他指出历史是诽谤王安石的那些人写的，所以有些指责并不可信，很多变法政策实际上并不是如反对者说的那样，老百姓一点好处都没得到，如青苗法，老百姓实际上得到了实惠。后来朱熹提搞社仓，利息是十取二，夏天发冬天收，跟这个差不多，朱熹自己搞的时候就后悔当初批评王安石的青苗法了。梁启超评价说，青苗法类似于今日之银行，当时各行各业都受到资金短缺的困扰，呈现衰败的景象，王安石能够洞察其中的原因，创造了这个办法来救治，没有超过一般人的见识和胆略能做到吗？中国人中知道金融机构为国民经济命脉的，从古至今只有王安石一个人。梁启超逐一为王安石各项政策平反，并将其与近代各种制度相比较，如认为免役法“与今世各文明国收所得税之法正同”，保甲法“与今世所谓警察者正相类”，等等，大赞王安石的开创性与眼光超前。[①]钱穆《中国近三百年学术史》说：“至晚清而主变法者，争言荆公政术。”[②]经过梁启超的倡导，王安石变法的正面形象得以宣扬，肯定的评价逐渐成为主流。

---

① 梁启超:《饮冰室全集》第七册《王荆公》，中华书局1989年版。

② 钱穆:《中国近三百年学术史》，九州出版社2011年版。

34. 神话中的岳飞

神话传说的文学表达，中西方似乎有着很大的不同。西方表面上有一套完整的神话体系，但实际表现到作品中又是神人同形同性，神也有着人的特征；而中国由于史学发展比较成熟，表面上现实主义比较发达，而实际表现到文学作品中又无不透露着浪漫主义色彩，如《金瓶梅》里的因果报应、《三国演义》里的诸葛亮智而近妖、《水浒传》里的公孙胜腾云驾雾、《红楼梦》里的神瑛绛珠之盟，《西游记》《封神榜》《济公传》等更自不必说，包括现当代一些作品也喜欢加入一些神话色彩，比如《白鹿原》里的田小娥、《废都》里口吐人言的哲学牛等等。古典小说《说岳全传》中同样充满了浪漫传奇色彩。岳飞去世时三十九岁，在他被害不久，民间就开始演唱他的故事，至元明两代，岳飞精忠报国的事迹更是广为传布，如元杂剧中有《地

岳飞像　清宫内务府藏

藏王征东窗事记》，明代传奇小说有《精忠记》《大宋中兴通俗演义》《岳武穆王精忠传》《岳武穆尽忠报国传》等，至清初则出现了集大成的《说岳全传》。

岳飞是一个真实存在的历史人物，他的故事有着历史原型，但在各类故事中，人们常常将历史与神话结合起来，如《说岳全传》讲岳飞抗金的故事，第一、二回交代岳飞的身世，就被附会上了神话，说他是金翅大鹏转世：西方大雷音寺我佛如来正在讲经说法，说得天花乱坠之际，一个星官女土蝠在莲台下一时忍不住放了一个臭屁。我佛慈悲，毫不在意。然而却惹恼了佛顶上的一位护法——大鹏金翅明王，它眼射金光，看到那女土蝠竟然如此没节操，一嘴就啄死了她。那女土蝠一点灵光射出雷音寺，往东土认母投胎，后来嫁与秦桧为妻，残害忠良，以报前世之仇。佛爷掐指一算说，善哉，善哉！原来有这么一段因果，便把大鹏鸟叫到近前：既然入了佛门，为何破了杀戒，现在把你发配到凡间，偿还冤债，直待功德圆满，才可回来。就这样，金翅大鹏也奔东土投胎而去。

下界已经到了大宋徽宗时期，据说宋徽宗是长眉大仙转世，酷好神仙，自称道君皇帝。此时天下太平，马放南山，刀枪入库，五谷丰登，百姓安居乐业。中国是一个农耕文明，收成的好坏完全靠天，也就是天意，所以天地人要时常联络，而人与天的联络，主要靠天子。谁知这一年宋徽宗皇帝在元旦祭天的时候，把表章上“玉皇大帝”的“玉”上的一点点到了“大”上。玉帝坐在灵霄宝殿上，下面站着四大天师、文武圣众、一班仙官、仙吏等。收到徽宗“王皇犬帝”的时候，玉帝和他的小伙伴们都惊呆了，玉帝勃然大怒：“王皇可恕，犬帝难饶！”于是就派赤须龙下界，降生在北方的女真国黄龙府内，也就是后来侵犯中原、搅乱宋室江山的四太子金兀术。我佛如来早就算到有此一劫，担心赤须龙无人能降伏了，这才派大鹏鸟下界，保全宋室江山。

金翅大鹏路过九曲黄河的时候，发现了一个妖精——蛟龙“铁背虬王”。这天，这个妖精聚集了一些虾兵蟹将，在山崖前耍酷。金翅大鹏神眼认出蛟龙精，一嘴就啄到了蛟龙精的左眼上，妖精霎时满面流血，大叫一声，就滚到黄河里藏了起来，那些水族也都赶紧跳入水中躲了起来。只有一个不识时务的鱼精挡在大鹏面前，结果就被大鹏戳死了，鱼精的魂魄也到东土投胎去了，就是万俟卨，后来致使岳飞遭受冤狱，屈死于风波亭上。大鹏在岳员外家投胎后，陈抟老祖怕他忘了自己的身份，一路跟着来到下界给他赐名岳飞，字鹏举。小岳飞出生不久，村里就发大水了，就是那个蛟龙精干的。他知道大鹏投胎到这个村子里，就带着虾兵蟹将兴风作浪，岳飞的母亲抱着他坐在大水缸里才逃过一劫。蛟龙精因此犯了天条，玉帝下令处死了他。这蛟龙精愤愤不平，也到东土投胎，就是后来的秦桧，连用十二道金牌，将岳

清人绘《西游记》中的大鹏鸟

飞召回，在风波亭上把他谋害，以报此仇。

整个《说岳全传》记述了岳飞得周侗教导，文武全才，朝廷开科，校场比武，岳飞枪挑小梁王，权臣张邦昌陷害之，得宗泽相救。金邦兀术率兵灭北宋，徽宗、钦宗被俘。赵构建立南宋，岳飞挂帅，先后平杨幺等，又在牛头山打破金兵。秦桧为了感谢当年的不杀之恩，暗通金邦，东窗设计，以“莫须有”罪名在风波亭害死岳飞父子。灵隐寺疯僧嘲讽秦桧，胡迪因岳飞冤死而骂阎罗，游地狱奸秦桧受冥罚。最后高宗去世，孝宗继位，平反冤狱。岳飞之子岳雷、岳霆等三祭岳飞坟，带兵击败金兵，牛皋活捉兀术，全书以“笑死牛皋，气死兀术”为结。在该书的最后一节，下界是皇帝的论功行赏，上界是玉帝传下御旨：道君原来是九华长眉大仙下凡，因他信任奸邪，不敬天地，戏写表文，这才命令赤须龙下凡大闹了一番。牛皋本是赵玄坛的坐骑黑虎，让财神爷赵公明收回去了。至于秦桧那些大奸臣，必然是要下地狱的。而岳飞是西天的护法，则由太白金星送回西方。

太白金星和岳元帅来到大雷音寺。此时我佛如来正和他的小伙伴们三千诸佛、五百罗汉、八百金刚、阿难揭谛、比丘僧尼等众，讲说三乘妙典、五蕴楞严。正讲得天花乱坠，宝雨缤纷，忽然看见太白金星带着岳飞的魂魄来了，佛爷说：“善哉，善哉！今试回头，英雄何在？”岳飞听完，猛然惊悟，就地一滚，变作一只大鹏金翅鸟，訇的一声，飞上佛顶。佛即合掌：“一切有为法，如梦幻泡影，如露亦如电，应作如是观。”

《西游记》中这只大鹏鸟也曾出现，在狮驼岭，大鹏、金狮、白象与孙悟空等人为难，孙悟空也奈何不了金翅大鹏，去找如来告状，如来说“自那混沌分时，天开于子，地辟于丑，人生于寅，天地再交合，万物尽皆生。万物有走兽飞禽，走兽以麒麟为之长，飞禽以凤凰为之长。那凤凰又得交合之气，育生孔雀、大鹏。孔雀出世之时最恶，能吃人，四十五里路把人

明清时期 高淳水陆画《温元帅与岳元帅》

一口吸之。我在雪山顶上，修成丈六金身，早被他也把我吸下肚去。我欲从他便门而出，恐污真身，是我剖开他脊背，跨上灵山。欲伤他命，当被诸佛劝解，伤孔雀如伤我母，故此留他在灵山会上，封他做佛母孔雀大明王菩萨。大鹏与他是一母所生，故此有些亲处”。算起来，他还是如来的“娘舅”。

除了说岳飞是金翅大鹏转世，民间还流传着其他诸多说法，如有的说他是关羽转世，也有的说他是张飞、张巡转世，这些都是忠义勇武之人，人们将他们并列，显然是受到了儒家思想的影响。另外，道教也将岳飞纳入其信仰当中，他是道教四大元帅之一，是道教的护法，被称为“岳元帅”。

岳飞在民间有着广泛的信众，所以儒释道争相将其纳入自己的信仰体系当中。当然，因为岳飞是抗金的英雄，所以到了清朝，由于统治者的原因，对于岳飞的信仰热度逐渐降了下来。

35. 有哪些时髦的现代行业古代就有了？宋朝就有外卖和卖奶茶的了？

我们现在的好多行业，在古代就有了，比如现在最常见的宾馆、客栈。早在先秦时期，中国就建立了较完善的“客栈”服务体系，这些“客栈”主要是为了供应“行李之往来”，即安排各国来往聘问的使者或者商人。《左传》中记载了这样一件事，郑国的子产带着礼物去晋国聘问。晋国是当时的霸主，晋平公有意怠慢这些小国家，想先让他们等等再接见，于是，子产就派人把宾馆的围墙给拆了。消息传到了晋平公耳中，晋平公就派晋国大夫士文伯来责备子产。子产解释自己把围墙拆了的原因是怕进献的财物存放在露天太久会日晒雨淋而腐烂生虫，不拆毁围墙，就没有地方存放礼品。子产又说：我听说晋文公从前做盟主时，把接待宾客的馆舍修得十分高大，宾馆像国君的寝宫一样，仓库和马棚也修得很好，司空按时平整道路，泥水工匠按时粉刷馆舍房间；诸侯的宾客来到，甸人点起庭院中的火把，仆人巡视客舍，存放车马有地方，宾客的随从有代劳的人员，管理车辆的官员给车轴加油，打扫房间的、饲养牲口的，各自照看自己分内的事；各部门的属官要检查招待宾客的物品；晋文公从不让宾客们多等，也没有被延误了的事；与宾客同忧共乐，出了事随即巡查，有不懂的地方就指教，有所求就加以接济。宾客到来就好像回到家里一样，“宾至如归”这个成语就出自这里。士文伯回去报告了子产说的话，晋国的卿大夫承认了自己的过失并向子产道歉。可见，晋文公的时候，客栈对旅客的保护措施是非常完备的，既要装修好客房，又要修好停车场，晚上还要灯火通明，派人巡视，进行安保工作，旅客不用担心丢失东西，不用担心流氓强盗。

先秦时期，除了招待官员的客栈，自然也有招待普通人的客栈。这些客栈往往规模都不大，他们保护旅客的措施就是将自己纳入国家大法的统一管理中。如《史记》中记载，有人向秦王诬陷商鞅谋反，商鞅逃跑到了关下，想住客栈，客栈老板不知道这就是商君，老板说：商君有令，住店的人没有证件店主要连带判罪，你没有凭证，我不能让你住在这儿，“商君之法，舍人无验者坐之”，商鞅叹息一声只得逃亡别处了。可见，客栈主人为了保护旅客，对于没有凭证的人，是不让其进去的。后世的客栈也多是如此，想进入客栈的人，必须有“路引”“门券”或“鱼符”“牙牌”等能证明身份的腰牌，这实际上也是客栈对客栈内部客人的一种保护，避免了杀人越货的逃犯和不法之徒与客人共处。

针对不同接待对象建立的客栈，相应的安保措施也就不大相同。如对官员住宿的“传舍”“馆”这种客栈，保护措施最高，这种客栈往往属于国有企业，需要国家投入大量的人力和物力才能予以维持。普通商人百姓能住的“寓”“舍”，多是一些私人开办的，安保措施就差一些。而随着经济的发展、商业的繁荣，士子进京赶考、游玩等，造成了人口的大量流动，民间客栈市场的需求也越来越大，一些私人客栈也就更为兴盛起来，如《汉书·食货志》记载：“方技、商贩、贾人坐肆、列里区谒舍。”颜师古注引如淳曰：“谒舍，今之客舍也。”晋人潘岳在《上客舍议》说“公私满路，近畿辐辏，客舍亦稠”。到了唐宋，客栈的生意更为火爆，现代“旅

宋代人绘《山店风帘图》中开在山路上的旅店

馆”之称就出现在唐代。在唐代，文人士子们常常结伴出游，夜晚住在客栈里，闲来无事就各自开始讲传奇故事以打发时间，这就是很多唐传奇的来历。由于客栈的大量发展，一些私人酒店安保措施不尽如人意，一些关于“黑店”的传说也就此流行开来。

有一个关于黑店的故事记载在《唐传奇》里，叫《板桥三娘子》，故事说开旅店的板桥三娘子不知从何处而来，但家里非常富有，养着很多驴。一个名叫季和的书生夜宿在三娘子的旅店，半夜发现隔壁三娘子卧室窸窣有声。他从板壁缝中窥见三娘子取出木牛、偶人之类，作法使之在床前耕地，种麦并在顷刻间收下麦子，磨成粉做成烧饼。后来他又见众旅客吃下烧饼后变成了驴。季和大惊，于是设下一计。他一个月后再来住店，将预先做好的荞麦饼偷偷换了一个三娘子的魔饼，然后拿着魔饼对三娘子说：尝一尝我从外地带来的这个饼吧。三娘子不知饼已被调换，欣然接了过去，吃了一口，结果自己变成了驴。后来季和收了她的木牛、偶人，自己却不会法术，不会用，他骑着板桥三娘子变的驴过了四年。后来遇到一个老人，把板桥三娘子又变了回来。

还有一个关于黑店的故事，大家耳熟能详，就是《水浒传》里的孙二娘开店，“那人夫妻两个，亦是江湖上好汉有名的，都叫他做菜园子张青，其妻母夜叉孙二娘，甚是好义气”。孙二娘外号“母夜叉”，是菜园子张青的妻子，二人在孟州道十字坡开了家黑店，抢旅客的盘缠，甚至将客人宰了卖人肉，“大树十字坡，客人谁敢那里过？肥的切做馒头馅，瘦的却把去填河”。后来武松路过，也险些被包了包子。武松假装喝醉酒捉住了孙二娘，张青求饶，武松遂与张青、孙二娘夫妇相识。后来这家黑店划归到了梁山集团旗下，孙二娘担任梁山驻西山酒店迎宾使兼消息头领，迎来送往，打探消息。

古代还有一篇《慢行和尚》的故事，说南方有个和尚，走路特别慢，需要人搀扶才能走，而且要喘息好几口气才行一步，大家以此为神，上自官府，下至百姓，对他都很迷信崇拜，大家都叫他“慢行和尚”。在一年的元宵灯节晚上，官府捉到一个越墙入室强奸妇女的歹徒，摘去面罩发现此人乃“慢行和尚”也。于是官府将这个和尚打了一顿，并要求他还俗。这个和尚还俗后，不久就在市井中开了间客栈，做起了生意。奇怪的是，他走路也不慢了，行步如风。人们问他为什么，他说，我哪有什么本事，只是用些小伎俩让人们感到惊奇，人们自然会看重我。

根据记载，古代像孙二娘那样的盗贼以及慢行和尚这种歹徒开的店，不在少数。在这样的旅店，旅客总是会缺乏安全感。因而要想得到客栈的保护，除非迫不得已，古人一般都会选择一些正规的大客栈住宿，这也促进了古代客栈行业的良好发展。

宋徽宗时期的张择端画了一幅《清明上河图》，描绘的是北宋汴河两岸的风光。其中有一处“客栈”叫“久住王员外家”，这是一家正规的客栈，有自己的广告品牌：这个客栈非常好，可以“久住”。如果说，春秋时期晋文公那个客栈“宾至如归”的修饰语可以用现在“如家”这样的名称比附的话，那么这个“久住”时间修饰词则类似于现在的“七天”“四季”，等等。

（宋）张择端《清明上河图》局部

除了宾馆，在张择端的这幅《清明上河图》中，我们还可以看到很多饭馆，有的饭馆墙上还有菜单：

另外，一些饭馆还提供外卖服务，这几乎跟现在的餐饮业差不多了：

现在流行喝奶茶，这一行业，古代的时候也有了，如宋代《清明上河图》中出现的“饮子”，就是卖奶茶的摊位：

《东京梦华录·州桥夜市》记载，卖的饮子中有“砂糖冰雪冷元子、生淹水木瓜、药木瓜、砂糖绿豆甘草冰雪凉水”等，也就是说一般都含有砂糖、水果以及两三味中药，不仅可口好喝，还有养生功效。北宋《清明上河图》中除了“饮子”招牌，还有“香饮子”，大概是商家自己的品牌，类似奶茶界的“一点点”。

（宋）《清明上河图》中还有美容店：

我们去公园玩，有时候会遇到用气枪打气球的小摊位，在宋代《清明上河图》中，也有类似的行业，不过不是用枪，而是射箭：

人们一提到《清明上河图》就想到宋朝张择端画的那幅，殊不知明朝仇英也画了一幅《清明上河图》。不过，他不是临摹，而是仿照张择端的思路，描绘了明朝南方某地的繁华场景。

我们现在很多行业，在明朝的这幅画中都有所展现，如明朝就有鲜花店了：

明朝也有租赁“共享单车”的了：

明朝的书店：

明朝的儿童专科医院：

明朝的“照相馆”：

明朝“套圈”的：

明朝的“KTV”：

明朝的演出：

明朝专门的鞋店：

此图中还出现了明代的“男足”：

杜堇绘《仕女卷·蹴鞠》中有明代的“女足”：

《古代仕女行乐图》中有清代的“女足”：

这些足球运动多是一种自娱自乐的活动，当然，也不排除有以此为职业的可能。

乾隆时期徐扬画了一幅《帝京生春诗意图》，也描绘了不少清朝的行业，如下图是乾隆年间的超市，有卖烟草的，有卖水果的，有卖糕点的，还有卖火腿的，而且是我们今天特别流行的“金华火腿”。

另外，这样买衣服的情景是不是和现在也很像？

上图是徐扬画的北方城市，他还画过一幅表现南方繁华城市的图卷，

这就是《姑苏繁华图》，图中涉及的一些行业，也很有意思，如在南方也有专门洗浴的大澡堂：

茶室酒吧：

清朝的宾馆叫客寓：

另一家客栈：

四时盆景，各色花卉：

银行：

饭店也分级别了，有家常便饭，也有包办酒席的：

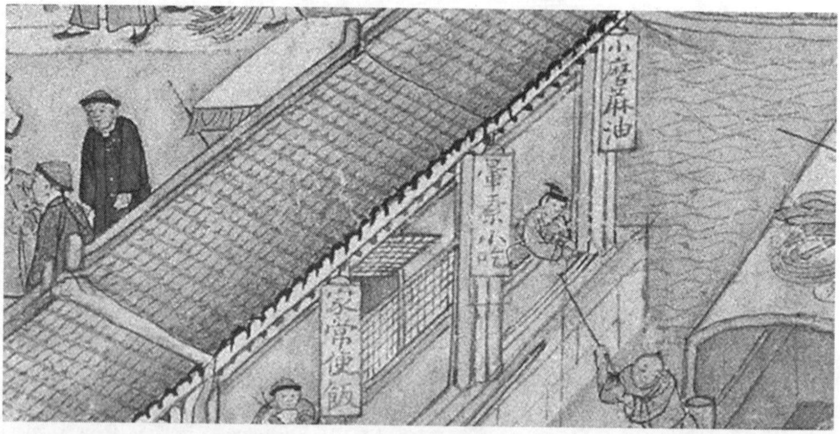

还有卖首饰的金银店，可以以旧换新，兑换金珠：

还有一套民俗画《太平繁华八图屏》也比较有意思。虽然里面的服饰不是清代的，但反映的内容是有现实依据的，也有可与现代时髦行业对应的，如类似海盗船的“大摆锤”：

水果、干果摊位也跟今天的很相似：

还有卖假发的：

卖盆景的：

买完盆景，还可以“快递”到家：

还有专门的眼镜店：

除了学堂、医院、书店、饭店等常见行业，古人还有这么多与我们现代流行行业相似的行业。通过文献记载以及这些古画，我们可以想象那时候人们的日常生活，而那时候的人们，是否想过百年、千年后会是什么样子呢？

36. 明代选状元要看颜值？古人是如何“备考”的？

古代考状元是非常难的，不仅要凭实力，也要靠“颜值”，你信吗？

大明王朝的第一次科举考试，以实力来说，郭翀（chōng）应为状元。然而朱元璋见过郭翀后，觉得此人其貌不扬，他在入围的一百多个士子中转了一圈，发现一个大帅哥，叫吴伯宗，器宇轩昂。朱元璋很开心，我大明第一次考试，就得选个这样的“门面担当”，于是吴伯宗被点为状元，“以壮国威”。

朱元璋之后，建文帝的时候，按照实力，王艮应该为状元，结果王艮长得没有入了帝王的法眼，就屈居第二。换谁呢？大臣们推荐了两个人，一个是叫胡广的秀才，一个是来自湖广（明清湖南湖北的行政名称）的秀才杨溥。建文帝想看看谁长得好再定，于是宣旨：“胡广秀才上殿。”结果下边的人都蒙了，究竟是“湖广秀才”，还是指“秀才胡广”啊。杨溥还在那犹豫呢，叫胡广的那个人已经上朝去了。建文帝一看，跟王艮一比，这个简直一表人才，龙颜大悦，于是就确定他为状元了。实际杨溥长得也不错，要是他先去，没准儿就是他成为状元了。当然，最惨的是王艮，世界上最伤心的事情，不是得不到，而是得到了又失去。

清人绘《古圣贤传略》中的杨溥

明人绘《钟馗骑虎图》，钟馗为“万能神”，能驱鬼，能佑福。钟馗眼睛望着蝙蝠，寓意：福到眼前

到了明朝中期，这样的事情也是不断。如正统皇帝的时候，大臣们推荐了一个状元，主要是根据试卷实力来的。结果皇上一见本人，发现不符合审美标准，但大局已定，没法改了。对不起，皇上，我们错了。再下一次考试，终于有了经验，考官们选出几张有实力的试卷，然后偷偷去看人，整得跟相亲似的。有一个叫张和的，拟定为状元，皇帝派人去看，发现他眼睛不好，于是赶快回来换人，他成了榜眼，而选了一个叫施槃的做了状元。明朝第九位皇帝弘治皇帝也干过这事，选状元的时候，跟大姑娘似的，偷偷去看人家长相，本来定的是一个叫丰熙的，后来一看，这人身体有毛病，就赶紧换了伦文叙为状元。伦文叙人在家中坐，状元从天上来。

为了表达对以“颜值”定状元的不满，民间也有着悠久的传说故事，如关于天师钟馗的传说即是一例。有一种说法说钟馗在德宗年间参加科考，当日主考官乃是吏部侍郎韩愈，副主考是大学士陆贽，两人看了钟馗的卷子，认为此人是个奇才，遂将钟馗点为第一名。德宗皇帝听韩愈禀奏说新科状元钟馗才华出众，便在金殿上召见钟馗。没想到见到钟馗，发现其相貌丑陋至极。德宗心中不悦，以为朝廷取士全在身言书判，认为此等丑陋之人不足以点为状元。钟馗听罢，一怒之下便自刎而死。德宗见此，大出意料，为了笼络人心，他下旨将钟馗以状元身份殡葬，又封钟馗为驱魔神以祛人间邪魔。

选“颜值”高的做状元，大家往往会有一个误解，认为这是为了招驸马。一些戏曲小说往往写士子中状元后被皇帝招为驸马的故事，实际历史上，被招为驸马的状元只有唐代的郑颢一人。原因也很简单，古代士子大都早婚，等到中状元时（平均 30 岁），一般早就结婚生子了。封建社会以“颜值”选状元，实际上是为皇帝选一个“顺眼”的陪王伴驾之臣而已。科举为国家取才，但国家是谁的呢？皇帝谦让一点，说是天下人的。但天下人都明白，学成文武艺，货与帝王家。在封建王朝，状元之名只能靠帝王的喜好定夺，因为状元只是一家之状元罢了。

考状元不容易，实际上一般的科举考试也很难。古代考试有“秘籍”吗？我们就来看看古人的“备考”指南。

首先，备考心态一定要好。古人在考试前早就想明白了，平常心最重要。“五十少进士”，50 岁能考上进士，都算年轻的，虽然夸张，但考试难度可想而知。所以，古人很少有因为几次考试失利而自杀的，“万里关山从

（清）徐扬绘《姑苏繁华图》中迎接状元的场面

头越”，大不了从头再来。科举考试虽然是人生中的一件大事，但大多数学子都保持着一种“得之，我幸；失之，我命”的平常心态。保持乐观积极的心态，从容赴考，往往能提高考试成绩。有这样一个故事，说有一个考生晚上做梦梦到自己的胡子被人剃了，醒来就去找算卦先生。算卦先生说去年的状元叫刘滋，胡子又叫“髭”（zī），你做梦梦到剃了胡子，就是“剃髭”，说明你今年要替了刘滋啊！考生听了很高兴，自信满满地去考试，结果超常发挥，果然中了状元。《太平广记》里记载了大量考生赶考路上去寺庙求签算卦的故事，实际上求签算卦只不过是求一种心理安慰罢了。曾经看到过这样一个故事：古时候，有三个书生一起赴京赶考。书生们心里都紧张不安，恰巧半路上经过一座寺庙，三人于是进庙烧香拜佛，祈求能高中。里面有一位老和尚正在念经，三个书生走到老和尚跟前，恭恭敬敬地说，请法师为我们三人算上一卦，此次赴京赶考，三人之中能有几人考取功名？老和尚没有说话，只是伸出一个食指，就把三人打发走了。数月后发榜，三人中只有一人上榜。中榜的书生欣喜不已，又专程前往那座寺庙去感谢老和尚。老和尚笑着说，公子虽然博学多才考中了，但实在是没有理解老衲一个手指的妙用。书生细想之后，才恍然大悟。原来老和尚只伸出一个手指头，你可以理解成只有一个中，也可以理解成只有一个不中，或者一个都不中，或者一个也没落榜，无论什么结果，都能应验。

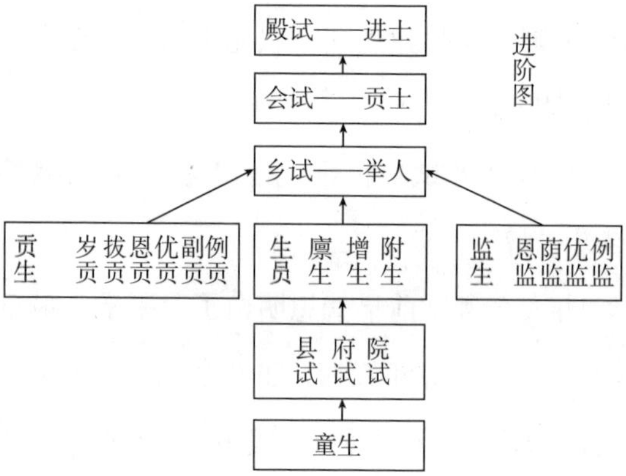

进阶图

其次，备考资料要准备充分。备考资料就是考试大纲，每个朝代科举考试的备考资料略有不同。如除了进士科，唐朝还有明经一科，著名宰相狄仁杰就是明经科出身。这一科主考记诵，《孝经》《论语》是必考课目。《礼记》《春秋左氏传》《毛诗》《周礼》《仪礼》《周易》《尚书》《春秋公羊传》《春秋穀梁传》分成大中小三经，学子们可以选考其中自己背得好的。唐宗室为李姓，自认为是老子李耳的后代，所以特别看重《老子》一书，有时加试就考《老子》。到了明代，《明史·选举志》记载，明初科举制沿袭唐宋旧有的制度，但稍有改变，规定考试题目只从四书五经中出。四书中有《孟子》，朱元璋有一次看到孟子“君之视臣如草芥，则臣视君如寇仇”一句，龙颜大怒，怎么的，皇帝说你两句，你还能反了？孟子这话真是大不敬，要是活在这个时代，肯定被我弄死，“使此老在今日，宁得免焉？”气得朱元璋非要拆去孔庙中孟子的神位不可。底下一些人为了拍马屁，迎合帝意，特意删去《孟子》中“民为贵，社稷次之，君为轻”等不利于君主的言论，这样的内容不能算作备考资料，考试也绝不会考。随后朱棣上位成功，他用了不到一年的时间，就组织人编成了《五经大全》《四书大全》《性理大全》，为学子们提供了详细的备考资料，朱棣企图通过为科举考试提供标准的考试文本来达到统一思想、稳定政局的目的。“考纲”一出，其他人也只能以此说法为准。

再有，多看每年的备考范文。备考范文就是历年的真题，有点儿像

（明）仇英绘《清明上河图》中的学堂

（清）徐扬绘《姑苏繁华图》中卖试卷与文具的小店

现在的《五年高考三年模拟》，古代考试学子也几乎每人一册。唐朝实行“行卷”制度，科举中的礼部试卷不糊名，不密封，因而主考官除了看试卷答得怎么样外，还要看考生的名字是谁，有没有名气，有没有人推荐。考官可以根据考生名气的大小择优录取。所以，考生们为增加及第的可能和争取名次，多将自己平日诗文加以编辑，写成卷轴，在考试前呈送一些官场上有名气有威望的人，求其推荐，此后形成风尚，称为“行卷”。一些成功者的行卷会被举子们搜集，书商们看到了这个市场的需求，于是，书坊之中就有人专门刻印“行卷”集子进行发售。举子们“于京师书肆百钱得此”，花几百块钱就能买到这些参考书。历史上还发生过有人以他人的“行卷”冒充自己所作，而又投献给原主的笑话。

明清以八股取士，书商们就又搜集大量的八股文编成集子出售。一些学子偷懒，甚至连经书都不读了，直接买来这些参考书，当模板背诵，正如顾炎武在《日知录·拟题》所说：“记其可以出题之篇，及此数十题之文而已。”清代徐大椿《道情·时文叹》说：“读书人，最不济，烂时文，烂如泥。国家本为求才计，谁知变作了欺人计。三句承题，两句破题，摆尾摇头，便道是圣门高第。可知《三通》《四史》是何等文字，汉祖、唐宗是哪朝皇帝。案头放高头讲章，店里买新科利器。”“新科利器”指的就是最新一届科举考试中获胜的试卷，即上一年的考试真题和范文模板。

清人绘　老师检查作业、背书的情景

最后，考试的时候要准备好各种备考器具。最重要的备考器具当然是钱。花钱买衣服，唐朝考生“行卷”时所着服饰和应试时一样，一般都是白色的粗麻布衣。清代李渔《闲情偶寄》说他小时候遇到赶考的秀才“所衣之服，皆青素圆领”。花钱住宿，每当考试季，都会有大量的客栈专门接待应试举子。驴是古代主要的交通工具，一些客栈为了吸引学子来自己的店住宿，还专门提供免费出租驴子的服务。没钱的学子怎么办呢？可以靠亲戚朋友资助，学子只管读书，不用参加田间劳动，不用挣钱，但一旦学子考中做了官，必须回报这些亲戚，或给他们钱或给他们子弟安排职位等等。古代往往大约四五家亲戚才能养得起一个读书人，而读书是改变家族命运的唯一途径。也可以依靠朋友、长者的资助。《红楼梦》里的贾雨村住在葫芦庙里，有庙产的寺院常常免费为读书人提供住宿，寺庙也是投资，希望有读书人中举做了大官后，能回来多捐点儿香火钱。贾雨村后来得到甄士隐的资助而进京赶考。其他备考器具还有“身份证”，明朝规定，凡人员远离所居地百里之外，都需由当地政府部门发给一种类似介绍信、

清人绘科举考试考场

通行证之类的公文，即“路引”。还要有准考证，准考证就是“相貌册”，“册”上写着考生的相貌特征。有一个故事说清代有一个考官看到一个考生的“相貌册”，上写着“微须”，“微”有很多个意思，其中之一是“没有”，如《论语·宪问》记载孔子说“微管仲，吾其被发左衽矣”，要没有管仲，我们将会被蛮夷统治，而和蛮夷的装扮一样了。考官看了看考生，说：“你这上边写着‘微须’，也就是说没有胡子，你怎么有胡子，肯定是替考！”考生很无语：“大人，微还有很多意思，比如‘些许’等等。另外《孟子》说‘孔子微服而过宋’，这是说孔子穿着普通人的衣服路过宋国，要是按照您的解释，‘微’是‘无’的意思，难道孔子是光着过去的？”考官被问得哑口无言，忽然想起“康熙微服私访”之事，吓出一身冷汗，赶紧放考生进去。

说来说去，古代的考试秘诀和今天也差不多——心态要好，复习题、资料要齐全，要争取自主招生的加分，还要有足够的物质保障，考试记得带身份证、准考证等。

当然，有时候还需要一点好运气，一如前文提到的那些人在家中坐，而“状元”从天上来的事情。在明代《今古奇观》中有一个故事，塑造了一个特别幸运的“考生”：

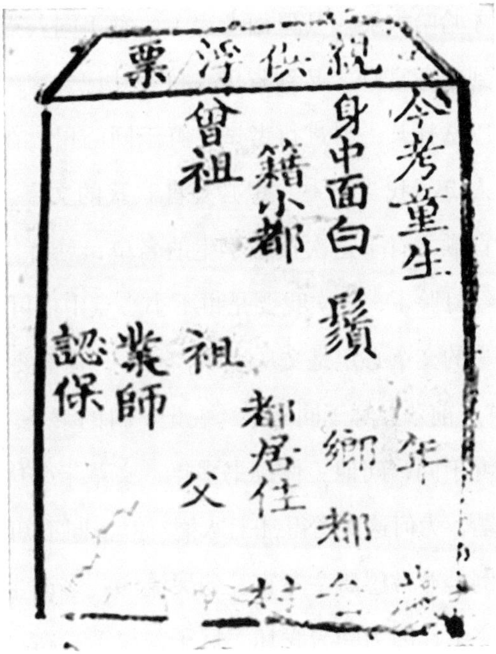

清代准考证

明朝有个秀才叫鲜于同，小时候是个神童，大家都很看好他，可不知怎的，后来每每考试，总是第一个被挂，一直考到了五十七，头发都白了，也没有考中。这一年县里来了个主考官叫顺之，这个顺之主考官是个势利眼，喜欢提携年轻人，不喜欢像鲜于同这样的老考生。他觉得要是提拔了年轻人，这年轻人前途无量，将来做了大官，肯定能帮助自己，要是点中了老考生，这些考生年纪大了，还能活多久？官肯定也做不大，所以他见到鲜于同，总是嘲笑他，在大庭广众之下叫他“哎呀，老人家，老前辈，您又来啦”，看似恭顺，实则带有调笑的语气，常常引起众人大笑。而鲜于同不以为意，照例参加考试。考试结束后，弥封阅卷，主考官顺之暗暗看中了一篇文章，心中十分得意，于是就点了它第一。主考官想着在众秀才面前炫耀一下自己的眼力，就把众人叫来，当面夸奖道：我看中一篇文章，这篇文章写得斗志昂扬，必定是我县某一意气风发后学之大作。结果当场打开弥封处一看，真是啪啪打脸，你当是谁？正是“老前辈”鲜于同。主考官羞红了脸，众秀才哈哈大笑。县里面考完了，鲜于同获得了去省里考试的资格，结果正遇到主考官顺之又到省里主持《礼记》这一科目的考试。明朝科举考试，可以选择某一科进行考试。鲜于同心想，在县里考试的时候，主考官顺之大人点了我当第一，想必是喜欢我的文字，于是他就报考了《礼记》。主考官顺之看了这次报考学生的名单，见有“老前辈”鲜于同，心想，上次已经打脸了，这次我要是再不小心点中他可咋办？有了，这老秀才读书多年，写的文章必定是文从字顺，这次，我偏要点那写得不好的！结果考完发榜，“老前辈”鲜于同考了《礼记》科的第一。主考官鼻子都气歪了，赶紧叫来鲜于同，问他：你读书多年，文章未必优秀，但做到文从字顺应该不成问题，为何这次写得乱七八糟？鲜于同不知其意，以为是主考官在教导自己，倒是非常感激主考官，痛哭流涕：多谢主考大人的赏识，我以为这次我又完了，因为昨天吃坏了肚子，拉了一宿，早上考试已经没了力气，所以写得歪七扭八，还没写完，多亏了主考大人的赏识！主考官听完，端着茶杯，呆呆发愣。后来鲜于同又去京城考试，而这个主考官顺之又去京城主考，主考官心想，这个“老前辈”又来了！已经两次打脸了！得了，他喜欢考《礼记》，知道我经常主持《礼记》的考试，这次不能再丢脸了，我换个科目主持吧，于是主考官顺之去主持了《诗经》科目的考试。他还不放心，还特意点了一个有些瑕疵，看似年轻人写的文章为第一。不想一放榜，又是鲜于同得了第一！主考官很奇怪，就叫来了鲜于同：“老人家，老祖宗，您不是考《礼记》吗？怎么又突然转战《诗经》啦？”鲜于同又感激涕零：“多谢主考官大人的赏识！我本来要考《礼记》，可前几天做了个梦，梦到了考《诗经》，梦中之言，不由不信，就改了《诗经》。”这就是好运来了，什么也挡不住。前半辈子，鲜于同受尽了冷落嘲笑，而 57 岁登科，61 岁登甲，一举成名天下知。他后来做了 23 年的官，做到了很高的职位，一

（五代）顾闳中绘《韩熙载夜宴图》（其中穿红色衣服的为状元郎灿，旁边的为韩熙载）

直活到了 97 岁，整整的四十年晚运。所以干什么事都不要着急，也不要担心来不及，恋爱也是如此，你看白娘子，3000 多岁才下山谈恋爱，你着啥急？

古代“励志”读书的故事不只有“头悬梁，锥刺股”类型的，像上文提到的这样的“励志”故事还有很多。它们往往有这样一个套路，就是在故事开始的时候，主人公遭遇各种不顺，历经磨难，但最终会好运连连大获成功。大运在后头，大器晚成有如鲜于同，但虽说是靠着“运气”，靠着贵人相助，我们也要知道，他本身也还是有些才华的，毕竟是少年神童，如果真是什么都不懂，那么有运气、有贵人也没用，正如有人所说，一个人掉进了井里，当有人想帮助你的时候，你也要有能力伸出手拉到他的手才行。

37. 为何朱棣既是“明太宗”又是“明成祖”，还叫永乐皇帝？

历史上有两个人比较有意思，一位是海昏侯刘贺，一位是明成祖朱棣，两个人都是藩王进京称帝，但最后的结果大不相同。

刘贺是汉武帝刘彻之孙、昌邑哀王刘髆之子，五岁的时候，他父亲就去世了，于是他就继任为地方诸侯，是第二代昌邑王。约十四年后，汉昭帝驾崩，因为没有儿子，群臣就想起了远在地方的这个汉武帝的孙子，就迎接他进京继任大统。结果他只当了27天的皇帝，因为“坏事”做尽，就被霍光等群臣废黜。霍光等另立汉武帝曾孙刘询为皇帝，是为汉宣帝。史书对于刘贺做尽“坏事”的记载过于夸张，说他虽然仅做了27天的皇帝，却做了1000多件坏事。《论语》里记载子贡的话说：“纣之不善，不如是之甚也。是以君子恶居下流，天下之恶皆归焉。”商纣王可能没有传说的那么坏，只因为他失败了，所以，天下所有的恶事也就都归到了他头上。海昏侯也可能只是政治斗争中的一个失败者，他接受印玺以来，一共27天，交代办理的事务多达1127件，这很可能是他在建立自己的班底，一朝天子一朝臣，而这必然会和原来昭帝时期的权臣霍光等人的利益发生冲突。既然他不听霍光的，霍光自然要找个听话的，于是搜罗足够的理由将他废掉。而对于其班底，霍光以他们没有好好教导刘贺为由，将昌邑国跟随来的 200 多名官吏随从全部处死。而在刑场上，这些人呼号道“当断不断，反受其乱”，其中也隐约可见当时的派系斗争。最终刘贺被霍光等人废去帝位，重回地方，他仅仅做了 27 天的皇帝。霍光除了指责他做坏事太多外，废掉他还有最重要的一条理由就是“居丧不哀”。史书中记载了他进京的情景，说他走到了长安东都门不哭，手下的儒生劝他说：“您这是奔丧，望见国都大门应号哭！”刘贺回答：“我嗌痛，不能哭。”（《汉书·霍光传》）我嗓子疼，不能哭，没感情不想哭，更不想装。一直到未央宫大门外，才“哭如仪”，然而这时却晚了，这成了他人手中的一个极大的把柄。霍光等人在废他的奏折中说，为人后者，即是他的儿子，“为人后者为之子也”，昌邑王可以作为汉昭帝后嗣继承帝位，但昌邑王并不哀痛，没有悲伤的心情。他不哭，不按礼仪来，实际上涉及一个是否名正言顺的问题，而这个问题恰恰警醒了一千多年后的另一个人。

海昏侯墓出土金饼

这个人就是朱棣，朱棣造反打到了南京，成功了，但造反就是造反，名不正言不顺，甭管“清君侧”的理由多么好听，他继承帝位的合法性却还是不存在，所以，当南京被攻破，建文帝的大臣们也没有人愿意帮他。当然，最终还是有这么一个人帮了他一下，就只说了一句话，这个人拉着他的马对他说：燕王您进南京是先登基呢，还是先去哭皇陵呢？朱棣听完这句话后幡然一惊：对啊，我来南京是来祭拜父皇的，不是来夺皇位的。于是他哭着进了京城，哭得极为伤心，拜祭了朱元璋，然后他对外宣布朱允炆已经死了，大臣们劝他登基，他象征性地拒绝了几次，就登上了皇帝的宝座。

同是进京“赶考”，就看谁会演“哭戏”了。昌邑王刘贺不会演，被赶回老家昌邑，继续做昌邑王，后来汉宣帝继位，一直担心他对自己有威胁，毕竟他也做过皇帝，于是将其贬为“海昏侯”，封国在豫章郡。这样的封号寓意大概是海天为一，日落黄昏，虽然还活着，但已经日薄西山，不会东山再起了。刘贺只有这么一个讽刺的封号，没有谥号，也没有庙号，史家为了称呼的方便，往往就叫他汉废帝。

燕王朱棣的结果就不一样了，他成了明朝第三位皇帝，在位二十二年，明帝国后世子孙都是他这一脉上的。他死后庙号是明太宗。庙号是皇帝去世后，于庙中被供奉时，群臣所商定的一个名号，得庙号者必是皇帝，后妃、王侯都不能有庙号。唐朝以前，并不是每个皇帝都有庙号，《礼记》云：“祖有功，宗有德。”只有有“功”或有“德”的皇帝去世后入太庙奉祀的才能立庙号。自唐到清朝，几乎每一个皇帝都有庙号。唐宋多用庙号称呼前一任皇帝，多是带有祖和宗的称号（开创者是“祖”，继承者为“宗”），如唐太宗、唐玄宗、宋太祖。一般开国的皇帝才被称为“祖”，但明朝除了朱元璋被称为明太祖，永乐皇帝朱棣被称为明成祖，一下子有两个“祖”的庙号。朱棣的庙号本是太宗，到了嘉靖时期，嘉靖皇帝写了《明堂或问》，认为朱棣的功劳大，如同再创明朝，所以庙号改为“祖”字，将其

清人绘朱棣像（称呼其为明成祖）

与朱元璋明太祖并列为"万世不祧之君"供奉在太庙中。

明成祖朱棣也被称为永乐大帝，永乐是年号。年号是王朝用来纪年的一种名号，大多选用吉祥的字眼，如"永""乾"等，有的还根据信仰选定，如"神功"等。汉武帝是第一个用年号的皇帝，他用了好几个年号，先是出现了一头白麒麟，于是改年号为元狩，后来又在汾河挖出一个鼎，改年号为元鼎。汉代的年号使用，有国家统一的年号，地方诸侯也有自己的年号，如我们上边提到的海昏侯，其父亲做昌邑王的时候，就用的自己的年号。2016 年出土的海昏侯墓器物上，刻有昌邑二年、昌邑七年、昌邑九年、昌邑十一年等文字。明清以前，一个皇帝往往会使用好几个年号，如唐高宗用过十四个年号，唐玄宗既有"开元"，又有"天宝"等年号。明清时期，一般一个皇帝只用一个年号（除了明英宗因土木堡之变成了俘虏，后来又复位，用了两个年号；清太宗皇太极也用了两个年号；同治也用了两个年号，可只有同治这个年号叫响了），如永乐、万历、嘉靖、康熙、乾隆等都是年号，因而史学家们即以年号作为皇帝的称呼，如永乐皇帝、万历皇帝、乾隆皇帝等。

像"汉武帝"这样的称呼是谥号，为何不用谥号称呼朱棣呢?

早在西周时期就出现了谥号。谥号是死后的盖棺论定，一般由下一任皇帝命名或者下一个朝代追认。谥号的每个字都有规定的含义，宜根据生前的表现，参考《谥法解》而定。谥号中最好的一种是上谥或美谥，带有赞美的性质，如文、武、景、烈、昭、穆、明、睿、康、庄、宣、懿、定等。如果前任皇帝有经天纬地的才能，或者道德博闻，或者勤学好问，或者慈惠爱民，就可以被谥"文"，如汉文帝。《汉书·文帝纪》里班固说汉文帝以德化民，不烦劳百姓，是一位做到了"仁"的皇帝，被谥为"文"。其次是中谥，表示平庸或者同情，如平、惠、哀、怀、悼等。《谥法解》说治理政事而没犯错，照着规章办事，就可以谥号为平，如东周第一任君主周平王，虽然东迁有功，但当时的贵族们已经坐大，他在位期间，不能加强周王室的权威，驾驭不了贵族，表现只是平平，所以谥号为“平”。再次是下谥或恶谥，带有批评的性质，如厉、幽、炀等，周厉王、周幽王、隋炀帝都是被批评的对象。之所以有“谥号”，大概有这样几个原因：首先，古人对死人的忌讳，为了避免直呼其名；其次是为了体现等级，并不是什么人都能有谥号的；再者，为了维护礼法统治，以警示后来者。生前行为端正，死后才能有好的名声，否则将被钉在历史的耻辱柱上。谥号到了秦始皇时被废掉了，秦始皇认为谥号是“臣议君，子议父”，西汉时又被恢复。汉朝到隋朝多用谥号。汉朝只有四个皇帝有庙号，汉以前少用庙号，史学家们多用谥号。汉朝皇帝的谥号前面会加一个“孝”字，表示以孝治天下，汉武帝是汉孝武帝，汉宣帝是汉孝宣帝，到了东汉最后一个皇帝汉献帝是汉孝献帝，是由魏明帝追认的谥号。《谥法解》说聪明而富于哲理或者心性通达事理的谥号就是“献”，汉献帝刘协“禅让”皇位给曹家，曹丕的儿子魏明帝大概觉得他很“明事理”，所以在他死后给他用了个“献”，简直是莫大的讽刺。明清时期，皇帝的继任者往往都是皇家自己的子孙，在选谥号的时候，只有赞美，已经失去了“盖棺论定”的劝诫作用。他们拼命堆积好字眼，导致谥号越来越长，少则十一二个字，多则二十多个字，例如明成祖朱棣的谥号为“启天弘道高明肇运圣武神功纯仁至孝文皇帝”，乾隆的谥号为“法天隆运至诚先觉体元立极敷文奋武钦明孝慈神圣纯皇帝”。史学家们写文章就不好用谥号来称呼了。当然也可以用，那就是省略着用，如将朱棣的谥号省略为“文皇帝”，或者称呼其为“文皇”。

永乐、启天弘道高明肇运圣武神功纯仁至孝文皇帝，明成祖（最初为

清人绘明十三陵

明太宗），分别是朱棣的年号、谥号与庙号。年号是纪年之用，谥号是对人物一生的品评，庙号是祭祀之用，这三者是我们历史的精神文化遗产。

38. 朱棣造反成功后，朱允炆去哪儿了？

燕王朱棣发起靖难之役，以清君侧的名义造反，当他成功攻入南京的时候，皇宫起了大火，等火熄灭了，发现一具烧焦的尸体，面目全非，有侍者说这就是建文帝。朱棣为了自己能名正言顺地称帝，只能对外宣称朱允炆已经死了，但他自己实际是不相信那个烧死的人是建文帝的。历史学家们也大多认为建文帝并未死于火中。《明史·建文纪》说，宫中起火后，建文帝不知所终，可能从地道跑了，“宫中火起，帝不知所终。燕王遣中使出帝后尸于火中，越八日壬申葬之。或云帝由地道出亡”。

明代的文人们写了不少关于建文帝没有死，而是出家流亡的野史、笔记。如《致身录》，这本书据说是史仲彬写的，他曾多次帮助流落民间的建文帝。这本书中详细记载了建文帝是如何逃走的，说建文帝得知京城大门失守，想要自杀。大臣程济说，不如逃走。这时候有侍从报告建文帝，当年朱元璋留下一个秘密的匣子，说“临大难，当发”。找来打开后，发现里面有度牒，有袈裟、鞋帽，以及剃刀，还有白金十锭，“得度牒三张，一名应文，一名应能，一名应贤；袈裟鞋帽剃刀俱备，白金十锭。朱书篋内：应文从鬼门出，余从水关御沟而行，薄暮会于神乐观之西房”。朱允炆削发，换好衣服，按照朱元璋留下的路线从秘密通道逃出宫外，从此，建文帝就当了和尚，流落江湖。

有野史说，朱棣不相信朱允炆被火烧死了，就派人去寻找他，那他最后找到了吗？出生于万历年间的张岱，在《石匮书》中搜集到一则资料说，靖难之役，很多旧臣保着朱允炆逃走了。朱棣命一个叫胡濙（yíng）的人专门查访此事，但因为已经昭告天下朱允炆死了，所以此事是秘密进行的。他让胡濙打着找张三丰的幌子，或者到各处搜书的旗号（这就解释了为何要修《永乐大典》），实际上是找人。有传言朱允炆渡海而去，朱棣还派郑和下西洋，内陆、海外全方位查找。然而，郑和多次下西洋都没有结果。20 年后，终于有一天胡濙回来了。胡濙走的时候，都城还在南京，这时候都城已经变成了北京，朱棣本人正在率师北伐。胡濙从南京追到北京，又北上在宣府见到了朱棣。这一天，已经夜深，朱棣听说他来了，急忙披衣而起，召见了他。两个人彻夜长谈，谈的细节是什么，没有说，文中只记载，这个大臣说朱允炆已经不足虑，然后朱棣终于放心了。

明人绘　郑和下西洋带回来的吉祥神兽“麒麟”（实际就是长颈鹿）

> 时传建文崩，或云逊去，诸旧臣多从建文去者。文皇（朱棣）益疑，遣胡濙巡天下，名访张邋遢（即张三丰），又名搜书，遍行郡县察人心。又传建文在滇南，濙以故在楚湖南久。（永乐）二十一年还朝。会文皇驻宣府，濙驰夜上谒。文皇已就寝，闻濙至，披衣急起召入，劳濙赐坐与语，濙言不足虑也。先，濙未至，传言建文蹈海去，文皇分遣内臣郑和辈浮海下西洋。至是，文皇疑始释。

另一本书《云南通志》中补充了这个对话：胡濙说，朱允炆还活着，但其天命人心失去已久，无能为也，不如不管他，将其置之度外，陛下可以成就圣德，他则可以终获天年。大概胡濙是真的找到了朱允炆，但 20 多年过去了，朱允炆早已经不关心政治，胡濙又成了朱允炆的说客，劝朱棣放手，而晚年的朱棣，可能出于愧疚或者放心了，也最终放过了朱允炆，让其在民间自生自灭。其他史料记载，这一年，朱棣下诏不再追究那些追随朱允炆的大臣的罪责，并把没收的田产还给了他们。8 个月后，朱棣就死了。

朱棣去世之后，朱允炆最后又怎么样了呢？不仅文人们对朱允炆的下落好奇，朱棣的后世子孙们也好奇，11 岁的万历皇帝就曾问张居正，听说当年建文帝逃跑了，是真的吗？张居正回答说，正史没有记载，但民间有传说，说当年建文帝削发为僧，从地道逃走了，从此无人知道其下落。正统年间，有人在云南的一个驿站的墙上发现了一首诗，是一个老僧写的，其中有“沦落江湖数十秋”一句，恰好被一个御史看到。御史把老僧招来询问，老僧见了御史，也不下跪，而是坐在地上。经过验证知道他就是建文帝，这时候他已经七八十了。最后正统皇帝（明英宗朱祁镇，朱棣的曾孙）将其召入京，验之，果然是。后来怎么样，就不得而知了。

清人绘　万历皇帝

上御文华殿讲读。上从客与辅臣语及建文皇帝事，因问曰，闻建文尝逃免，果否？辅臣张居正对言，国史不载此事，但先朝故老相传，言建文皇帝当靖难师入城，即削发披缁，从间道走出，后云游四方，人无知者。至正统间，忽云游在云南，邮壁上题诗一首，有“流落江湖数十秋”之句，有一御史觉其有异，召而问之，老僧坐地不跽，曰吾欲归骨故国，方验知其为建文帝也。御史以闻，遂驿召来京，入宫验之，良是。时年已七八十，后莫知其终。上因命居正诵其诗之全章，慨然兴叹，又命书写进览云云。(《神宗实录·万历二年十月实录》)

按照张居正听来的传说，朱允炆晚年的时候进京了。还有另一则故事，也说建文帝进京了，是一本明代出现的叫《从王笔记》的书，说朱棣已经去世多年，到了正统年间，流落民间的建文帝把自己的身份告诉了御史，御史上报给明英宗，明英宗就派了一个当年服侍过建文帝的老太监核验。老太监到了之后，建文帝跟他说了很多当年宫内关于老太监的秘密，老太监大惊，跪在地上不敢仰视。然后他回去报告了皇帝，皇帝就将建文帝迎回来，称其为“老佛”，养在宫廷里。

亮至不能辨，师语畴昔宫中事数条，亮乃大恸，伏地不能仰视。密以闻，遂命迎入，称老佛，养大内中。

《从王笔记》，翻译成现代的书名，大概就是《我和建文帝一起逃亡的日子》。这部书的作者署名为程济，据说此书是建文帝口述，程济执笔写下的。程济既是官员，又是道士，类似于刘伯温一样的人物。这本书可信度有多少，一直充满了争议，明末钱谦益认为是伪造的，而张岱觉得可信，他在推测建文帝去处的时候，引用了这本书中不少材料。

在民间，又有传说说回宫的那个建文帝是假的，是一个叫杨行祥的假扮的，事情后来就败露了。而真的建文帝实际上一直以僧人的身份，在云贵川、福建、两广等地方的寺庙流亡。至今云南狮子山正续禅寺内大雄宝殿的楹柱上还有一副表明建文帝曾在此的楹联，上联为“僧为帝，帝亦为僧，数十载衣钵相传，正觉依然皇觉旧”，下联为“叔负侄，侄不负叔，八千里芒鞋徒步，狮山更比燕山高”。从内容来看，这位古人很同情建文帝，且相信他是在此为僧的。帝王出家，一去不回转，是民间喜好的一个桥段，像闯王李自成，还有那位顺治帝，不是都被传言最后出家了？

明面上，朱允炆死了，朱棣活在胜利中；故事中，朱允炆流落在南方，不知所终。事实上，朱棣是实实在在死在了北方征伐的路上。在时间上来说，朱棣早就死了，而朱允炆却获得了永生。因为至今还有人在不断讨论他是如何逃脱出那场大火，又是如何没被朱棣找到的。“不知所终”四个字给了生命无限的长度，最终胜利的是“故事”。

有时候，讲故事往往也是一种表达政治立场的方式。《西游记》中有一回讲“唐太宗魂游地府”，有学者指出，这个故事加入到《西游记》相关故事体系中，就是在明永乐年间。让唐太宗在地府见到被他杀害的兄弟李建成、李元吉，实际上是文人们在捣乱，在暗示朱棣夺侄子的权力，有点不地道，就和玄武门之变的李世民是一样的：到了地府，你怎么面对朱元璋，面对朱允炆？有人编故事说朱允炆最后回宫，颐养天年，这是将其与朱棣子孙的恩怨和解了。有人编故事说朱允炆看破红尘，没有回宫，永远在寺庙皈依了，佛法广大，与世无争，反是对朱棣机关算尽、费尽心机去“争”的一种无情的嘲讽吧。

39. 古人的“法定”结婚年龄是多少岁？

古代，人口是重要的资源，尤其是遇到战争的时候，梁惠王就曾向孟子抱怨说：“邻国之民不加少，寡人之民不加多，何也？”除了希望别的国家的民众能移民来，先秦时期，一些国家为了繁衍人口，增加战争资源，采取的一个重要措施就是鼓励早婚，如《国语·越语上》记载越王勾践的命令说：女子要是十七岁还没有出嫁，男子二十了还没有娶媳妇，那么，出了问题，他们的父母是要负责任的，“女子十七不嫁，其父母有罪；丈夫二十不娶，其父母有罪”。

有一首民歌唱到：“生男慎勿举，生女哺用脯；不见长城下，尸骸相撑拄”，秦始皇修长城，骊山起秦陵，大量征用民夫，民穷财尽，死亡甚众。到了汉代，统治者为了增殖人口发展生产，明文规定女子要是十五岁还没有出嫁，就要被罚钱，“女子年十五以上至三十不嫁，五算”，“算”是人头税，对于男子则没有规定，估计是二十岁或者更早。但汉儒们并不推崇早婚，而是鼓励晚婚，儒家强调人性，认为男女年纪太小而为人父母是不理性的，因为他们尚不知道如何做父母，也不知道如何教育下一代，“世俗嫁娶太早，未知为人父母之道而有子，是以教化不明而多夭”。《周礼》规定“男三十而娶，女二十而嫁”，这是西汉儒家倡导的理想婚龄。

东汉末年，国家掌握的在编人口为五千六百四十八万，然而经过对黄巾起义的镇压，到三国时期，人口只有七百六十七万了，人口减幅高达百分之八十六。究其原因，除了编民的流失外，时人有诗曰：“出门无所见，白骨蔽平原”即指出战争对人口的重大消耗。于是到了魏晋南北朝时期，为了加强军力，发展生产，也多提倡早婚，如晋武帝下令，要是女子到了十七岁还没有嫁出去，国家就要出面干涉了，国家负责给她找个对象，“女年十七父母不嫁者，使长吏配之”。随着战乱，大量人口南迁，北方人口变得稀少，在北朝，更尚早婚，周武帝下诏说，男子十五、女子十三就可以结婚了，“自今以后，男年十五，女年十三以上……所在军民以时嫁娶”。

唐代，唐太宗与唐玄宗的规定有所不同，唐太宗规定男二十岁、女十五岁后到民政局学习一下，就可以结婚了，“其庶人男女无室家者……男年二十、女年十五以上……并须申以婚媾，令其好合”，鉴于当时穷人婚嫁困难的事实，他特别强调亲戚乡里要多随份子，“若贫窭之徒将迎匮乏者，仰于其亲近及乡里富有之家，裒多益寡，使得资送。”到了开元年间，唐玄宗则规定男子年十五岁、女子十三岁就可以结婚，“男年十五、女年十三以上听婚嫁”。

宋初承袭唐开元之制，司马光《书仪》则把婚龄定为男十六以上、女十四以上，朱熹《家礼》与此相同。明清时期，统治者奉朱熹的《家礼》为圭臬，规定：男十六以上、女十四以上可婚配嫁娶，“凡男年十六、女年十四以上，并听婚娶”。指腹为婚在明代是被禁止的，《大明令·户令》：“凡男女婚姻，各有其时，或有指腹割衫襟为亲者，并行禁止。”

以上所言，只是历代官方的“法定”婚龄，古人实际的结婚年龄，又因地位、财富、风俗等因素的影响，或提早或推迟。《左传·襄公九年》说：“国君十五而生子，冠而生子，礼也”，先秦时期贵族早婚是受地位的影响，而清朝民间早婚则又是受满人习俗的影响。至于晚婚的原因，和现代社会差不多，要么是工作、生活没有稳定下来，居无定所，如白居易《赠友》诗说："三十男有室，二十女有归。近代多离乱，婚姻多过期"；要么就是积蓄还不够，没房没车，欧阳修《孙明复先生墓志铭》说："先生年逾四十，家贫不娶"；要么就是一直在读书、考试：同学恋爱，你在上学读书，同学结婚，你在上学读书，同学生二胎了，你在上学读书，同学都快离婚了，你还在上学读书。古代由于科举考试竞争激烈，很多士子都立志考不上决不结婚，"未第决不娶"，南宋人陈修考上时已经七十多岁了，还尚未婚娶，宋高宗看这个读书人实在太不容易了，就把一个年轻的宫女嫁给了他，当时的人们戏为之语曰："新人若问郎几年，五十年前二十三"。

结婚是人生大事，但在古代，有的人则坚持要做"光棍"。有一个人，打了一辈子光棍，而且还打出了境界，这个人就是宋代的林和靖。即便你对这个名字不熟悉，你也一定听过"梅妻鹤子"的典故。沈括《梦溪笔谈》说林和靖隐居在杭州的孤山，终身未娶，而植梅放鹤，以梅为妻，以鹤为子。古往今来，爱梅的文人墨客不计其数，而林和靖之后，再无人敢提自己爱梅爱得深沉，他的《山园小梅》写道："众芳摇落独暄妍，占尽风情向小园。疏影横斜水清浅，暗香浮动月黄昏。霜禽欲下先偷眼，粉蝶如知合断魂。幸有微吟可相狎，不须檀板共金樽。"这个独身主义者说"梅"在众芳摇落的时候独暄妍，而这不正是他自己"独"善其身的精神写照吗？"独"这样一个身份，在林和靖这里，不是宗教信仰的驱使，也再不是社会道德的逼迫，而是对生活的一种主动的选择，你有你的"赚得小鸿眉黛也低颦"，他则有他的"水边篱落忽横枝"。

40. 每个朝代都有自己的“幸运色”？根据服饰颜色可以判断官职大小？

战国时期，阴阳五行学说兴起，古人把青、赤、白、黑、黄这“五色”以及东、南、西、北、中这“五方”与木、火、金、水、土“五行”相对应。秦以后，人们在此基础上，就构建了朝代与服饰颜色的关系，每个朝代几乎都会选一个属于自己的“幸运色”。

当然，这之前，夏商周三代以及更早时，人们主要是追溯推理他们的“色彩”。传说黄帝的时候，出现了黄龙（《史记》），所以黄帝是土德，服饰因此才尚黄。后来夏禹兴起，到了秋冬时候，草木还是绿的（《吕氏春秋》），所以夏朝是木德，服饰尚青。再后来商汤以金克木，西方金对应白色，所以殷商贵族的服饰尚白。在《诗经》中，白色往往象征殷商遗民，如《白驹》中提到“皎皎白驹”，就是暗示殷商遗民的到来。周武王又以火克金，所以周人尚红，周朝最高的礼仪服饰是冕服，用于祭祀典礼，冕服上绣有章纹，《周礼》曰：“青与赤谓之文，赤与白谓之章。”冕服下身前有蔽膝，天子的蔽膝为朱色，诸侯为黄朱色，天子在隆重典礼时还要穿赤色的鞋，都可见周人对红色的推崇。

到了秦朝，秦人认为自己发迹于渭水流域代替了周，是以水灭火，所以秦人认为自己是水德，而五色中黑色与五行中的水对应，所以秦人尚黑，皇帝穿黑色的龙袍。《史记·秦始皇本纪》载："始皇推终始五德之传，以为周得火德，秦代周德，从所不胜。方今水德之始，改年号，朝贺皆自十月朔。衣服锦旗节旗皆上黑。"按照五德终始说，汉朝取代秦朝，应属土德，因为土德克水德。又因土色黄，故汉朝应尚黄色，而实际上汉朝初期沿袭了秦朝的制度。汉高祖刘邦认为自己从南方沛县起兵，在方位上，南与五行的火对应，所以刘邦认为自己的幸运色是红色，他的龙袍是在黑的基础上加赤红。到汉文帝刘恒时，汉朝皇帝的龙袍才正式使用黄色。到了唐代，唐高祖认为赤黄接近日光，"天无二日，国无二君"，于是下令黄色为皇家专用颜色，从此黄袍成了王室专用。

宋太祖赵匡胤"黄袍加身"，黄袍正式成为当皇帝的代名词。《明史·舆服三》记载曰："历代尚异。夏青、商白、周赤、秦黑、汉赤、唐服饰黄。"唐朝为土，五代时期的梁灭唐，所以人们认为后梁为木，木克土，梁、唐、晋、汉、周，最终宋朝统一了五代十国。经过推演，宋朝认为自己对应着火德，人们甚至认为赵匡胤是火神下凡开创了江山，所以宋朝主尊的服饰颜色为红色。

统治者除了主尊某种服饰颜色以表示自己是天命所归外，还将服饰颜色应用于官员品阶等级的区分上。

从曹魏的曹丕提出"以紫、绯、绿三色为九品之别"开始，到了唐宋时期，官员职位的大小品级就逐渐可以从官服的颜色上来区别了。如《新唐书·车服志》和《旧唐书·舆服志》记载，唐代三品以上着紫色，因而后世常用"紫袍金带"代指高官。《红楼梦》中甄士隐为《好了歌》注解的时候也说道："昨怜破袄寒，今嫌紫蟒长。"此外，四品的官服是深绯，五品的官服是浅绯，六品的官服是深绿，七品的官服是浅绿，八品的官服

（唐）阎立本绘《步辇图》

是深青，九品的官服是浅青。我们学过白居易的《琵琶行》，最后一句说：“座中泣下谁最多，江州司马青衫湿。”白居易说自己是江州司马，穿的是青衫，应该是八九品，官职不高，后人也逐渐把“江州司马”引申为官位不高或失意的文人。没有进入仕途的读书人穿白色的衣服，也就是“白衣”“白丁”，《陋室铭》说“谈笑有鸿儒，往来无白丁”，就是说自己交往的都是功成名就之士。宋代基本沿袭了唐代的官服色彩等级，只不过绿色成了官服末流。古人认为绿色为间色，非正色。青、赤、黄、白、黑这五种纯色为正色，《说文解字》认为绿是青和黄的混合色，是间色，是杂色。宋朝推崇火，以为自己是火德，相比唐朝，更加重视服饰的颜色符号，红色地位大为提高，正色的青也比绿色

台北故宫博物院藏宋仁宗画像

清人绘明朝大臣坐像

提高了，绿色就变成最低了。元明两代，在民间，绿衣又往往和低贱的职业有关。《元典章》规定，妓女必须穿绿衣服，裹绿头巾。妓女被看成不贞洁之人，所以后来人们就用“绿帽子”来指妻子有不贞行为的男人。

到了明代，官员的服饰颜色逐渐趋同，为了进一步区别尊卑等级，又开始在纹饰上作功课。

官员公服胸背各有一补子，前补子文官绣飞禽，武官绣走兽，具体为：文官一品绯袍，绣仙鹤；二品绯袍，绣锦鸡；三品绯袍，绣孔雀；四品绯袍，绣云雁；五品青袍，绣白鹇（xián）；六品青袍，绣鹭鸶；七品青袍，绣鸂鶒；八品绿袍，绣黄鹂；九品绿袍，绣鹌鹑。武将一品、二品绯袍，绘狮子；三品、四品绯袍，绘老虎、豹子；五品青袍，绘熊罴（pí）；六品、七品青袍，绘彪（似虎）；八品、九品绿袍，绘犀牛、海马。

明人绘《徐显卿宦迹图》

郎世宁绘《万兽园赐宴图》

明代，虽然衣服上的纹饰对于区别官阶品级起着主导作用，但色彩在其中也还是占有一席之地的。而清军入关后，清王朝官员的服饰就逐渐都统一为石青色、天青色，官员的服饰颜色最终统一定型，衣服上区别等级的标志也就主要是补子上的图案了。

总的来说，在古代，帝王主尊的服饰颜色以及官员日常办公所穿服饰的颜色都具有重要的象征意义，它或是天命的象征，或用于区别官阶品级，其背后体现的是某种价值信仰，而其影响又是多方面的。了解古代服饰的演变，有助于我们读懂古代文学作品中的符号代称，有助于我们鉴别古画的人物特征，乃至看古装历史剧，也有助于我们区别故事发生的朝代，并可根据服饰特点，判断其是否是一部精良制作的作品，等等。

41. 这些都是外来的？这些吃的是到了明朝才有的？

有些我们习以为常的东西，不知其来历，实际很多东西都是源自与其他文化的交流。比如剑这种兵器，外国发明剑的时间，要比中国早一千年左右，是通过游牧民族传到中国的。而我们的文化特征就是兼收并蓄，传入之后，迅速改进，后来中国自己独特的铁剑深受西方人的喜爱。《考古

唐代《宫乐图》

发现与中西文化交流》[1]这本书中就提到，剑从战国到西汉发展很快，样式越来越独特，剑身向长发展，用玉做装饰的做法也出现了。剑用铁制造以后变化更大，刘胜墓出土的剑长 1 米有余，可刺又可砍。罗马人曾记载中国的铁剑比西亚、伊朗的好，源于游牧民族的剑在中国有了新的发展，中国制造成为北方游牧民族和西方民族所称赞的器物。还有景泰蓝，它是以铜做胎涂上矿物质燃料烧成的多彩的器物，一般说创于明景泰时期，其实这种工艺始于埃及，唐时传入我国，不久又失传了。现存最早的实物是宣德时期的，估计初传的时间应在元代晚期。珐琅工艺经过明清不断改进，成了我国的传统工艺品。

还有高凳子、高椅子，也是从国外传入的。先秦时期人们都是跪坐的，到了魏晋南北朝时期，开始出现了胡床之类的低矮坐具。而到了唐宋，则出现了高的坐具，人的脚和腿在坐着的时候，彻底得到了“解放”，不用再吃力。这种家具传入后，逐渐演化为具有本土审美的古典家具了。

还有折扇，大概是宋代从日本传入的，明代方以智《通雅》说：“折扇

明宣宗朱瞻基的折扇

① 宿白：《考古发现与中西文化交流》，文物出版社 2012 年版。

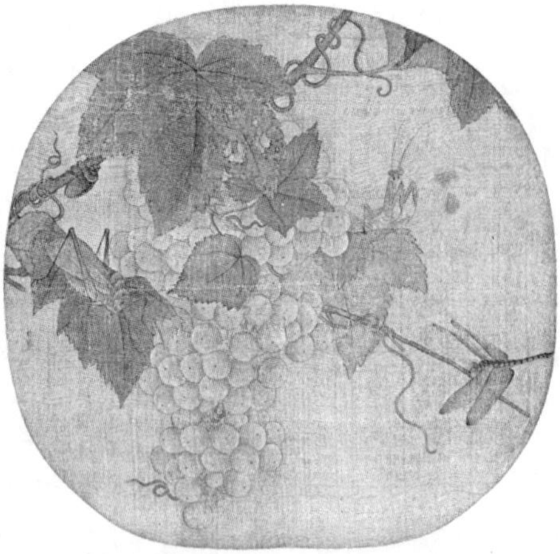

葡萄草虫图

起于东夷，而盛于今日，折扇之妙，则此时为盛。”折扇就是我们现在常见的有扇骨的可以折叠起来的扇子，这种扇子的折叠形制大概是受到了蝙蝠的启发，明初又被称为蝙蝠扇。折扇也发展出中国本土的文化，比如在扇子上写诗作画。明清时期，折扇成为文人雅士的身

南宋《春宴图》上的葡萄

（元）钱选绘 《瓜茄图卷》

份标志。

除了器物，有些食物，也不是我们本土的。比如张骞出使西域之后，中原地区才逐渐出现了苜蓿、葡萄、胡桃（核桃）、石榴、胡麻（芝麻）、胡豆（蚕豆）、胡瓜（黄瓜）、大蒜、香菜、芋头等食物。由葛优出演、陈凯歌导演的电影《赵氏孤儿》中有一个场景是人们吃饭，墙上挂着大蒜，这是不对的。《赵氏孤儿》是春秋时期晋国的故事，那时候还没有大蒜传入呢。

清代绘画中卖西瓜的场景

大约汉代的时候，还从印度引入了茄子，可能是随着佛教而传入的。魏晋南北朝时期，茄子已经很常见了。早期的茄子还是圆形的，到了元朝，人们培育出了长茄子。

隋唐时期，对外交往活跃，

（明）朱瞻基绘《苦瓜鼠图》

（清）陈枚绘《耕织图》

国外的食物品种再次大量传入，如胡椒、菠菜、无花果、莴笋、开心果、丝瓜，等等。胡椒传入后，很值钱，甚至可以当货币用。唐朝有个贪污的宰相叫元载，被抄家的时候，查抄出了64吨胡椒。西瓜也在这一时期传入，到了宋元时期，开始大规模种植了，此时规模化种植的还有以前传进来的胡萝卜等。宋代还出现了铁锅，炒菜开始流行了，中国的饮食品质又提升了一个档次。而占城稻（占城今属越南）的推广，使中国的人口在这一时期开始突破亿这个级别。

明朝时，引进了菠萝、辣椒、苦瓜、土豆、甘薯、玉米、花生、向日葵等。

清代时，引进了菜花、卷心菜、洋葱、西红柿，草莓也取代了本土的野草莓。玉米、甘薯、土豆引进后，这些高产作物在清朝逐渐广泛种植，而这产生的一个重要的影响就是，可以养活更多的人口了。人口数量到了清朝大爆发，清初的时候人口数为 1.1 亿—1.5 亿，到了清末，达到了 4 亿。

（南宋）李志绘《桃枝翠鸟图》

说了这么多引进的食物，那么生活中有哪些是我们本土的食物呢？中国是水稻的故乡，柑橘、桃子也是产于我们中国的。

苹果，先秦时叫柰，这是中国本土的一种苹果。明末王象晋《群芳谱》中第一次出现了“苹果”的名字。19 世纪 70 年代以后，外国品种的各种苹果相继传入，逐渐取代了本土苹果。虽然名字还是叫苹果，但一般在市场上买到的却并不是中国古代提到的本土苹果了。

很多食物虽然是外来的，但做法、吃法本土化，为我所用，人们逐渐探索、发展出了八大菜系。中国的饮食很讲究，比国外要复杂得多，饮食与我们的文化结合，成为传统文化的一部分。

比如我们总是找各种“借口”吃一顿，甚至将一些食物“符号化”，像二十四节气与饮食的结合。二十四节气中有很多独特的饮食习俗。立春吃春卷或春饼，山东一带有“咬春”“尝春”的习俗，陕西凤翔立春日要喝春酒，吃白萝卜，其他一些地方，民间也有习惯吃萝卜、姜、葱等带辣味蔬菜的习俗；惊蛰在山西一带讲究吃梨；清明节在山东一带有蒸面燕的习俗；立夏，古代讲究吃“七家茶”以及糖面炸的果子，现在江浙一带农村儿童在这一天有吃鸡蛋的习俗；冬至与夏至，谚语说“冬至的馄饨，夏至的面”，除了馄饨，冬至还有年糕、饺子等。饺子差不多汉代末年就有了，据说最初是张仲景在冬至的时候发明的一种驱寒药，当时很多人因为天冷而冻了耳朵，于是张仲景制作了像耳朵一样的“娇耳汤”，人们从冬至吃到初一。因为羊肉等馅有驱寒的作用，所以人们不再冻耳朵，渐渐也就流传下来了冬至吃饺子的习俗。至于饺子的吃法，又随时代而不同。魏晋南北朝时期人们将饺子与汤混在一起，称为馄饨（古人认为这是没有七窍的密封“包子”，所以称为“混沌”，后根据中国造字法，与饮食有关，就变成了“馄饨”，此外，在一些地区，馄饨又被称为“抄手”“云吞”等）。到了唐代，没有汤的饺子已经开始流行了，而到了明清，春节吃饺子已经成为一种习俗。

传统节日也有着各自独特的饮食习俗，如春节除了年夜饭、屠苏酒、饺子、糍粑还有年糕。宋辽时期，春节吃年糕在北京地区已经成为一种习俗，其名字象征着“年高”“年年高”的美好寓意，希望一年更比一年好。正月十五元宵节吃元宵：元宵作为节日饮食始于晋代，盛行于唐宋，取团圆之意，象征全家人团团圆圆。北方一般称为“元宵”，江南称为“汤团”，清代苏州人称为“圆子”，杭州人也叫作“上灯圆子”，这就又形成了后来的另一个名字——汤圆。正月二十五是正月的最后一个节日，被称为“填仓节”，这一天人们祈求风调雨顺、五谷丰登。这一天也有独特的饮食，民间谚语说“填仓填仓，小米干饭杂面汤”。五月初五端午节，要吃粽子：粽子据说与祭祀屈原有关，也是在魏晋时期，粽子成为端午的节日食品。八月十五要吃月饼：月饼最初是作为一种祭祀月神的贡品，宋代就有了，到了明代，成为中秋节代表性节令食品，中秋节家家吃月饼，月饼成为一种象征团圆的节日食物。腊月初八喝腊八粥：腊八粥的起源有诸多说法，一说与中国传统的腊祭有关，一说与佛教的习俗有关。人们在这一天用糯米、红豆、枣子、栗子、花生、白果、莲子、百合等煮成甜粥，有的地方又叫“八宝粥”，主要用八种材料熬制。古代天子之印，尊称为“八宝”，这显然是民间美好愿望的一种表述。

当然并不是说到了某个节日只能吃这些特定的食物，实际上人们借着传统的节日，往往寻求的是一种共同分享食物的热闹与团圆，因而根据不同时令以及不同区域和财富状况，又有很多饮食补充。如重阳节，《金瓶梅》中介绍西门庆家情况说，花园的八仙桌上摆满了肴馔果酒，此外还有“四十个大螃蟹，都是剔剥净了的，里边酿着肉，外用椒料姜蒜米儿团粉裹就，香油煤，酱油醋造过，香喷喷，酥脆好食。又是两大只院中炉烧熟鸭”。《红楼梦》中写贾府：重阳节前，袭人让宋嬷嬷给史湘云送去两个小摄丝盒子，一个装的是红菱和鸡头两样鲜果，又那一个，是一碟子桂花糖蒸新栗粉糕。重阳节当天在藕香榭，那边有两三个丫头扇风炉煮茶，这一边另外几个丫头也扇风炉烫酒。后来上了螃蟹。重阳节有吃花糕、重阳糕的习俗，而九月螃蟹正好鲜而肥，黄似金，所以往往相应时令的食物也成为古代富贵人家某一传统节日的饮食。

《礼记 · 礼运》记载说礼仪最初就是起源于饮食，“夫礼之初，始诸饮食”。如果对这种“吃”出来的文化进行寻根的话，大概与古代家国的政治结构有关。古人认为，国是放大了的家，所以齐家才能治国。对于治理国家来说，要强调权力等级；而对于一个家族来说，如果过分强调等级又会伤害宗族的情感，这时候就需要通过宴饮来进行上下的调节。在餐桌上大家可以拉近情感，在下者可以尽情地宣泄，不醉不归，同时，在上者又能通过丰盛的饭菜表现自己的慷慨施与精神，从而获得与餐者们的支持。

在周代的礼仪文献中记载了很多燕饮礼仪，这正是因为燕饮有着和谐上下的重要作用。这种主流文化的引导自然也影响了社会基层的家族。

中国人吃的不仅仅是食物本身，“吃”本身就是一种礼仪文化。而正是这种动力，使得不同朝代，各种好吃的连连被引进，即便“闭关锁国”，也阻挡不了吃货们继续寻找好吃的东西。

42. 历史上刘墉、和珅、纪晓岚究竟谁厉害？和珅不是死于贪污的罪名？

在电视剧《宰相刘罗锅》中，刘墉与和珅斗；在《铁齿铜牙纪晓岚》中，纪晓岚与和珅斗。电视剧中往往都是代表正义的刘墉和纪晓岚屡屡戏耍和珅。而在历史上，却并不是这样的。在很长时间内，刘墉和纪晓岚根本就没有跟和珅“斗”的资本，和珅的地位与权力比他们都大很多。

我们可以通过年谱来看看和珅、刘墉、纪晓岚三个人在历史上的地位究竟是怎样的。

1711 年，乾隆出生。

1719 年，刘墉出生。

1724 年，纪晓岚出生，纪晓岚比乾隆小 13 岁。纪晓岚父亲曾任知府，从四品。

1735 年，雍正驾崩，改元乾隆，乾隆 24 岁。

1747 年，刘墉父亲刘统勋主持顺天乡试，与阿桂的父亲阿克敦共同录取纪晓岚为第一。这一年，纪晓岚 23 岁，他结识了刘墉，两人相差 5 岁，两人从此成为好友。

1750 年，和珅出生于北京，满洲正红旗。和珅比乾隆皇帝小 39 岁，

郎世宁《乾隆大阅图》(乾隆29岁像)

比纪晓岚小26岁，比刘墉小31岁。

1751年，刘墉父亲刘统勋受命典会试，刘墉32岁，以恩举中进士，任翰林院庶吉士，类似现在普通秘书的短期职务。刘墉能考中进士，身、言、书、判，即身体、语言、书法、思维都必须符合，所以这时候的他并不是罗锅。

1754年，和珅4岁，母亲去世。纪晓岚30岁，进士及第，改翰林院庶吉士。录取纪晓岚的正考官是大学士陈世倌，也就是金庸《书剑恩仇录》中提到的乾隆的“汉人父亲”。

1756年，和珅6岁，乾隆45岁，刘墉37岁，纪晓岚32岁。这一年，刘墉任安徽学政，主要负责一方教育事业。

1758年，刘墉父亲刘统勋任吏部尚书（从一品），赐紫禁城骑马。

1759年，刘墉调任江苏学政，刘统勋任协办大学士（从一品）。

1760年，和珅10岁，父亲去世。这一年，阿桂为都统（从一品），总理伊犁事务。刘墉在江苏学政任上。36岁的纪晓岚充国史馆总纂。

1761年，刘墉仍在江苏学政任上。刘统勋任东阁大学士（正一品），兼管礼部、兵部，刘统勋达到了权力的顶峰。

1762年，和珅12岁，考入咸安宫官学读书，乾隆51岁，刘墉43岁，纪晓岚38岁。这一年，刘墉到了太原，任山西太原知府（从四品），一市之长。纪晓岚离京，任福建学政。

1765年，刘墉任冀宁道台（正四品）。

1766年，刘墉因在太原知府任内有失察之责，被发往边疆军队效力，前面的努力都白费了，从头再来。

1767年，和珅17岁，与大学士英廉孙女冯氏结婚。48岁的刘墉受父亲恩泽，以恩旨释放回来，任翰林院编修（正七品）。43岁的纪晓岚补受翰林院侍读（从五品）。

1768年，和珅18岁。44岁的纪晓岚任翰林院侍读学士（从四品），这一年他因为给犯了贪污罪的亲戚送信被处分。民间传说，纪晓岚送了有茶叶和一把盐的空信封，暗示"盐案亏空查封"。纪晓岚被革职，发配乌鲁木齐军中效力，跟当年的刘墉一样，一撸到底。审理该案的是刘统勋，刘统勋刚正不阿，没回护纪晓岚，此时刘墉在翰林院任七品的小官，帮不上忙。电影《乾隆王朝》说纪晓岚此案是刘墉审理的，有误；一些影视剧说是和珅查办的，也不正确，此时和珅尚未从政。

1769年，乾隆已经当皇帝三十四年，和珅19岁，作为满贵族，承袭三等轻车都尉（约相当于从三品）。50岁的刘墉已经出任江宁知府（从四品）。

1770年，和珅20岁。和珅参加科举考试，未中。51岁的刘墉转任江西盐驿道。乾隆从乌鲁木齐召回46岁的纪晓岚。

1772年，乾隆已经当皇帝37年，和珅22岁。和珅补粘杆处，任銮仪卫侍卫。刘墉53岁，在陕西任陕西按察使（正三品）。

1773年，始开四库全书馆，刘统勋推荐纪晓岚任总纂官。是年，刘统勋去世，刘墉因父亲逝世，回老家山东丁忧守孝第一年。

1774年，刘墉因父亲去世，回老家山东丁忧守孝第二年。纪晓岚因为其儿子跟别人打官司受牵连，降三级留任。

1775年，和珅25岁，为御前侍卫，值乾清门，兼任正蓝旗满洲副都统（正二品）。56岁的刘墉因父亲去世，回老家山东丁忧守孝第三年。

1776年，乾隆四十一年，乾隆65岁，和珅26岁，和珅全族由正红旗加入正黄旗，任军机大臣行走，即进入军机处，和珅进入了权力的核心层，任总管内务府大臣（正二品），转任镶蓝旗满洲副都统（正二品），任国史馆副总裁，赏戴一品朝冠，总理内务府三旗事务，赐紫禁城骑马。这一年，57岁的刘墉丁忧回来了，任内阁学士（从二品），充《四库全书》副总裁。52岁的纪晓岚正在编《四库全书》，任侍讲学士（从四品），文渊阁直阁事。和珅升得太快了，刘墉在家丁忧的一段时间，和珅一下子就起来了，刘墉还没来得及压他，就已经压不住了。纪晓岚也不会想到，突然出现的这个小伙子，四年后将成了自己的顶头上司。

1777年，和珅27岁。和珅转户部左侍郎，并署理吏部侍郎事务，兼任步军统领，即九门提督（正二品），相当于掌握着京城的禁卫军，干到其人生最后一年。58岁的刘墉兼任四库全书馆副总裁，任江苏学政。和珅这一年与刘墉有工作上的交集，五月，两人一起修《明史》。十月，乾隆赏赐哈密瓜，纪晓岚一百五十四人联句谢恩。

1778年，和珅28岁。和珅因徇私舞弊被降二级留任。和珅第一次受降级处分，但不久又任御前大臣，补镶蓝旗满洲都统，后又任正白旗都统（从一品）。这一年，59岁的刘墉自掏腰包给乾隆刊刻诗集，十一月，升为户部右侍郎。

1779年，和珅29岁。和珅任御前大臣上学习行走。60岁的刘墉在江苏学政任上。纪晓岚任内阁学士（从二品），纪晓岚55岁，终于走出了翰林院。

1780年，和珅30岁，升户部尚书（从一品），任御前大臣，补镶蓝旗满洲都统，兼正白旗领侍卫内大臣（正一品），充四库馆正总裁，兼办理理藩院尚书事务。四五年时间，和珅就从三等侍卫（正五品）成为正一品大员了。乾隆南巡，召见了61岁的刘墉，让其去了湖南，升迁为湖南巡抚（从二品）。

1781年，和珅31岁。和珅兼署兵部尚书，管理户部三库。兰州发生叛乱，和珅去了没搞定，被调回来，阿桂去了搞定。这一年，62岁刘墉补右都御史（从一品）。此后，刘墉从从一品到正一品，用了16年。

1782年，和珅32岁。和珅二月份因为以军机大臣审办甘肃镇迪道巴彦岱受贿案徇隐事，降三级留任，和珅第二次受降级处分。正月，63岁的刘墉仍在湖南巡抚任上。二月，刘墉任左都御史（从一品），兼任上书房总师傅上行走（此后刘墉长时间都兼任此职，上书房为皇子们读书处），并赐紫禁城骑马。刘墉与和珅一起查处了国泰等人，和珅加太子太保衔，刘墉命署吏部尚书，不久又授工部尚书（从一品），仍兼属吏部。这是刘墉最可能与和珅抗衡的时期，两个人品阶相差不大。58岁的纪晓岚这时候也调补兵部右侍郎（正二品）。这是三个人关系最微妙的时候。

1783年，和珅33岁。皇帝赏和珅戴双眼花翎，和珅任国史馆正总裁，任文渊阁提举阁事。64岁的刘墉五月署理直隶总督（从一品），七月，调吏部尚书（从一品），在乾隆朝，这是刘墉的权力达到的最大限度。59岁的纪晓岚转任兵部左侍郎（正二品）。

1784年，和珅34岁，调补正白旗满洲都统，任清字经馆总裁，获轻车都尉世职，调吏部尚书，协办大学士（从一品），兼管户部，封一等男。65岁的刘墉在吏部尚书任上（从一品）。

1785年，和珅35岁。正月，61岁的纪晓岚授左都御史（从一品），不久发生大学士阿桂亲戚海生打死妻子一案，左都御史纪晓岚认为不是事实。和珅与刑部共同检验，最终确定属实。阿桂罚俸五年，革职留任，纪晓岚等人降职。这是明确记载的和珅与纪晓岚等人的一次“交手”，以和珅胜利告终。这一年，66 岁的刘墉任协办大学士（从一品）。

1786 年，和珅 36 岁。六月，有御史弹劾和珅的家奴刘全，说他借主人之势招摇撞骗，盖大房子，实际这是为了给丰绅殷德与乾隆的十女儿结婚用。乾隆认为是纪晓岚指使的这次弹劾，是为了报去年之仇，乾隆处罚了弹劾的御史。实际上纪晓岚还阻止了这位御史弹劾刘全，这次纪晓岚真是被冤枉了。闰七月和珅任文华殿大学士（正一品），仍兼管吏部、户部事，成为内阁三大臣之一。名义上大学士阿桂为首，但和珅与乾隆关系紧密，又掌管吏部、户部，所以其实际权力更大。九月，和珅因徇私被降二级留任，和珅第三次受降级处分。刘墉在协办大学士、吏部尚书任上（从一品）。纪晓岚 62 岁，其长子去世，纪晓岚说他是因为沉迷看蒲松龄的《聊斋志异》而死的，所以特恨蒲松龄，“见聊斋志异抄本，时是书尚未刻，又误堕其窠臼，竟沈沦不返，以讫于亡故”（《阅微草堂笔记》）。

1787 年，和珅 37 岁。正月，纪晓岚迁礼部尚书（从一品），五月，乾隆发现了《四库全书》中很多错误，纪晓岚受到处分。68 岁的刘墉因泄露与乾隆的谈话而被申斥，本打算给他的大学士头衔给了王杰，从此正一品大学士要到他晚年再获得了。

1788 年，乾隆五十三年，和珅 38 岁，封三等忠襄伯，地位在一品之上。和珅封爵，刘墉与纪晓岚更没有能力跟他“闹”了。这一年，69 岁的刘墉任协办大学士（从一品），吏部尚书、上书房总师傅。64 岁的纪晓岚赐紫禁城骑马。

1789 年，和珅 39 岁。和珅儿子丰绅殷德与固伦和孝公主成婚，和珅与乾隆成了“亲家”。上书房诸师傅因雨天未能入值，70 岁的刘墉受到牵连，协办大学士被取消，从吏部尚书变为侍郎衔，被剥夺入值南书房资格。此后两年，刘墉都被排除在皇帝近臣圈子之外，根本没有机会与和珅“斗”了。

1790 年，和珅 40 岁，乾隆八十寿辰。和珅主持庆典，比较成功，加二级。后又加一级。71 岁的刘墉在礼部左侍郎（正二品）、顺天学政任上。

1791 年，和珅 41 岁。护军海旺等盗窃库银，和珅作为管库大臣，有失察之责，照数赔偿，被降一级，和珅第四次受降级处分。这一年正月，72 岁的刘墉补左都御史，月底改吏部尚书（从一品），由 67 岁的纪晓岚任左都御史（从一品），纪晓岚的职位终于上来了，但最大也就到从一品。十一月，刘墉与和珅等人一起校刻《十三经》。

1792 年，和珅 42 岁。和珅因军功加三级。73 岁的刘墉调吏部尚书（从一品）。68 岁的纪晓岚任礼部尚书（从一品）。刘墉赠给纪晓岚砚台。

1793 年，和珅 43 岁。和珅任教习庶吉士，兼管太医院、御膳房等事务，接待英国马戈尔尼使团。74 岁的刘墉与 69 岁的纪晓岚一起校《石渠宝笈续编》。

1794 年，和珅 44 岁。和珅二月因太医院管理不到位，降二级留任，和珅第五次受降级处分。七月定大学士行走班次：阿桂居首，和珅居次，王杰居次，福康安居王杰之次，孙士毅居福康安之次。十一月，和珅因包庇吉祥将军侵吞币银，降二级留用，和珅第六次受降级处分。75 岁的刘墉仍在吏部尚书任上，请 70 岁的纪晓岚为其母亲写墓志铭。

1795 年，乾隆六十年，和珅 45 岁。三月，朝鲜使者见闻中写道，和珅权势鼎盛，“阁老和珅权势隆盛，贿赂公行，庶官皆有定价”。四月，和珅与 76 岁的吏部尚书刘墉、71 岁的礼部尚书纪晓岚等人任殿试读卷官，三个人一起工作。五月，蒙古台吉图巴扎布凶残一案，和珅因为理藩院管理不到位，掩过饰非，降三级留任，和珅第七次受降级处分。纪晓岚以礼部尚书兼署左都御史（从一品）。

1796年，嘉庆37岁登基，和珅46岁。这一年，乾隆禅位，舍不得玉玺，是77岁的刘墉和72岁的纪晓岚一起去跟乾隆要的“大宝”。这一年四月，和珅与吏部尚书刘墉等人共同为殿试读卷官，又不带纪晓岚玩了。五月，和珅任正黄旗领侍卫内大臣，后调镶黄旗满洲都统。纪晓岚六月调兵部尚书，十月调左都御史（从一品）。这一年，和珅弟弟和琳病死军中，和珅幼子也病死，和珅家族处于多事之秋。

1797年，嘉庆二年，和珅47岁。三月，和珅调为镶黄旗满洲都统，和珅兼理刑部、户部。大学士阿桂去世，和珅成为首席军机大臣（正一品），和珅实际权力早就达到了顶峰，这回终于熬成了“名义”上的老大。这一年，78岁的刘墉任体仁阁大学士（正一品），终于获得大学士的头衔，但受到乾隆申斥，乾隆说刘墉向来不肯实心办事，这次是因为大学士缺人，才让他当了。73岁的纪晓岚迁礼部尚书（从一品）。

1798年，嘉庆三年，和珅48岁，晋公爵，相当于超品（封建王朝中仅次于皇帝的最高品级，高于正一品）了。这一年，与和珅共同生活近三十年的妻子冯氏去世。

1799年，嘉庆四年，和珅49岁，88岁的乾隆去世（按照传统习惯，称其享年八十九岁）。乾隆去世第二天，和珅被夺军机大臣、九门提督等职。不久，王念孙等人弹劾和珅。乾隆去世十五天后，和珅被赐自尽。这一年，80岁的刘墉加太子太保，刘墉成为群臣领袖。75岁的纪晓岚任高宗实录馆总裁。

1803年，纪晓岚署兵部尚书。刘墉赠送纪晓岚砚台。

1804年，85岁的刘墉赠给纪晓岚一方砚台，纪晓岚在上面刻字留存，年底体仁阁大学士（正一品）刘墉去世。

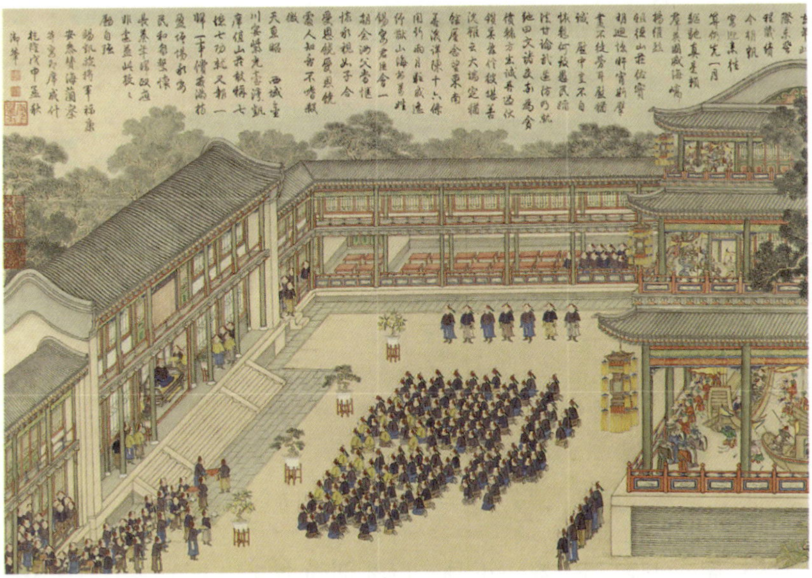

《清音阁演戏图》（乾隆戊申年，即 1788 年，纪晓岚、和珅、刘墉可能都在这幅画中）

（清）徐扬绘《乾隆南巡图》局部

（清）纪晓岚绘《山水图册》

1805年，纪晓岚81岁。正月，以礼部尚书、协办大学士（从一品）、加太子太保，管国子监。二月，纪晓岚在北京虎坊桥去世。

和珅掌权二十余年，一生担任过内阁首席大学士、领班军机大臣、吏部尚书、户部尚书、刑部尚书、理藩院尚书，还兼任内务府总管、领侍卫内大臣、步军统领等数十个重要职务，而且封三等忠襄伯，后又晋公爵，达到了超品，是真正的一人之下，万人之上。刘墉一生担任过安徽学政、山西太原知府、江宁知府、陕西按察使、内阁大学士、户部侍郎、吏部侍郎、左都御史、工部尚书、体仁阁大学士等职，晚年达到正一品。纪晓岚一生三迁御史，三入礼部，最高达到从一品。纪晓岚和刘墉的履历跟和珅比，总是被和珅压了几个级别。官大一级就能压死人，因而纪晓岚与刘墉像电视剧中那样整和珅的可能性不大。

从时段上来看，刘墉32岁科举考中，这一年和珅才1岁。在和珅年轻的时候，刘墉与纪晓岚不知道有和珅，等知道有个和珅的时候，他已经平步青云了。刘墉最初在地方任职，等回到中央与和珅共事，已经不如和珅权力大。刘墉同时代人洪亮吉《江北诗话》中记载，刘墉在任地方官的时候，确实刚正不阿，有“阎罗老包”之称，但后来几经挫折，也学圆滑了，与和珅处事的时候，往往委蛇其间，世故圆滑，模棱两可。再说纪晓岚，他的品级与权力跟和珅就差得更多了，乾隆只是把他当成文学弄臣。纪连海曾说，纪晓岚与和珅实际是忘年交，和珅每有著作，纪晓岚会为其润色，和珅与纪晓岚的朋友如阿桂等人发生冲突，纪晓岚还会从中调解，直到和珅被处死，纪晓岚也没怎么说和珅的坏话。乾隆晚年的和珅，更是没人敢招惹他，英国使团副使乔治·斯当回忆说：“他是皇帝唯一宠信的人，掌握着统治全国的实权。”

那么，在乾隆朝的时候，三个人有没有“斗一斗”的可能呢？还是有的，1782—1788 年这段时间，三个人的差距最小。国泰跟和珅的关系较好，国泰案，很可能就是刘墉暗中打击了一下和珅的势力。这之后，再也没见刘墉、纪晓岚敢直接顶撞和珅，刘墉大部分时间都谨言慎行，不敢轻举妄动。但刘墉确实比较正直，是不阿附和珅的，朝鲜使节曾说“刚方正直推刘墉，风流儒雅推纪昀”。真正敢蔑视和珅的是军机首辅阿桂，阿桂也是满洲贵族，文治武功，战功赫赫，和珅任大学士的时候，阿桂已经居相位十年，一直为首辅，排在和珅前面。直到 1797 年，嘉庆二年，阿桂去世，和珅才成为首席军机大臣，这时候距离其被处死还有三年。到和珅死了之后，刘墉才成为群臣领袖。

刘墉与纪晓岚是好朋友，两个人经常互赠砚台、诗篇、对联，还一起畅谈佛法，等等。但两个人都不敢“君臣斗”，不敢跟乾隆开玩笑。从地位上来说，这几个人都无法跟乾隆调侃，古代的封建等级是非常严格的，况且乾隆一生性格都极为自大自尊，刚愎自用，不允许别人诋毁自己，甚至也不允许在朝堂上出现个性张扬的清官，他听不得半点逆耳之言。大概也正因为此，刘墉才会变得做事看上去“懈怠”，经常模棱两可吧。

乾隆是知道和珅受贿的，而且并不是没有处置过他，和珅因为受贿（与贪污罪名不一样）或者失察等是受过好几次降级处理的。但每一次降级，随后就又得到恩宠而升级，比原来还高了，果然乾隆是“有预谋”地给儿子留“大礼包”。嘉庆最后处以“二十大罪”赐死和珅，我们说和珅是大贪官，但最后处死他的罪名实际却没有“贪污罪”，没有出现一个“贪”字。我们来看看与财产有关的这几条：

昨将和珅家产查抄，所盖楠木房屋，僭侈逾制，其多宝阁，及隔段式样，皆仿照宁寿宫制度，其园寓点缀，与圆明园蓬岛瑶台无异，不知是何肺肠，其大罪十三。

蓟州坟茔，设立享殿，开置隧道，附近居民有槭土堙之称，其大罪十四。

家内所藏珍宝，内珍珠手串，竟有二百余串，较之大内多至数倍，并有大珠，较御用冠顶尤大，其大罪十五。

又宝石顶并非伊应戴之物，所藏真宝石顶有数十余个，而整块大宝石不计其数，且有内府所无者，其大罪十六。

家内银两及衣服等件，数逾千万，其大罪十七。

且有夹墙藏金二万六千余两，私库藏金六千余两，地窖内并有埋藏银两百余万，其大罪十八。

附近通州、蓟州地方，均有当铺钱店，查计资本，又不下十余万，以首辅大臣，下与小民争利，其大罪十九。

伊家人刘全，不过下贱家奴，而查抄赀产，竟至二十余万，并有大珠及珍珠手串，若非纵令需索，何得如此丰饶？

只说查出他的服饰、银两太多，暗示巨额财产来源不明，而并没有说这些钱是如何贪污而来的、是贪污款。因为和珅有很多房产、地产、当铺、生意等收入，要想弄清他的贪污，坐实这一罪名，耗费时间，太麻烦了。而以其违规建大房子，使用的珍珠、宝石比皇家的还大，还有内务府都没有的好东西这些明显僭越礼制的更重的罪，就可以将其一击致命了。为了能尽快处死和珅，嘉庆罗列了一些更容易找到的罪名，5 天之后，和珅就去世了。

1799 年，太上皇没了，和珅没了，乾隆留下的千疮百孔的大清，能用和珅贪污受贿的银两填补吗？并没有，查抄的新手大礼包，很快就被嘉庆用完了。乾隆去世 41 年，和珅去世 41 年，刘墉去世 36 年，纪晓岚去世 35 年后，1840 年就到来了，另一个时代开始了。

43. 那些令人“恍惚”的中西同时代的人

韩非和李斯均是荀子的学生，韩非不善言辞，但文笔很好；李斯能言善辩，喜欢学习辅佐帝王之术。不久，李斯率先发迹，成了秦王嬴政的心腹。此时的韩非却难遇明主，正是“孤愤”之时。有一次，秦王读到《孤愤》《五蠹》两篇，以为是前代的某个贤者写的，就叹息说：“嗟呼，寡人得见此人与之游，死不恨矣！”我要是能和这个作者同时代该多好啊！李斯说，陛下，这个人还活着呢，就是当代人，是我的同学韩非。

《唐才子传》记载大诗人王维没什么名气的时候，去见玉真公主。他当场呈给公主一些自己的诗作。公主看后，大为惊叹：这些都是我平常读的诗，我还以为是古人写的呢，没想到作者就是你啊，“皆我习讽。谓是古作，乃子之佳制乎？”

秦始皇以为自己和韩非不是同一个时代的人，玉真公主没想到自己读的诗篇是今人所作。我们有时候也会有这种“错觉”，感觉上某些人并不是同时代的，但事实上他们还真就是同一时期的人。比如秦始皇、刘邦、项羽，秦始皇只比刘邦大三岁，项羽年轻一些，刘邦比他大 24 岁，但他也见过秦始皇，秦始皇巡游天下的时候，项羽看见了说“彼可取而代也”。

中国古代这样同时代而让人产生非同时错觉的历史人物，还有很多，比如庄子与孟子，虽然两个人在自己的著作中谁也没有提及过对方，但两人和商鞅都是同一时代的人；李白与王维两个人没有交集，但两人是同年出生而相差一年去世的同时代大诗人；欧阳修与包拯也是同时代的人，且两人都做过开封府尹；等等。

如果把中国历史与世界历史放到一起看，那些中西方同时代的人，可能会更让你精神“恍惚”。

孟子（前372—前289）与亚里士多德（前384—前322）、亚历山大大帝（前356—前323）大约是同一时代的。孟子周游列国，见梁惠王、齐宣王，想为帝王师，亚里士多德也做了亚历山大大帝的老师。而在亚里士多德做了亚历山大老师大约三年后，发生了一件事，孙膑围魏救赵，也就是说，孙膑、庞涓也是他们同时代的人。另外，这一年还诞生了一位后来给我们带来假期的伟大诗人屈原。

德国哲学家雅斯贝尔斯在1949年发表的《历史的起源与目标》中提出一个概念叫“轴心时代”，是说在公元前600年至前300年间，在北纬25度至35度，各个文明都出现了伟大的精神导师，如古希腊有苏格拉底、柏拉图、亚里士多德，以色列有犹太教的先知们，古印度有释迦牟尼，

明代《三教图》（孔子、老子、释迦牟尼三人同框）

中国有孔子、老子等等。这是根据历史人物的职业、社会影响划分的一个大时代。

在中外历史上，有不少职业相仿的人，差不多就是同一时代的，如著名的天文学家、地理学家东汉的张衡（78—139），与西方提出“地心说”的托勒密（约 90—168）差不多是同一时代的。

唐伯虎（1470—1524）生于明成化六年，卒于嘉靖二年，他比意大利著名画家米开朗琪罗（1475—1564）大五岁，两人差不多同时代。另外，我们以唐伯虎的人生为坐标，可以看出，与其同时代的世界名人以及著名的历史事件还有：唐伯虎 22 岁左右的时候，哥伦布（1452—1506）到达了美洲；他 28 岁左右的时候，达·伽马（1469—1524）绕过好望角，到达印度；他 30 岁左右的时候，达·芬奇（1452—1519）画了蒙娜丽莎；他 43 岁的时候马基雅维利（1469—1527）写了《君主论》；他 52 岁的时候，麦哲伦环球旅行完成。

（明）唐伯虎绘《桐阴清梦图》（自画像）

王阳明（1472—1529）比唐伯虎小两岁，比哥白尼（1473—1543）大一岁。他与西方宗教改革的马丁·路德（1483—1546）也差不多为同时代的人，一个让直接去找心，一个让直接去找神。

汤显祖（1550—1616）与莎士比

亚（1564—1616），写《堂吉诃德》的塞万提斯（1547—1616）是同一年去世的，差不多同时代。

还有一些我们熟悉的世界名人，尤其是一些科学家、文学家以及社会学家，我们可能会误以为他们都是近现代的人。如果把他们放到中国的纪年中，你可能才发现，原来他们与明清时期的某个历史人物是同时代的。

如明朝第十三位皇帝万历皇帝（1563—1620）在位四十八年，他比莎士比亚（1564—1616）和伽利略（1564—1642）都只大一岁。万历三十七年（1069），伽利略发明望远镜。伽利略一直活到崇祯年间，崇祯十五年（1642），伽利略去世。这一年，牛顿（1643—1727）诞生，牛顿两岁的时候，崇祯皇帝去世，大明亡了。

康熙（1654—1722）、蒲松龄（1640—1715）与牛顿（1643—1727）差不多是同时代的人，牛顿生活的年代处于中国的明末清初，康熙去世约五年后，牛顿去世。

康熙在位62年，乾隆（1711—1799）为了不超过他，在位60年后退居二线。在其生命历程期间，曹雪芹（1715—1763）写完了《红楼梦》，孟德斯鸠（1689—1755）出版《论法的精神》，狄德罗（1713—1784）出版了《百科全书》，亚当·斯密（1723—1790）出版《国富论》，歌德（1749—1832）

清人绘　康熙像

发表了《少年维特的烦恼》，比乾隆小一岁的卢梭（1712—1778）出版了《论人类不平等的起源和基础》《社会契约论》《爱弥儿》《忏悔录》《新爱洛伊丝》等。康德（1724—1804）出版了《纯粹理性批判》等，乾隆朝的纪晓岚（1724—1805）与康德同年出生，相差一年去世。刘墉（1720—1804），伏尔泰（1694—1778）也差不多与他们同时代。刘墉、纪晓岚去世的那一年安徒生（1805—1875）出生。

清人绘　乾隆像

乾隆四十一年（1776），美国发表《独立宣言》，乾隆与美国开国元勋华盛顿（1732—1799）也是同时代的人，乾隆比他大21岁，两个人都在1799年去世，和珅（1750—1799）也是这一年去世的。这一年，巴尔扎克（1799—1850）出生，拿破仑（1769—1821）发动了雾月政变，拿破仑差不多与十五阿哥，即后来的嘉庆帝（1760—1820）同时代，两个人相差一年去世。贝多芬（1770—1827）也与嘉庆差不多同时代。

嘉庆十一年（1806），“格林兄弟”雅各布·格林（1785—1863）和威廉·格林（1786—1859）开始陆续整理发表《格林童话》，如大家熟悉的《灰姑娘》《白雪公主》《小红帽》《青蛙王子》等故事。

嘉庆十六年（1811），曾国藩（1811—1872）出生，他与雨果

清中期绘　观测天文图

（1802—1885）差不多是同时代的，雨果出生于嘉庆七年（1802），曾国藩比雨果小九岁。

嘉庆之后是道光，道光（1782—1850）在位30年，黑格尔（1770—1831）与之差不多同时代。道光十三年（1833），诺贝尔（1833—1896）出生，他比李鸿章（1823—1901）小十岁，他们都差不多是同一时代的人。道光十八年（1838），狄更斯（1812—1870）发表《雾都孤儿》；道光二十四年（1844），大仲马（1802—1870）发表《三个火枪手》；道光二十七年（1847），夏洛蒂·勃朗特（1816—1855）出版了《简·爱》。1850年，道光与巴尔扎克同年去世。

道光之后是咸丰帝（1831—1861），在位11年。咸丰九年（1859），达尔文（1809—1882）出版《物种起源》，达尔文是道咸年间的人物。

咸丰之后是同治帝（1856—1875），在位14年，欧·亨利（1862—1910）、契诃夫（1860年—1904）差不多与之同时代。同治五年（1866），陀思妥耶夫斯基（1821—1881）出版《罪与罚》；同治十年（1871），尼采（1844—1900）出版《悲剧的诞生》。老佛爷慈禧（1835—1908）与尼采差不多是同时代的人。爱因斯坦（1879—1955），毕加索（1881—1973），弗洛伊德（1856—1939）出生的时候，慈禧还活着。放在中国，他们都属于晚清人物。

同治之后就是光绪，光绪九年（1883），马克思（1818—1883）去世，卡夫卡（1883—1924）出生。光绪十六年（1890），张之洞（1837—1909）创办了湖北枪炮厂。同一年，凡·高（1853—1890）吞枪自杀。

之所以我们常常将一些西方历史人物误以为和我国近现代人物是同时期的，可能是因为我们古代是以传统纪年的方式呈现，或者介绍某个人物时，常说是某朝代的。而西方历史人物则往往以公元纪年的方式被介绍，这与我们近现代人物的介绍方式一样。还有大概就是他们常常被标注为“近代”的标签，因为在西方历史分期中，地理大发现、文艺复兴之后就被认为是近代史了，那是中国的明朝。我们的近代史则是 1840 年才开始的，虽然都是“近代”人物，实际上对这个“近代”的理解是有所不同的，如果混淆了，就容易造成人物时代的“错觉”。

历史的错觉 Ⅱ

探案古诗文

赵运涛 著

人民东方出版传媒
東方出版社

目录

历史的错觉（II）——探案古诗文

44. 伪书案："四书五经"中的《尚书》，其部分内容是假的？

"四书五经"是儒家的经典，四书为《大学》《中庸》《论语》《孟子》，五经为《诗经》《尚书》《礼记》《周易》《春秋》。其中，《尚书》中的内容实际有造假的部分，这是怎么回事呢？

这部典籍，最初不叫《尚书》，《尚书》的名称大约最迟到西汉中期出现。司马迁最早称呼其为《尚书》，这之前，包括伏生的时代，可能都是称其为《书》。

为什么叫《尚书》呢？有很多说法，一说"尚"与"上"同，《尚书》就是上古的书，《尚书》中记载了尧舜的事迹，是够久远的；一说《尚书》就是人们所崇尚的书，《尚书》很受儒家的推崇；一说"尚"代表的是君上，这是因为《尚书》很多内容记载的都是君臣对话、言论；等等。

据说先秦时期，《书》类文献有三千多篇，虽不可信，但应该确实不少。到了孔子的时代，差不多还剩百十来篇。秦朝焚书坑儒，民间流传的《书》就被焚烧了，也有被人藏在墙里的，当然，秦朝的国家的图书馆内还有留存，不过后来可能又被项羽烧了。汉兴，伏生去找墙中的《尚书》时，只剩下了28篇。再后来晁错来向他学习，这时候伏生已经九十多岁了，话都说不清楚了，有没有说错的地方，我们就不得而知了。

后来又经过几番曲折的传承，《尚书》中基本可信的就是以下28篇：

虞书：《尧典》《皋陶谟》

夏书：《禹贡》《甘誓》

李公麟款、明人画的《伏生授经图》

商书：《汤誓》《盘庚》《高宗肜日》《西伯戡黎》《微子》

周书：《牧誓》《洪范》《金縢》《大诰》《康诰》《酒诰》《梓材》《召诰》《洛诰》《多士》《无逸》《君奭》《多方》《立政》《顾命》《吕刑》《文侯之命》《费誓》《秦誓》

我们现在读到的《尚书》一般有53篇，除了上面提到的28篇，还有25篇：《大禹谟》、《五子之歌》、《胤征》、《仲虺之诰》、《汤诰》、《伊训》、《太甲》（上、中、下三篇）、《咸有一德》、《说命》（上、中、下三篇）、《泰誓》（上、中、下三篇）、《武成》、《旅獒》、《微子之命》、《蔡仲之命》、《周官》、《君陈》、《毕命》、《君牙》和《冏命》。这25篇差不多都是伪造的。

伪造的方法之一就是将可信的28篇的一些篇章拆开，一篇变两篇，如《尧典》变成《尧典》《舜典》。靠这种方式，28篇变成了33篇；还有一种方法就是根据《左传》《论语》《孟子》《史记》等书引文中的一两句话，大篇幅地造假。现在有出土的"清华简"，更证实了《尚书》中确有伪作（如《说命》《太甲（上）》等）。这种造假的方式，可以通过简单的例子说明。比如先秦《左传》引用了一句《书》里的话，"《书》曰：'我刚吃饭去了'"，这篇《书》类文献已经丢了，就因为有人引用，而保留了这么一句。后世作伪者，就根据这句话胡编乱造出一篇特别长的文献："有一天，甲遇到了乙。乙问：'您干吗去了？'甲曰：'我刚吃饭去了。'"结果有出土的材料，比这个编造者的年代要早，上面也有"我刚吃饭去了"这句话，可其他部分跟编造者的无一字相同，这也就证实了其作伪。

至于谁造的假，有人说是东晋梅赜，有人说是三国王肃。这个王肃就是《三国演义》中被诸葛亮骂死的王司徒王朗的儿子。王肃有两个女儿，一个嫁给了司马昭，一个嫁给了蒯均。蒯均的叔伯兄弟叫蒯祺，蒯祺的妻子据说是诸葛亮的姐姐，未经考证，不知真伪。

宋代就有人怀疑《尚书》五十多篇，其中有伪作，因为原作读着佶屈聱牙，很难读，伪作读着却很通顺，明显不是一个时代的东西，就像我们现代人读某个东西，其中既有难读的文言文，又混进了通俗的网络语言。清代人基本就弄清楚哪些是假的了，像阎若璩找出了128条证据，坐实了其中造假的部分。

尽管如此，因为传承的时间久了，而且从宋代开始儒家十三经的底本就有伪作部分，"四书五经"中的《尚书》也基本如此。所以我们现在在市面上看到的《尚书》，大部分还是五十多篇的。

出土文献对我们研究《尚书》有很大的帮助，除了可以辨伪，也可以证实。《尚书·金縢》记载，周武王病得很严重，周公旦去庙里祈祷，希望周武王快点好起来，说如果祖先们需要人服侍，他自己多才多艺，能服侍鬼神，可以替周武王去死。然后他把祈祷文装进了金属缠束的匣子中。第二天周武王的病果然好了。不过，后来周武王还是去世了，年幼的成王继位，周公辅政。周武王的弟弟管叔等人别有用心，对周公不满，就散布流言说“周公将会对成王不利”，言外之意，周公可能会篡权。周公有口难辩，不得已就离开了京城，去东方驻守了两年。一年秋天，百谷成熟，到了收获的季节，然而天却突然刮起了狂风，庄稼都被吹倒了，大树也被连根拔起，国人很恐慌。于是周成王和大夫们去宗庙里祈祷，结果发现了金属缠束的匣子，打开后得到了周公当年为周武王祈福的文书，上面写着周公希望自己代替周武王去死的祝词。成王看到这些，大为感动，他询问此处的办事官员说，这上边记的是不是真的，你们为何不告诉我。他们回答说，是真的，是周公不让说。周成王拿着册书哭泣着说：“过去，周公勤于王事，我太年轻，来不及了解，所以才惹得上天动怒。我要亲自去把周公迎接回来。”成王走出郊外，天不打雷了，只下着雨，狂风突然反方向刮，倒了的庄稼又全部被吹起来了。这一年获得了大丰收，“王出郊，天乃雨，反风，禾则尽起。二公命邦人凡大木所偃，尽起而筑之。岁则大熟”（《尚书》）。故事里说周公平反后，风反向刮，怎么看都像最早的六月飘雪的故事。过去人们认为《尚书》中的《金縢》篇也是假的，但出土材料中确实有《金縢》篇（清华简中的《周武王有疾周公所自以代王之志》），所以并不是假的，只是其内容确实充满了传奇色彩，这应该是最早的小说了。

45.《山海经》真的是一部食谱吗？里面都有哪些神奇的好吃的？

先秦时期有一部书很有神秘感，那就是《山海经》，里面记载了各种植物、矿石以及神兽与神人，而且还记载了如果吃了某种植物、矿石或者妖怪，能够达到的神奇效果，仿佛就是一部“食谱”，且是一部健康养生的食谱。如：

往南走的食谱：

有一种叫祝余的植物，长得像韭菜，人吃了它，可以不饿，“食之不饥”，大概类似《七龙珠》里面能恢复体力的豆子。

有一种叫狌（xīng）狌的神兽，能像人一样行走，人要是吃了它，就可以健步如飞，“食之善走”。

有一种叫鯥（lù）的鱼，长得像牛，吃了皮肤不会发炎，“食之无肿疾”。

有一种鸟，叫鵸鵂（cháng fū），形状像鸡，长着三个脑袋、六只眼睛、六只脚、三只翅膀，人要是吃了它，就不会感到瞌睡，“食之无卧”。这种像鸡的鸟要是拿来卖鸡翅膀、鸡爪子，那就太合适了。

有一种九尾狐，它喜欢吃人，但你要是打得过它，把它吃了，就会免受妖邪毒气侵染，“食者不蛊”，相当于疫苗。

有一种鱼叫赤鱬（rú），鱼身人面，吃了它，可以不长疥疮，“食之不疥”。

有一种鱼叫虎蛟，鱼身而蛇尾，发出的声音像鸳鸯，人吃了它，可以不生痈肿疾病，还可以治愈痔疮，“食者不肿，可以已痔”。

有一种树叫白䓘（jiù），从枝干中能流出如漆的汁液，味道甘甜，人吃了它，可以不饥饿，还可以缓解疲劳，“食者不饥，可以释劳”，类似于现在奶茶的功能了，不开心的时候，来杯奶茶解忧愁。

往西走的食谱：

有一种草，叫萆荔（bì lì），生长在石头或者树上，人吃了，可以治疗心痛的病，“食之已心痛”。

有一种叫文茎的树，果实像枣，吃了可以治疗耳聋，“可以已聋”。

有一种草，果实像婴儿的舌头，吃了可以变聪明，不迷惑，“食之使人不惑”。

有一种草，开白花结黑色果实，人吃了这种果实，可以治愈疥疮，“食之已疥”。

有一种叫肥遗的鸟，长得像鹌鹑，人吃了能治愈麻风病，还能杀死体内的寄生虫，“食之已疠，可以杀虫”。

有一种叫栎（lì）的鸟，长得也像鹌鹑，人吃了它的肉可以治愈痔疮，“食之已痔”。

有一种草叫杜衡，马吃了跑得快，人吃了可以治愈一种叫瘿（yǐng）的病。据说忧思过度，或者缺碘就会在脖子上长出一个瘤状的东西，吃了杜衡，就可以治好了，“可以走马，食之已瘿”。

有一种叫数斯的禽鸟，长得像鹞鹰，却有着人一样的脚，人吃了它的肉，也能治愈脖子上这种赘瘤病，“食之已瘿”。在中央地区有一种野兽、一种叫无条的草和叫天楄的树，也都有此功能。

有一种树，结的果实与枳（zhǐ）实相似，人吃了它，大补，有助于生育，能多子多孙，“食之宜子孙”。

有一种果树，果实像桃子，叶子像枣树的叶子，人吃了它的果实，可以很开心，永远不会感到疲劳，“食之不劳”。

有一种味道像葱的草，叫蘋（pín）草，吃了它，可以治疗疲劳，“其味如葱，食之已劳”。

有一种果树，结红色的果实，味道甘甜，人吃了它，可以充饥，“食之不饥”。

有一种鱼，长着鲤鱼的身子、鸟一样的翅膀，它浑身是苍色的斑纹，白脑袋，红嘴巴，常常在西海行走，在东海畅游，在夜间飞行。它发出的声音如同鸾鸣鸟啼叫。它的肉酸中带甜，人吃了它，可治好狂乱的神经病，而且它一出现，天下就会五谷丰登，“食之已狂，见则天下大穰”。2008 年北京奥运会吉祥物的原型就是它。

有一种叫沙棠的树，形状像棠梨树，果实味道像李子，却没有核，人要是吃了这个果实，过河的时候不会沉下去，“可以御水，食之使人不溺”。

有一种叫讙（huān）的神兽，形状像野猫，长着一只眼睛，三条尾巴，人要是吃了它，能治好黄疸（dǎn）病，“是可以御凶，服之已瘅”。

有一种神鸟，叫鵸（qí）余，形状像乌鸦，但长着三个脑袋，六条尾巴，人要是吃了它，就不会再做噩梦，“服之使人不厌，又可以御凶”。

有一种冉遗鱼，鱼身蛇头，六只脚，眼睛像马耳朵，人要是吃了它，也不会再做噩梦，“食之使人不眯，可以御凶”。

有一种叫櫰（huái）木的树，形状像棠梨，结红色的果实，果实如木瓜大小，人吃了果实，能增添气力，“食之多力”。

有一种丹树，果实也像木瓜大小，人要是吃了它，可以治愈黄疸病，还可以辟火，从此不怕火烧了，“食之已瘅，可以御火”。

往北走的食谱：

有一种滑鱼，人要是吃了它，能治疣赘病，“食之已疣”。

有一种鸟，叫鵸鵌（qí tú），像乌鸦，雌雄同体，人要是吃了它，可以不得痈疽病，“食之不疽”。

有一种水中的儵（shū）鱼，长得像鸡，三条尾巴、六只脚、四只眼睛，叫声与喜鹊相似，人吃了它的肉，就会变得无忧无虑，“食之可以已忧”，何以解忧？唯有摸鱼、吃鸡。

水中有一种何罗鱼，一个脑袋十个身子，发出的声音像狗叫，吃了它，可以治疗皮肤病，“食之已痈”。

水中有一种鳛鳛（xí）鱼，形状像喜鹊，却有十只翅膀，人吃了它，能治黄疸病，“食之不瘅”。

有一种叫耳鼠的神兽，形状像老鼠，脑袋像兔子，耳朵像麋鹿，可以用尾巴飞行，人要是吃了它，就不会生膨胀病，还可以百毒不侵，“可以御百毒”。

有一种叫䴔（jiāo）的鸟，人吃了它的肉，可以治好风痹病，“食之已风”。

有一种鸟叫白䳭（yè），长得像野鸡，人吃了它，可以治疗咽喉痛牙疼，“食之已嗌痛”。

有一种鱼叫鱳鱼，形状像鲤鱼，长着鸡爪子，人要是吃了它，能治好赘瘤病，“食之已疣”。

有一种鱼叫鮨鱼，鱼身狗头，发出的声音像婴儿啼哭，人要是吃了它，就能治愈疯狂病，“食之已狂”。

有一种鱼叫鮆（cǐ）鱼，发出的声音像骂街，人要是吃了它，就没有狐臭，“其音如叱，食之不骄”。

有一种鸟，叫长鸓鹛（bān mào），形状像乌鸦，却长着人的面孔，人要是吃了它的肉，就可以不中暑，“食之已暍”。

有一种鸟，叫嚻（xiāo），形状像夸父，长着四只翅膀、一只眼睛、狗的尾巴，人要是吃了它，可以止肚子痛，还可以治好腹泻，“食之已腹痛”。

有一种人鱼，长有四只脚，能发出婴儿哭啼的声音，人要是吃了它，不会得变傻的病，“食之无痴疾”。

有一种鸟叫鶌鶋（qū jū），形状像乌鸦，吃了它，可以充饥，还可以医治老年健忘症，“食之不饥，可以已寓”。

有一种水中的矿物质叫器酸，三年才能收成一次，人吃了它，能治愈麻风病，“食之已疠”。

有一种神兽叫领胡，长得像牛，人吃了它，能治愈癫狂症，“食之已狂”。

有一种鮨（xiàn）父之鱼，长着鱼的头，猪的身子，人吃了它，可以治愈呕吐，“食之已呕”。

有一种鸟叫鸪鹨，像乌鸦，吃了它的肉，可以明目，能使人的眼睛明亮而不昏花，“食之不眴目”。

往东走可以吃到的东西：

有一种鳖（biē）鱼，形状像肺器官，四只眼睛，六只脚，肉味酸中带甜，人要是吃了它，可以避免瘟疫，“食之无疠”。

有一种树，像杨树，果实与枣子相似，但没有核，味道酸中带甜，人要是吃了它，可以避免患上疟疾，“食之不疟”。

有一种鱼，叫鱃鱼，形状像鲤鱼，人吃了它，皮肤上不生瘊子，“食者不疣”。

有一种茈（zǐ）鱼，形状也像鲫鱼，却长着一个脑袋、十个身子，人吃了它，不长毒疮，“食之已痈”。

中央山地区：

有一种叫箨（tuò）的草，茎干像葵菜，叶子像杏树，结带荚的果实，人吃了它，可以治愈眼睛昏花，“可以已瞢”。

有一种栃（lì）木，其实如楝（liàn），吃了它的果实，记忆力会特别好，“服之不忘”。

有一种豪鱼，长着红嘴巴、红尾巴，人吃了它，能治愈白癣病，“可以已白癣”。

有一种草叫植楮（chǔ），结带荚的果实，吃了它，可以治愈精神抑郁症，还可以使人不做噩梦，“可以已癙（shǔ），食之不眯”。

有一种草叫鬼草，吃了它，能使人无忧无虑，“服之不忧”，这就是忘忧草啊。

有一种飞鱼，形状像鲫鱼，人吃了它，能治愈痔疮和痢疾。还有一种飞鱼，形状像小猪，人吃了它，不怕打雷，而且刀枪不入，“服之不畏雷，可以御兵”。

有一种树，叫彫（diāo）棠，叶子像榆树，果实像红豆，人要是吃了它，能治愈人的耳聋，“食之已聋”。

有一种草叫荣草，叶子像柳树，根茎像鸡蛋，人要是吃了它，能治愈风痹病，“食之已风”。

有一种野兽，叫蠪蚳（lóng chí），形状像猪却长着角，能发出人号啕大哭的声音，人吃了它，不做噩梦，“食之不眯”，这东西要是让我见到都会做噩梦，还说吃了不会做噩梦，鬼才信。

有一种叫鴢（yāo）的鸟，形状像野鸭子，人吃了它，大补，可以多生孩子，“食之宜子”。

有一种草叫荀草，形状像兰草，结红色的果实，人吃了它，肤色会变洁白漂亮，这是内服化妆品，“服之美人色”。

有一种鸟，叫鸮鹦（yāo），形状像猫头鹰，三只眼睛，声音如同鹿鸣，人吃了它，能祛除湿气，“食之已垫”。

有一种鸟，形状像野鸡，人吃了它，不会再做噩梦，“服之不眯”。

有一种脩（xiū）辟鱼，形状像蛙，声音如同鹞鹰，人吃了它，能治愈白癣病，“食之已白癣”。

有一种草，叫藷（shǔ）苭，果实如瓜，其味酸甜，吃了可以治疗疟疾，“食之已疟”。

有一种草，叫䔄（yáo）草，传说是天帝的女儿死后尸体变的，这种草开黄色的花，果实与菟丝子的果实相似。女孩子吃了它的果实，可以变漂亮而讨人喜爱，“服之媚于人”。

有一种树叫蒙木，像槐树，吃了它，能使人不糊涂，“服之不惑”。

有一种草叫牛伤，叶子像榆树，吃了它，能使人不得昏厥病，还能刀枪不入，“服者不厥，可以御兵”。

水中有一种三只脚的龟，吃了它，使人不生大病，还能消肿，“食者无水疾，可以已肿。”

有一种叫嘉荣的草，一出土就结果实，服用它，能使人不怕霹雳雷响，“服之者不霆”。

有一种鱼，叫鯩（lún）鱼，形状像鲫鱼，人吃了它，可以当咖啡用，不用睡觉，“食者不睡”。

有一种鱼，叫螣（téng）鱼，像鳜鱼，人吃了它，不患痈肿病，还可以治好瘘疮，“食者不痈，可以为瘘”。

有一种叫帝休的树木，开黄花，结黑色果实，吃了它，能使人平心静气而不恼怒，“服者不怒”。

有一种鱼，形状像猕猴，却有公鸡的爪子，人吃了它，不会得疑心病，还能避兵器，“食者无蛊疾，可以御兵”。有一种三足鳖，吃了它，也能使人不得疑心病，“食之无蛊疫”。

有一种草，结黑色果实，像野葡萄，吃了它，能使人的眼睛明亮不昏花，“服之不昧”。

有一种树叫亢木，结红色果实，人吃了它，可以驱蛊辟邪，“食之不蛊”。

有一种草，叫䔄草，叶子与葵菜叶相似，果实也很像野葡萄，吃了它，能使人变聪明，“食之不愚”。

有一种树，叫葪（jì）柏，结红色果实，吃了它的果实，能使人不怕寒冷，“服者不寒”。

有一种草，叫蓇蓉，形状像蓍草，结白色果实，人吃了它，可以不早死，可以延年益寿，还可以医治肠胃上的各种疾病，“服之不夭，可以为腹病”。

有一种野兽叫獜（lín），形状像狗，却有老虎一样的爪子，人吃了它的肉，不患类似类风湿之类的病，“食者不风”。

有一条溪水，据说是神仙帝台所用过的浆水，饮用了它，能使人不患心痛病，“饮之者不心痛”。

找完了自己地盘天南地北的吃的还不算，“吃货”们还要到海外诸国，到别人家检查一下，看看别人有什么好吃的，如说司幽国吃黄米饭，吃野兽肉，叔歜（chù）国也吃黄米，深目民国吃鱼类，无继民吃的是空气和鱼类，等等。海外诸国，吃的倒很平常，但往往人长得比上边记载那些可以作为食物的神兽还要奇怪，如一目国的国人都是一只眼睛，一臂国的国人都只有一只手臂、一只眼睛和一个鼻孔，贯胸国的国人胸前都有一个洞，三身国的国民全是一个脑袋三个身子，等等。在没有神奇食物的地方，流着口水的“吃货”们只能将这些神奇的身体以及异域风情作为记录的主要对象，这也是一种精神上的饕餮。

在《山海经》的“食谱”中，不仅有不少食物可以治疗身体疾病，增强体魄，而且还有诸多治疗心理以及精神疾病的食材，如治疗发怒的，治疗抑郁症的，治疗疑心病的，甚至还有专门治疗嫉妒的。这让我想到了《红楼梦》第八十回中，贾宝玉见识了呆霸王薛蟠的妻子“河东狮”夏金桂是如何嫉妒、残害香菱的。等他到郊外天齐庙还愿，趁着休息的时候叫来了老道王一贴，老道说自己的膏药包治百病，贾宝玉想必心里还一直惦念着香菱，就问起有没有可以治疗女人嫉妒的膏药，这就引出了“王道士胡诌妒妇方”的故事。王一贴说治疗女人嫉妒的膏药虽然没有，但却有一种汤药，这汤药的效果只是有些慢，不能立竿见影。贾宝玉又问是什么汤药，如何吃。“王一贴道：‘这叫做疗妒汤：用极好的秋梨一个，二钱冰糖，一钱陈皮，水三碗，梨熟为度，每日清早吃这么一个梨，吃来吃去就好了。’”也就是说，这“疗妒汤”主要成分是“梨”，每天喝一瓶“冰糖雪梨”，就真的能治疗女人嫉妒吗？贾宝玉大概不信，于是提出了质疑，“贾宝玉道：‘这也不值什么，只怕未必见效。’”“王一贴道：‘一剂不效吃十剂，今日不效明日再吃，今年不效吃到明年。横竖这三味药都是润肺开胃不伤人的，甜丝丝的，又止咳嗽，又好吃。吃过一百岁，人横竖是要死的，死了还妒什么！那时就见效了。’说着，宝玉茗烟都大笑不止，骂‘油嘴的牛头’。”看来懂得很多“古记”的王道士这“疗妒汤”果然是在胡诌，由此可见，一本正经地胡说八道古已有之。据说中国台湾现在某些地方真的有“疗妒汤”这道菜，用的就是《红楼梦》的招牌。《红楼梦》和《山海经》常常有联系，如《红楼梦》里提到的“大荒山”，“大荒山”最早就见于《山海经·大荒西经》，“大荒之中，有山名曰‘大荒之山’，日月所入”，大荒山是日月所入之地。同样在《山海经》里，我们可以查到，里面也确实记载了诸多治疗嫉妒的“药”。如《山海经·南山经》中记载了一种雌雄同体的野兽，叫作“类”，长得像山猫，头上有发，据说只要人吃了它的肉，就不会嫉妒，“食者不妒”；《山海经·北山经》中有一种鸟，住在轩辕山上，叫作黄鸟，它长得像猫头鹰，但脑袋是白色的，它的叫声好像是在喊自己的名字，人要是吃了它的肉，也不会嫉妒，“食之不妒”；还有就是《山海经·中山经》，里面记载了一种植物，长在泰室山上，叫栯（yǒu）木，它的叶子与梨树叶相似，有红色的纹理，人吃了它，就不会嫉妒，“服者不妒”。注意这个栯木，“叶状如梨”，它的叶子与梨树叶相似，如果按照“索隐派”的研究方式，大概就可以把“疗妒汤”中以“梨”作为主要配方的原因和这一点联系起来了吧。

《山海经》中除了有这些标明了服用后的功效的“食材”，实际上还有不少日常之食物，如桃、李、梅、杏等等，“又东北三百里曰灵山……其木多桃、李、梅、杏”，“又东四十里曰卑山。其上多桃、李、苴、梓，多累”。习以为常的吃的，功效大家都知道，也没有什么新奇的，“吃货”们往往只标明在哪儿，要想吃，自己按照记录去找就好了。

《山海经》中还记录了一些专门吃人的神兽。找食物，要小心避免自己成为食物。有一种野兽，形状像狐狸，九条尾巴、九个脑袋、虎一样的爪子，发出的声音如同婴儿啼哭，就是会吃人的；有一种野兽，叫合窳（yǔ），形状像猪，却是人的面孔，能发出婴儿啼哭的声音，也是吃人的；有一种野兽，叫马腹，人面虎身，能发出如同婴儿啼哭的声音，是能吃人的；有一种野兽，叫犀渠，形状像牛，能发出如同婴儿啼哭的声音，也是能吃人的。这些都是以婴儿啼哭引诱人、以人为食物的神兽，要小心了。

“吃货”们研究自己能吃什么，神兽会吃什么，还研究神灵怎么吃。《山海经》中还有一大部分内容记载的是如何祭祀神灵，如祭祀鸟身龙头的山神，要把畜禽和璋一起埋入地下，祭祀的米用稻米；祭祀龙身人面的山神，要用一条白色的狗作供品，米也是用稻米；祭祀羊身人面的山神，要把一块吉玉埋入地下，米用稷米；祭祀人面蛇身的山神，要用一只公鸡和一头猪埋入地下，不需要用米；祭祀人面马身的山神，要将藻和茝（chǎi）之类的香草埋入地下，米要用精米，参加这项祭祀活动的人还都要生吃未经火烤的食物；祭祀龙头人身的山神，要用一只狗作为祭品，祷告时要用鱼；祭祀人身羊角的山神，要用一只公羊，米用黄米；首山，是神灵显应的大山，祭祀首山山神要用稻米、整只黑色皮毛的猪、牛、羊、美酒，还要手持盾牌起舞，摆上鼓并敲击应和，还要用一块玉璧，等等。

从《山海经》的内容来看，它并不简单地是一部“食谱”，除了为人们提供一些药物食材指导、矿产树木记录外，还有大量内容告诉人们哪里有神兽，有哪些神兽，哪里有神人，有哪些神人，如何避免危险，如何祭祀等。

那么，《山海经》究竟是一本什么书呢？它其实更像是一部巫师的工作手册。过常宝先生在《论上古动物图画及其相关文献》一文中指出，“《山海经》是一部‘备百物，知神奸’的巫师手册，它的功用是帮助巫师祭祀各地山川之神”。[①] 赵振祥《论巫师的活动与早期志怪小说》一文也有类似的观点，他说像《山经》“不仅记述山的位置名称，而且对这些山上所居住的神灵也所记颇详，并在所记每列山系的结尾都详细记述了祭

① 过常宝：《论上古动物图画及其相关文献》，《文艺研究》2007 年第 6 期。

祀这些山的方法……这些官巫们对山经的记述也许就是为了给帝王祭祀山川提供一种依据，也许其中一些已经是对帝王们祭祀山川活动的一种记载了”。[①]也就是说《山海经》是用来指导巫师进行祭祀工作的，是巫师祭祀时用的。

虽然从整体内容上来看，《山海经》不是“食谱”，但推测其最初的形态，倒很可能类似现在带图画的“菜谱”。

要探究《山海经》的原初形态，我们要先说一下先秦时期“铸鼎象物”。《左传·宣公三年》记载了王孙满对“铸鼎象物”的解释：“昔夏之方有德也，远方图物，贡金九牧，铸鼎象物，百物而为之备，使民知神奸。故民入川泽山林，不逢不若。螭魅罔两，莫能逢之，用能协于上下，以承天休。”“铸鼎象物”就是把九州各物绘制在青铜鼎上，其作用是让人们认识哪些是神，哪些是奸邪，如果有一天遇到了，可以祭祀他们，或者控制他们，以趋吉避害。

《山海经》最初也是这类图像，朱熹《记山海经》云：“(《山海经》)记诸异物飞走之类，多云‘东向’，或云‘东首’皆为一定而不易之形。疑本依图而为之，非实纪载此处有此物也。”朱熹怀疑《山海经》是以图为据的记录，因为文中经常说，东边如何，东首如何，好像就是在描绘一幅画。明代胡应麟也持有相同的看法，他说：“经载叔均方耕，讙兜方捕鱼，长臂人两手各操一鱼，竖亥右手把算，羿执弓矢，凿齿执盾，此类皆与纪事之词大异……意古先有斯图，撰者因而纪之，故其文义应尔。”“方”是正在的意思，《山海经》中说“叔均方耕，讙兜方捕鱼”，正在耕地，正在捕鱼，这不就是对画的描述吗？这样的例子在文中还有很多，如“有人，

① 赵振祥：《论巫师的活动与早期志怪小说》，《上海师范大学学报（哲学社会科学版）》1998年第4期。

（明）《山海经》百灵图局部

方食鱼”，有人，正在吃鱼；“有人焉，鸟喙有翼，方捕鱼于海”，有人，长着鸟嘴和翅膀，正在捕鱼；等等。

也就是说我们刚刚罗列的那些“食材”，最初在《山海经》中大多都是以图画的方式呈现的。大约到了战国时期，人们根据图画，把它们转换成了文字，用文字描述这些图画。而有了文字之后，这些图画就渐渐丢失了，汉以后，人们又根据文字来画《山海经》，但这些画并不是先秦时期原初的图画了，画得像不像就没人知道了。那些《山海经》原始图册早已经丢失了，只有青铜器上刻画的那些神兽还在。

你可以想象一下，古人最初拿着的是一本全是图画的《山海经》，一边翻看，一边念叨：这个能吃，那个也能吃——这倒也真像是一本现代的菜谱了。

最初的时候，古代的巫师们就是通过一系列的图像来记忆有哪些神奇

（明）《山海经》百灵图局部

的“食物”，以及需要控制的神兽和需要祭祀的神灵的。

《左传》说“国之大事，在祀与戎”，祭祀是国家最大的事情之一。要完成祭祀，就得知道有哪些神兽，有哪些神灵，需要记住他们的名字和模样，以及祭祀需要的食物、物品和程序。古人有一种信仰，认为你认识了某个神兽、神人，能叫出他们的名字，才能控制他们，或者祭祀他们。这体现的是传统上人们将名字或者图像与“灵魂”相结合的思维方式。《左传·僖公二十三年》和《国语·晋语九》记载，春秋时期有“策名委质”的习俗，当一个人想投靠一个君主的时候，首先就要把自己的名片交上去，这样就表示自己绝无二心，“委质为臣，无有二心”。“书名手册，示必死也”，而君主掌握了这张名片，就相当于掌握了这个人的生死。人们对“神灵”祭祀，书写或者呼唤神灵的名讳，绘制或者雕刻他的模样，体现的也正是这种思维。巫师们对“神兽”的控制同样是这种思维模式，掌握了《山海经》，就相当于掌握了一大批“妖怪”。日本有个动画叫《夏目友人帐》，夏目的外祖母铃子曾经战胜了很多妖怪，并将战败的妖怪的名字索来，记在一个账本上，得到了妖怪的名字就能控制它们。后来这个账本传到了夏目手里，于是不断有妖精找上门来，想要回自己的名字，这正与《山海经》的思维模式一致。

相似、相接，就相通，这是古人的信仰，神兽、神人的名字与画像，与其魂魄为一体，要想与其发生联系，首先就要认他们的名字，了解他们的模样。

作为巫师手册的《山海经》，里面记录了大量的神兽与神人，如九尾狐、白泽、巴蛇、凤凰、鼓、山魈（xiāo）、夔（kuí）牛、二八神、南方祝融、西方蓐（rù）收、北方禺（yú ）强、东方句芒、熏池、骄虫、西王母以及各种山神，等等。记住大量神兽与神人的名字、模样、功能，记忆控制与祭祀他们的程序，就是这些拿着《山海经》的巫师的“正业”。巫师们往往需要根据一张图，背诵出大量的内容。而记录吃的食物，从信仰的角度来说，可能是将其作为神灵神异存在的证明，或者将其作为神灵馈赠的证明。从用途的角度来说，巫与医自古为一家，这些食物被记录下来，可能是备用来给其他人治病，或者巫师们自己想得到这些，想用这些给自己补充能量，增持“技能”。你看里面记的都是：吃什么跑得快，吃什么体力好，吃什么可以提高记忆力，吃什么可以防止老年痴呆，吃什么可以防止瞌睡，吃什么能不用睡觉，吃什么能不疲劳，吃什么治疗疯狂，吃什么治疗烦躁发怒，吃什么可以治疗不开心，吃什么可以治疗抑郁症，吃什么可以不用做噩梦，吃什么可以治疗上火牙疼，吃什么可以治疗耳聋眼花，吃什么能不早死，等等。如此看来，古代巫师们的工作压力也不小啊！

46.《关雎》不是爱情诗？《蒹葭》或与牛郎织女有关系？

我们几乎都知道有一本叫《诗经》的书，而一提及《诗经》，即便没读过，也总会知道一句“关关雎鸠，在河之洲。窈窕淑女，君子好逑”。那么，这首诗的主题究竟是什么呢？有人说它是爱情诗，实际上在古代，主流的说法都不说它是爱情诗。在古代，学者们主要有这样两种误解：一说这首诗是劝谏周康王的，周康王和夫人晚上休息，第二天起晚了，所以有人就演奏《诗经》，告诫周康王，要像《关雎》里的夫妻一样“琴瑟友之”，就是要琴瑟和谐，和谐就是节制；还有一说，赞美“后妃之德”，认为这是文王时美后妃之诗，是赞美周文王妻子的诗。传说文王百子，文王有一百个儿子，那肯定不是一个媳妇生的，而文王的正妻不嫉妒、很贤德，周文王和他的正妻如琴瑟一般和谐，是后人的榜样。这两种说法基本都是附会，从诗篇本身来看，找不出任何与周文王、周康王有关系的线索。而近代以来，随着思想的解放，又有一种新说诞生了，认为《关雎》是爱情诗。这种说法虽然只是众多观念中的一家之言，诞生不到百年，但却渐成主流，直到现在，普罗大众接受的也是这一观念。那么，《关雎》真的是爱情诗吗？真的如你想象的那样，一个男孩子追求一个女孩子，琴瑟友之，抱着吉他到宿舍楼下歌唱吗?那“钟鼓乐之”怎么办?钟鼓是非常大、非常重的乐器,如果是爱情诗,一个男孩子为了追一个女孩子,还要组一个乐队,几个人搬着青铜编钟,几个人抬着鼓?钟鼓是贵族用的礼器,非普通人家在普通场合能应用的。笔者的博士导师、北京师范大学教授李山先生是研究《诗经》的大家,他在《讲给大家的〈诗经〉》这本书中,重新考察了这首我们众所周知的诗篇,认为它并非一首单纯的爱情诗,而是婚姻典礼的仪式乐歌。

战国时期的青铜编钟(西周时期已经有编钟,一般是一件三套)

李山老师常常能通过梳理传世文献,结合新的考古材料,从名物的分析重新解读一些我们熟悉的诗篇,往往能探其新意。如他讲到这首《关雎》,先从什么是雎鸠鸟讲起。我们现在常见的一些配图,是日本学者细井徇画的,是一只尖嘴的鱼鹰。李山老师指出,实际上“关关雎鸠”的“关关”是“呱呱”的意思,而能发出“呱呱”声音的绝不可能是尖嘴的鸟,只能是扁嘴鸟,扁嘴鸟又多是水鸟,是候鸟。候鸟的特性是秋去春来,

日本江户时代细井徇《诗经名物图解》

当沙洲上又出现了呱呱叫的候鸟，意味着候鸟回来了，春天来了。诗歌开篇第一句，是为了把人带到初春的光景。李山老师根据文献的记载，以及诗篇的意境，认为“雎鸠”鸟的样子类似于下面这种鸟的造型：

《周南·关雎》雎鸠——绿头鸭　吴娇 绘

“在北方中原地区的河流边，呱呱叫的水鸟在沙洲上捕鱼，意味着春天到来了，这是很优美的情景。在北方满目褐色的冬景之中，慢慢地冰消雪化，在料峭的春风中感到一丝温暖，风轻了，各种味道出来了，鸟的声音出现了。天时在变，诗歌由万物生长自然联想到人类生活要跟上节令的步伐。”[1] 接下来就是淑女和君子的故事了。那么这首诗是爱情诗吗？

商晚期青铜鼓 湖北省博物馆藏

接着李山老师就从“钟鼓”等物证上指出，这实际是一首婚姻典礼的仪式乐歌。谈恋爱，“琴瑟友之”，还可以理解，那么“钟鼓乐之”，演奏成套的钟鼓，需要一定的身份，更需要组成一个“乐队”。这样的场面，说是男子向女子求爱就说不过去了。李山老师还指出，从诗篇的人称上看，此诗也不像是爱情诗，“窈窕淑女，君子好逑”：那个女孩子是那个男孩子的好配偶，哪有这样的爱情诗？爱情诗应该是第一口吻，“我欲与君相知，长命无绝衰”，这是爱情诗。所以这首诗是在结婚典礼的时候演奏，诗乐舞三位一体，是旁观者在歌唱。

李山老师几十年来研究《诗经》，有很多打破传统误解的新见。又如《蒹葭》，“所谓伊人，在水一方”，关于此诗的主旨，历来也众说纷纭。汉代经师认为这是一首讽刺诗，讽刺的是春秋早期秦国的君主秦襄公，讽刺他不能用周礼，不懂礼仪。然而，我们从诗篇中根本就读不出这一观念，这一解读有点儿莫名其妙。宋代的朱熹也读不懂，他说不知道这首诗的主旨是什么，知之为知之，不知为不知。朱熹之后又有附会说这是招隐士的诗篇，所谓伊人，就是隐藏在山水中的高人。到了近代，和《关雎》一样，

① 李山：《讲给大家的诗经》，东方出版社 2019 年版。

《蒹葭》也被看作了爱情诗，所谓伊人就又变成了自己思念爱慕的那个人。

李山老师则从文化学等角度考证，认为此诗实际是关于牛郎织女的歌唱。在解读这首诗的时候，他以材料和证据为支撑，进行了合理的推测，其《风诗的情韵》一书指出，“首先，诗篇是不是写了一片水泽？是。水之湄、涘有芦苇，说明这片水不应太小，澡堂子式的一片水长不了这么多芦苇。另外，水中还有一个‘坻’或曰‘沚’，就是水中高地。这是要点，请记住。一大片水，包围着一个小高地。那，这是在写什么？这一大片水，诗言‘溯游从之’‘溯洄从之’，就是顺流从之、逆流从之，就是转着圈从之；诗又言‘宛在水中央’，顺着也找不着，逆着遇不到，这只有一个情形，就是水是圆形的或说是大体圆形的，中间有一个岛屿似的高地，周围是一片水。联系历史，联系周代礼乐的建设，这片水和岛，就应该是西周时期的一个礼乐建筑，名为‘辟雍’（pì yōng）。什么叫辟雍呢？西周的是看不到了，到北京的国子监去看一看，那里还有辟雍，是明清时的，是有意延续西周古老礼乐建筑的，其结构即周围是水，中间一个建筑。当年清朝皇帝就曾坐在中间的亭子一样的建筑里讲学”。[①]

也就是说，“宛在水中央”实际是西周时期的一种礼乐建筑：“辟雍”。20世纪60年代，考古学者为了寻找西周镐京遗址，到沣河中游西周故地做实地探查，有一个发现：在汉代昆明池靠北端，推测也就是西周辟雍水域所在的地方，发现了一座石头雕刻的男人像，根据文献记载，他就是牛郎。汉代班固和张衡作《二京赋》《两都赋》，都曾写到他，前者说：“*左牵牛而右织女*。”后者谓：“*牵牛立其左，织女处其右*。”这就是说，牵牛像的左手方向还有织女像。按照这一线索，人们在昆明池水域之外，在牵牛

① 李山：《风诗的情韵》，东方出版社，2014年版。

像所在小岛的西南方向的一个村庄，居然发现了另一座女性石像，即织女的石像。两座石像，正好是一左一右，隔水遥遥相望。建筑是汉代的，石像就未必是汉代的了，其起源可能会更早些。

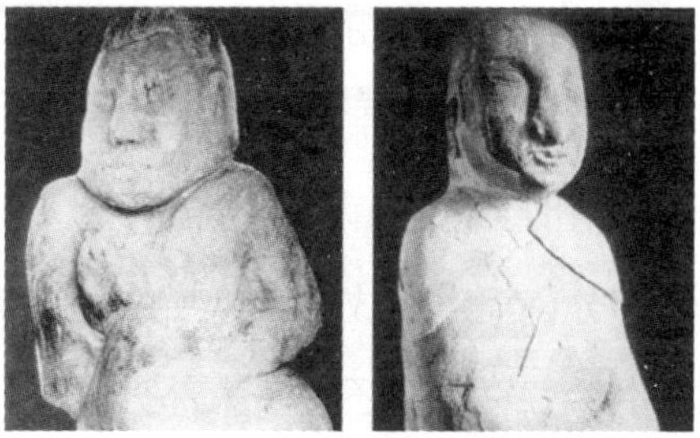

西汉牛郎织女石刻

李山老师联系《诗经》中另一首《大东》谈及周人的信仰，《大东》最早提到了牛郎织女，“跂彼织女，终日七襄。虽则七襄，不成报章。睆彼牵牛，不以服箱”。李山老师认为牵牛织女实际上是周人的象征符号。我们知道，西周最后一代君主是周幽王，他被申侯联合戎狄杀死，实际上他死后，戎狄也没有立即离开周人的腹地。都城被破坏得残败不堪，接下来是“二王并立”，携王与平王对立，后来平王胜利了，但周人的陕西大本营等地依然有大量的戎狄存在，于是平王东迁了。因为当时秦人支持平王，平王就把原来西周大本营故地封给了秦人，也就是说秦这个诸侯国的民众有不少是西周遗民。周人是信仰牵牛的，李山老师指出，古文献记载，秦人占领周地后，有青牛作怪（笔者按，这大概是周遗民不服秦人统治的一种神话反映），那么这个牛郎的造像，很可能是受到留在周人故地的周人遗民信仰的影响，秦人在辟雍祭祀牵牛之神而竖立的。这样解释“秦风”中的《蒹葭》，“宛在水中央”的就是在周人故地辟雍上的牛郎，牛郎与织女常被对举，所以逆流、顺流寻找而无果的就是另一个信仰织女了。作者将这样一首诗通过人证、物证而与一个美丽的传说联系在了一起进行一种推测，大大拓展了人们的想象空间。

李山老师以传统考据为基础，结合新材料、采用新角度探究诗意的例子还有很多。李山老师是《诗经》研究的大家，除了出版了诸多影响学术界的专著，近些年来，他还一直做着相关的普及性工作，如《诗经选》《风诗的情韵》《讲给大家的诗经》《大邦之风》等就是此类成果。《诗经》中有一部分诗篇已经成为大众所知的经典，如《关雎》《氓》《蒹葭》等，但实际上，三百篇中还有一大部分被集体冷落而其实深具经典品格的作品，如果李山老师的这些普及性读物能够重新引起更多人对更多诗篇的关注，那么，这可以说也是一种重要的影响了。受李老师的研究的影响，笔者的研究方向也是先秦两汉文献与文学，我的一本小册子《〈诗经〉文学的贵族时代——厉宣之际的诗篇研究》也已经出版，主要是对周厉王以及周宣王时期的诗篇进行了时代特征以及话语方式的分析，并附录了先秦以及秦汉至唐所有文献当中对大、小《雅》进行断代的相关文献，该书偏学术，不像本书这样通俗有趣，但正是正规的学术训练，才让我写起这些普及性小文章来得心应手，才能保证这些普及性小文章知识的准确与逻辑的严谨。

47. 管仲相齐，鲁国或成最大赢家？——从《曹刿论战》说起

隔着泰山，齐国旁边就是鲁国。古代有很多文献都有对齐鲁的比较，而且往往被赋予一种预言式的神秘色彩，如《淮南子·齐俗训》记载武王伐纣成功之后，周公被封在鲁地，姜太公被封在齐地，姜太公问周公打算如何治理鲁地，周公说："亲亲尊尊。"意思是亲近亲近的人，尊敬尊敬的人，依靠自己的宗族，姜太公曰："鲁国，从此衰矣。"果然，后来鲁国一直是一个弱小的国家，政权被亲戚宗族"三桓"所把持，还出了一个鲁哀公。周公问姜太公如何治理齐地，姜太公说："举贤而尚功。"推荐贤人，崇尚功劳。周公曰："后世必有劫杀之君。"后来齐国确实很强大，春秋五霸第一霸便是齐桓公，可是春秋末年，不是自己宗族的人坐大，而是外人田氏代齐，齐国国君被卿大夫所杀。这显然是到了春秋末期人们想象敷衍而成的故事。然而在我们印象中，确实是齐国强大，鲁国弱小，而我们学过一篇文章《曹刿论战》，却是鲁国战胜了齐国，且打败的正是春秋第一霸主齐桓公。齐桓公还有失败的战争吗？这场战争后来怎么样了呢？齐国不能因为一次失败就结束了齐鲁战争吧？尤其是要当霸主的齐桓公，怎么可能容忍失败呢？

《曹刿论战》选自《左传》：

十年春，齐师伐我。公将战，曹刿请见。其乡人曰：“肉食者谋之，又何间焉？”刿曰：“肉食者鄙，未能远谋。”乃入见。

问：“何以战？”公曰：“衣食所安，弗敢专也，必以分人。”对曰：“小惠未徧，民弗从也。”公曰：“牺牲玉帛，弗敢加也，必以信。”对曰：“小信未孚，神弗福也。”公曰：“小大之狱，虽不能察，必以情。”对曰：“忠之属也。可以一战。战则请从。”公与之乘，战于长勺。

公将鼓之。刿曰：“未可。”齐人三鼓。刿曰：“可矣。”齐师败绩。公将驰之。刿曰：“未可。”下视其辙，登轼而望之，曰：”可矣。”遂逐齐师。

既克，公问其故。对曰：“夫战，勇气也。一鼓作气，再而衰，三而竭。彼竭我盈，故克之。夫大国难测也，惧有伏焉。吾视其辙乱，望其旗靡，故逐之。”

齐桓公伐鲁，曹刿去见鲁庄公，跟他一起去长勺战场。到了前线，鲁庄公想击鼓进军，结果被曹刿拦住：先等等。等到齐国人三通鼓过去了，曹刿说，现在轮到我们了，鲁国军队全军出击，一下子就击败了齐国军队。齐国军队撤退，鲁庄公想追赶，曹刿又说，先等等，然后他下车，看了看齐国逃跑留下的车辙，发现没有欺诈，然后才同意追击齐国的军队。后来曹刿分析胜利的主要原因：三通鼓过后，齐国军队已经士气低落了，鲁国军队则一鼓作气，“彼竭我盈，故克之”。

在我们印象中，齐桓公不是春秋五霸之首，任用管仲而九合诸侯、一匡天下吗？怎么会输给了小小的鲁国呢？以前我们都是站在鲁国的角度分析鲁国何以胜，一鼓作气，那么，如果让我们站在齐国的角度来看一看，齐国何以败呢？这就需要我们重新来看看这场战争发生的时间，鲁国的君主、齐国君主以及管仲三个人处在怎样的环境阶段内。

《曹刿论战》的背景发生在鲁庄公十年，《春秋》记载曰："十年春王正月，公败齐师于长勺。"这就是著名的长勺之战，这一年是周庄王十三年，公元前 684 年。长勺之战这一年，鲁庄公已经在位 10 年了，已经有了丰富的从政经验。鲁庄公在历史上是一位很不错的君主，《诗经》中有一首齐国的诗歌《猗嗟》赞美他：

猗嗟昌兮，颀而长兮。抑若扬兮，美目扬兮。巧趋跄兮，射则臧兮。

猗嗟名兮，美目清兮。仪既成兮。终日射侯，不出正兮。展我甥兮。

猗嗟娈兮，清扬婉兮。舞则选兮，射则贯兮。四矢反兮，以御乱兮。

鲁庄公武艺高强，善于射箭，在后来的鲁宋战争中，曾亲手击败了对方的大力士南宫长万。

而这一年，齐桓公刚刚即位一年，"齐师伐我"的一个理由就是前一年鲁国支持公子纠跟公子小白争夺齐国的君主之位。齐襄公无道，齐国大夫鲍叔牙带领公子小白奔莒，管仲辅佐公子纠奔鲁，因为公子纠的母亲是鲁君的女儿。齐襄公死后，两人争夺齐国君主之位。管仲前去劫杀回国的公子小白，一箭差点儿射死公子小白，结果射中了带钩，"使管仲别将兵遮莒道，射中小白带钩"（《史记·齐太公世家》）。公子小白装死，公子纠放

汉画像 管仲射公子小白

慢了回国的节奏，结果却被公子小白捷足先登，成功即位。于是即位第二年即来讨伐去年支持公子纠的鲁国，以报当年之仇。

《左传》记载，实际在这一年之前，在君主争夺战期间，齐国打败了鲁国一次。当时齐国无君主，鲁庄公想着护送公子纠回国失败，就在秋天的时候，再次以军队讨伐齐国，这次是鲁国主动出击，结果在乾时被齐军击败。也大概因为刚刚有了这样一次失败的经历，所以在“齐师伐我，公将战”的时候，曹刿才挺身而出，他担心鲁国再次战败，这也就是为什么曹刿会说“肉食者鄙，未能远谋”了。

上一次齐国打败了鲁国，为何在长勺之战中齐国却失败了？其中一个主要的原因就是齐国指挥官换了，乾时之战的主要指挥官是鲍叔，齐国的大臣国、高二氏为内应，因而“发兵距鲁”成功了。这之后《左传》说“鲍叔帅师来言”，鲍叔战胜之后，带领军队来谈判，他要求处死公子纠，而将管仲押回。第二年，新即位的齐桓公执意要报仇，才再次发动了长勺之战。这时候的指挥官是年纪尚轻的齐桓公，管仲此时还没有得到齐桓公的真正信任，而鲍叔为了管仲主动让贤了。齐桓公自幼与齐国内的贵族大臣高傒交好，“小白自少好善大夫高傒”（《史记·齐太公世家》），所以

清人绘　管仲像

国、高二氏才纳小白，而阻挡公子纠。当管仲来了之后，鲍叔不仅自己让贤，“鲍叔既进管仲，以身下之”（《管晏列传》），还说“管夷吾治于高傒”（《左传》），管仲比高傒强，于是把相的位置让给了管仲。当齐桓公想打鲁国的时候，管仲当然反对讨伐当年帮助过自己的鲁国。《国语》中记载，齐桓公听从鲍叔的建议，亲自接见管仲，任其为相，向他咨询治国之策。齐桓公问曰：“吾欲从事于诸侯，其可乎？”刚刚即位，他想有所作为，急于证明自己，想采取行动称霸诸侯，于是上来就问是否可行。管仲明确说：“未可，国未安。”还不可以。然而，齐桓公终究还是没有听管仲的，他草率地发动了长勺之战。管仲一直是反对和鲁国闹僵的，《国语》中还有一篇，齐桓公也是问的同样的问题：“吾欲从事于诸侯，其可乎？”管仲答曰：“未可。”且要齐桓公亲近邻国。《国语》中还记载齐桓公咨询曰：“吾欲南伐，何主？”如果向南征伐，以谁为东道主，即物资的供给国。管仲说：“鲁国。”为了拉拢鲁国，管仲还建议归还侵占的鲁国棠、潜两地。

《管子》一书不是管仲写的，成书于战国秦汉间，这在学术界已成共识。其中很多内容与管子思想有联系，也有不少与其思想是有区别的，如书中说管仲通过收购鲁国的粮食等政策，搞垮鲁国的经济，“管子曰：滕、鲁之粟釜百，则使吾国之粟釜千。滕鲁之粟四流而归我，若下深谷者。非岁凶而民饥也，辟之以号令，引之以徐疾，施乎其归我若流水”。滕国、鲁国的粮食一釜定价百金，那么就让我国的粮食每釜定价千金，滕国、鲁国的粮食将四散流入我国。这应该是战国人的附会，因为与《国语》来对比，这与管仲将鲁国作为齐国的“东道主”政策是完全矛盾的。

这样一位亲鲁的政治家，显然在齐桓公刚即位的时候，是不建议伐鲁国的，而且他也预见到了齐国国内的问题会影响到军事行动。上一次胜利是齐国以逸待劳，这次主动出击，去人家的地盘，胜负就很难说了。

长勺之败，齐桓公不服气，第二年又拉拢宋国一起来打鲁国。宋国军事实力比较弱，于是鲁国采取的方式是先打宋国，一下子就把宋国的军队冲散了。宋国一败下去，齐桓公不敢再冒进，只能退兵。齐桓公终于明白管仲的重要性，从此之后，齐桓公对管仲言听计从。三年以后，齐桓公在位五年的时候，鲁庄公十三年，齐国再次讨伐鲁，经过管仲的帮助，齐国实力大增，这次伐鲁，“鲁将师败”（《史记》），鲁国只能割地以平息战争。然在柯地会盟的时候，《史记》曰：“曹沬以匕首劫桓公于坛上，曰：‘反鲁之侵地！’桓公许之。已而曹沬去匕首，北面就臣位。桓公后悔，欲无与鲁地而杀曹沬。”曹沬，即曹刿，他突然上台用匕首劫持了齐桓公，要求归还鲁国的土地，齐桓公无奈答应了。等曹刿退到台下，齐桓公又反悔了。这时候亲鲁的管仲又站出来说：您不能后悔，答应了还给人家土地，就得还给人家，否则将失信于天下，“劫许之而倍信杀之，愈一小快耳，而弃信于诸侯，失天下之援，不可”（《史记》）。可以说在这场战争中，齐国仍是半点好处都没占到鲁国的，这也多亏了管仲吧。

桓公在位七年的时候，在管仲的辅佐下，才真正成为春秋霸主，这时长勺之战已经过去了六年。正因为当年鲁国对管仲的支持，自管仲相齐，可以说齐国在鲁国未曾占到半点好处。

到了鲁庄公十九年秋天的时候，齐桓公在位九年了，君子报仇十年不晚，他还是忘不了当年的仇恨，再次找借口想着伐鲁，象征性地打了打鲁国的边境地区，最终还是和解了。这就是《曹刿论战》最终的后续。因鲁支持公子纠而起，齐至此算是“报仇”而最终使齐鲁两国关系正常化。从此之后，齐鲁将近四十年再也没有发生战争，不得不说，其中一定有管仲的功劳。世人都觉得齐桓公得了管仲占了大便宜，殊不知，鲁国也是因此而受益的国家，管仲相齐，齐鲁数十年都没有发生战争。

齐桓公几乎所有的胜仗都得益于管仲的帮助，“其为政也，善因祸而为福，转败而为功。贵轻重，慎权衡。桓公实怒少姬，南袭蔡，管仲因而伐楚，责包茅不入贡于周室。桓公实北征山戎，而管仲因而令燕修召公之政。于柯之会，桓公欲背曹沫之约，管仲因而信之，诸侯由是归齐”。《史记·管晏列传》管仲一死，齐国就又乱了，齐桓公自己被活活饿死。齐桓公这个人的资质一般，没有管仲的帮助，齐军长勺之战战败也就在情理之中了。

齐桓公死后，齐国传了八九代，由田氏取代。至此，齐国再也没有出现像管仲那样帮助鲁国说话的人。据顾栋高《春秋大事表统计》，这八九代除了齐惠公、齐景公稍微安分一点，其他君主都想方设法欺负鲁国，不断侵犯鲁国。齐鲁只隔着一个泰山，齐国要发展，必然会以鲁为目标。惠公是齐桓公的儿子，在位十年，大概因为管仲去世不久，用管仲之法，管仲一派的势力还可以维系齐鲁关系。之后，齐国世代君主侵鲁不断。到了齐景公的时候，孔子的时代，齐鲁关系也大致较好，但仇鲁者仍占上风。孔子到了齐国，就受到了晏婴的排挤，后来有一次孔子离开齐国的时候，《孟子》说他“接淅而行”，可见仇鲁派在齐国的势力影响。孔子堕三都的时候，孟孙氏不拆自己都城的一个借口就是，防止齐国人从边境杀过来，没有阻挡了。没了管仲，鲁国的边境再无宁日。所以孔子赞美管仲，“微管仲，吾其被发左衽矣”，“如其仁，如其仁”。鲁国的孔子，评价了那么多古人，只说管仲一个人接近了“仁”。

可以说《曹刿论战》这篇文章涉及的意义，不在于曹刿的足智多谋，而在其后来的影响。这场战争打醒了齐桓公，让其重视管仲，真正重用管仲，从而使其成为一代霸主，同时也为鲁国争取了一位在齐国的亲鲁政治家，使鲁国享受了数十年的和平。

48. 历史上有两个齐桓公？扁鹊见的是哪一个？

提到齐桓公，我们首先想到的是春秋五霸第一霸。实际上，在春秋战国的时候，有两个齐桓公：一个就是姜姓的齐，即公子小白这位齐桓公；还有就是田氏代齐之后，田氏也有一位齐桓公叫田午。

齐国最初是由姜太公开创的。到了春秋时期，周天子的权威渐渐瓦解，霸主开始兴起，在管仲的帮助下，齐国的第十五任君主齐桓公姜小白，九合诸侯，一匡天下，开疆拓土，成为春秋第一个霸主。公子小白能有如此成就，离不开管仲的帮助。孔子曾评价管仲："桓公九合诸侯，不以兵车，管仲之力也。如其仁，如其仁。"孔子"仁"的标准是极为严格的，他说管仲"如其仁"，已经接近仁了，这是很高的评价。

汉画像中的齐桓公与管仲

从历史上来看，公子小白这位齐桓公的个人能力平平，主要依靠管仲等一帮辅臣的帮助才成就了一番霸业。然而管仲一死，齐桓公也就陷入了险境。

公元前645年，管仲走到了他人生中的最后一年。管仲躺在病床上，齐桓公去看他，问他将来谁可以代替他为相，管仲说："知臣莫如君。"君主您最懂大臣，还是您说谁合适吧。齐桓公说：易牙这个人怎么样？易牙是齐桓公的厨师。据传有一次齐桓公开玩笑说，天下美味我都吃过了，就是还没吃过人肉。易牙为了讨好齐桓公，就把自己四岁的儿子做了菜给齐桓公吃，齐桓公知道后，内心很不舒服，却很感动，因而很宠信易牙。而管仲却说，易牙他杀死自己的儿子来迎合国君，简直没有人性，不能重用他。齐桓公又问：开方怎么样？开方本是卫国的太子，他见齐国强大，就仕于齐，为了谄媚齐桓公，表忠心，15年不回家，甚至父母去世都没回去。管仲说，没有人是不关心自己的父母的，卫开方的行为不合乎天理人情，他很可能有别的企图，所以不能重用他，"倍亲以适君，非人情，难近"（《史记·齐太公世家》）。齐桓公又问：竖刀怎样？竖刀又叫竖刁，他为了追求荣华富贵，青年时代自割入宫侍奉齐桓公的后宫。管仲说这个人阉割自己来迎合国君，不合人情，不可亲信。

结果管仲去世后，齐桓公没有听他的话，任用了易牙、开方、竖刀三人，年纪已经大了的齐桓公根本控制不了他们。齐桓公生病时，他的五个儿子各自结党要求立为太子，易牙、开方、竖刀三个小人站队，参与政变，导致齐国大乱，后来齐桓公病死在了宫中，也没人管，大家都忙着争权夺利。齐桓公的尸体被丢在床上放了67天，尸体爬满蛆虫以至都爬出了门外，才最终被收殓发丧。还有文献记载说，为了能早日实现权力的过渡，齐桓公就是被易牙、开方、竖刀三个人给活活饿死的。在齐桓公病重的时候，易牙与竖刀就决定拥立齐桓公五个儿子当中的公子无亏为君主。为了阻止其他公子夺权，他们就假传君命，不许任何人进宫。当时有两个宫女乘人不备，越墙入宫，见到了齐桓公，她们便把易牙、竖刀作乱，堵塞宫门，无法供应饮食的情况告诉了齐桓公。齐桓公悔之晚矣，终被饿死。

齐桓公一死，姜齐就此衰落。对此，后世也有埋怨管仲的，说管仲不如鲍叔，鲍叔当年举荐了管仲，从而成就了齐国的霸业。而管仲却没能举荐人才，以维持齐国的霸业。所以在古人的信念中，自己是人才还不行，还得会举荐人才。因此在历史上，曾国藩的地位就明显高于李鸿章，因为曾国藩不仅自己厉害，还举荐了李鸿章等人才。而李鸿章一死，后继无人，大清也就完了。

明代的小说《东周列国志》对齐桓公晚年这段故事的演义比较具有戏剧性，第三十二回写道："过三日，桓公未死，巫、刁将他左右侍卫之人，不问男女，尽行逐出，把宫门塞断。又于寝室周围，筑起高墙三丈，内外隔绝，风缝不通。止存墙下一穴，如狗窦一般，早晚使小内侍钻入，打探生死消息。一面整顿宫甲，以防群公子之变。……桓公叹曰：'我死若无知则已，若有知，何面目见仲父于地下？'乃以衣袂自掩其面，连叹数声而绝。"着重表现了齐桓公不听管仲之言的悔意，后面还有一首诗评价说："四十馀年号方伯，南摧西抑雄无敌。一朝疾卧牙刁狂，仲父原来死不得！"一代霸主，当年风光无限，不想晚年不听管仲之言，任用易牙等奸邪小人，最终被活活饿死，尸体还被冷落 60 多天，死得要多卑微就有多卑微。

公元前 643 年，管仲去世两年后，齐桓公也去世了。二百多年后，历史进入战国时期。公元前 400 年，齐国出生了一个人，数年后他成为齐国的君主，谥号也是齐桓公。不过，这时候田氏已经代齐，齐国不姓姜，而姓田了，他就是田氏代齐后的第三任君主，齐桓公田午。

《东周列国志》对春秋霸主齐桓公小白的记载有一个错误，就是扁鹊

汉画像石　扁鹊行医（扁鹊被神化为人面鸟身的神，位于第二层）

为其治病，第三十二回写道：

（扁鹊）一日，游至临淄，谒见齐桓公。奏曰："君有病在腠理，不治将深。"桓公曰："寡人不曾有疾。"扁鹊出。后五日复见，奏曰："君病在血脉，不可不治。"桓公不应。后五日又见，奏曰："君之病已在肠胃矣，宜速治也。"桓公复不应。扁鹊退，桓公叹曰："甚矣，医人之喜于见功也。无疾而谓之有疾。"过五日，扁鹊又求见，望见桓公之色，退而却走，桓公使人问其故。曰："君之病在骨髓矣。夫腠理，汤熨之所及也。血脉，针砭之所及也。肠胃，酒醪之所及也。今在骨髓，虽司命其奈之何？臣是以不言而退也。"又过五日，桓公果病，使人召扁鹊，其馆人曰："秦先生五日前已束装而去矣。"桓公懊悔无已。

上面我们已经分析了，齐桓公最后的人生阶段被小人陷害，几乎什么人都见不到了，不可能有扁鹊来为他治病。

实际上扁鹊见的那位齐桓公，是战国的田氏齐桓公，即田午，这个齐桓公（前400—前357）比春秋霸主齐桓公要晚生了将近三百年呢。

《韩非子·喻老》中有一篇“扁鹊见蔡桓公”：“扁鹊进见蔡桓公，站了一会儿，扁鹊说：‘君王，您的皮肤间有点儿小病，不医治的话，恐怕要更厉害了。’桓侯说：‘我没有病。’扁鹊走后，桓侯毫不在乎地说：‘医生喜欢给没病的人治病，以此当作自己的功绩！’过了十天扁鹊又去拜见桓侯（《史记》中记载的都是“居五日”），对桓侯说：‘君王，您的病已经到了肌肉里，不医治的话，会更加严重。’桓侯不应。扁鹊出，桓侯不悦。过了十天，扁鹊再去拜见桓侯，说：‘君王，您的病已经到了肠胃中，不医治的话，会更加严重。’桓侯又不理睬。扁鹊走后，桓侯又不高兴了。过了十天，扁鹊看到桓侯后转身就跑。桓侯特地派人去问他。扁鹊说：“病在皮肤，用烫熨的方法就能治疗；病到了肌肉，用针灸的方法就能治疗；病到了肠胃里，火剂汤就能治疗；病到了骨髓里，那是司命所管的事了，医药已经没有办法的。现在他的病已经到了骨髓，所以我不再说话了。’过了五天，桓侯浑身疼痛，派人寻找扁鹊，扁鹊早已经逃到秦国去了。于是，桓侯就死去了。”

扁鹊见蔡桓公，立有间。扁鹊曰：“君有疾在腠（còu）理，不治将恐深。’桓侯曰：“寡人无疾。”扁鹊出，桓侯曰：“医之好治不病以为功。”居十日，扁鹊复见，曰：“君之病在肌肤，不治将益深。”桓侯不应。扁鹊出，桓侯又不悦。居十日，扁鹊复见，曰：“君之病在肠胃，不治将益深。”桓侯又不应。扁鹊出，桓侯又不悦。居十日，扁鹊望桓侯而还（xuán）走。桓侯故使人问之，扁鹊曰：“疾在腠理，汤（tàng）熨（wèi）之所及也；在肌肤，针石之所及也；在肠胃，火齐（jì）之所及也；在骨髓，司命之所属，无奈何也。今在骨髓，臣是以无请也。”居五日，桓侯体痛，使人索扁鹊，已逃秦矣。桓侯遂死。

历史上没有叫“蔡桓公”的，《史记·扁鹊仓公列传》也记载了这件事，“扁鹊过齐，齐桓侯客之”。明末清初的顾炎武赞同司马迁的看法，这个蔡桓公应该是齐桓侯，即战国的齐桓公田午，扁鹊与其同时代。

这位战国初年的齐桓公还有一个身份，可能会帮助大家更熟悉一下他在历史中的坐标，《邹忌讽齐王纳谏》以及《田忌赛马》中提到的齐威王，就是他的儿子。邹忌也曾当过齐桓公的大臣，这位齐桓公很有作为，为齐国以后的发展打下了很好的基础。田午在位初期，与各个诸侯交战，屡战屡败，到了后期，开始对诸侯反击，改变了齐国在军事上被动挨打的局面。

《逸周书·谥法解》曰：“辟土服远曰桓，克敬勤民曰桓，辟土兼国曰桓。”春秋初年的公子小白、战国初年的田午，谥号均为齐桓公，大概跟他们都曾开疆拓土，从而使齐国的实力增强有关。

49. 烛之武退秦师之后呢？

中学课本里有一篇课文叫《烛之武退秦师》。晋、秦两个大国联合行动，共同讨伐郑国，小小的郑国危矣。郑国的老臣烛之武临危受命，晚上从城里偷偷出来，去见了秦国的君主，对他讲，如果郑国灭亡了，只对晋国有好处，如果郑国不亡，那将对秦国有好处。他还挑拨秦晋的关系，最终秦国君主被说服，秦军撤退，还留下几名大将为郑国人守城。见秦军撤了，晋国也撤退了，郑国的危机解除。

晋侯、秦伯围郑，以其无礼于晋，且贰于楚也。晋军函陵，秦军氾南。

佚之狐言于郑伯曰："国危矣，若使烛之武见秦君，师必退。"公从之。辞曰："臣之壮也，犹不如人；今老矣，无能为也已。"公曰："吾不能早用子，今急而求子，是寡人之过也。然郑亡，子亦有不利焉。"许之。

夜缒而出，见秦伯，曰："秦、晋围郑，郑既知亡矣。若亡郑而有益于君，敢以烦执事。越国以鄙远，君知其难也。焉用亡郑以陪邻？邻之厚，君之薄也。若舍郑以为东道主，行李之往来，共其乏困，君亦无所害。且君尝为晋君赐矣，许君焦、瑕，朝济而夕设版焉，君之所知也。夫晋，何厌之有？既东封郑，又欲肆其西封，若不阙秦，将焉取之？阙秦以利晋，唯君图之。”秦伯说，与郑人盟。使杞子、逢孙、扬孙戍之，乃还。

子犯请击之，公曰：“不可。微夫人之力不及此。因人之力而敝之，不仁；失其所与，不知；以乱易整，不武。吾其还也。”亦去之。

这篇文章选自《左传》，晋侯就是晋文公，秦伯就是秦穆公。晋文公重耳在做国君前，因为晋国发生内乱而流亡国外，他每到一个国家，基本都受到了隆重的接待，如到了齐国，齐桓公赠以车马、女子。他到宋国时，宋襄公刚经历了跟楚国的一场战争，即泓之战。在泓之战中，宋军因兵力少而处于相对的劣势，但如果宋军能凭恃占有泓水之险，采用“半渡而击”的策略，即当楚军过河过来一小部分人，很多人还在河中间以及河对岸的时候，先发制人，是有可能打败楚军的。但宋襄公却坚持“武德”，认为对方过河过一半时进攻不道德，所以不允许宋军这样做。等楚军都过了河，队列还没有整理好，手下人建议可以趁着楚军还没有准备好，而偷袭他们，宋襄公仍坚持道义，“不鼓不成列”，为了公平，不能趁对方没准备好而进攻。等楚军收拾好了，两军交兵，在交战的过程中，宋襄公还在坚持“武德”，要求手下人不要伤害对方的老人，“君子不重伤，不禽（擒）二毛”。而楚军却不管这一套，无论老幼，志在消灭宋军的有生力量，最终宋军大败，宋襄公自己也受了重伤。这时候重耳来到，宋襄公仍以最高规格的国家礼仪接待了重耳，“过宋，宋襄公新困兵于楚，伤于泓，闻重耳贤，乃以国礼礼于重耳”（《史记・晋世家》），并赠送了八十匹马，“赠以马二十乘”（《国语・晋语四》）。这对过着流亡生活，朝不保夕、漂泊不定的重耳来说，是极大的尊重与慰藉。重耳离开宋国不久，宋襄公就因伤去世了。数年后，晋楚城濮之战，重耳退避三舍仍打败了楚成王，也算是为当年自己流亡路上的这位恩人宋襄公报仇了吧。

在重耳流亡的路上，有人对他很好，也有时候他会遭遇白眼，如到了卫国，卫国的君主不理他，“卫文公不礼焉”（《左传》），到了曹国，曹国的国君也不理他，“曹共公亦不礼焉”（《国语·晋语四》。曹国的君主听说重耳有两根肋骨是连在一起的，还偷看他洗澡，很不礼貌，“闻其骿胁，欲观其状，止其舍，谍其将浴，设微薄而观之”（《国语·晋语四》）。到了郑国，“郑文公亦不礼焉”（《国语》），郑国的君主也对他无礼，郑国的国君当时是郑文公，他觉得重耳流亡在外十多年，且将近六十岁了，以后必然难有什么作为了，所以对重耳爱答不理，没有礼待他，“诸侯亡公子过者多矣，安能尽礼之！”（《史记·郑世家》）后来重耳当了晋国君主，郑文公自知当年得罪了他，敌人的敌人就是朋友，当晋楚发生矛盾的时候，郑国就投靠了楚国，“自晋文公之过无礼，故背晋助楚”（《史记·郑世家》）。然而不承想鄢陵之战楚国大败，在此之际，晋文公就以“无礼于晋，且贰

（宋）李唐绘《晋文公复国图》局部（站者为郑文公，他没有好好招待重耳）

于楚”这一理由，联合秦国一起来攻打郑文公了，《史记·晋世家》中说得更明白，“以其无礼于文公亡过时，及城濮时郑助楚也”。弱小的郑国无力抵抗两个大国的联合进攻，于是就有了郑文公的大臣推荐烛之武去游说秦师这一幕。

秦穆公之所以能跟晋文公组成联军，是因为“秦晋之好”，秦穆公的夫人是晋文公的姐姐，重耳流亡到秦国的时候，秦穆公将自己的一个女儿嫁给了他，后来又亲自派一支军队护送重耳回国，“于是秦缪公乃发兵与重耳归晋”（《史记·晋世家》），帮助重耳复国。

然而在烛之武的一套说辞下，如指责晋国的强大会威胁秦国，晋国不讲信用、野心勃勃等等，秦晋联盟在利益面前就瓦解了，秦与郑反而成了联盟，郑成为秦的“东道主”，秦师退兵，并且还留下杞子、逢孙、扬孙三名将领帮助郑国守城，抵御晋国。《烛之武退秦师》中描述说，这时候晋文公也打算退军了，其理由是“不仁”“不知”“不武”，总的来说就是不愿意失去秦国这个盟友，不愿跟秦国闹翻了，于是“亦去之”。从《烛之武退秦师》这段文字来看，晋国退军考虑的主要因素好像都是与秦国的关系，然而我们要知道，这场战争的主角实际是晋国与郑国。一场战争，发动起来有理由，结束也必然是有协议的。在历史上，这场战争的结束并不是晋文公说这样几句冠冕堂皇的话，晋国草草收兵就完了。

《国语》中记载当年重耳流亡到了郑国，郑国君主对他无礼，郑国的大臣叔詹劝谏不要这样对待重耳，结果郑文公不听，然后叔詹就又说，“若不礼焉，则请杀之”，既然对其无礼，防止他将来得势报复我们，最好现在将他们杀掉。正因为此，晋文公极为愤恨叔詹，所以《国语·晋语四》记载晋文公提出退兵的条件，“予我詹而师还”。最后叔詹去见了晋文公，“晋人将烹之”，晋文公想用大鼎煮了他，叔詹说自己“杀身赎国，忠也”，当年出主意是为了自己的国家，这次来见晋文公也是为了自己的国家。他为了自己的国家而牺牲，如果晋文公杀了这样一个忠诚的人，后人就都知道忠的下场了。晋文公被说动，于是就释放了叔詹，“乃命弗杀，厚为之礼而归之。”根据这里的记载，“予我詹而师还”显然是晋国退兵的条件，最后晋文公又放了他，显示了晋文公的大度。晋文公除了被这样一个“忠”的道理说服，想必放掉叔詹还有另一番考量，叔詹在游说过程中不断表明自己是亲近晋国的，他说自己曾在君主面前夸赞道“夫晋公子贤明，其左右皆卿才”，晋文公放掉这样一个亲晋的大臣，让其在郑国主持工作，显然是对晋国更有利，这大概就是晋文公不计前嫌的主要原因了。果然，叔詹回国后，“郑人以詹伯为将军”，秦军退去后，在郑国留下三名大将作为驻军，而晋师退去，则是扶持了一个亲晋的郑国将军，这是一个公开的协议。而实际上晋、郑之间还有一个秘密协定，那才是晋文公退兵的主要理由。

郑文公没有嫡传的继承人，但有很多庶子，其中一个庶子公子兰流亡在晋国，跟重耳的关系非常好，“初，郑文公有三夫人，宠子五人，皆以罪蚤死。公怒，溉逐群公子。子兰奔晋，从晋文公围郑。时兰事晋文公甚谨，爱幸之”(《史记·郑世家》)。所以晋国兵临城下，与郑国谈条件，其中重要的一条就是郑文公将来要把国君之位传给公子兰，郑文公答应了，晋文公才退兵，“遂许晋，与盟，而卒立子兰为太子，晋兵乃罢去”(《史记·郑世家》)。烛之武退秦师之后，要等到晋国与郑文公的这项协议达成，这场战争才告一段落，才是晋国军队的“亦去之”。也就是说，在“亦去之”之前实际还隐藏着这样一个“秘密”，这是《烛之武退秦师》没有提到的，而这个秘密协议才是晋师“亦去之”的根本原因。

晋郑协议达成，晋师退走，然而《烛之武退秦师》的故事实际还有后续，烛之武造成的“效应”仍没有结束。

在烛之武的帮助下，秦郑建立了联盟，但是过了没多久，亲近秦国的郑文公就去世了，而亲近晋国的公子兰成为郑国的国君，这就是郑穆公，“文公卒，子兰立，是为缪公”（《史记·郑世家》）。郑穆公一朝的政治生态完全是倒向晋国的，都是亲晋派，郑国的代理人换了，所以秦国也就变心了。当年秦国撤退，留下了杞子、逢孙、扬孙帮助郑国守城，是为了抵抗晋国，现在郑国完全倒向晋国了，他们也就无功了，也不受郑国新君的待见，于是萌生了反叛之心。秦国大夫杞子从郑国派人向秦国报告说，郑国人让我掌管他们国都北门的钥匙，如果悄悄派兵前来，就可以占领他们的国都，“杞子自郑使告于秦曰：‘郑人使我掌其北门之管，若潜师以来，国可得也。’”（《左传》）不久秦师就来偷袭郑国了，杞子、逢孙、扬孙还想作为内应，结果秦师在路上遇到了弦高，这就又有了“弦高献牛”的故事，“郑贾人弦高将市于周，遇之，以十二牛劳秦师”（《史记·郑世家》）。弦高是郑国的商人，去周贩牛的路上遇到了要去偷袭的秦军，于是他假装说自己是郑国的使者，郑国国君已经知道秦军要来，让他带着牛来犒赏秦军。秦国将领上当，以为偷袭无望，“将袭郑，郑今已觉之，往无及已”（《史记·秦本纪》），于是消灭了附近一个叫滑的小国，就准备退军回去了。爱国商人弦高马上把这件事报告了郑穆公，郑国君主就把秦国驻守的三名大将杞子、逢孙、扬孙礼送出国了。

这时候，晋文公也去世了，新的国君即位，一朝天子一朝臣，秦晋联盟也就出现了裂痕。在秦军回去的路上，晋国不满秦军趁着晋文公的丧期，路过自己的地盘去偷袭自己的盟友郑国，且灭了附属自己的同姓滑国，于是秦晋打了一仗，秦全军覆没，这就又是另外一个典故“蹇叔哭秦师”了。蹇叔是秦穆公的大臣，《孟子》里提到“百里奚举于海”，这个百里奚后来在秦国做了高官，就把自己的朋友蹇叔推荐给了秦穆公。当秦穆公要偷袭郑国，异想天开地想将郑国变成自己的势力范围的时候，这位年迈的老臣蹇叔认为不妥，苦口婆心地劝说秦穆公，认为劳师远征，一定会被发现，对方有了防备，我们就会徒劳无功。秦穆公却不听从他的意见，仍派了百里奚的儿子孟明视、蹇叔的儿子西乞术和白乙丙三位将领出兵。在军队出城的时候，蹇叔哭着说，孟明啊，我看着大军出发，却看不见他们回来了，“孟子，吾见师之出而不见其入也！”（《左传》）且预测秦军很可能会在崤山遇到晋国军队的埋伏。后来秦军果然在崤被晋国军队袭击，结果全军覆没。秦穆公得到消息后痛哭流涕，悔恨没有听蹇叔的话，秦穆公说“询兹黄发，则罔所愆”（《尚书·秦誓》），要是听了长者的话，就不会犯这样的错误了。晋国俘获了孟明视、西乞术、白乙丙三位秦国将领，因为晋文公的夫人是秦国人，这位夫人就让新即位的儿子晋襄公放了他们，他们三个就回去了。秦穆公为了报此次之仇，屡次伐晋，“缪公于是复使孟明视等将兵伐晋，战于彭衙。秦不利，引兵归”。“三十六年，缪公复益厚孟明等，使将兵伐晋，渡河焚船，大败晋人，取王官及鄗，以报殽之役。晋人皆城守不敢出。于是缪公乃自茅津渡河，封殽中尸，为发丧，哭之三日。”（《史记·秦本纪》）最后秦穆公派孟明带兵渡河焚船，破釜沉舟，终于打败了一次晋国，到了当年秦师全军覆没的地方，当年的尸骨还没有被收殓。这支当年被烛之武退走的秦师，只剩下了白骨。可以说，烛之武退秦师埋下的伏笔，导致了秦晋后来几十年的战争。

《烛之武退秦师》背景展现的是晋国主导、发动秦晋联盟，一起攻打郑国。烛之武游说后，秦国与郑结盟，且帮郑守城，然而之后的故事，就出现了历史的“反转”。没过多久，郑国君主一换，郑国重心投向了晋国，就变成了晋郑联盟。于是又出现了秦国想联合当年守城的将领偷袭郑国，晋国反过来帮助郑国的局面。当年秦国派了一支军队帮助重耳复国，秦晋结盟，两个国家还一起联合攻打郑国，结果晋文公一死，晋国就将秦国的一支军队全部消灭了。在春秋时期，一个诸侯国的政策往往系在一代君主身上，改朝换代之后，往往这个国家的政策倾向也会发生变化，正如老话说的，世界上没有永远的朋友，也没有永远的敌人，只有永远的利益。

明代有本小说叫《东周列国志》，作者冯梦龙广采《左传》《国语》《史记》以及秦汉典籍二十多种以成此书，虽然在细节上有敷衍、润色的地方，但大要上则基本与事实相符。其中第四十三回“老烛武缒城说秦”以及第四十四回“叔詹据鼎抗晋侯，弦高假命犒秦军”就是对《烛之武退秦师》的演绎，其中就提出了郑烛之武退秦师之后，是如何又退了晋师的：“郑伯谓烛武曰：‘秦兵之退，子之力也，晋兵未退，如之奈何？’烛武对曰：‘闻公子兰有宠于晋侯，若使人迎公子兰归国，以请成于晋，晋必从矣。’……郑伯立公子兰为世子，晋师方退。自是秦、晋有隙。”正是烛之武的两面说辞，两边讨好，导致了秦晋联盟的瓦解，也导致了秦晋几十年的对抗与战争，作者总结这一段历史变故说：“甥舅同兵意不欺，却因烛武片言移。为贪东道蝇头利，数世兵连那得知。”

50.“晏子使楚”的晏婴与孔子的关系并不好?

“晏子使楚”的故事我们基本都听过，晏婴个子不高，出使楚国，楚国人故意在大门外弄了个小门，想以此羞辱他。结果晏婴说，出使狗国才从狗洞子里爬进去，你们楚国是狗国吗？如果不是，我不应该从这里进。楚国人反被羞辱了，他们肯定不能承认自己是狗国啊，只能让晏婴从大门进。见到楚王后，楚王见晏婴其貌不扬，五短身材，还想继续羞辱他：齐国没有人了吗，怎么派你做使者呢？晏婴回击说，齐国有的是人，挥汗成雨，摩肩接踵，让我来楚国，是因为齐国的使者们有分工，贤明的使者往往被派遣去出使贤明的君主那儿，不肖的使者被派遣出使不肖的君主那儿，我是最无能的人，所以就来楚国了，我自黑，也是在骂你楚国不贤明，楚王你自己细细品味吧。

晏子使楚。以晏子短，楚人为小门于大门之侧而延晏子。晏子不入，曰：“使狗国者从狗门入。今臣使楚，不当从此门入。”傧者更道，从大门入。见楚王，王曰：“齐无人耶？”晏子对曰：“临淄三百闾，张袂成阴，挥汗成雨，比肩继踵而在，何为无人？”王曰：“然则子何为使乎？”晏子对曰：“齐命使，各有所主。其贤者使使贤主，不肖者使使不肖主。婴最不肖，故直使楚矣。”

还有一段也是说晏婴出使楚国，见到楚王，楚王为了羞辱晏婴，故意安排一个齐国的罪人出现，然后指责齐国人喜好偷盗。晏子说：“橘生淮南则为橘，生于淮北则为枳”，并不是齐国人喜好偷盗，是齐国人到了你们楚国才会犯这样的罪，你们楚国的风气不好，带坏了齐国人，楚国有滋生坏人的土壤吧。

晏子将使楚。楚王闻之，谓左右曰：“晏婴，齐之习辞者也。今方来，吾欲辱之，何以也？”左右对曰：“为其来也，臣请缚一人，过王而行，王曰：‘何为者也？’对曰：‘齐人也。’王曰：‘何坐？’曰：‘坐盗。’”

晏子至，楚王赐晏子酒，酒酣，吏二缚一人诣王。王曰：“缚者曷为者也？”对曰：“齐人也，坐盗。”王视晏子曰：“齐人固善盗乎？”晏子避席对曰：“婴闻之，橘生淮南则为橘，生于淮北则为枳，叶徒相似，其实味不同。所以然者何？水土异也。今民生长于齐不盗，入楚则盗，得无楚之水土使民善盗耶？”王笑曰：“圣人非所与熙也，寡人反取病焉。”

《晏子使楚》中的晏子善于言辞，非常机智。晏子确实是一个聪明人，他曾帮助齐国君主“二桃杀三士”，田开疆、公孙接、古冶子都是勇猛的人，但居功自傲，齐国君主都快管不了他们了，于是晏子让齐国的君主赏赐二桃，让他们论功而食，结果三人在争执中都死掉了，因而除去了齐国的隐患。晏子外形虽然是矮小的，但其人格是高大的。《晏子春秋》（该书汇集了先秦关于晏子的史料和民间传说)中记载晏子廉洁爱民，心胸坦荡，"进不失廉，退不失行"(《晏子春秋·内篇问上》)。他从不接受礼物，即便齐国国君送他房子、钱财、封地，也不要，"廉者，政之本也"(《晏子春秋》)，他经常劝诫君主要勤政爱民。晏子非常节俭，他希望能通过自己的表率，让百姓也学会节俭，同时劝齐国国君也这样做，"君使臣临百官之吏，臣节其衣服饮食之养，以先齐国之民，然犹恐其侈靡而不顾其行也"(《晏子春秋》)。晏子在情感上也很专一，齐国的君主想把自己的漂亮女儿嫁给晏子，晏子早已经结婚多年，君主说："你那个已经变丑了，换个年轻的吧。"晏子却反驳说："她现在确实是人老珠黄，但我与她相濡以沫，共同生活多年。过去的她也曾又年轻又漂亮，那时候的她嫁给我，就是相当于把未来的丑和老也给我了，而我当时接受她，已经想好了，不仅接受了年轻漂亮的她，同时也接受了她年老、丑陋的未来。人本来就是以少壮托付于年老、以漂亮托付于丑陋的。她曾经托付于我，而我也接受了她的托付。所以我不能背弃她的托付，不能见色忘义。""乃此则老且恶，婴与之居故矣，故及其少且姣也。且人固以壮托乎老，姣托乎恶，彼尝托，而婴受之矣。君虽有赐，可以使婴倍其托乎？"(《晏子春秋》)先秦时期的人们，极为重承诺，答不答应一定想到了，想好了，答应了，就要负责到底。

清人绘　晏子像

晏子(前578—前500)，名婴，"子"是尊称，春秋时期的政治家，主要辅佐齐景公。齐景公就是那位给儿子当牛骑的"孺子牛"。晏婴大约在齐景公十七年（前531）的时候，出使楚国。郭德纲有一部经典的单口相声《丑娘娘》，里面说晏子是齐宣王的大臣，这是不对的，齐宣王出生的时候，田氏已经代齐，晏婴已经去世150多年了。

晏婴大约与孔子（前551—前479）同时，两个人在当时都很有贤名，但晏婴与孔子的关系却并不好。

孔子35岁的时候，到了齐国，因听闻《韶》乐而三月不知肉味，“与齐太师语乐，闻《韶》音，学之，三月不知肉味，齐人称之”（《史记·孔子世家》）。孔子见到了齐景公，孔子并不喜欢他。当时田氏已经在齐国坐大，齐景公逐渐被国内的贵族大臣们架空了，他无所作为，为了消遣，过起了荒淫无度的生活。当田氏大斗出小斗进收买人心的时候，齐景公反而骄奢淫逸，娶了很多媳妇，生活腐朽，高台池苑，醉生梦死，老百姓越来越讨厌他。《左传》记载晏子的话说，陈氏（即田氏）对百姓有施舍，豆、区、釜、钟这几种量器，他们负责征税时就用小的容器，他们向百姓施舍时就用大的容器，而您敛财多，陈氏施舍多，百姓倾向于他了，老百姓已经为之载歌载舞了，“陈氏虽无大德，而有施于民。豆区釜钟之数，其取之公也薄，其施之民也厚。公厚敛焉，陈氏厚施焉，民归之矣。《诗》曰：‘虽无德与女，式歌且舞。’陈氏之施，民歌舞之矣”（《左传·昭公二十六年》）。

孔子来到齐国之后，齐景公倒是很喜欢孔子，社会名人啊。齐景公见到孔子，问他如何治理国家，孔子说了那著名的八个字：君君，臣臣，父父，子子。孔子的意思是希望齐景公首先有个君主的样子，臣子才会有臣子的样子。孔子是在鞭策齐景公，结果齐景公是个“顺风耳”，他不听“君君”，只注意到了“臣臣”，齐景公不反思自己作为君主、作为父亲该如何，反而指责大臣们没有大臣的样子，对，他们太不像大臣了。齐景公以为孔子是站在自己这一边的，所以就更喜欢孔子了。

然而齐景公这个理解力，这个态度，让孔子更不喜欢他了。孔子很喜欢晏子，他多次赞美晏子。孔子说，晏子做了那么多救助百姓之事而不自夸，用高尚的德行辅佐了三代国君而不自认功劳。晏子真是个君子啊，“救民之姓而不夸，行补三君而不有，晏子果君子也！”（《晏子春秋》第二十七）尤其是晏子节俭清廉，据说一件衣服穿了三十多年，这让孔子特别佩服。

但晏子却不怎么喜欢孔子，晏子身高六尺，孔子身高九尺六寸，晏子对这个大高个没有好感。齐景公本来想用孔子为政的，但晏子却对齐景公说孔子有五点不行：第一，儒者能说会道，要滑头，难以用法来约束他们；第二，他们还高傲任性，自以为是，即便当了臣子，你也可能指挥不了他们；第三，他们重视丧事，推崇厚葬，不惜倾家荡产，不能让这种做法成为齐国的风气，不论有多少钱，都不够折腾的；第四，他们四处游说乞求官禄，居无定所，没有爱国情，不能用他们来治理国家；第五，自从那些圣贤相继去世后，周王室也随之衰弱了，礼崩乐坏已经很长时间了，现在孔子讲究仪容服

（明）仇英绘《孔子圣迹图》（晏婴阻止齐景公重用孔子）

饰，详定烦琐的上朝下朝礼节，刻意于快步行走的规矩，这些繁文缛节，就是几代人也学不完，毕生也搞不清楚。如果您想用孔子这套东西来改变齐国的风俗，恐怕不是引导老百姓的好办法。“夫儒者滑稽而不可轨法；倨傲自顺，不可以为下；崇丧遂哀，破产厚葬，不可以为俗；游说乞贷，不可以为国。自大贤之息，周室既衰，礼乐缺有间。今孔子盛容饰，繁登降之礼，趋详之节，累世不能殚其学，当年不能究其礼。君欲用之以移齐俗，非所以先细民也。”（《史记·孔子世家》）

孔子是鲁国来的，鲁国是周公后人的封地，周礼尽在鲁，当年鲁国和齐国建立的时候，两国风俗就不一样。《史记·鲁周公世家》说齐国和鲁国刚封国的时候，姜太公与周公的儿子伯禽用不同的路线来建设自己的国家，伯禽在鲁国用了三年时间才完成了初步的稳定，而姜太公在齐国却只用了五个月。鲁国用的时间长，是因为鲁国的国君伯禽坚持用周礼治理鲁国，把鲁国当地的习俗都转变过来了；而齐国用的时间短，是因为齐国的封君姜太公简化了周的制度，并依照当地风俗来治理封国，“简其君臣礼，从其俗为也”，于是齐国保留下来了很多本土风俗。齐鲁风俗不一样，孔子是提倡周礼的，而晏婴是齐国的官员，自然要为齐国考虑，认为儒者那一套不符合齐国的国情。晏婴指责儒者繁文缛节那些缺点，实际上更多的是当时社会上流行的“小人儒”，即帮助进行婚丧嫁娶等礼仪来挣钱的那些人的特点。儒很可能来自殷商遗民，周人胜利后，有一帮有文化的殷商遗民就来周家帮忙，充当的就是司仪这类工作，很多人世世代代都以此为生。而孔子曾说“女为君子儒，无为小人儒”，孔子倡导的是以天下为己任的君子儒，礼仪只是表面的东西，道才是根本。晏子对孔子的很多指责实际是误会了，不应该以“小人儒”的社会现象来指责孔子。

听了晏子之言，齐景公就没有用孔子，孔子在齐国待了一段时间，据说齐国大夫欲害孔子，孔子就离开齐国了。孔子离开齐国的时候很狼狈，《孟子》说孔子众人“接淅而行”，米已经下锅了，又捞起来，赶紧跑了。孔子到齐国大概带着子贡等一大帮人，齐国的本土人才可能害怕这些人来抢饭碗吧，所以，他们派人来追杀孔子了。

晏婴与孔子两个人的政见不同是肯定的，但想害孔子的未必就是晏子，两个人都是大贤，我们不能因为晏婴不喜欢孔子，就否定晏婴的为人。

虽然没有证据表明晏婴要害孔子，但确实是因为晏婴，孔子没能在齐国做官，是晏婴阻止齐景公给孔子封地的。孔子对此可能还是“记仇”了，后来孔子的名气更大了，再次来到齐国，他见齐景公，而故意不去见晏子，还私下说，晏子服侍三位国君（晏子历任齐灵公、齐庄公、齐景公三朝，辅政长达50余年）都很顺利，是不是人品有问题啊，善于阿谀奉承？有人打小报告，把这话告诉了晏子，晏子就对那人说，孔子这是诽谤，毫无道理的怀疑，他看到我在齐国当了三朝元老，就怀疑我人品有问题，这是什么逻辑？我做官绝对问心无愧。他只看到了顺利，没看到我的艰难，正如他孔子周游列国在宋国、陈蔡遇到的事情，其中甘苦自知，告诉孔子，不要乱评价别人，你不知道别人经历了什么。晏子还说，起初我很尊敬儒者，现在我怀疑他们了，“始吾望儒而贵之，今吾望儒而疑之”（《晏子春秋》）。这句话实际上隐含着一个评价，那就是晏子这时候还是比较看重孔子的，可能很多年过去以后，孔子已经大大改变了晏婴对儒家的看法。孔子知道后，为自己失言感到后悔，认为晏子足以当自己的老师，就先让自己的学生去道歉，后来又亲自登门致歉。这段故事中晏婴提到“孔子拔树削迹，不自以为辱；穷陈、蔡，不自以为约”，而这两件事发生在孔子五十五岁之后，那时候实际上晏婴已经去世了，所以这段材料的真伪存疑。但我仍愿意相信，晚年的晏婴与晚年的孔子，这两位圣贤，在最后的时光，一笑泯恩仇，最后和解了。

51.“学而时习之”的意思，可能不是你想的那样

《论语》整本书你可能没有看完，但《论语》中这“十则”，你肯定读到过：

1. 子曰：“学而时习之，不亦说乎？有朋自远方来，不亦乐乎？人不知而不愠，不亦君子乎？”

2. 曾子曰：“吾日三省吾身：为人谋而不忠乎？与朋友交而不信乎？传，不习乎？”

3. 子曰：“温故而知新，可以为师矣 。”

4. 子曰：“学而不思则罔，思而不学则殆。”

5. 子曰：“由，诲女知之乎！知之为知之，不知为不知，是知也。”

6. 子曰：“见贤思齐焉，见不贤而内自省也。”

7. 子曰：“三人行，必有我师焉。择其善者而从之，其不善者而改之。”

8. 曾子曰：“士不可以不弘毅，任重而道远。仁以为己任，不亦重乎？死而后已，不亦远乎？”

9. 子曰：“岁寒，然后知松柏之后凋也。”

10. 子贡问曰：“有一言而可以终身行之者乎？“子曰：“其恕乎！己所

不欲，勿施于人。”

这“十则”被选入了初中的课本，但因为成了教材的内容，所以对这“十则”意思的理解，往往只提供一个“标准”答案。实际在古代，这“十则”，尤其是“学而时习之”，有很多解释，而我们课堂上所学的，只是其中一种解释。

《论语》第一篇《学而》中“子曰：‘学而时习之，不亦说乎？’”，这个“学而时习之”的“时”是什么意思呢？有“时时”，也有“按时”的意思，而“按时”又有三种说法：一说是按年岁，古人六岁开始认字，七八岁开始学简单的日常礼节，十岁开始学计算，十三岁开始学歌诗舞蹈，“时习”就是随着相应的年龄来习；第二种解释说是按季节，古人春夏学诗乐弦歌，秋冬学书礼射猎，“时习”就是按照相应的季节来习；第三种说法是按时间，从早到晚按照时间一一进行。“习”在古代也有两种主要解释：一是演习、实践，一是复习。今人对“学而时习之”的解释有哪些呢？钱穆先生的《论语新解》中将“学而时习之，不亦说乎”这句话翻译为“学能时时反复习之，我心不很觉欣畅吗？”显然钱穆先生这种解释是源于宋代朱熹《论语集注》中“既学而又时时习之”，即时时复习，但三国时期何晏的《论语集解》中引王肃的说法是“学者以时诵习之”，即按时复习。今人杨伯峻先生的《论语译注》就采用了这种说法，他将“学而时习之，不亦说乎？”这句话翻译为“学了，然后按一定的时间去实习它，不也高兴吗？”杨伯峻的翻译，不仅“时”的解释和钱穆不同，“习”的解释也不同，他这里认为“习”是实习、演习的意思，而钱穆则认为是“复习”。李泽厚先生的《论语今读》中，关于这一句，他对“时”的解释和钱穆同，认为是“时时”“经常”之意，而对“习”的解释则又和杨伯峻相同，认为是“演习”“实践”的意思，所以他对“学而时习之，不亦说乎”这句话的翻译为：“学习而经常实践，不是很愉快吗？”《论语》的第一句就这么难解，“时习”二字就有这么多意思，而且每个人的解释都有依据，都有自己的道理，也都说得通。

《论语》自西汉以来，便成为一部必读书，只要是认识字的人，必当读这本书。但《论语》毕竟是先秦时期的文献，而随着语言的发展、文字的变迁以及史料的缺遗和分散等，文中的一些意思后人已经不甚明了，于是“注疏”就出现了。什么是“注疏”呢？简单来说就是注释、疏通，比如汉代人解释《论语》中字、词的意思，就是笺注，相当于我们现在课本中的“课下注释”，到了唐代，人们已经不懂汉代人注释的意思了，又对汉人的注释进行注解，并且疏通了文章的大意，这就是疏，相当于我们课本中用现代语言对文言文进行的白话翻译。古代解释《论语》最好的文献有三：三国时魏国何晏的《论语集解》、宋代朱熹的《论语集注》，清代刘宝楠的《论语正义》。在宋代以前，大家读《论语》，看的主要就是何晏《论语集解》这本书。到了明清的时候，大家读《论语》，看的主要是朱熹的《论语集注》这本书。然而，何晏的《论语集解》距今已经一千七百年，朱熹的《论语集注》距今已经八百年，刘宝楠的《论语正义》也已经两百多年，时代变迁，观念、言语已经发生了很大的变化，参看他们的注疏，比较吃力，难于理解。于是就有了今人注解的《论语》，上文提到的钱穆先生的《论语新解》、杨伯峻先生的《论语译注》、李泽厚先生的《论语今读》以及李零先生的《丧家狗——我读〈论语〉》等都是今人注解《论语》比较流行的版本。这四个版本各有千秋，我们可以结合他们对“《论语》十则”的解释，来管窥一下这四本今人注疏解读的特点。

钱穆（1895—1990）是中国著名的历史学家，他的这部《论语新解》博采众说，折中求是。在体例上，“词句注释”解释词语的意思，“按语”

阐释篇章涉及的背景、圣人孔子的“微言大义”以及篇章排序的问题等，“白话试译”则是对每一章节的翻译；在语言上，注释和按语都是文言，试译是白话。以《学而》中“曾子曰：‘吾日三省吾身：为人谋而不忠乎？与朋友交而不信乎？传，不习乎？’”为例来看。“词句注释”博采众说，折中求是，如“三省吾身”，钱穆注释：“省，察义。三省有两解释。一，三次省察。一，省察三事。依前解，当作日省吾身者三，如三思三复。惟所省则为下列三事。“按语”涉及背景或章节安排，钱穆按：“此章当属曾子晚年之言……”，又按：“《论语》以有子之言一章次‘学而’章之后，不即次以曾子之言者，嫌为以曾子处有子后……”本章白话试译为：“曾子说：‘我每天常三次反省我自己。我替人谋事，没有尽我的心吗？我和朋友相交，有不信实的吗？我所传授于人的，有不是我自己所日常讲习的吗？’”钱穆先生《论语新解》这部著作在二十世纪六十年代初出版，他在序言中说该书“旨取通俗，求其为一部人人可读之注”，该书确实是集采众说，通俗易懂，但因求“简要”，使得许多征引未能标出出处。总的来说，该书偏向于义理，多讲求普遍皆宜的道理，如“学而”开篇一章“子曰：‘学而时习之，不亦说乎？有朋自远方来，不亦乐乎？人不知而不愠，不亦君子乎？’”钱穆说，孔子距离现在已经两千五百多年了，今天的学习，肯定和孔子的时候不都一样，但直到今天，仍有时习，仍有朋来，学者的内心，仍然有悦、有乐、有愠、有不愠，即使再过两千五百年，也是如此，可见，孔子的启示是一种通义，不受时限，通于古今。

杨伯峻（1909—1992），是我国著名的文史专家，他的《论语译注》以注释准确、译注平实著称，而且杨伯峻先生善于从文法上对篇章进行考证，如前文提到的“时习”，究竟是按时复习还是时时复习呢？杨伯峻考证认为，前说才是周秦古书的用法，后说是用后代的词义解释古书，不可取。该书在体例上分为“译文”和“注释”两部分。以《泰伯》中的“曾子曰：‘士不可以不弘毅，任重而道远。仁以为己任，不亦重乎？死而后已，不亦远乎？’”为例，杨伯峻先生先是对这句话进行了翻译：曾子说：“读书人不可以不刚强而有毅力，因为他负担沉重，路程遥远。以实现仁德于天下为己任，不也沉重吗？到死方休，不也遥远吗？接着杨先生在注释中解释了“弘毅”二字：弘毅就是“强毅”。继而又引章炳麟的说法，从文字学的角度进行解释：章太炎先生《广论语骈枝》说：“《说文》：‘弘，弓声也。’后人借‘强’为之，用为‘彊’义。此‘弘’字即今之‘强’字也。《说文》：‘毅，有决也。’任重须彊，不彊则力绌；致远须决，不决则志渝。”二十世纪八十年代以前，此书就已甚为流行，一直被看作读《论语》的入门书籍，但也有学者批评它注释太少太浅，缺少新见。而总的来说，该书平实可靠，注释精练，也比较准确，教科书中采用的基本都是杨伯峻的说法。

李泽厚（1930—　）是中国著名的哲学家，他的这部《论语今读》和他的《中国古代思想史论》等著作一样，依旧采用“六经注我”式的写法。在体例上该书分为“译”“注”“记”三个部分。“译”基本都为直译，“注”主要是采取前人的说法，以帮助了解原文，或者利于他阐释自己的观点，“记”就是李泽厚关于《论语》各个章节的评论、札记和解说。以《为政》“子曰：‘温故而知新，可以为师矣。’”为例，“译”中将“子曰”都翻译成“孔子说”：“孔子说：‘温习过去，以知道未来，这样便可以做老师了’”；为了更好地理解这句话，他在“注”中引了“朱注”：“言学能时习旧闻，而每有新得，则所学在我，而其应不穷……若夫记问之学，则无得于心，而所知有限”，在“记”中，李泽厚阐释了他的理解：“中国极端重视历史经验，记录各种经验、教训，以为未来殷鉴，乃此文明一大特征”。李泽厚这本书对于了解古人的思维方式、古代的文化特征大有益处，但因其偏向建构他自己的思想体系，过于注重阐释他自己的"记"，对于《论语》文本本身的解释不够详细，缺少字句上的推敲。总的来说，该书在思想建构上名气甚大，作者最为看重的一章是《阳货》中的"宰我问三年之丧"，李泽厚认为这是全书最为关键的一章。孔子在对宰我问三年之丧是不是太久的回答中说：你是否心安，如果心安，去做就好了。孔子又向其他人解释说，之所以要为父母守丧三年，是因为小孩子三岁才能离开父母的怀抱，三年之丧，就是对于父母怀抱了我们三年、把我们抚养长大了的一点点还报。李泽厚在此章的"记"中说"孔子的贡献在于将外在礼制（规范）变为内在心理（情感），此核心情感却非宗教性的'畏''敬''庄'等，而是以亲子关系为核心的孝慈"。他在《孔子再评价》一文中也提到这一章说"孔子把'三年之丧'的传统礼制，直接归结为亲子之爱的生活情理，把'礼'的基础直接诉之于心理依靠……把原来的僵硬的强制规定，提升为生活的自觉理念，把一种宗教性神秘性的东西变而为人情日用之常，从而使伦理规范与心理欲求融为一体。……由'神'的准绳命令变而为人的内在欲求和自觉意识，由服从于神变而为服从于人、服从于自己，这一转变在中国古代思想史上具有划时代的意义"。经过李泽厚的梳理和建构，展现出上古时期中西方不同的文化发展道路：西方外求，而求诸神，从而产生了宗教和科学；中国内求，而求诸心，从而走向了"理性化"，这就是"内圣"，内圣而外王。

李零（1948—　），是我国从事考古研究、古汉语研究的著名学者，他的这部《丧家狗——我读〈论语〉》曾因书名中的"丧家狗"而引起一场纷争。该书在体例上有对词句进行解释，既有旧说，也有对今人注疏《论语》的剖析和点评；有章节定年；有归纳若干主题，看孔子的思想；

还有作者以知识分子的身份关注时下的社会。我们以《述而》中“子曰：‘三人行，必有我师焉。择其善者而从之，其不善者而改之’”为例，李零先生解释这章的主题：“孔子无常师，善于向各种人学习”；然后解释“三人行，必有我师焉”：“简本和宋以前的其他古本多作‘我三人行，必得我师焉’，‘我’字大概是五代才去掉的，但‘有’字，早期的本子就有这种写法，比如唐写本《论语郑氏注》就是如此。接着李零解释了这段话的意思：“我和两三个人同行，其中一定能找到值得我学习的人，找出他们的优点，作为自己的榜样；找出他们的缺点，看自己有没有，有就改正。”最后是作者以知识分子的身份对某些“知识分子”的批判：“王朔嘲笑这话，说是废话。我觉得，这话平淡无奇，但有点儿意思。意思在哪里？主要是对批判知识分子有用。知识分子是知识分工体系下的精神残废，瘸子看不起瞎子，瞎子看不起瘸子，认俩狗字，就以为谁都不如他心明眼亮，手中有真理，错当杀人刀，特拿自个儿当葱，逮谁灭谁。其实，仔细想想谁不比你强？”《丧家狗——我读〈论语〉》这本书最大的特点就是提出许多合理的推测和假想，这些推测和假想往往使人眼前一亮，给人一种柳暗花明之感，如在《论语·子罕》中有这样一章：“达巷党人曰：‘大哉孔子！博学而无所成名。’子闻之，谓门弟子曰：‘吾何执？执御乎？执射乎？吾执御矣。’”达巷党这个地方有人说：“孔子真伟大啊！他学问渊博，因而不能以某一方面的专长来称赞他。”孔子听说了，对他的学生说：“我要专长于哪个方面呢？驾车呢？还是射箭呢？我还是驾车吧。”古代权威的说法，如郑玄、朱熹等都认为这是达巷党人在夸孔子，说孔子太博大，六艺都懂，无法以某一项技能给他冠名，而射、御两者相比，御低于射，孔子谦虚，因而说如果让他两选一，他宁选更低贱的御。李零先生则提出了不同的解释，他认为达巷党人不是在夸孔子，而是在讽刺孔子，达巷党人这句话的言外之意是孔子这么博学，却不能以专精成一家之名，岂不是白学了，孔子的回答很巧妙，他拿射、御打比方，射箭往往是瞄准一个点，代表着精专，而驾马车则要到处跑，代表着博学，孔子在精与博之间，宁肯选择博，因而李零先生推想孔子说这话，其实是在替博学辩护。《丧家狗——我读〈论语〉》这部书，与其说是一部关于《论语》的注解，不如说是一部立足《论语》的"孔子传"，又或是一部以阐释《论语》为基础，进而对现实进行批判的"匕首"。

通过以上的比较分析，我们就知道，同一篇古文，因为历史的发展，因为阐释方式的不同，各人的理解也就会存在差异。当然，有关《论语》的今人注疏当然不止以上四本，但我之所以对以上四本书进行分析，是想说明，作者不同的学术背景可能会导致对《论语》的理解方式有不同。这四本书基本代表了不同的治学方式和阐释方式，如钱穆先生的《论语新解》可看作义理派的代表，杨伯峻先生的《论语译注》可看作考据派的代表，李泽厚先生的《论语今读》是一种建构，而李零先生的《丧家狗——我读〈论语〉》则是一种解构。钱穆说孔子何以能成为圣人，李零则将孔子拉下了神坛，杨伯峻是"我注六经"，李泽厚则是"六经注我"。

52. 子路、曾皙、冉有、公西华后来都怎么样了？有一个被开除了？

中学有篇我们熟悉的课文,《子路、曾皙、冉有、公西华侍坐》，题目是编者加的，这一大段孔子与学生们的坐而论道选自《论语》，原文如下：

子路、曾皙、冉有、公西华侍坐。

子曰："以吾一日长乎尔，毋吾以也。居则曰：'不吾知也！'如或知尔，则何以哉？"

子路率尔而对曰："千乘之国，摄乎大国之间，加之以师旅，因之以饥馑，由也为之，比及三年，可使有勇，且知方也。"

夫子哂之。

"求，尔何如？"

对曰："方六七十，如五六十，求也为之，比及三年，可使足民。如其礼乐，以俟君子。"

"赤，尔何如？"

对曰："非曰能之，愿学焉。宗庙之事，如会同，端章甫，愿为小相焉。"

“点，尔何如？”

鼓瑟希，铿尔，舍瑟而作，对曰：“异乎三子者之撰。”

子曰：“何伤乎？亦各言其志也！”

曰：“莫春者，春服既成，冠者五六人，童子六七人，浴乎沂，风乎舞雩，咏而归。”

夫子喟然叹曰：“吾与点也！”

三子者出，曾皙后。曾皙曰：“夫三子者之言何如？”

子曰：“亦各言其志也已矣！”

曰：“夫子何哂由也？”

曰：“为国以礼，其言不让，是故哂之。”

“唯求则非邦也与？”

“安见方六七十如五六十而非邦也者？”

“唯赤则非邦也与？”

“宗庙会同，非诸侯而何？赤也为之小，孰能为之大？”

这段对话涉及了孔子的四个学生，子路、曾皙、冉有、公西华。孔子跟他们坐而论道，让他们谈谈自己的志向，鲁莽的子路先站起来回答，千乘之国，夹在大国之间，加上外国军队的侵犯，即便又遇上饥荒，如果让我治理，三年就可以让这个国家的人勇敢善战。子路勇猛，所以从勇的角度来回答。孔子听

台北故宫博物院藏南薰殿画册中的子路像

了，笑了笑，然后问："求，你呢？"求，就是冉求，冉求说，一个纵横各六七十里或五六十里的国家，如果让我去治理，三年，老百姓就能富足。冉有善于理财，所以他从经济的角度来回答。然后孔子又问："赤，你呢？"公西赤，字子华，也称公西华，他善于礼仪，所以他说，宗庙祭祀的工作，或者是诸侯会盟，朝见天子，我可以做赞礼的人。孔子继续问："点，你呢？"这是曾皙，又称曾点，字子皙，曾皙当时正弹瑟呢，孔子上课，是有背景音乐的。这时候听到老师问，他停止了弹奏，说自己跟他们不一样，暮春时节，春天的衣服已经穿着了，我愿意和五六位成年人、六七个少年，到沂河里洗澡，在舞雩台上吹吹风，唱着歌走回家。孔子长叹一声，我赞成你的想法。

南宋《孔子弟子像》中的子路

民间流传着一段据说是陕西梆子的唱词，就是来自《论语》中的这个情节，这段唱词很有意思："'点儿点儿你干啥？''我在这里弹琵琶。''嘣'的一声来站起，我可不与你三比——比不比，各人说的各人理。三月里三月三，各人穿件蓝布衫，也有大，也有小，跳在河里洗个澡。洗洗澡，乘乘凉，回头唱个《山坡羊》。先生听了哈哈大笑，'满屋子学生不如你'。"

子路、曾皙、冉有、公西华这四个人后来的发展怎么样呢？

子路是孔子的大徒弟，比孔子小九

岁，所以，子路跟别的弟子对孔子的态度有所不同，他常常敢直接顶撞孔子。如有一次子路问孔子，如果卫国的君主要用您，您怎么办？孔子说第一件事要先正名。子路急了，好不容易有个机会，你还正名？然后说孔子："您真是迂腐啊。"孔子也急了，就骂上了："野哉，由也！"子路跟孔子实际有点儿亦师亦友的感觉。子路长得很壮，第一次去见孔子，戴着野鸡帽子，想揍孔子，结果被孔子三言两语就说服了，从此成了孔子的学生，一生服膺孔子，追随着孔子。

子路这个人好勇尚武。《论语》中记载有一次孔子夸颜渊，我们知道颜渊是孔子最喜欢的学生，孔子经常夸他，这次孔子又开始夸他了："用我呢，我就去干，不用我，我就隐藏起来，只有我和你才能做到这样吧！"在旁边听着的子路，"柠檬"了："你又夸他。"子路凑了过来，也想着让老师夸夸自己，也想加入夸夸群，于是说："老师您如果统帅三军，那么您要和谁在一起共事呢？"大概子路一边说，一边露出了肌肉。孔子当然知道他什么意思，但就是没夸他，孔子说："赤手空拳和老虎搏斗，徒步涉水过河，死了都不会后悔的人。我是不会和他在一起共事的。我要找的，一定要是遇事小心谨慎，善于谋划而能完成任务的人。"子路又被讽刺了一番，"子谓颜渊曰：'用之则行，舍之则藏，惟我与尔有是夫！'子路曰：'子行三军，则谁与？'子曰：'暴虎冯河，死而无悔者，吾不与也。必也临事而惧，好谋而成者也。'"

当然，孔子也夸过子路，说自己自从有了子路，再也没听过别人当面骂自己，"故孔子曰'自吾得由，恶言不闻于耳'"（《史记·仲尼弟子列传》）。

孔子 72 岁时，突然得知大弟子子路在卫死于国难。晚年的子路在卫国孔悝手下做家臣，卫国发生了内乱，孔悝被劫持一起造反。本来子路没有

（明）仇英绘《子路问津》

在城中，当消息传来的时候，子路马上要赶回去救自己的主人孔悝。在回去的路上正好碰到了同学子羔，子羔告诉他不要回去了，局势已无法挽回了，回去只能白白送死。但子路说，吃人家饭，现在人家有事了，怎么能袖手旁观？子路毅然决然去救自己的上司，到了之后，就跟对方两个大力士打起来了。子路很勇猛，但好汉难敌四手，一不小心，子路的帽子带被割断了。子路本来就是抱着必死之心来的，这时候，子路说，“君子死，冠不免”，于是放下兵器，系帽子，对方趁着这个机会，就把子路杀死了。他们可能太怕子路了，还把子路的尸体剁成了肉酱。卫国一发生内乱，孔子得到消息就说：“坏了，我有两个学生在卫国，子羔没事（孔子曾评价他说“柴也愚”，这个学生笨笨的，但遇到危险知道跑），但子路这个人讲信用，恐怕要死在卫国了。”果然几天之后，报丧的就来了，这个报丧的“没心没肺”，还“绘声绘色”地描述，太惨了，被人剁成肉酱了。本来孔子就伤心，而且晚年身体不好，只能吃点肉酱，桌子上正好放着半瓶肉酱，“太惨了，就跟你桌子上那瓶肉酱差不多”，孔子一听这个，从此再也不吃肉酱，身体每况愈下，第二年就去世了。

南薰殿冉求像

子路的性格是冲动的，与他性格相反的是有“拖延症”的冉有。《论语·先进》中，这几个同学又凑在一起了。子路先问了一个问题：听到一个道理要马上去做吗？孔子说：有父兄在，怎么能听到就做？冉有问：听到一个道理要马上去做吗？孔子说：听到就做。公西华被弄糊涂了，两个人问的是同一个问题，为何老师回答不一样呢？孔子说：冉求总是退缩不前，所以要鼓励他；仲由胆大冲动，所以要约束他。“子曰：‘有父兄在，如之何其闻斯行之？’冉有问：‘闻斯行诸？’子曰：‘闻斯行之。’公西华曰：‘由也问：闻斯行诸？子曰：有父兄在。求也问：闻斯行诸？子曰：闻斯行之。赤也惑，敢问。’子曰：‘求也退，故进之；由也兼人，故退之。’”

子路去卫国之前，在鲁国的时候，曾和冉有成为同事。我们有一个熟悉的成语叫“祸起萧墙”，出自《论语·季氏》中孔子的话：“吾恐季孙之忧，不在颛臾，而在萧墙之内也。”冉有和子路给当时鲁国的执政者季氏当家臣。有一次，季氏想要攻打邻国颛臾，两个学生来问孔子的意见，孔子不同意。但冉有说自己也无可奈何，不能阻止季氏，而且辩解说颛臾离鲁国很近，留着它对鲁国是个潜在的威胁。当时鲁国三桓贵族专断，季氏等人不把鲁国国君放在眼里，而又担心颛臾帮助鲁国的国君，所以季氏攻打颛臾并不是为了鲁国，而是为了他自己罢了。因而孔子点破说季氏担忧的其实并不是外面的颛臾，而是国内鲁国的国君，“萧墙之内”这里成了“鲁君”的代称。“萧墙”如果按照郑玄的解释，应该是内影壁，君主至此墙而肃静焉，“萧墙之内”自然是君主在内，因此可以暗指鲁君。而许嘉璐先生认为“萧墙”是外影壁，“萧墙之内”自然是住宅。[①]如果这样理解，那么，这句话就又被解释为孔子暗示季氏的威胁不在颛臾，而在他自己的家臣阳虎，后来也确实发生了阳虎之乱。

冉有总是唯唯诺诺，多次为了维护长官的意志，不惜违背孔子的教诲。《论语·先进》说季氏比周朝的公侯还要富有，而冉求还帮他搜刮来增加他的钱财，“季氏富于周公，而求也为之聚敛而附益之”。此事《左传》也有记载，发生在孔子晚年，冉有多才多艺，学而优则仕，他以自己的才干做上了季氏家的大总管，然而他不但不推行孔子的思想，反而掉进钱眼里，帮助权贵聚敛财富。这触怒了主张“节用而爱人”的孔子，孔子决定清理门户，该走的走，该清的清，孔子对其他学生说，这个好“聚敛”的人不是我的学生了，你们可以大张旗鼓地去攻击他！子曰：“非吾徒也，小子鸣鼓而攻之，可也！”然而，直到现在，冉有却还一副若无其事的样子站在孔庙里。

冉有小孔子二十九岁，这个人其实不错，很有才华，善于理财，还会打仗，孔子也曾夸过他，“求也艺”，而且孔子在外流亡 14 年，是他说服鲁国的执政者季康子把孔子接回来的。孔子死后，他和子贡一起发起了造圣运动，为自己的老师扬名，反对那些污蔑自己老师的人。

再说另外两个学生，曾皙与公西华。别看在侍坐孔子的时候，曾皙既能弹瑟，愿望又是浴乎沂、风乎舞雩的，好像很儒雅，实际上曾皙是个暴脾气。他儿子就是著名的曾参，即曾子。《孔子家语》记载，有一次在地

① 许嘉璐：《中国古代衣食住行》，北京出版社 2017 年版，第 135 页。

里干活，曾子一不小心锄倒了一棵小禾苗，结果暴躁的曾皙就拿起大木棒子，一下子把曾子打晕了，然后头也不回，就回家了。过了好久，曾子才醒过来。曾子以“孝”著称，怕父亲担心自己是不是被打傻了，会不会忌恨他，曾子就唱歌，表示自己没事，也没有怨气。孔子知道这件事，就骂曾子，说以后你要见机行事，要是你父亲用大棒子打你，你就得跑，要不然大棒子把你打死了，也会陷你的父亲于不义。孔子对这个“点”也太宠了，他不劝曾皙下手轻点儿，反而责备曾子不知变通。曾子不仅孝顺父亲，《二十四孝》中还有“曾子孝母”的故事，而且据说《孝经》就是曾子编写的，可见，他是一位专注于研究孝道伦理的学者。后世“棍棒下出孝子”的理念可能也是受到了曾皙的影响。曾皙最大的功劳就是生了曾子，《论语》中称曾子为“子”，《论语》的编写应该跟曾子的传人有关，据说孔子的孙子子思也是曾子教出来的。另外，曾子还有一个冒牌的学生，《史记》记载吴起“尝学于曾子，事鲁君”。吴起本是卫国人，在离开故乡时，他与母亲诀别：我若当不上卿相，誓不再入卫国！他向曾子求学，没过几天，他的母亲去世了，但他急于上位，也就没有回去奔丧。曾子见他为功名富贵不顾孝道，便与他断绝了师生关系，“曾子薄之，而与起绝”。然而吴起却还打着自己是曾子学生的旗号，四处招摇，自称曾受学于圣门。

南宋《孔子弟子像》中的曾皙

南宋《孔子弟子像》中的曾参

曾皙既能鼓瑟，又能“舞”棒，而且得到老师“吾与点也”的评价，说明这个人很有灵性。他儿子曾子就差点儿，《论语·先进》记载“参也鲁”，孔子说曾参有点儿迟钝，不太聪明的样子。有一个例子也可以表明，孔子教学一般分为两种方式，一种是学生们坐在一起，各言其志的讨论；一种是一问一答。有一次孔子想阐释自己一以贯之的道是什么，就把曾子叫过来了，“参乎，吾道一以贯之”。这时候要是聪明的学生就会问是什么意思啊，结果曾参没有反应过来，曾子曰：“唯。”孔子都准备好了，等着你问，何谓也。结果曾子一个“哦”就把他给堵回去了。孔子无奈就走了，结果孔子走后，其他人不懂，以为曾子懂了，就问曾子什么意思，门人问曰：“何谓也？”曾子这时候只能自己总结说，“夫子之道，忠恕而已矣”。我们常说孔子一以贯之的道是忠恕，实际上这不是孔子说的，而是曾子自己总结的。孔子自己想说的那个一以贯之的是什么，因为这个笨笨的曾子，我们不得而知了。

孔子的另一个学生，公西华，小孔子四十二岁，善于礼仪，很有外交才华。孔子曾说，公西华整饰衣冠，系上腰带，在朝堂上站立，就可以让他跟外宾交谈，他有这方面的能力，“赤也，束带立于朝，可使与宾客言也”（《论语·公冶长》）。后来公西华果然成了外交家，这是个肥差，就连孔子都羡慕，“赤之适齐也，乘肥马，衣轻裘（《论语·雍也》）”。后来

“肥马轻裘”就成了富贵的象征。

南宋《孔子弟子像》中的公西赤

除了这四位，孔子还有很多学生直到现在仍很有名气，如孔子最喜爱的学生颜渊。孔子很多学生都去做官了，孔子只把他留在身边，让他读自己的“研究生”，是把他当接班人培养的，可惜颜渊去世得太早。孔子最有钱的学生是子贡，据说孔子周游列国就是他赞助的，后来还被民间奉为财神。实际上，子贡不仅有钱，还是著名的外交家。所以孔子去世后，社会上出现了抬高子贡，而贬低孔子的风气，子贡自己站出来，说：“你们不要这样子，我哪能跟我的老师比，我的老师比我高得可太多了。”另外，还有孔门最爱睡觉的学生宰我，“宰我昼寝”，宰我白天睡觉，结果被老师骂了，“朽木不可雕也，粪土之墙不可圬也”，但孔子去世后，宰我也到处传颂自己的老师。无论孔子怎么骂这些学生，骂子路野，骂曾参笨，骂子贡太闲，甚至气得要和冉有断绝师徒关系，但这些孔子教过的学生，心里清楚，老师有多么伟大，他们从来不记恨老师，只是努力想办法靠近老师的要求。何其幸运，这帮学生有孔子这样的老师；何其幸运，孔子能有这样一帮学生。后来孔子名扬天下，儒家成为正统，离不开这些学生的传承。

孔子的一生，处处磨难，可谓一步一坎，3 岁丧父，17 岁失去母亲，在鲁国被季氏家臣阳虎欺负，两个人的恩怨一直延续到孔子五十多岁。周游列国，他遇到的又都是齐景公、卫灵公这些荒淫君主。孔子早就知道自己面临的是一个什么样的时代，他知道自己未来要遇到的是什么样的困难，不仅是生活上的，还有精神上的。可以想见，孔子当年和学生们坐而论道，听着音乐，让每个人畅想未来。当听到有人的理想是和同学们一起洗澡，是在高台上吹着风，唱、跳、rap的时候，孔子笑了，即便什么都没有了，即便子路、冉有、公西华都忙去了，我身边还有曾皙，还有“冠者五六人，童子六七人”这帮学生陪着我呢啊。文王既没，文不在兹乎，道在我这儿，我现在传不下去，没事，只要他们在，如果老天有一天想平治天下了，除了他们，还能有谁呢？

53. 墨子是外国人？秦以后墨家为何消失了？可能被杀光了？

孔子之前，学在官府，官府垄断了学校教育和一切学术文化。那时，只有贵族才有机会接受教育，平民百姓不能进入校门。而到了战国初期，各类文献从官府流散到社会上，这就为私学的兴起和士人的问学提供了条件。而私学的发展则直接导致了学派的形成，各个学派因立场不同，掌握的文献不同，形成了不同的思想特征和价值追求，百家争鸣的时代也就到来了。

先秦时期，诸子百家，墨家的创始人为墨子。墨子姓什么呢？《百家姓》中没有墨姓，所以学者们认为墨子并不姓墨。关于墨子称呼的来源有这样几种说法：墨子叫墨翟，有人说“翟”才是他的姓氏；有人说墨子是学派的称呼，一如“儒家”并不是孔子的名字，后来学派名字变成了墨子一个人的称呼；一说墨子受过墨刑，所以叫墨子，当然也未必真受过刑罚，也有可能是因为墨子选择了一种节俭苦行的方式，类似于受过墨刑的人，所以被称为墨子；此外，一说跟其职业有关，从事木匠，需要绳墨；还有一种说法，墨子是手工业者，据说墨子曾花费了三年的时间做了一只木头鸟，这只鸟可以在天上飞好几天，很厉害。因为他做手工艺，经常从事劳动，所以晒得比较黑，有人就叫他墨子；还有人说墨子穿黑衣服而得名；等等。

墨子是哪里人呢？也有不同的说法，古时候有宋国说、楚国说、鲁国说，司马迁最早记载墨翟的事件，说“盖墨翟，宋之大夫”，“盖”是推测，说他是宋之大夫，也未必就是宋国人。有人说他是楚国人，但是《墨子》中有“墨子南游于楚”，既然是“南游”，未必就是楚国人。大多数学者认为墨子是鲁国人，高诱《吕氏春秋·慎大览》注：“墨子名翟，鲁人也。”孙诒让、梁启超、任继愈等先辈都认为墨子是鲁国人。

到了近代，西学东渐，在疑古思潮的影响下，又有人提出了“外来说”，认为墨子可能是印度人或者阿拉伯人，理由是墨翟的“翟”与“戎狄”的“狄”音近，“狄”是中原对外族的称呼，再加上墨子主张“兼爱”，这与佛教的“众生平等”相似，等等。这些说法后来都被学者们的进一步研究否定了。

墨子创立的墨家在先秦是一个非常大的学派，可以与儒家相抗衡，甚至一度超过了儒家。《韩非子·显学》：“世之显学，儒墨也！儒之所至，孔丘也；墨之所至，墨翟也。”《孟子·滕文公下》：“杨朱、墨翟之言盈天下，天下之言，不归杨则归墨。”孟子说，天下的言论如今不是道家杨朱的那一套，就是墨翟那一套，哪里还有我们儒家的立锥之地？

然而到了秦汉之际墨家就衰落了，甚至墨子这个人，司马迁对他都不太了解，在《史记》中只用了24个字介绍他，而且写得模棱两可，说墨翟大概是宋国的大夫，善于防守，倡导节用，有人说他与孔子同时代，有人说他生活在孔子之后的年代，反正就是拿不准了，“盖墨翟，宋之大夫，善守御，为节用。或曰并孔子时，或曰在其后”。后来经过学者们的考证，墨子应该与孔子晚年收的一帮学生（如子夏他们）是同辈人。据说墨子也跟孔子学习过，后来发现孔子学说代表的是没落贵族，与小手工业者们的利益诉求不一样，墨子就脱离了儒家，开创了自己的学派。

宋代的儒学大师张载说“为天地立心，为生民立命，为往圣继绝学，为万世开太平”，可儒学并没有成为“绝学”，历代都有传承。秦代以后，真正断绝传承的实际是墨家。为何先秦时期，那么大、那么有影响力的学派组织，到了秦以后就消失了呢？墨家去哪里了呢？

墨家的消失可能跟他们的理念以及技能有关系。墨家有一个重要的主张，就是“非攻”，号召不要互相攻伐，要兼爱，墨子还亲自去阻止战争。墨子有个重要的技能就是善于守城。《墨子》中记载，公输盘（即后世传说中的鲁班）为楚王造了一个云梯，要攻打宋国。墨子听说之后，从齐国走了十天十夜，到了楚国的都城，见到了公输盘。他就跟公输盘说：北方有一个人侮辱了我，你替我把他杀了。公输盘很不开心，凭什么呀？墨子说：我给你钱，你替我杀了他。公输盘说：我这个人是有道德底线的，年轻人不能不讲武德，不能随便杀人。墨子说：既然你知道随便去杀一个人不义，那你为什么要帮助楚王去攻打一个无罪的宋国呢？你这不也是无义吗？公输盘自知理亏了，但又推脱说：你看，我这个云梯已经造好了，听你说的这个道理后，我现在也不想打宋国了，但是楚王有命令，他要打，我也无可奈何。墨子说，要不你带我去见楚王。公输盘就带墨子见到了楚王。见到楚王之后，墨子先给他讲故事说：我们那儿有一个人，这个人非常富有。他的邻居非常穷，富人自己有辆很好的车，但他总喜欢偷邻居家的破车；富人穿的都是锦绣，邻居穿的都是短褐，结果这个富人就总想偷穷邻居那破衣服；富人天天吃肉，邻居天天吃糟糠，结果这个富人总想偷人家的糟糠。你说这个人是个什么样的人啊？楚王说：这个人有病吧？可能得了一种喜欢偷盗的病。等的就是这句话，墨子说：你看你们楚国多么富有，五千里，宋地才五百里。你们土地上物产丰富，地大物博，你再看宋地，什么都没有。你那么大的地盘，那么富有，却要去打一个贫乏的宋国，你是不是跟那个喜欢偷盗的富人一样啊？墨子没直接批评楚王，而是给他讲故事，讲完了，道理也出来了，楚王你去想吧，我在骂你，你能想明白吗？楚王肯定是听明白了，但是楚王这个人也会踢皮球，刚才公输盘说造这个云梯，是楚王的命令，他不能停止，楚王现在说：听了你的话，我也不想打了，但是你看，人家公输盘已经把云梯造出来了，我要不打不浪费了吗？墨子说，他那个云梯没用，不信让他跟我比画比画。墨子把大带子拿出来，围成一个城墙，然后和公输盘开始进行攻防的演练，结果公输盘怎么也胜不了墨子。最后公输盘急了：我还有一招。墨子说，我知道你最后一招是什么。楚王不明白了：你们在说什么？墨子说：他要把我杀掉，但是我告诉你，我的弟子禽滑离率领三百个壮士在守城呢，怎么防守，我已经教给他们了，你即便杀了我，也没用。楚王没办法，就把墨子给放了，也没有去打宋国。

墨子不仅主张“非攻”，而且实践这一理论，而与这一理论相匹配的技能，就是守城，“墨守成规”这个成语的来源就跟这一技能有关。墨家后学大概都学习这一技能，并实践它。可以说，墨子为战国打造了一支“维和部队”。而在战国时期，“争地以战，杀人盈野；争城以战，杀人盈城”（《孟子·离娄下》），大量残酷的战争出现，墨子这个学派的人经常帮助别人守城，可能死亡人数是极其大的，大概也正因此，墨家逐渐后继无人，这个曾经的显学到了秦汉之际就消失了。

墨家的人员真的都会拼了命帮助别人守城吗？墨家组织严密，传承的首领往往被称为“巨子”，纪律性强，追随者往往死不旋踵，只要是巨子老大的命令，就算是刀山火海也会上，绝不回头。战国时期，墨家著名的巨子有孟胜、田襄子等。孟胜和吴起是一个时代的。吴起到了楚国，帮助楚国变法，加强王权，楚王的权力增加了，贵族们的权力就被削弱了，因而贵族们都恨吴起，所以当支持吴起的楚王一死，这些贵族就联合起来想把吴起杀掉。他们在宫里设下了埋伏，等吴起进宫吊丧的时候，弓箭手们万箭齐发。吴起一看逃不了了，说道：即便是我死，也要报仇。他跑到楚王的尸体旁，紧紧抱住了楚王的尸体。当时楚国有一条法律，凡是敢将兵器沾到楚王尸体的，要夷灭三族。所以当乱箭发射过来，一些射到了吴起身上，吴起就拔下这些箭，狠狠地插到楚王的尸体上。新楚王登基后开始清算，把那些参与射杀吴起、将兵器碰到楚王尸体的贵族们问罪，吴起算是用这种方式报了仇。因为吴起的这场“报复”，新楚王杀了大量贵族，其他一些贵族就开始逃跑，阳城君就是其中之一。他要跑，但他有封地，有一座城，他不愿意舍弃，就找到当时在楚国的墨家巨子孟胜。孟胜与他是好朋友，他希望孟胜能替自己守城。既然老朋友在危难的时候求自己，孟胜也不好推脱，就答应了。但当时孟胜身边不到一百人，即便他守城技能再高，也抵挡不住楚王的大军。在城池将破之际，孟胜说：我们不能走，既然答应人家了，就必须与城池共存亡，受人之托，忠人之事。手下人说：你要死了，咱们墨家就没有首领了，怎么办？于是孟胜就派了两个人出城去宋国找田襄子，告诉田襄子：你就是下一任巨子了。然后，城破的时候，孟胜就和弟子们集体自

明代《有象列仙全传》中的墨子像

杀了。出城报信的两个手下，找到田襄子，交接完手续之后，又返回城池，到那里自杀。本来城池已经被攻破了，他们两人可以不回去的，但是一诺千金，同生共死，他们仍然要回去自杀，墨家组织就是这么讲义气，“死之所以行墨者之义”（《吕氏春秋·上德》）。当然，代价也是惨重的，与动动嘴皮子的其他学派不一样，他们带着自己学派的主张与信念切实地投入到战场当中了，或许正因此，当战争越来越多、越来越残酷，墨家学派的人员们就都舍身在城墙之上了。儒家说“杀身成仁”“舍生取义”，墨家是真正做到了。有人说，墨家其实没有消失，只是换了一种形式存在，后世以讲江湖道义著称的侠客大概就是出于墨家。

墨家学派不只是空谈，不只是说说而已，他们有事是真上，墨家学派传承的气节令人赞叹。而这种行事方式，是墨家学派的创始人墨子奠定的。墨子本人，因其推行主张的方式，他的对手都很佩服他。儒家祖述尧舜，宪章文武，墨子的“爱豆”则是大禹，因为大禹治水的时候冲在第一线，为了天下人，他不辞劳苦，不惜身体。庄子、孟子，他们虽然骂墨子的一些主张与自己不合，但也不得不佩服他的亲力亲为。庄子赞美墨子说，“日夜不休，以自苦为极”，“虽枯槁不舍也”，墨子真好，真是天下最善良的人，为了天下，纵使形体枯槁，也不舍弃自己的主张，他是一个真有才智的人。墨子讲究兼爱，无差别的爱。孟子骂墨子，说他无父无君，但孟子也夸墨子说，墨子这个人“摩顶放踵”，从头顶到脚跟都擦伤了，他这么苦，是为了天下人啊，“墨子兼爱，摩顶放踵利天下，为之”（《孟子》）。诸子百家，互相诘难、诋毁，只有墨子一人，其人格能赢得对手如此高的评价。

54. 庄子主张“躺平”？庄子与孟子为何没有对骂过？

“躺平”是近来流行的一个词，指面对生活的窘迫，努力奋斗无望，于是干脆就放弃努力，躺平睡大觉算了，爱咋咋地。如果追溯“躺平”主张第一人的话，那一定是道系青年庄子。庄子的生活确实很窘迫，当代学者鲍鹏山曾将先秦诸子的生活情况进行过一个比较，与孔子、孟子、墨子相较，庄子的生活最穷困。在先秦诸子中，孔子 30 岁创立私学，实现了经济的独立，“食不厌精，脍不厌细”（《论语》）。你看孔子，吃都这么讲究，能没钱吗？后来做官，也有不少的收入。周游列国除了在陈蔡之间有过一次绝粮挨饿外，大部分是到一个国家，就能领取一定的俸禄，而且他还有个特别有钱的学生子贡，经常资助他，晚年回到鲁国当“国老”，更是不差钱。你再看孟子，孟子的时代那更了不得了，传食诸侯，他不仅自己“混吃混喝”，还经常带着一大批学生到各个诸侯家里边去吃，“后车数十乘，从者数百人，以传食于诸侯”。当时诸侯们给孟子的待遇特别好，比如孟子在齐国，他在齐国干什么工作呢？“不治而议论”，就是没有具体的活儿，只管发发牢骚，发发议论，这就是工作。这么好的工作，孟子都不愿意在这儿待着了。孟子要走，齐国的君主为了留住他，要给他加薪，给他几十万石粮食，当时八十石粮食就能生活一年，而且还要给他一套别墅。所以你看孟子，生活是多么优裕。墨子讲究苦行，主张节俭，但他的弟子也众多，而且墨家有技术，有不少手工业者，他有钱，只不过他自己愿意选择一种穷的生活方式。而庄子就不同了，庄子是真穷。在《庄子》中有一篇，上来就说“庄周家贫”，说庄周家里穷得揭不开锅了，他找人去借钱。找谁呢？监河侯。有人说这个人就是魏文侯，也有人说这就是一个管理河流的官员，相当于我们现在的包工头，比较有钱。监河侯一看庄子来了，我这钱借出去那不是有去无回嘛。于是就找个借口说：庄先生，你等等吧，我外边有一批工程款还没有要回来，咱这批工程款回来之后，我就借给你钱。这就好比有人想向你借十块钱，你说等着，中了五百万，我给你一百块钱。庄子太聪明了，马上讲个故事来讽刺他：在我来的路上，有一个车辙压的水沟，沟里面还有一洼水，洼水中有一条小鱼。这个小鱼突然对我说话了，它说，庄先生，求你救救我，我是随着东海的潮汐到这里的，被困在这儿了，现在潮水退下去，我回不去了，你能不能给我一桶水救救我？庄子说，没问题呀，你等着。现在南方的吴国和越国正在打仗，我马上过去游说他们别打了，咱们现在接到一个大工程，南水北调，赶紧开挖。我要引西江的水来救你。这条小鱼听了很生气，本来你一桶水就能救我的，等你这么费劲把水引来，“索我于枯鱼之肆”，你去菜市场卖酸菜鱼的那里去找我吧。

清人绘《古圣贤传略》中的庄子

庄子自己也说自己穷。有一次庄子去见梁惠王，穿着粗布破衣，鞋子用绳子系着。梁惠王问他：先生你为何这么疲惫啊？

庄子很傲娇地说：这是穷，这不是疲惫，士人有道德而不能推行，是惫累；穿破烂的衣服鞋子，是穷，不是惫累。这就是所谓没有遇到好时运。“庄子衣大布而补之，正緳系履而过魏王。魏王曰：‘何先生之惫邪？’庄子曰：‘贫也，非惫也。士有道德不能行，惫也；衣弊履穿，贫也，非惫也；此所谓非遭时也’。”（《庄子·山木》）

庄子说没遇到好时运，是在说他没有机会做官，才没办法改变这样贫穷的面貌吗？并不是，庄子是有机会做官的，但他不做，太危险，他主张“养生”，保全自己。

楚国有两个大夫来找庄子说：庄先生，我们君主想重用您，高官厚禄。庄子说：不，我不要当官，我要当乌龟。你们楚国有只乌龟，被杀死时已经三千岁了，死了之后让人拿一个小匣装起来，拿绸缎包起来，供奉在宗庙当中。是这样好呢，还是让这只乌龟活着在泥坑中打滚儿好呢？两个大夫说，那肯定是活着好呀。庄子说，那你们走吧，我要做这样一个在泥中打滚儿的乌龟。“庄子钓于濮水，楚王使大夫二人往先焉，曰：‘愿以境内累矣。’庄子持竿不顾，曰：‘吾闻楚有神龟，死已三千岁矣，王巾笥而藏之庙堂之上。此龟者，宁其死为留骨而贵乎？宁其生而曳尾于涂中乎？’二大夫曰：‘宁生而曳尾涂中。’庄子曰：‘往矣！吾将曳尾于涂中。’”（《庄子·秋水》）要想有好的生活，有个漂亮的小匣，被人供奉着，就得付出沉重的代价，得活三千年，然后被人宰割，放进去，还不如不要那个看似光耀的小匣，而自由自在地

明代《三才图会》中的庄子

在泥坑里活着。

庄子这种“躺平”思想，在《庄子》这本书中有不少故事体现，如我们熟悉的“螳螂捕蝉，黄雀在后”的故事。庄子看到一只大鸟飞进果林，他就拿着弹弓追过去。来到树林里边，发现树上有一只蝉，正在喝着好喝的汁液，还唱着歌，美得忘记了自身安危。一只螳螂正用树叶作隐蔽，打算捕捉蝉。螳螂眼看即将得手，而不知道自己也身处危险，那只大鸟正准备捕食螳螂。大鸟因为眼前的利益，而没有发现后边拿着弹弓的庄子。而庄子呢，为了追大鸟，自己进了果园，果园的主人在背后又来捉他了。当捕食者努力捕食的时候，忘了身后的危险。有时候，捕食者填饱肚子，只不过是为了填饱别人的肚子。庄子说，世上的事物都是这样相互联系、相互争夺的，都是以利益为诱饵，所以有利益的地方，吸引你去做事情，可能就会有危险，这也就是为何庄子主张要“无为”。

庄子不仅不鼓励人们去追求利益，以免被人利用，更倡导做一个“无用”的人，以保全自己。有一个故事说，庄子行走于山中，看见一棵大树，枝叶十分茂盛。周围的树都被砍了，就它矗立在那里。庄子很奇怪，问伐树的人，伐树的人说，这树材质不行，没什么用。庄子当时带着几个学生，庄子对他们说：你们看，做个没用的，多好，可以终享天年。当然，完全“无用”也不行，他带领学生们继续往前走，留宿在朋友家中。朋友高兴，叫仆人杀鹅款待他们。仆人问杀哪一只，有两只鹅，一只会叫，可以当闹钟，一只不会叫。主人说，杀那只不能叫的。没想到，“打脸”这么快，弟子们问庄子，昨日遇见山中的大树，因为不成材而能终享天年，如今主人的鹅，因为不成材而被杀掉，我们是该有用，还是无用啊？庄子说，我主张，要在有用和无用之间。“躺平”不是什么都不做，而是要学会在人间的缝隙中求生存。

庄子还曾假装站在对立者的角度，给一个骷髅打鸡血。有一次，庄子走路，遇到一个骷髅。他就对着这个骷髅说：你是怎么死的，是因为贪图什么而违法乱纪被杀了吗？是因为国家灭亡而死于战乱吗？是因为自己做得不好，对不起父母妻儿而自杀的吗？是因为没找到工作饥寒交迫而冻死的吗？说完庄子就枕着骷髅睡着了，结果骷髅晚上就给庄子托梦，告诉他，你说的那些都是人生的累赘，做个骷髅"躺平"可好了，没有欲求，在上没有老板的压制，在下没有必须完成的工作，不用风里来雨里去，简直是帝王般的享受。庄子说：不会吧，我替你去找司命的神求情，让他给你骨肉，给你注入鸡血，让你重新活过来，怎么样？骷髅说，我跟你无冤无仇，你为啥要害我，我现在享受的是帝王般的快乐，为什么要到人间去受苦呢？"吾安能弃南面王乐，而复为人间之劳乎"《庄子·至乐》庄子并不是真的要说服骷髅，而是借骷髅来说明，人间的本质是劳苦的。

庄子已经把整个世道看透了，如今这个世道，做官太危险，商鞅不就被车裂了吗？孟子东奔西走又有什么用呢？除了战国大时代的影响，庄子的这种世界观可能也跟其生长之地宋国有关系。

庄子是宋国人，他正好赶上宋国的最后一位君主宋康王。宋康王很昏庸，历史上称他为桀宋，将其与夏桀相比，又说他是商纣王转世。他非常疯狂，拿个血袋子挂在树上，然后用箭射，名曰"射天"。他还自大，四处打仗。宋国处于四战之地，当时东北方的齐国很强大，西边魏国也很强大，南方楚国也很强大，这个宋康王不仅不想办法自保，还自不量力地主动挑衅这些国家，结果既打不过人家，又劳民伤财。后来，齐国打算把宋国灭掉。齐国开始进军宋国，使者来报告说，大事不好，齐国的军队冲过边境，打过来了。结果宋康王说：假消息，就把这个使者给杀掉了。过了一段时间，又一个使者说，齐国的军队已经攻下一些城池了。宋康王说：

假消息，又把这个使者给杀掉了。再来报信的使者就聪明了，跑进来告诉宋康王：我们打胜了，齐军被我们打跑了。宋康王听了很开心，赏给他很多的财宝，这个人拿着财宝就跑了。没过多久，齐国就打到了宋国都城，宋康王流亡国外，最后死在了国外，春秋战国时期的宋国从此也就在历史中消失了。还有一个我们熟悉的故事也与这位宋康王有关。宋康王看上自己大臣韩平的夫人，于是就把韩平给杀了，把他的夫人占为己有。韩平夫人很爱自己的丈夫，在她丈夫死了之后，她一直不换衣服，故意把衣服弄烂了。有一次宋康王带她爬上城墙看风景，她就趁机要从城墙上跳下去，宋康王拉她，因为她那衣服已经烂了，没拉住，就摔死了。有人把她的遗嘱拿出来，上面写着希望把她和她的丈夫葬在一起。宋康王偏偏不，在城墙外，在城门的两边，一边一座坟，故意让他们相望而不能合葬。结果两个坟上分别长出两棵树来，这两棵树越长越大，最后连在了一起，“在地愿为连理枝”就是从这个故事来的。知道庄子生活的时代和生活在怎样一个国家，我们就可以理解为什么庄子不愿意做官，主张要养生，要学会保存自己了。

（元）钱选绘《庄周梦蝶》

我们经常将“老庄”并称，在古代文化中，并称的出现，往往是因为后面那一个地位提高了。比如“孔孟”，最初是“周孔”，周公与孔子并称。当孟子地位提高后，就变成了“孔孟”并称。同样，最初是“黄老”，黄帝与老子并称。到了魏晋时期，玄学兴起，庄子的地位提高了，“老庄”就并称了。庄子虽然继承了老子的很多思想，但他也有与老子不一样的地方，老子还讲帝王之术，治大国如烹小鲜，而庄子完全不讲这些，他只关心个人的生存之道，不怎么关心政治。在这一点上，他也与同时代的商鞅、孟子有着明显的区别，后两者往往带着自己的主张去游说诸侯，而庄子则是隐退而不争。

历史上有一个现象很奇怪，庄子（约前 369—前 286）与孟子（约前 372—前 289）是同时代的人，两个人还都见过梁惠王，但他们两个人彼此却谁也没有提及过谁。庄子在文章中讽刺儒家孔子，孟子在文章中骂道家的杨朱，但两人却没有彼此对骂过，这是为何呢？历史上称之为“庄孟不相及”。

我们可以推测一下是为什么。一种可能是文献不足，因为传下来的文献是有限的，很有可能在丢失的那部分文献中，两个人是有交集的。近代一些学者，认为庄子实际上最初学的是儒家，后来由儒入道，为了“情面”而不“对骂”。还可能就是像朱熹说的，两个人真的谁也不认识谁，没听说过对方。鲍鹏山提出一种观点，认为孟子名气那么大，还到过庄子的母国宋国，庄子应该不可能没有听说过孟子，但因为庄子过着隐士一样的生活，孟子没有听说过庄子是很可能的，所以孟子没有提及过庄子。那么知道有孟子这样一个人的庄子，为何只骂儒家孔子，而不骂孟子呢？鲍鹏山认为，这很可能跟庄子的处世哲学有关，庄子不想陷入是非的争论当中，如果庄子骂孟子，当时孟子还活着，好辩的他必然会反击。我比较赞同最后一种说法。

庄子不想与人无休止地争论，他认为“辩论”有胜负，但没有意义。辩论胜利了，不意味着你就是对的。庄子还亲自示范了辩论胜利的这种

“没意义”。有一次庄子和自己的好朋友惠子路过一条河，站在河流的桥上，望着水中的鱼，庄子脱口而出：水中的鱼好快乐啊，结果惠子说：你不是鱼，你怎么知道鱼是快乐的。庄子反驳道：你不是我，你怎么知道我不知道鱼是快乐的。惠子说：我不是你，我不知道你知道鱼是快乐的，那么用你攻击我的这个逻辑，你也应该是不知道鱼是快乐的。《庄子》这本书中，惠子总是辩论不过庄子，这一次惠子终于有了赢的机会了，结果庄子说：刚才的不算，咱们重来。你说“子非鱼，安知鱼之乐”，“安”有“怎么”的意思，你不是鱼，你怎么知道鱼是快乐的；“安”还有一种意思，就是“在哪里”，“皮之不存，毛将安附”，如果按照这个意思，那么，你刚才问的就是，你不是鱼，你是在哪里知道鱼是快乐的，我现在告诉你，我是在桥上知道的。庄子辩论又胜利了，但显然辩论“胜利”了，不意味着就掌握了“是非”，掌握了对与错。

庄子有个重要的观点叫“是非一贯”。人生是有限的，而知识是无限的，“吾生也有涯，而知也无涯，以有涯随无涯，殆已”，以有限的知识去判断一件事，可能就是错误的，因为等你获得更多知识，你可能就会推翻原来的结论。所以“是非”，你所说的是，你所说的非，未必就是真理。庄子不想跟别人去争论谁对谁错，谁好谁坏。所以他选择在某一个角落自言自说，不去招惹与其同时代的商鞅、孟子，不让自己陷入无意义的“是非”之争的舆论场中。

《庄子》这本书中，有很多小故事都体现了庄子的这种思想。比如“丽姬悔泣”的故事，说晋献公要娶骊姬，骊姬是一个特别漂亮的女孩子，她不知道自己要嫁过去的这个君主长什么样，所以她听说自己要嫁人了，每天就哭哭啼啼的。等嫁过去之后，跟着晋献公吃喝玩乐，结果就悔恨自己当年为什么要哭泣，没想到嫁人之后，人生这么开心。随着阅历的增加，发现当年的认知可能是错误的，反转了。简言之，这就是古代的“真香定律”。

《庄子·秋水》中说秋水时至，河伯以为自己已经足够广大，全天下都不如自己，结果见到了海神若，只能望洋兴叹，才知道自己眼界的局限，“于是焉河伯始旋其面目，望洋向若而叹。”“井底之蛙”这个成语也出自这一篇，每个人都可能是“井底之蛙”，受限于自己的认知。庄子的无端

（明）仇英绘《南华秋水图》（据说男子为庄子，女子为秋水化身）

崖之辞，很多看似荒谬的言论，都蕴含了这样的一个道理。

《庄子·逍遥游》中，上来就提到一只不知几千里大的大鹏鸟，就是为了打破人们认知的限制，“北冥有鱼，其名为鲲。鲲之大，不知其几千里也；化而为鸟，其名为鹏。鹏之背，不知其几千里也；怒而飞，其翼若垂天之云”。这么大的鸟，你见过吗？肯定没有见过，就是为了突破你的常识性思维。后面接着提到蜩与学鸠，“‘我决起而飞，抢榆枋，时则不至，而控于地而已矣，奚以之九万里而南为？’适莽苍者，三餐而反，腹犹果然；适百里者，宿舂粮；适千里者，三月聚粮。之二虫又何知！”斥鴳也说“彼且奚适也？我腾跃而上，不过数仞而下，翱翔蓬蒿之间，此亦飞之至也。而彼且奚适也？”他们根据自身的条件，都以为自己掌握了真理，所以理解不了大大的鲲鹏，为什么飞翔会那么“费劲”。“朝菌不知晦朔，蟪蛄不知春秋”，任何事物都有认知的局限。任何人，其见识、思想都有局限，所以辩论、争论也是有局限的。

南薰殿孟子像

天下的诸子们互相辩论，都以为自己是对的，只不过是因为每一家掌握的文献不同。这就是庄子在《天下》篇中提到的“道术为天下裂”，古人有完备知识，后来礼崩乐坏，文献流散到社会上，百家各取一部分，作为自己学派的经典，然后提炼出自己学派的主张，去和别的学派论争，百家都以为自己掌握着“真理”，“天下之人各为其所欲焉以自为方。悲夫，百家往而不反，必不合矣！后世之学者，不幸不见天地之纯，古人之大体。道术将为天下裂”。所以庄子不愿意陷入这样一场与其他学派争论的舆论场当中。

孟子与庄子的价值观念不一样，孟子认为一定要辩论，掌握话语权，“予岂好辩哉？予不得已也！”（《孟子》）

庄子往往是通过讲故事阐明一个道理，自说自话。而孟子往往是有“对手”的，而且无论对方说什么，他都能把对方引导到自己主张的理念当中来。如齐宣王想躺平，孟子不让，非让他行仁政，齐宣王就自黑，说我做不到，因为我有缺点，喜欢钱财，“寡人有疾，寡人好货”。孟子就说，这是好事呀，天下谁人不好财呢？大王喜欢钱财，如果能想到老百姓也喜欢钱财，能和百姓分享财物，这不就施行仁政了吗？齐宣王又说，“寡人有疾，寡人好色”，孟子说，这不是问题，大王如果喜爱女色，能想到老百姓也需要媳妇，能满足老百姓娶媳妇这方面的需求，这就是仁政了。有缺点不要紧，不要躺着，你得起来活动活动，你能行，加油！又有一次，孟子见齐宣王，齐宣王想问问齐桓公与晋文公的事情，君主们想推行的都是靠武力统治的霸道，像春秋霸主那样，而儒家主张的是以德行服人的王道。所以齐宣王问：“齐桓、晋文之事可得闻乎？”言外之意就是，孟先生，我想行霸道。结果孟子说，不，你不想，你想行王道。“孟子对曰：‘仲尼之徒无道桓文之事者，是以后世无传焉，臣未之闻也。无以，则王乎？’”（《孟子·梁惠王上》）孟子见梁惠王也是如此，梁惠王说：老头，不远千里而来，能不能给我讲讲什么是利，“叟！不远千里而来，亦将有以利吾国乎！”我想知道什么是利。孟子说，不，你不想，你想知道什么是仁义。“王！何必曰利？亦有仁义而已矣。”孟子连君主都敢怼，如果他知道同时代的庄子骂他了，他绝对是要怼回去的。这大概就是庄子没有提及孟子的另一个原因。

孟子辩论常用“寓言”，庄子讲道理也用“寓言”，但二者是有着很大不同的。《孟子》中的“寓言”往往是以现实生活经验为基础的，如“揠苗助长”“五十步笑百步”等，《庄子》的“寓言”则是“意出尘外，怪生笔端”的，现实生活中一般不存在，如与骷髅对话、井底之蛙、浑沌之死等。归根到底是因为二人在世界观上有差异，孟子想建立一个理性的世界秩序，庄子则认为世界只能向人感性呈现，真实的世界应该是歧义纷出而又有着无限的可能，像墨子、孟子他们举例子用的历史典故或者对生活的记录，都只能是部分的记录，依靠这些例子，粉饰得这个世界看起来显得严肃和有序，而这些看似“理直气壮”的“真理”，都会在虚拟、变形的表述下，回归到它们的本质：世界可能是没有标准的。庄子以“不辩”而“辩”，每个人都拿自己的尺子去衡量对错，在他眼中，你们做那个尺子的依据是有问题的，有尺子就有局限。这个世界不应该有尺子，不存在可以衡量的标准。在他看来，大小一概，是非一贯，天地一指，万物一马，甚至连生和死都没有边界，生死一体。

55. 荀子和李清照：古代的吐槽大王

"吐槽大会"要是开在战国，那荀子绝对能拿冠军，有知识的荀子把当时的文科教授们几乎都骂了一遍；吐槽大会要是开在宋代，那李清照绝对能拿冠军，李清照把宋代的男文学家们几乎都骂了个遍。

荀子有一部著作叫《非十二子》，他对先秦六大门派的十二名学者——它嚣、魏牟、陈仲、史鰌、墨翟、宋钘、慎到、田骈、惠施、邓析、子思、孟轲——都进行了吐槽。

他吐槽它嚣（其人不详）、魏牟（战国时魏国的公子牟，《汉书·艺文志》将他归入道家）不讲人情世故，如同"禽兽"。荀子说他们两个品格纵情任性，行为恣肆放荡，不按规矩办事，想怎么来就怎么来，不管礼仪，不考虑他人的感受。你要跟他们辩论吧，他们还能说会道，持之有故，言之成理，足以愚弄、迷惑别人。这样的"杠精"，你永远"叫不醒"他们，气死了，气死了！它嚣、魏牟，就是他们两个，"纵情性，安恣雎，禽兽行，不足以合文通治；然而其持之有故，其言之成理，足以欺惑愚众，是它嚣、魏牟也"。

他吐槽陈仲（即田仲，又叫陈仲子，战国时齐国人，其兄在齐国做官，他认为兄之禄为不义之禄、兄之室为不义之室，便离兄独居，不食兄禄，故以廉洁清高著称）、史鰌（字子鱼，故又叫史鱼，春秋时卫国大夫，曾劝说卫灵公罢免弥子瑕，临死时，叫儿子不要入殓，以尸谏灵公来尽忠，孔子称颂他正直）“太清高”，脱离群众。荀子说他们两个抑制人的本性，让自己显得高尚，实际上不合群，不循礼法，这样的人不应该成为社会的表率，因为他们并不能章明忠孝大义。但他们两个也是能说会道，持之有故，能引经据典，言之成理，让人觉得他们说得很有道理。他们足以迷惑别人，很多人上当受骗，气死我了！陈仲、史鰌，就是他们两个，“忍情性，綦溪利跂，苟以分异人为高，不足以合大众，明大分；然而其持之有故，其言之成理，足以欺惑愚众，是陈仲、史鰌也”。

他吐槽墨翟（即墨子，主张“非攻”“兼爱”等）、宋钘（jiān，又称宋牼、宋荣子，战国时宋国人，主张“禁攻”，认为人的本性是少欲的）的一些主张不合时宜。荀子说他们不懂得历史的趋势是统一天下，是要建立国家的法度，他们主张功利实用，崇尚节俭，更是空想建立一个无差别、人人平等的社会，甚至所有贤才都要通过选举选出来，包括君主，这不合现状。但他们两个也是能说会道，持之有故，能引经据典，言之成理，让人觉得他们说得很有道理。他们足以迷惑别人，有一大堆死心塌地的追随者，气死我了！墨翟、宋钘，就是他们两个，“不知壹天下、建国家之权称，上功用、大俭约而僈差等，曾不足以容辨异、县君臣；然而其持之有故，其言之成理，足以欺惑愚众，是墨翟、宋钘也”。

他吐槽慎到（战国中期赵国人，由黄老发展而出的早期法家人物）、田骈（pián，早期法家人物）自以为是，整天谈论法，实际上到处都是漏洞。荀子说他们推崇法治但又没有个法度，看不起别人，喜欢自己搞一套，但他们又没那个能力。他们上则听从君主，下则依从世俗，费了半天劲，搞了个没法实行的方案。但他们两个也是能说会道，持之有故，能引经据典，言之成理，让人觉得他们说得很有道理。他们足以迷惑别人，整天发表大量的言论，忽悠了大批的人，气死我了！就是他们两个，慎到、田骈，“尚法而无法，下修而好作，上则取听于上，下则取从于俗，终日言成文典，反紃察之，则倜然无所归宿，不可以经国定分；然而其持之有故，其言之成理，足以欺惑愚众，是慎到、田骈也”。

他吐槽惠施（战国中期宋国人，曾任魏相，名家的代表人物之一）、邓析（春秋时郑国人，刑名学家）故弄玄虚，就会玩语言文字。荀子说他们两个不效法古代圣明的帝王，不赞成礼义，以钻研奇谈怪论为事业，靠着玩弄词语跟别人辩论，对社会进步没有任何推动作用。他们一点儿用都没有，就是为了辩论而辩论，可以说是“专业杠精”。但他们两个也是能说会道，持之有故，能引经据典，言之成理，让人觉得他们说得很有道理。他们足以迷惑别人，气死我了！就是他们两个，惠施、邓析，“不法先王，不是礼义，而好治怪说，玩琦辞，甚察而不惠，辩而无用，多事而寡功，不可以为治纲纪；然而其持之有故，其言之成理，足以欺惑愚众，是惠施、邓析也”。

荀子连“自己人”也没放过，他吐槽子思（孔子的孙子）和孟轲（即孟子）在儒家学说中加入了别的学说的思想，如“五行”等。荀子说他们两个大致上效法古代圣明的帝王，但实际上却又不得要领。他们根据一些邪门歪道、看起来特别幽深能忽悠人的理论来改造孔子的思想，还郑重其事地说某句话是孔子说的。社会上那些愚昧无知的儒生不知道他们的错误，于是就接受了这种学说而传授它，以为真是孔子传下来的，误人子弟！子思、孟轲罪过够大，“略法先王而不知其统，犹然而材剧志大，闻见杂博。案往旧造说，谓之五行，甚僻违而无类，幽隐而无说，闭约而无解。案饰其辞而祇敬之曰：此真先君子之言也。子思唱之，孟轲和之，世俗之沟犹瞀儒，嚾嚾然不知其所非也，遂受而传之，以为仲尼、子游为兹厚于后世，是则子思、孟轲之罪也”。

荀子还有一篇文章，叫《非相》，可以看作对古代圣贤们长相的“吐槽”。在这篇文章中，他说卫灵公的臣子公孙吕很有名望，但长得很奇怪，身高七尺，脸长三尺，脸长差不多是身高的一半了。这得是什么模样啊？还有楚国的孙叔敖，孟子曾提到过他，“孙叔敖举于海，百里奚举于市”，孙叔敖也是一个大圣贤，你知道他长什么样子吗？荀子说他是个秃顶，两只手不一样长，左手要长些，个子很矮，站在车上，都够不到车厢上的横木，就好比现在有人站在小轿车里，而够不到车顶。荀子还说，周公旦长得像一棵折断的枯树；皋陶的脸像削了皮的瓜，是青绿色的，“色如削瓜”；又说西周的开国功臣闳夭浑身是毛，脸上毛多得都看不见皮肤了，这不就是大猩猩吗？多损；接着是傅说，孟子也提到过他，孟子说“傅说举于版筑之间”，结果荀子直接说他长得就像根柱子；荀子还提到了大禹，说他瘸着腿，一会儿一米六，一会儿一米七；说商汤半身不遂；说尧和舜一目中都有两个瞳仁，要戴美瞳，一人得戴四个。合着圣人一个好看的都没有，一个比一个吓人。他也提到了孔子，说孔子的脸就好像戴上了一个丑恶难看的驱邪鬼面具。

> 盖帝尧长，帝舜短；文王长，周公短；仲尼长，子弓短。昔者，卫灵公有臣曰公孙吕，身长七尺，面长三尺，焉广三寸，鼻目耳具，而名动天下。楚之孙叔敖，期思之鄙人也，突秃长左，轩较之下，而以楚霸；叶公子高，微小短瘠，行若将不胜其衣。然白公之乱也，令尹子西、司马子期皆死焉；叶公子高入据楚，诛白公，定楚国，如反手尔，仁义功名善于后世。故士不揣长，不揳大，不权轻重，亦将

志乎尔；长短、小大、美恶形相，岂论也哉！且徐偃王之状，目可瞻马；仲尼之状，面如蒙倛；周公之状，身如断菑；皋陶之状，色如削瓜；闳夭之状，面无见肤；傅说之状，身如植鳍；伊尹之状，面无须麋；禹跳，汤偏，尧、舜参牟子。从者将论志意，比类文学邪？直将差长短，辨美恶，而相欺傲邪？

与《非十二子》中对六大门派12个人的批判不同，荀子这里的“吐槽”实际是受“圣人异象”思想的影响：有所作为的人，往往跟一般人长得不一样。荀子是在夸他们。但估计这些圣人如果知道后人这么夸自己，肯定会说一句：伤害性不大，侮辱性极强。

在古代，除了荀子，另一位吐槽大王就是宋代的李清照。李清照有一部著作叫《词论》，根据这部“提词器”，我们看到李清照把她所处时代之前的宋代有名文学家、大词人们都吐槽了一遍。

（明）仇英绘《千秋绝艳图》中的李清照

她说，柳永的词虽然合于音律，但词句太三俗了，“虽协音律，而词语尘下”。

她说，张先、宋祁、宋庠以及沈唐、元绛、晁次等人有名句无名篇，整篇破碎，其中也就一两句能听，不能称为名家，“虽时时有妙语，而破碎何足名家”。

她说晏殊、欧阳修、苏轼，这些人有学问，作词应该就像是拿着葫芦做的瓢去大海里取水一样容易，结果他们写出来的都是多加了一些断句的诗罢了（好比我们现在评价一些现代诗只不过是用了回车键分行的散文），作的词根本不协音律，“然皆句读不葺之诗尔，又往往不协音律者，何耶？盖诗文分平侧，而歌词分五音，又分五声，又分六律，又分清浊轻重”。

她说王安石、曾巩，他们作的词能让人笑掉大牙，根本读不下去，“若作一小歌词，则人必绝倒，不可读也”。

她说，晏几道的词短于铺叙，贺铸的词短于用典。秦观的词为了抒情而抒情，少了实际的东西，就像一个贫穷人家的美女，虽然长得很漂亮，打扮也很时尚，但骨子里却始终缺乏那种与生俱来的富贵气质。黄庭坚的词内容充实，但总有一些小毛病，瑕不掩瑜是不可能的，有了斑点的美玉绝对会贬值。李清照是“水瓶座”，有着追求完美的心态，“又晏苦无铺叙，贺苦少典重。秦即专主情致，而少故实。譬如贫家美女，虽极妍丽丰逸，

（宋）李公麟《西园雅集图》苏轼、晁补之、黄庭坚等

而终乏富贵态。黄即尚故实，而多疵病，譬如良玉有瑕，价自减半矣”。

古人的这些“吐槽”实际都是很重要的理论观念的反映，荀子的《非十二子》让我们看到先秦各家的代表观点以及荀子所处时代的思想需求，如国家大一统的呼唤、社会礼法的缺失等。李清照的《词论》让我们看到“词”这种最初被视为“小道”的体裁的发展状况。苏轼提出词“自是一家”，为了提高词的地位，他将词与诗比附，认为词与诗有历史渊源，跟诗有一样的价值，不仅可以像柳永那样吟咏风月，也可以言志；应该像写诗一样写词，诗和词只是形式上的区别。到了李清照的时候，她开始提倡词“别是一家”了。她注重的是寻求词本身的特点与价值，词的地位已经明显大大提高了，不再需要跟诗比附以提高地位。这时候词需要的恰恰是寻求自身的特点，跟诗分开，形成独立的体裁。

56.《战国策》并不是史书？触龙说赵太后一事是真的吗？

司马迁写《史记》参考了大量《战国策》中的资料，多将其视为信史，然而实际上，《战国策》中的很多记载并不可靠。那么在这部《战国策》中，哪些记载与事实不符呢？我们现举几例来看看。

首先，最明显的是“关公战秦琼”，即人物之间年代的错位。如《秦惠王谓寒泉子曰》篇，秦惠王（前356—前311）打算让武安君白起（?—前257）担任外交使节，寒泉子建议让武安君白起带兵打仗，而让张仪（?—前309）负责外交事务。实际上秦惠王在公元前311年就死了，死后约过了33年，即公元前278年，白起才被封为武安君，秦惠王不可能知道白起武安君这个称号，甚至可能都不知道白起这个人。另外，这一年，张仪也已经死了31年了，被封为武安君的白起根本就和秦惠王、张仪不在一个时代。再如《扁鹊见秦武王》篇写秦武王请扁鹊治病，实际上扁鹊最晚是春秋末年人，与战国秦武王有150多年的时间差。

其次，移花接木，即改编故事。如《张丑为质于燕》记载：战国时期，齐国的张丑在燕国做人质，后来燕王要杀他，他跑到了边境，边境官吏抓住了他。他用诈言恐吓边吏说，燕王所以要杀我，是因为有人说我有宝珠，燕王想得到它，但是现在我已经丢了宝珠，可燕王不相信我，今天你要是把我送到燕王那里，我就说是你抢了我的宝珠并吞进了肚子，燕王一定会杀了你，剖开你的肚子和肠子。边境官吏听完害怕了，就让张丑脱身而去。《韩非子·说林上》中有同样的故事，故事的主角不是张丑，而是春秋时期的伍子胥。又如《中山君飨都士大夫》中说中山国的君主宴请国都里的士人，分羊羹的时候没有分给司马子期，司马子期很生气，愤怒地出逃到了楚国，游说楚王攻打中山。中山君逃亡，只有两个人跟随在他身后，中山君主问他们两个为何不逃，原来两人曾经受到过中山君微薄的恩惠，两人不敢忘，愿拼命报答。这实际是根据春秋时期郑灵公分羹、宋华元飨士和晋赵宣子救济桑下饿人等故事改编的。除了改编春秋时期的故事，《战国策》中还有改编自不同国家的故事。如《战国策·齐策》中有一篇《齐王夫人死》说齐国国君的夫人死了，大臣送给齐王七只耳环，其中有一只最漂亮，大臣可以看齐王打算把这只最漂亮的耳环赏给后宫的谁，就向齐王推荐谁做王后，从而做个顺水人情，获得齐王和新王后的宠信。在《战国策·楚策》中有一篇《楚王后死》，和这个故事一模一样，只是把齐国的事变成了楚国的事。

再者，张冠李戴，多是把一些言论事件安到苏秦、张仪的头上。如《张仪为秦连横说齐王曰》中张仪游说齐王时提到秦赵宜安大会战、番吾之战，而这些大战实际都是张仪死后七十余年之后的事件，张仪不可能知道；又如《张仪为秦连横说韩王曰》提到张仪游说后，韩王请“筑帝宫”，而实际上等秦称帝，张仪已经死了二十一年了。《苏秦为赵合纵》《苏秦为赵王使于秦》《苏秦从燕之赵》《苏秦将为纵北说燕文侯》等等多是托言苏秦，实际并不可靠，司马迁也注意到了这一点，他在《苏秦传》后曰“世言苏秦多异，异时事有类之者皆附之苏秦”。

明刻本《东周列国志》中的苏秦

除此之外，《战国策》中还有大量历史故事的编造，与当时的社会情形不符。如《秦攻赵》说苏秦说服秦王解甲休兵，结果天下29年没有出现战争，这在战国时期是不可能的事；《张登谓费绁》提到可以花钱买官，可以以家财任郡守，这与战国时各国任用官吏的制度不合；等等。

“战国”这一说法虽然早有，但将其作为一个历史阶段的命名则是到了西汉末期《战国策》一书出来之后。最初本没有《战国策》这本书，《战国策》中的文章开始都散落在当时的皇家图书馆中，到了西汉末年，图书馆管理员刘向发现《国策》《短长》《事语》《长书》《修书》这些文献虽然非一人一时所发，但似乎都是战国纵横家们的游说之辞和权变故事，于是刘向就将他们删减修改，编定成了一本书，这就是《战国策》。

战国时代，策士们唯利是图，朝秦暮楚。他们四处求见各国的君主，总是想办法先搞个大新闻，然后再和他们谈笑风生。他们主要是靠着三寸不烂之舌从事外交活动，简单来说，就是想办法帮助任用自己的国君拉拢一群国家，然后一起去打某一个国家，古人称这些人为纵横家。要成为纵横家这样的人才也是不容易的，需要学习和修炼，于是一些专门练习如何演讲或者游说的课程就诞生了。一些老师为了教人们，不仅会搜集材料，有时还会设置模拟情景来让人们练习，《战国策》中的许多篇章都是这样产生的。它们并不是历史事实，而是被“篡改”的历史教科书，主要是用来训练演说口才的。

当然，《战国策》也不全是“假”历史，也有一些是真实的记录。以前中学课本经常收录一篇《战国策》中的名篇，名为《触龙说赵太后》，那么，这篇是不是真实的历史呢？

《触龙说赵太后》这篇文章展现了这样一个历史背景：战国时期，秦国趁赵国政权交替之机，大举攻赵。赵国形势危急，向齐国求援。齐国一定要赵威后的小儿子长安君为人质，才肯出兵。而赵太后溺爱长安君，执意不肯，且拒绝任何人进言。这时候老臣触龙站出来了，他因势利导，以柔克刚，先从身边的生活琐事谈起，不知不觉中，打消了太后的怒气，最终用爱他就要为他做出深远的考虑这一道理说服了赵太后，使长安君到齐国为人质。齐国这才派兵来救援，从而解除了赵国的危机。

秦攻赵，赵向齐求救，赵长安君到齐为人质，齐兵出，赵国的危机解除，这样一个自成系统的事件从逻辑上来说是完整的，如果单从文学上对其分析，是无论如何也找不出破绽的。然而正是这种逻辑上的“胜利”，极易给人们造成这样的误导：这是一个真实的历史事件。实际上，不是的，这也是一篇“假”历史。

首先，从历史事件的对照中可以看出这一点。一个事件的发生，如果涉及多个人物，那么，这些人都会有自己对这个事件的看法或记忆。历史事件也一样，如果涉及诸多国家，那么，这些国家也都会有自己的记载，尤其是涉及战争。《左传·成公十三年》云“国之大事，在祀与戎”，历史中记载最多、最重视的就是战争。《触龙说赵太后》这篇文章最早出现在

《战国策》，司马迁《史记》在《赵世家》中，指出“赵太后新用事”应该是在“赵孝成王元年”，司马迁将其看作信史。然而我们翻看《秦本纪》以及《田敬仲完世家》，就会发现，对应“赵孝成王元年”这一年，既无记载秦伐赵，也无记载齐救赵之事，而且出土的睡虎地秦简《编年记》记载这一年秦国正在攻打韩国，直到五年后才有秦赵长平之战。总之，《触龙说赵太后》从秦、赵、齐三国各自历史记载，以及整体历史逻辑上来说，可证是一部文学作品，而非历史事件。

其次，上文提到《战国策》中有一些篇目是改编的前代故事或者改编的其他国家的故事，那么，这篇《触龙说赵太后》有没有可能也是改编自其他国家的故事呢？在《战国策·燕策》中的确有这样一篇极为相像的文章，那就是《陈翠合齐、燕》，只不过这篇文章是说为了让燕齐两国和好，大臣说服太后，让燕国太后的儿子到齐国做人质。我们来比较一下这两篇文章：

《触龙说赵太后》	《陈翠合齐、燕》
赵太后新用事，秦急攻之。赵氏求救于齐，齐曰：“必以长安君为质，兵乃出。”太后不肯，大臣强谏。太后明谓左右：“有复言令长安君为质者，老妇必唾其面。”	陈翠合齐、燕，将令燕王之弟为质于齐，燕王许诺。太后闻之大怒曰：“陈公不能为人之国，亦则已矣，焉有离人子母者？老妇欲得志焉。”
左师触龙言：愿见太后。太后盛气而揖之。	陈翠欲见太后，王曰：“太后方怒子，子其待之。”
入而徐趋，至而自谢，曰：“老臣病足，曾不能疾走，不得见久矣。窃自恕，而恐太后玉体之有所郄也，故愿望见太后。”太后曰：“老妇恃辇而行。”曰：“日食饮得无衰乎？”曰：“恃粥耳。”曰：“老臣今者殊不欲食，乃自强步，日三四里，少益耆食，和于身。”太后曰：“老妇不能。”太后之色少解。	陈翠曰：“无害也。”遂入见太后曰：“何臞（qú，意为瘦）也？”太后曰：“赖得先王雁鹜之余食，不宜臞。臞者，忧公子之且为质于齐也。”

续表

《触龙说赵太后》	《陈翠合齐、燕》
左师公曰："老臣贱息舒祺，最少，不肖；而臣衰，窃爱怜之。愿令得补黑衣之数，以卫王宫。没死以闻。"太后曰："敬诺。年几何矣？"对曰："十五岁矣。虽少，愿及未填沟壑而托之。"太后曰："丈夫亦爱怜其少子乎？"对曰："甚于妇人。"太后笑曰："妇人异甚。"对曰："老臣窃以为媪之爱燕后贤于长安君。"曰："君过矣！不若长安君之甚。"	陈翠曰："人主之爱子也，不如布衣之甚也。非徒不爱子也，又不爱丈夫子独甚。"
左师公曰："父母之爱子，则为之计深远。媪之送燕后也，持其踵，为之泣，念悲其远也，亦哀之矣。已行，非弗思也，祭祀必祝之，祝曰：'必勿使反。'岂非计久长，有子孙相继为王也哉？"太后曰："然。"左师公曰："今三世以前，至于赵之为赵，赵主之子孙侯者，其继有在者乎？"曰："无有。"曰："微独赵，诸侯有在者乎？"曰："老妇不闻也。""此其近者祸及身，远者及其子孙。岂人主之子孙则必不善哉？位尊而无功，奉厚而无劳，而挟重器多也。今媪尊长安君之位，而封之以膏腴之地，多予之重器，而不及今令有功于国，一旦山陵崩，长安君何以自托于赵？老臣以媪为长安君计短也，故以为其爱不若燕后。"	太后曰："何也？"对曰："太后嫁女诸侯，奉以千金，赍地百里，以为人之终也。今王愿封公子，百官持职，群臣效忠，曰：'公子无功，不当封。'今王之以公子为质也，且以为公子功而封之也。太后弗听，臣是以知人主之不爱丈夫子独甚也。且太后与王幸而在，故公子贵；太后千秋之后，王弃国家，而太子即位，公子贱于布衣。故非及太后与王封公子，则公子终身不封矣。"
太后曰："诺，恣君之所使之。"于是为长安君约车百乘，质于齐，齐兵乃出。	太后曰："老妇不知长者之计。"乃命公子束车制衣为行具。
子义闻之曰："人主之子也，骨肉之亲也，犹不能恃无功之尊、无劳之奉，而守金玉之重也，而况人臣乎。"	

可以看出，两篇文章的套路是一样的，很可能有一篇是在另一篇基础上改编的。《触龙说赵太后》这篇文章到了《史记》中，司马迁又进一步对它做了改编。《战国策》中提到"赵太后新用事，秦急攻之，赵氏求救于齐"，《史记》则说"孝成王元年，秦伐我，拔三城。赵王新立，太后用事，秦急攻之。赵氏求救于齐"，又添加了"拔三城"，在《战国策》中有一篇《秦攻赵蔺、离石、祁拔》提到秦攻占赵的蔺、离石、祁拔三城，大概太史公以此乱入或者另有参考。

最后，逻辑上的对照也可说明。《触龙说赵太后》自身文本中的历史逻辑是无懈可击的，但如果真将其视为一个真实的历史事件，放在整个历史进程中，则漏洞百出，以此我们也可纠正这篇散文带来的历史性误导。从内容上来看，似乎《陈翠合齐、燕》这篇文章更原始一些，结合当时的历史事实，陈翠合齐、燕，只是想使齐、燕交好，而非因为外部有战争，逻辑上似乎也比《触龙说赵太后》更合理些。此外，“赵孝成王元年”，触龙说赵太后，而五年后，秦赵长平之战，赵国在长平之战一下子动兵四十万到了上党，赵国的家底可见一斑。五年前，绝不会是秦急攻之，赵国就岌岌可危了。另外，明冯梦龙的《东周列国志》（清蔡元放点评）广采《左传》《国语》《史记》以及秦汉典籍二十多种，虽然在细节上有敷衍、润色的地方，但大要上则基本与事实相符，而该书在提到长安君到齐国作人质之事的时候，居然未采用《触龙说赵太后》这一著名的文本，大概他也觉得这段说辞不够合乎情理吧。于是关于这段历史，该书又推演出这样一段文字：

> （秦）命王翦为大将，伐赵，拔三城。是时赵惠文王方薨，太子丹立，是为孝成王。孝成王年少，惠文太后用事，闻秦兵深入，甚惧。时蔺相如病笃告老，虞卿代为相国。使大将廉颇帅师御敌，相持不决。虞卿言于惠文太后曰：“事急矣！臣请奉长安君为质于齐以求救。”太后许之。原来惠文王之太后，乃齐湣王之女。其年齐襄王新薨，太子建即位，年亦少，君王后太史氏用事。两太后姑嫂之亲，亲情和睦，长安君又是惠文太后最爱之少子，往质于齐，君王后如何不动心？于是即命田单为大将，发兵十万，前来救赵。

该书认为赵太后是齐滑王的女儿，而这时候齐国也是政权交替，齐滑王的儿媳妇主政，两太后姑嫂之亲，亲情和睦，赵太后很放心长安君去齐国作人质，并没有什么舍不得，也未有大臣强谏之事。当然，《东周列国志》毕竟是一部小说，但从某方面来说，小说最注重逻辑，它的选择、文本的生成，也更符合逻辑。《东周列国志》虽然从内容上来说，不一定是事实，但从逻辑上和《触龙说赵太后》一比较，就显现出《东周列国志》对这件事的描述更为合理。

《触龙说赵太后》虽然只是一部文学作品，而不是历史的真实记录，但类似的文学作品，实际上又都存有文史互证的价值。梁启超在《中国历史研究法》中说，“善为史者”，“能于（小说）非事实中觅出实事。例如《水浒传》中‘鲁智深醉打山门’，固非事实也，然元、明间犯罪之人得一度牒即可以借佛门作逋逃薮，此却为一事实。《儒林外史》中‘胡屠户奉承新举人女婿’，固非事实也，然明、清间乡曲之人一登科第，便成为社会上特别阶级，此却为一事实。此类事实，往往在他书中不能得，而于小说中得知”。[①]《触龙说赵太后》这部文学作品也是如此，虽然整个事件未必为真，但各个国家之间派人质为真，“愿令得补黑衣之数，以卫王宫”，王宫卫士穿黑衣为真，等等。所以我们读《战国策》，既不可做出历史倾向性的误读，也不应忽视文本中含有的历史价值。

① 梁启超：《梁启超讲中国历史研究法》，团结出版社 2019 年版，第 50 页。

57. 讽齐王纳谏的邹忌与田忌赛马的田忌是死对头？

中学语文教材里有一篇课文叫《邹忌讽齐王纳谏》：

邹忌修八尺有余，而形貌昳丽。朝服衣冠，窥镜，谓其妻曰："我孰与城北徐公美？"其妻曰："君美甚，徐公何能及君也？"城北徐公，齐国之美丽者也。忌不自信，而复问其妾曰："吾孰与徐公美？"妾曰："徐公何能及君也？"旦日，客从外来，与坐谈，问之客曰："吾与徐公孰美？"客曰："徐公不若君之美也。"

明日，徐公来，孰视之，自以为不如；窥镜而自视，又弗如远甚。暮寝而思之，曰："吾妻之美我者，私我也；妾之美我者，畏我也；客之美我者，欲有求于我也。"

于是入朝见威王，曰："臣诚知不如徐公美。臣之妻私臣，臣之妾畏臣，臣之客欲有求于臣，皆以美于徐公。今齐地方千里，百二十城，宫妇左右莫不私王，朝廷之臣莫不畏王，四境之内莫不有求于王：由此观之，王之蔽甚矣。"

王曰："善。"乃下令："群臣吏民能面刺寡人之过者，受上赏；上书谏寡人者，受中赏；能谤讥于市朝，闻寡人之耳者，受下赏。”

令初下，群臣进谏，门庭若市；数月之后，时时而间进；期年之后，虽欲言，无可进者。燕、赵、韩、魏闻之，皆朝于齐。此所谓战胜于朝廷。

邹忌以为自己在齐国最帅，妻子、妾、客人也都夸赞他要比城北的徐公美。后来邹忌遇到了传说中的齐国第一美男子徐公才发现，自己真的没人家好看。于是反思，为何妻子、妾、客人都“骗”自己说他要比徐公美，因为妻子偏爱他，妾畏惧他，客人有求于他。邹忌“现身说法”进谏齐威王，说齐威王和自己一样，极容易被偏爱自己的宫妇、畏惧自己的群臣、有求于自己的人们所蒙蔽，要齐威王不要被身边的阿谀奉承之词所蒙蔽，要广泛听取不同的声音。

这篇文章选自《战国策》，因为文章的广泛传播，八尺有余而形貌昳丽的邹忌也成了很多人熟悉的一个历史人物。在这篇小文章中我们看到的邹忌是一个心胸开阔、主张听取谏言的美男子形象，然而在政治舞台上，他的气量却是狭小的，他与我们熟悉的另一个著名的历史人物，“田忌赛马”的田忌同朝为官，为了与之争宠，最后竟用阴招逼走了田忌。

邹忌在历史上是确有其人的，仕齐桓公（田氏）、齐威王、齐宣王三朝，在制定法律、选拔官员等方面，他很有建树，如他提出“请谨修法律而督奸吏”（《史记·田敬仲完世家》）。当商鞅在秦国变法、申不害在韩国改革的时候，齐国也有一名法家人物在推行变革，那就是邹忌。不同的是，商鞅在军事方面的改革也极为成功，如建立军爵制度，商鞅设计了二十个等级的爵位，均以杀敌多少来封赐。而邹忌这方面的才能欠缺，他不擅长军事，而他的政敌田忌，因为有了孙膑的帮助，提出了“得一首者，则赐赎锱金”（《荀子·议兵》）的军事改革方案，使齐国国力大增，同时也让田忌的地位得以提高。而推行法家治国的邹忌，所要打压的就是田氏宗族，这些贵族往往容易乱法。

田忌的强势给邹忌的政策带来了威胁，同时也将影响他的政治地位，于是邹忌视田忌为眼中钉、肉中刺，在很多政见上，都与之唱反调。比如有一次魏国围赵国都城邯郸，赵向齐求救，齐国的君主让大家商量要不要救，邹忌主张见死不救，“不如勿救”（《战国策·齐策一》），最后还是在另一个大臣段干纶的坚持下，让田忌与孙膑出兵进攻魏国，以解救赵国。邹忌的这次出场，差点儿让我们失去“围魏救赵”这个成语。而也正因为这次不同的主张与争论，邹忌与田忌结下了梁子。

明刻本《东周列国志》田忌大败魏军救赵

邹忌是文官，他想的是如何“战胜于朝廷”，他要想有功劳，最好的办法是靠外交策略来积累自己的政治资本。而田忌是武将，他的功劳要靠打仗来获得。所以，越是有战事，邹忌越不高兴。他担心这些武将的功劳越来越大，将来会取代自己，尤其是将领田忌，本来就是田氏宗室，如果再有战功，那必然会威胁他在齐国君主心目中的地位。

邹忌与田忌两人不和，可以说是齐国公开的秘密了。《战国策·齐策一》里面直接记载说“成侯邹忌为齐相，田忌为将，不相说”，两个人不和，互相猜忌。气量狭小的邹忌开始想办法排挤田忌，有人给邹忌出主意，让他鼓动齐王命田忌伐魏，实际上当时伐魏已成定局，如果邹忌站出来建议齐王，好像伐魏这个策略就是他提出来的，而且如果将来战胜了，就可以将功劳归于自己，如果战败了，就把罪责推卸给田忌，田忌就不会威胁他的地位了，“胜，则是君之谋也，君可以有功；战不胜，田忌不进”。如果失败，田忌不死在战场上，回国后，还可以以军法处置他。邹忌依计而行，盼望着田忌打败仗，结果田忌却三战三胜，靠着孙膑打败了魏国的大将庞涓。没想到是这样的结果，邹忌更担心自己的地位受到影响，手下人又给他出了一个主意，让人假扮田忌的门客招摇过市，在闹市中心找了一个算卦的，故意大声说:“我乃田忌的门客，如今将军田忌三战三胜，功劳很大，名震天下，欲图大事，看看能不能成?”大事就是造反。然后邹忌的手下就把这件事报告给了齐国的君主，田忌要造反的流言四起。

《战国策·齐策一》说田忌在马陵之战中大胜，功高震主，邹忌又用阴招要置田忌于死地，在齐军班师途中，田忌的谋士孙膑就劝田忌造反，“将军可以为大事乎?”当时田忌手握兵马，孙膑建议他带领一支轻车锐骑，突击都城，清君侧，赶走邹忌。结果田忌没有听从孙膑的建议，于是他在这场政治斗争中失败了，被齐王与邹忌联手逼走，逃到了楚国。田忌走后，邹忌大权独揽，他又担心逃到楚国的田忌会依靠楚国的势力，重新来夺权，于是又心生一计，派人去游说楚王，让楚王封了一块土地给田忌，以此断了他回齐国的念想，从而也解除了邹忌的后顾之忧。

《史记》的记载与《战国策》的记载有些不同，“成侯与田忌争宠，成侯卖田忌。田忌惧，袭齐之边邑，不胜，亡走。会威王卒，宣王立，知成侯卖田忌，乃复召田忌以为将。宣王二年，田忌与孙膑、田婴俱伐魏，败之马陵，虏魏太子申而杀魏将庞涓”（《史记·孟尝君列传》）。成侯即邹忌，邹忌出卖田忌，田忌恐惧而造反，结果失败了，逃亡他国。正好齐威王去世，齐宣王即位，知道田忌被冤枉了，于是召回田忌，然后才有了马陵之战打败庞涓之事。《战国策》记载是先有马陵之战，再有田忌功高盖主，被迫逃亡；《史记》记载则是先有田忌被逼造反，然后沉冤得雪，再立下伐魏之大功。

明代小说《东周列国志》中，与《史记》的脉络差不多，也是在马陵之战前，田忌被排挤走了，“齐威王遂宠任田忌、孙膑，专以兵权委之。邹忌恐其将来代己为相，密与门客公孙阅商量，欲要夺田忌、孙膑之宠。恰好庞涓使人以千金行赂于邹忌之门，要得退去孙膑”。这里说邹忌与庞涓联合，赶走了田忌与孙膑。邹忌里通外国，其小说中的形象更是大打折扣了。

一朝天子一朝臣，齐威王去世后，齐宣王即位，田忌与孙膑又被召了回来。而在齐宣王时期，邹忌开始失势，“邹忌事宣王，仕人众。宣王不悦”（《战国策》）。邹忌推荐了大批人做官，对于邹忌这样培养自己的势力，齐宣王显然很不高兴。不久后，邹忌就去世了。田忌重新回到了齐国掌权。

58. 荆轲为何没能杀死秦始皇？其实是他不想？

图穷匕见，荆轲突然左手拉住秦王嬴政的袖子，右手拿着匕首刺向他。秦王一惊，使劲向后一转身，袖子就挣断了。接下来就发生了戏剧的一幕，秦王因剑太长拔不出来，只能跑，荆轲就跟在后面追，“荆轲逐秦王，秦王还柱而走”。后来秦王终于找到机会把剑拔了出来，刺伤了荆轲，荆轲见大势已去，张开双腿像簸箕一样坐在地上说：我之所以不杀你，本是想劫持你，以完成和太子的约定，“事所以不成者，以欲生劫之，必得约契以报太子也”。

东汉画像石“荆轲刺秦”局部

他和太子丹的约定是什么呢？《战国策·燕策三》记载，燕太子丹和荆轲定下计谋时说，如果能乘机劫持秦王，逼他把侵占的土地都归还给诸侯们，就像当年曹沫劫持齐桓公一样，那就好了；实在不行，再杀死他，“诚得劫秦王，使悉反诸侯之侵地，若曹沫之与齐桓公，则大善矣；则不可，因而刺杀之”。《史记·刺客列传》的记载与此相同。曹沫是谁呢？我们曾学过一篇课文叫《曹刿论战》，没错，曹沫就是鲁国的曹刿。春秋时期，鲁国是齐国旁边的一个小国，经常受到齐国的欺负。有一次齐国与鲁国会盟，曹沫突然冲上前劫持了齐桓公，要求齐桓公归还侵占的土地，齐桓公迫不得已答应了他的要求，归还了鲁国的土地，且放过了曹沫。曹沫劫持齐桓公是春秋时代的事情，那时候，霸主为了收买人心，往往还会做一些信与礼的事。齐桓公本来也是很恼怒，想反悔不还的，管仲就劝他说：不行啊，不可因为贪小利而失信于诸侯，“不可，夫贪小利以自快，弃信于诸侯，失天下之援，不如与之”。齐桓公归还侵鲁所得之地，因而得到诸侯的信任，而成为春秋时期第一个霸主。他们那时候流行的是当霸主，当老大，只要让别人服气就行了。但战国时期，“杀人盈城，杀人盈野”，国与国之间不仅要打服，还要消灭，吞并，统一，这是生存危机。大规模的战斗，为了胜利，统治者则是无所不用其极。所以，顾炎武在《日知录》中说，春秋的时候，人们还遵守礼仪，重视信用，但到了战国，七个国家从来不谈什么礼与信，“春秋时，犹尊礼重信，而七国则绝不言礼与信矣”。

当时之人，都知道秦国是虎狼之国，言而无信，那么，为何燕太子丹还会有想效仿春秋时期曹沫劫持齐桓公之举的想法，而荆轲也会认同这样的想法呢？

有人认为荆轲说这样的话，是失败者为自己找的托词。这有可能，但根据现存史料，我们或许还能有另一种假设，或许燕太子丹真的相信效仿春秋时期曹沫劫持齐桓公之举有成功的希望。

从文化继承上来说，燕国深居北地，文化比中原发展要迟缓。燕国的地盘，在商朝的时候，属于孤竹国，孤竹国有两个著名的贤人伯夷、叔齐。伯夷、叔齐是孤竹君的两个儿子，孤竹君死的时候要立叔齐为继承人，叔齐让位给伯夷，伯夷不受，叔齐也不愿继位，先后都逃往周国。周武王伐纣，两人扣马谏阻，认为臣伐君不义。周武王灭商后，他们耻食周粟，采薇而食，饿死于首阳山。伯夷、叔齐这种让国的精神，被儒家看作贤人的表现。孔子在《论语》中曾先后多次赞扬伯夷、叔齐，“伯夷、叔齐何人也？曰：古之贤人也”。孤竹国灭亡后，召公在其西部建立了燕国，燕国的文化状况就可想而知了。到了战国时期，还就真的发生了燕王哙（kuài）效法尧以天下让与许由，而把燕国政权都交给相国子之的事情。燕国因此差点亡国。燕王哙死后，儿子燕昭王又把王位夺了回来。都到了战国，燕王能如此信任他人，还能主动“禅让”，与中原相比较，文化的发展不平衡可见一斑。

从认识上来说，燕国对秦国的认识不如其他国家深刻。燕国发生的战争不多，国弱，不善战，不像其他国家那样，在战争中总结出种种计谋；又与秦国不接壤，也就不像其他国家因常常受到秦国的威胁而认识到秦的残暴狡诈。《燕策二 · 秦召燕王》记载，秦国邀请燕王，燕昭王非要入秦不可，经过苏代的反复劝说，他才认清秦国言而无信的本质，终止了自己的行动。这篇文章也让我们看到，历史经验已经被总结出来，其他国家都能从历史中认识到秦国的残暴狡诈，如楚国、韩国、魏国、齐国、赵国等都吃过秦国的亏，只有燕国，因受到秦国的威胁较少，所以对秦国的这种狡诈认识还并不深刻。

从情感、心态上来说，燕国对齐桓公这样的人物有一种渴望。《史记》记载，有一年山戎侵犯燕国，齐桓公去救援燕国，率军北上，胜利后回国，燕庄公为表感谢，亲送齐桓公到齐国境内。当时只有诸侯送天子才出国境，齐桓公为表示不对燕国无礼，将燕庄公所至之地割送给燕国，并让燕庄公重修召公之政，向周王朝进贡，如周成王、周康王时一样。像这样的历史事件，在一个国家的历史上，必然占据着重要的位置，因而谈起齐桓公之事，燕太子丹的情感认同就可想而知了。

当然，以上都是根据外围材料的合理猜想，还有一份直接的材料也可以证明我们的猜想，那就是《燕丹子》。有学者考证，在荆轲刺秦王之后，民间流传着大量的相关传说，其中一部分被写进《战国策》以及司马迁的《史记》，还有其他版本一直在民间流传，那就是《燕丹子》之类的。《燕丹子》应该是综合了民间的传说，而非一人一时写成，这个文本说燕太子丹在秦国作人质的时候，受了委屈，因而回到燕国后，想找人杀了秦始皇，并未提劫持秦始皇以归还诸侯侵地之事。这是叙述方式的不同造成的，从官方叙事上来说，必然是国家利益之间的冲突；而民间叙事不同，往往会表述个人之间的恩怨情仇。《燕丹子》虽然在民间传播，充满了传奇性，但其中的基本情感和态度应该是真实的。如为了表示太子丹对荆轲的礼遇，文中写了这样三个故事：太子丹和荆轲一起回到东宫，对着池塘观赏，荆轲捡起一个瓦片去打乌龟，太子丹让人捧上一盘金子，荆轲用金子去打乌龟，金子打完了便又捧上一盘，荆轲说“不是替你吝惜这些金子，实在是因为我的肩膀太痛了”；后来一同乘坐千里马，荆轲说“听说千里马的肝味道不错”，太子丹当即杀马进肝；还有一次喝酒的时候，太子丹叫出了一个能弹琴的美女，荆轲说：“弹琴人的手好美啊！”太子丹当即把弹琴人送给了荆轲。荆轲说“我只是喜欢她的手罢了”，太子丹当即把弹琴人的手斩断，用玉盘呈到荆轲面前。这些故事真假不论，但其目的则是表现太子丹礼遇荆轲这件事。

其中还有一个重要的材料，就是荆轲初到太子丹之处，太子丹的门客问他有什么可以教给太子的，荆轲说："我要让燕国继承召公的遗风，追寻当年甘棠树下断案的教化，向上要与三王并称为四，向下也要与五霸同称为六。"听完荆轲所言，大家都一致叫好，也可以说群臣以及太子丹是信三王五霸那一套的。

再说说荆轲。也是在《燕丹子》这份材料中，荆轲说："一个有超世之行的士人，是不必合于乡曲之人的；一匹有千里之相的良马，又何必去让它驾车？当年姜太公在渭水垂钓的时候，天下都认为他是一个贫贱的人，他遇到了周文王，一下子成了周文王的老师；良马在拉盐车的时候，犹在驽马之下，等到他遇见了伯乐，就会有千里之功；像这样的人才、这样的良马一定要在乡曲称赞之后才说他好、在拉车之后才说马良吗？"从荆轲的话中我们可以看出，他有着自己的判断，希望自己能遇到"识货"的人，遇到认识到自己价值的人，从他的观念出发，他的行为也就容易理解了：对于对他好的人，他会生死相报；对于对他不好的人，他会选择无视。《史记》中记载了两个对他不好的人，有一次他和著名的剑术家盖聂讨论剑术，盖聂觉得他说的不对，就瞪了他一眼，他二话不说，就离开了。还有一次，他和鲁勾践玩一种叫作博的游戏，两人因为玩法路数问题争执起来，鲁勾践呵斥了他，他也默默地走了。后来遇到燕太子丹，燕太子丹对他太好了，他也就拼了命想给燕太子丹最好的，所以当他等一个好帮手迟迟不肯动身的时候，燕太子丹以为他反悔了，他一下子就怒了：你可以怀疑我的能力，但你不能把我看成忘恩负义之人。他什么也不顾了，马上行动，即便知其不可为也要为之。这一切，没有别的原因，只是为了报答燕太子丹对自己的礼遇之恩，直到他最后临死的时候还在念念不忘：我不直接杀死你，是为了能生擒你，完成和燕太子丹的约定。

有人说荆轲失败是因为剑术不精、帮手不够好等等，实际上是燕太子丹从根本上拖累了他。燕太子丹偏信秦始皇可以像齐桓公那样，或在情感上希望秦始皇能效仿齐桓公；但毕竟现实就是现实，春秋过后，时代已变，那种重信尊礼的情况不可能再复制，正如柳宗元所说：“秦皇本诈力，事与桓公殊。奈何效曹子，实谓勇且愚。”

59. 为什么有人认为屈原在历史上不存在？人们最初为何祭祀屈原？

近代历史上曾出现过一次围绕“屈原是否真实存在”而进行的大讨论。

第一个提出“史无屈原论”的是晚清时期的廖平（师从张之洞）。廖平被誉为古典经学的最后一位大师，他在《楚辞新解》《楚辞讲义》中提出这样的观点：“并没有屈原这个人”；屈原的25篇赋，“著录多人，故词重意复，工拙不一，知非屈子一人所作”，很多作品可能并不是屈原写的，而是秦朝的博士所作，到了汉代，上层统治者们多来自楚地，好楚音，喜欢这些作品，但又厌恶它们出自秦人之手，因而假托了这么一个屈原出来。他还怀疑司马迁的《屈原列传》并非原文。

随后，胡适在《读〈楚辞〉》一文中认为“屈原只是个传说”。在司马迁以前，并无其他史料记载屈原之事，《史记》中第一次提到有这么一个屈原，但《史记》的记载未必可靠，因为这份记载漏洞百出。在《史记》中，屈原的传记是和贾谊放在一起的，在《史记·屈原贾生列传》的结尾处，司马迁写道，“及孝文崩，孝武皇帝立，举贾生之孙二人至郡守，而贾嘉最好学，世其家，与余通书。至孝昭时，列为九卿”，后来汉文帝去世，汉武帝即位，提拔贾谊的两个孙子任郡守，其中贾嘉最为好学，继承了贾谊的家业，曾和我有过书信往来，到汉昭帝时，他担任九卿之职。胡适认为这里有两个疑点：第一，汉文帝之后应该是汉景帝，而不是汉武帝，司马迁怎么会犯这么明显的错误？胡适怀疑这篇关于屈原和贾谊的列传很可能不是司马迁写的，不知道是哪个“没文化”的写的；第二，司马迁死的时候是公元前90年，当时汉武帝还活着，所以司马迁不可能知道汉武帝儿子汉昭帝的谥号。因而胡适推测《屈原贾生列传》很可能是汉武帝的孙子汉宣帝时期的某人编写的，放到了《史记》当中，而这个编写的人水平不高。胡适认为《史记·屈原贾生列传》中关于屈原事迹的记载也多有矛盾之处，总共有五个疑点：第一，文中先说屈原被王疏远，“不复在位”，后又说他出使齐国，进谏大事，前后处境不符；第二，前面说他出使齐国，进谏大事，并没提到被流放之事，而后面又突然说他“虽放流”“迁之”，又是地位上的前后不符；第三，屈原进谏楚怀王所说的话“秦虎狼之国，不可信”，在《楚世家》中是昭雎的话，胡适怀疑是被人“移花接木”而来的，而屈原说“何不杀张仪”一段，在《史记》的《张仪传》一文中并无此语，亦无楚怀王后悔，“怀王悔，追张仪不及”等事；第四，楚怀王拿来换张仪的地，《屈原贾生列传》说是“秦割汉中地”，而同一件事，《张仪列传》却说“秦欲得黔中地”，《楚世家》说“秦分

南薰殿屈原像

汉中之半”，究竟是黔中还是汉中，《史记》中的记载不一样；第五，前称屈平，后半忽称屈原，变化称呼可疑。胡适认为连《屈原贾生列传》本身的编写都不是一个人完成的。胡适还指出，屈原的形象是一个理想中的忠臣，但这种忠臣在汉以前是不会有的。屈原所处的战国时代，“士无常君，国无定臣”，“朝秦暮楚”“楚材晋用”，很少有这样的忠臣老老实实待在一国、忠侍一君的，因而屈原只能是汉儒们树立的一个“箭垛”，是大家拼凑起来的一个榜样式的人物。最后，胡适推测说：“大概楚怀王入秦不返，是南方民族的一件伤心的事。故当时有‘楚虽三户，亡秦必楚’的歌谣。后来亡秦的义兵终起于南方，而项氏起兵时竟用楚怀王的招牌来号召人心，当时必有楚怀王的故事或神话流传民间，屈原大概也是这种故事的一部分。在那个故事里，楚怀王是正角，屈原大概是配角，——郑袖唱花旦，靳尚唱小丑——但秦亡之后，楚怀王的神话渐渐失其作用了，渐渐消灭了，于是那个原来做配角的屈原反变成正角了。后来这一部分的故事流传久了，竟仿佛真有其事……”①

（唐）李昭道绘《龙舟竞渡图》

此后的学者做了比廖平、胡适更为

① 胡适：《读〈楚辞〉》，《努力周刊》，1922年。

详细的考证，如胡适的弟子何天行《楚辞新考》认为：屈原这个人物实际是不存在的，屈原的名字在先秦任何典籍中都不见，因而他只是《楚辞》编者刘向或刘歆所虚构的。《离骚》的作者很可能是淮南王刘安，《离骚》中与《淮南子》的表述相似之处有10余处之多，而《淮南子》的总编辑正是淮南王刘安。此外，《离骚》中使用了许多“修”字，如“灵修”等，共18次，据高诱《淮南子叙目》“安以父讳‘长’，故其所著，诸‘长’字，皆曰修”，刘安的父亲叫刘长，为了避讳父亲的名号，《离骚》中的“长”字多用“修”代替，所以，《离骚》中才会有那么多“修”字，等等。[①]

卫聚贤《〈离骚〉底（的）作者——屈原与刘安》尽管完全赞同何天行“屈原否定论”的观点，但他也提出了诸多不同于何著的观点，如他认为伪造屈原之名的汉人不是刘向而是贾谊。贾谊在《新书·道术》中说“其为原无屈，其应变无极”，贾谊受了冤屈，被流放长沙，想假借一个人凭吊自己，“冤屈”改作“原屈”，但长沙在楚地，而楚地有屈姓而无原姓，因

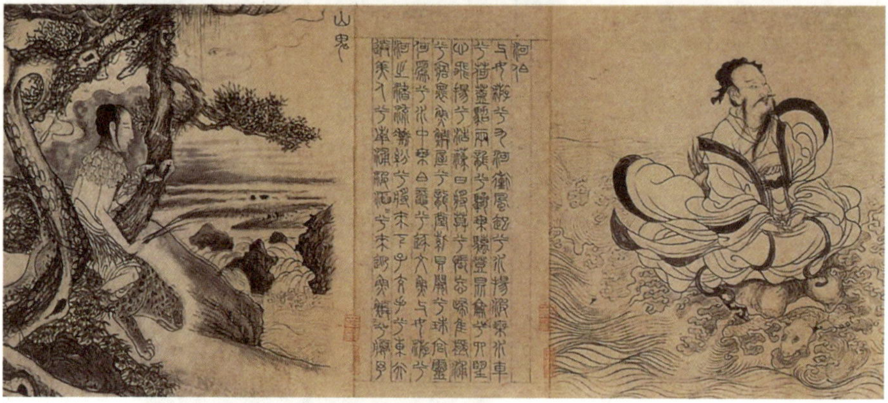

（元）张渥绘《九歌图》局部

① 何天行:《楚辞新考》,《楚辞研究》1938年6月15日版。

而大概也就将“原屈”改为了“屈原”吧。[①]

20世纪50年代初，朱东润先生两个月内连续发表有关《离骚》的4篇文章，认为屈原在历史上可能是存在的，但与楚辞作品及传说均无关系，《离骚》为刘安及其门客所作。

在否定屈原存在的同时，闻一多、郭沫若、陆侃如、游国恩、周而复、姚雪垠等人则力证屈原在历史上应确有其人。他们对胡适等否定者的观点进行了有力的回击，郭沫若在《屈原研究》中指出：“廖、胡两位，特别是胡适，对于《屈原传》所提出的疑问，骤看都觉得很犀利，但仔细检查起来，却一项也不能成立。”[②]如胡适提出的究竟是黔中还是汉中的矛盾，郭沫若说“第四大疑问中的黔中和汉中，是胡适太着急，把原书看脱了一半。《张仪传》上是说‘秦要楚，欲得黔中地，欲以武关外易之’。黔中是楚地，到了顷襄王二十二年，才被秦所取。‘武关外’便是指的汉中，三篇文章并没有冲突。只是《张仪传》多提出了‘秦欲得黔中地’的事实，后来楚也没有给它，不用说武关外的汉中也没有到楚国手里”。此外，阜阳双古堆西汉汝阴侯墓《离骚》残简的出土，证明《离骚》至少在西汉初期就已经开始流传，汤炳正先生的《〈离骚〉决不是刘安的作品——再评何天行〈楚辞作于汉代考〉》，对刘安作《离骚》的说法进行了有力的辨正。[③]

双方争论的最核心焦点就是关于屈原的记载，除了《史记》，至今都没有更为原始的材料出现，例如之前的《韩非子》《吕氏春秋》等都没有记载有屈原这个人。像屈原这样伟大的一个人，从战国死后到西汉司马迁再次提起的百年间，历史上的记载居然是空白，这似乎不科学。实际上，这

---

① 卫聚贤：《〈离骚〉底作者——屈原与刘安》，《楚辞研究》1938年6月15日出版。

② 此书郭沫若大约改写于1942年，后又发表于《历史人物》，人民文学出版社1979年版。

③ 汤炳正：《〈离骚〉决不是刘安的作品——再评何天行〈楚辞作于汉代考〉》，《求索》1984年第3期。

（明）陈洪绶绘《屈子行吟图》

样的例子有很多，如白起、蒙恬，先秦的文献就都没有记载，而记载在汉代的图书中，但你能否认他们的存在吗？

司马迁写的屈原的传记究竟有没有依据呢？秦始皇焚书坑儒，重点焚烧的正是列国的史书，但汉兴以后，“百年之间书积如丘山”，不断有民间藏书从墙壁的夹缝中被发现。司马迁写《史记》是非常认真的，其所记必有依据，他在《自序》中说道：“百年之间，天下遗文古事，靡不毕集太史公。”他收集了大量的古书，有学者曾特意考证他当时可能看到的书，以及之后随着时间流逝而消亡的参考书，他能看到的史料我们看不到，亦属正常之事。在《史记·屈原贾生列传》中，他又说：“适长沙，观屈原所自沉渊，未尝不垂涕，想见其为人。”可见，他还亲自走访了屈原自沉之地。从民间的口口传说中听来的也罢，从搜集的书中看到的也好，太史公都有可能知悉屈原的事迹，没有足够的证据能说明《史记·屈原贾生列传》为司马迁或者其他人所杜撰，因而不应轻易否定屈原的真实存在。20世纪80年代以来，聂石樵先生的《屈原论稿》以及赵逵夫先生的《屈原与他的时代》等著作对屈原的身世、生平进行了系统的整理与廓清，对“屈原否定论”进行了否定，这两部著作挖掘出了一些先秦史料中屈原存在的证据，足资参看。我的观点是，屈原是存在的，但《史记·屈原贾生列传》可能确实是有“问题”的。

一个文化现象的传播大概可以简单地分成两种方式，一种是大传统，即官方士大夫阶层的传播；一种是小传统，即民间群众的传播。关于屈原，大概最初是以小传统的方式进行传播的，屈原死后的百年间，直到司马迁之前，这样一个伟大的人物，先秦的典籍中都没有对他的记载，以至于近代诸多学者怀疑在历史上是否有屈原这么一个人存在。

屈原进入大传统是在司马迁的《史记·屈原贾生列传》：屈原早年受楚怀王信任，任左徒、三闾大夫，兼管内政外交大事，很有才华，但“信而见疑，忠而被谤”，遭上官大夫等贵族排挤毁谤，被先后流放至汉北和沅湘流域。楚顷襄王二十一年（前278），秦将白起攻下了楚的都城郢，在极度苦闷、完全绝望的心情下，屈原“怀石遂自投汨罗以死”，于农历五月五日投汨罗江自尽了。司马迁亲自去了长沙，拜祭了屈原投河自杀的地方，并在那里哭泣凭吊了屈原。司马迁走访楚地，楚地民间流传着大量有关屈原的传说，这些就成了他写传记的依据。当然，他在材料选择上有所取舍，“百家言黄帝，其文不雅驯，缙绅先生难言之”，对于一些荒诞不经的传说，留在了民间的小传统，而没有采取。司马迁的通稿一出，屈原“竭忠尽智，以事其君”的形象就此广泛流传开来。到了东汉王逸的时候，最终确立了屈原“忠君爱国”的形象。王逸《楚辞章句》认为，作为人臣，要以“忠正”为最高的道德标准，屈原做到了这一点，他“危言以存国，杀身以成仁”，是儒家思想梦寐以求的典范人格。

司马迁对民间传说这一小传统的改造是在材料取舍上取己之所需，想把他塑造成什么样子，就取什么样的材料，无关的则不取。王逸的改造则在于用儒家文化重新阐释，无论你写的是什么，我都把你的观点比附儒家的正统文化，你写的什么不是重点，我给大家解释你写的意义才重要。总之，经过司马迁、王逸的阐释，屈原已经不再是民间传说的面貌，屈原凭借着伟大的人格力量而成为后人祭祀的“神”，成为儒家文化的“神像”。而这一改造，经过数年之后，又反过来对民间小传统有了重要影响。

到了魏晋南北朝时期，受到官方推崇的影响，民间关于祭祀屈原的说法与方式就多了起来，如晋王嘉《拾遗记》记载说：屈原“忠”，但被排斥，后来被逼迫投水自杀，楚国人思念他，仰慕他，把他当成“水仙”进行膜拜，“楚人思慕，谓之水仙”。南朝梁人宗懔《荆楚岁时记》端午条载：“是日竞渡。”这一天要进行龙舟竞渡，下面解释说：五月五日，端午节有赛龙舟的习俗，这一风俗是因为屈原投水，人们不忍心，于是在水中划船，象征着去救他。南朝梁人吴均《续齐谐记》记载了五月五日吃粽子的原因：屈原死了，人们感到哀伤，就在水中投竹筒饭祭祀他。书中还写道：东汉建武年间，长沙有个人叫区曲，在白天忽然看见一个士人，自称是三间大夫屈原。屈原对区曲说，得知你正要来此祭奠一番，很好，但这些年大家所送来的东西总是被蛟龙偷去吃了，今天你如果有什么东西要送的话，可以在外面包上楝树叶，再用五彩线缠上，这两样东西是蛟龙所害怕的。根据这些记载可以看出，在这一时期形成了划龙舟、吃粽子祭祀屈原的风俗。

18世纪《历代帝王圣贤名臣大儒遗像》中的屈原像

实际上，据闻一多考证，划龙舟、吃粽子这两个习俗在屈原之前就已经在民间流行了。[1]划龙舟竞渡是古越族祭水神或龙神的一种祭祀活动，其起源有可能始于原始社会末期。也就是说最初划龙舟、吃粽子并非专为纪念屈原而进行的。民间用这种方式祭祀屈原，动因说是屈原怀才不遇、死得冤，所以人们“不忍”“哀之”，但普通老百姓哪有这样的话语权力，真正“不忍”“哀之”的恐怕是那些与屈原有着相同或相似命运的士大夫阶层吧。第一个吊屈原是生不逢时的贾谊，他在《吊屈原赋》中说屈原“生不逢时”，后世诸多被贬谪、流放的士大夫都能从屈原身上看到自己的影子，所以，“哀”是大传统下士大夫们的“兔死狐悲”。说民间百姓祭祀屈原是因为“哀之”，是因为屈原“可敬”，那只不过是官方大传统对民间小传统的影响罢了。

那么，我们试想一下，在官方影响民间之前，如果不是出于“可敬”的动因，民间最初为何会用划龙舟、吃粽子的方式来祭祀屈原呢？

楚国人的性格特征有两个：第一，报复心极强，疾恶如仇，有仇必报；第二，极为迷信鬼神。《左传》中提到“楚材晋用”，在楚国被排挤走的大臣到了晋国，没有不回头报复楚国的。像申公巫臣，出走晋国后，自己在楚国的家人全部被楚国的权贵杀死，于是他愤怒至极，将自己的儿子派到楚国的死敌吴国那里，教吴国人如何打楚国人，如何叛楚，吴国就此强大了起来，数次侵犯楚国，使楚国大将疲于奔命。还有著名的伍子胥，父亲和哥哥被楚王杀死，他自己跑到吴国，后来率领吴国军队打到楚国的国都，破城之后，以前的楚王已死，他竟挖出楚王的尸体，进行鞭尸。战国末期，楚国被秦国所灭，楚国当地流传起“楚虽三户，亡秦必楚”的说法，后来，推翻暴秦的又终究是报仇的楚国人。楚国人“有仇必报”的性格特征由此

① 闻一多：《端午考》《端午的历史教育》，载《闻一多全集》，生活·读书·新知三联书店 1982 年版。

可见一斑，而受了冤屈的贵族屈原，怎么就那么轻易地选择了死亡？楚国人性格是非常横的，张口就说“我蛮夷也”，你能把我怎么样？

从司马迁的记载来看屈原是有怨愤的，班固也看到他的愤怒是不加隐藏的，闻一多在谈到《离骚》的时候也说屈原像是在骂街。别人骂骂也就罢了，但屈原不同，因为屈原的职位是“左徒”和“三闾大夫”，有学者指出，其职责是掌管宗教事务，负责沟通鬼神、祖先等国家祭祀活动。《离骚》《天问》等作品中充满了各种神，屈原向神痛陈自己在尘世的遭遇，哀怨和愤怒喷薄而出，这些怨恨闻于鬼神、祖先，楚国人怎能不害怕？楚国人是非常相信鬼神的，而且到了迷狂的状态，《新论·言体》说楚灵王“简贤务鬼，信巫祝之道”，亲自主持巫术活动，《汉书·郊祀志》中提到楚怀王信鬼神、向鬼神祈福希望能退秦军的故事。屈原被人陷害，虽没有像申公巫臣、伍子胥那样从武力上进行报复，但作为一个负责沟通鬼神的官员，把自己的委屈和愤怒告诉祖先、神灵，从文化精神上进行报复是极有可能的，而他带着诅咒直接投江而死，迷信鬼神的楚地之人怎能不害怕？这实际上是更为强烈的报复。《左传》说“鬼有所归，乃不为厉”，像屈原这样死去，显然是无所归的“厉鬼”。历来人们对这种无主之鬼的祭祀都是软硬兼施：一是模拟战争予以恐吓，南方多水战，古越族的龙舟竞渡的风俗就被引用了过来；一是对“亡者”进行安抚，类似于粽子的食物就被投入了水中。

最初，人们于五月五祭祀屈原，大概就是因为畏惧。民间一直流传着五月五是凶日的传说，《史记》中说孟尝君五月五日出生，父亲认为不吉利，让妻子将其抛弃。后来民间对屈原的“畏惧”情绪就与这种“凶日”传说合流了。在古代，端午节有在门口挂艾草、蒲剑、石榴、胡蒜的风俗，晋代《风土志》说这些东西可以“驱邪却鬼”。明《武陵竞渡略》曰：“桃符、兵罐二物，……桃符能杀百鬼，乃禳灾之具。”龙舟竞渡还要带着桃符，桃符可以避鬼，可以禳灾。有的地方还请巫史来船上作法压胜。明清时期，尤其是楚地，认为竞渡有驱疫的功能，明《五杂组》曰：“至于竞渡，楚蜀为甚，吾闽亦喜为之，云以驱疫，有司禁之不能也。”四川、两湖、福建都有这种目的的仪式，连政府都不能禁止。这也许正与最初楚地对屈原的信仰有关。

可见，尽管官方大传统将民间小传统改得面目全非，祭祀屈原原因由“可怕”变成了“可敬”，但民间的一些风俗习惯依旧为我们提供了些许的蛛丝马迹。

60.《史记》不全是司马迁写的？相声的祖师爷东方朔是如何“说相声”的？

我们说《史记》的作者是司马迁，实际唐以后，就不断有人指出，其中部分内容是司马迁的父亲司马谈写的，如唐代的司马贞就说《史记》是司马迁父子共同完成的，“《史记》者，汉太史司马迁父子之所述也”（《史记索隐》序）。但古代基本都是推测，没有实质性的证据，直到清代方苞才开始对具体篇章进行讨论。到了近代，王国维和顾颉刚则对此进行了更为详细的考证，探究出具体哪些篇章可能是司马谈写的。如王国维指出，《刺客列传》《樊郦滕灌列传》《郦生陆贾列传》三篇赞文分别提到公孙季功、董生、樊他广、平原君俱与“余”有交往，这个“余”可能是司马谈，因为这些人比司马迁大很多，或者说大太多了，一群老头儿跟一个小孩子有交往，很让人怀疑，因而认为这几篇

18世纪《历代帝王圣贤名臣大儒遗像》中的司马迁像

实际是司马谈所写。[①] 顾颉刚也指出了“余”的这个问题，从这个人称代词出发，根据年龄就能判断出哪些指的应该是司马谈。除了王国维指出的几篇，顾颉刚认为《张释之冯唐列传》《赵世家》等篇也是出自司马谈之手，而且顾颉刚还说《史记》有传有赞的体例都是司马谈开创的。[②] 李长之先生从避讳的角度去分析，认为《晋世家》不讳“谈”，为司马谈作，他不会避讳自己的名字，后来司马迁也忘了改了，其中的“谈”字，就留了下来。《赵世家》讳“谈”，故意避讳这个字，说明跟司马迁有关系，是司马迁避讳其父亲的名字，所以此文乃司马迁所作。另外，《李斯传》不讳“谈”字，必为司马谈所作；而《平原君虞卿列传》讳“谈”，“李谈”故意写成“李同”，说明是司马迁所作。[③]

1982 年赖长扬《司马谈作史补证》[④] 一文指出，《孝文本纪》也是出自司马谈之手，纪传体都是司马谈开创的。同年，赵生群在《司马谈作史考》[⑤] 一文中，根据《史记》中的行文、逻辑等线索，考证哪些全篇都是司马谈写定的，哪些是父子合作的篇章，并总结了前人的成果：

司马谈写定的有《刺客列传》《樊郦滕灌列传》《郦生陆贾列传》《张释之冯唐列传》《赵世家》（以上为王国维、顾颉刚先生所考定）和《殷本纪》《周本纪》《秦本纪》《秦始皇本纪》《陈杞世家》《宋微子世家》《齐太公世家》《鲁周公世家》《管蔡世家》《卫康叔世家》。

司马谈、司马迁父子合著的有《太史公自序》（顾颉刚先生考定）和《历书》《天官书》《封禅书》。

---

① 王国维：《观堂集林》卷十一。

② 顾颉刚：《司马谈作史》，《史林杂识初编》，中华书局 1962 年版，第 227 页。

③ 李长之：《史记中可能出自司马谈手笔者》，载《司马迁之人格与风格》，生活 · 读书 · 新知三联书店 1984 年版。

④ 赖长扬：《司马谈作史补正》，《史学史研究》1981 年第 2 期。

⑤ 赵生群：《司马谈作史考》，《南京师院学报》，1982 年第 2 期。

赵生群先生认为，汉代以前的“本纪”“世家”基本都是出自司马谈之手，因为在《史记》中，赞的部分，如《史记·卫康叔世家》赞道：“太史公曰：余读‘世家’言……”这个赞语应该是司马迁写的，而他自己说读“世家言”，赵生群先生说读的就是司马谈写的“世家”原文，司马迁在最后补了这样一个赞语。

除了从年纪、思想、避讳、用词等方面考证，还有学者从“序”上找线索。司马谈搜集了很多书，守着这么多书，什么都没有写，不合情理。司马谈去世前可能《史记》已经写了一部分，所以，他临死前说“余死，汝必为太史，为太史，无忘吾所欲论著矣”（《太史公自序》），不要忘了，我要写成一本什么样的书。后来，司马迁就在其父亲的基础上，继续完成了《史记》，“迁俯首流涕曰：‘小子不敏，请悉论先人所次旧闻，弗敢阙。’”（《太史公自序》）这和班固在其父亲的基础上完成《汉书》是一样的。

经过各家考证，差不多《史记》中有四分之一，将近37篇都是司马谈写的。当然，其中各家论证有不少抵牾的地方，如顾颉刚说“余”是司马谈，赵生群又说“余”是司马迁，等等。所以关于司马谈具体写了哪些文章，还有待进一步考证。但可以肯定的是，《史记》应该确实是司马谈与司马迁父子两人共同完成的。

我们现在看到的《史记》，实际上其中还有一些既不是司马迁写的，也不是司马谈写的，而是后人补入的，这部分大概有四万八千字。

《史记》最初不叫《史记》，“史记”是汉以前史书的通称，司马迁写的这部书最初可能被称为《太史公书》，据说司马迁写完后给东方朔看，东方朔就在上面写下了“太史公”三个字。东汉班固《汉书·艺文志》称其为“《太史公百三十篇》”。张大可先生指出：“流传中省称为《太史公》

《太史记》《史记》。”大约东汉桓帝时期就通行叫《史记》了。《史记》写完不久就丢了十篇:《景帝纪》《武帝纪》《礼书》《乐书》《律书》《汉兴以来将相年表》《日者列传》《三王世家》《龟策列传》《傅靳蒯成列传》。

现在我们所见的全本，是后人补写的。如司马迁称呼汉武帝一般为“今上”，因为在他写书的时候，汉武帝还活着，而我们现在读《武帝纪》，称呼已经有谥号“孝武皇帝”，显然是后人编写的。古代有学者指出,《武帝本纪》《三王世家》《日者列传》《龟策列传》四篇是一个叫褚少孙的人所补的，褚少孙主要生活在汉元帝、汉成帝之际，离司马迁的时代不算远。另外几篇也有说是他所写，或者是他人拼凑而成的。

褚少孙除了给丢失的那几篇补写，还给其他一些没丢的“续写”。褚少孙是给《史记》打补丁的人当中最有名的，因为他常常在补的地方写上“褚先生曰”，或者做个明显的标记，人家一看，就知道是他写的。

褚少孙的“续写”，有的是把司马迁身后的相关事情写上，如《楚元王世家》写到汉宣帝时期；有的是根据自己的喜好，在原有的基础上，补写一些事情或者一些人，如《滑稽列传》，司马迁写了三个春秋人物——淳于髡、优孟、优旃，褚少孙则补写了东方朔等人。

18世纪《历代帝王圣贤名臣大儒遗像》中的东方朔像

东方朔是一个知名的历史人物，据说相声的祖师爷就是他，那么东方朔是怎样一个幽默大师呢？我们就结合《史记》和《汉书》的内容来看看，这位东方朔有多大的魅力，能够吸引褚少孙将其补入司马迁的《滑稽列传》。

在纸张发明并普及以前，文字主要刻在竹简上。据说东方朔第一次去见汉武帝，就给皇帝拉去了一车“凉席”，他这一封奏章就用了 3000 个竹简，汉武帝趴在上面足足看了两个月，估计读完夏天也就过去了，凉席也正好撤了。

东方朔博闻强识，背诵过很多传统知识，他在给汉武帝的上书中自夸：我 13 岁才读书，但勤学刻苦，三个冬天读的文史的书我觉得已经够用了（我还是第一次看到有人居然敢说自己读的书已经够用了）。15 岁我又学击剑，16 岁学《诗》《书》，读了 22 万字，19 岁学兵法之类的，这方面的书也读了 22 万字，总共 44 万字。最后他还说：我长得也很好看，我又高又帅，眼睛明亮像珠子，牙齿整齐得像编排的贝壳，勇猛像孟贲，敏捷如庆忌，廉洁似鲍叔，守信如尾生，等等，我是个合格产品。这就是东方朔的求职简历。

明人绘《东方朔偷桃》（民间传说东方朔曾偷了西王母的蟠桃，与孙悟空不同的是，因为其能说会道，逗得西王母很开心）

东方朔知识储备确实很大，很多别人不知道的东西，东方朔都能说出个一二三来。如有一次建章宫跑出一只像麋鹿的动物，好奇的汉武帝赶紧带着小伙伴们来看，汉武帝就问身边群臣中熟悉事物而又通晓经学的人，但没有一个人能知道它是什么动物。汉武帝想起了东方朔，就把东方朔找来。东方朔看了看说：这个东西我知道，但我吃饱了才能说。汉武帝同意了，东方朔吃完，又继续敲竹杠：我看上了某块地产，你给了我，我才说。汉武帝说，好吧。这时候东方朔才解释，这东西叫驺（zōu）牙，是古代的一种神兽，它要是出现了，就说明远方当有前来投诚的事。过了一年左右，匈奴浑邪王果然带领十万人来归降汉朝，居然被东方朔说中了。汉武帝于是赏赐给东方朔很多钱财。东方朔非常聪明，汉武帝经常和大臣们猜谜语，东方朔屡屡猜中，因而得到不少赏赐。

同行是冤家，在东方朔的时代也不例外。当时在皇帝身边还有另一个喜剧表演艺术家郭舍人，也非常滑稽搞笑。他非常嫉妒东方朔，作为老一辈表演艺术家，他又很自以为是。他对汉武帝说：东方朔这个人太狂，猜谜也不过是靠运气，根本没有实力，我要跟他比一比，他猜中了，打我一百鞭，猜不中，就给我一些赏赐。于是郭舍人出了一个谜，结果东方朔居然猜中了，郭舍人挨了打，东方朔还趁机把同行嘲笑了一把，同行都恨不得杀了他，“（东方朔）擅诋欺天子从官，当弃市！”这么好玩的一个人，汉武帝当然舍不得杀了他。

东方朔经常得罪人，甭管地位多高，他都敢嬉笑怒骂，“自公卿在位，朔皆敖弄，无所为屈”，因而引来不少人对他进行攻击，有人就指责他道德有问题，说他把皇帝赐给的钱财绸绢，都用来娶长安城中年轻漂亮的女子，而且一年换一个，简直是个疯子，“取少妇于长安中，好女，率取妇一岁所者即弃去，更取妇。所赐钱财，尽索之于女子”。武帝听到后却说：要是东方朔没有这些小毛病，你们是比不上他的。皇帝身边的大臣侍者还有专门发“长微博”难为东方朔的，东方朔也用“长微博”回击，或者是东方朔假设有人攻击自己，然后自己再回击，这就是东方朔写的《答客难》，全篇都带有诙谐的特点。

东方朔非常诙谐聪明，但他不愿意被视为搞笑的工具而与那些被权贵

南薰殿东方朔像

用来取乐的侏儒等同杂处。汉武帝最初只封了东方朔一个小官，俸禄不高，东方朔也很少有机会能见到皇帝，他对这样的处境很不满。有一次，东方朔故意吓唬给汉武帝养马的几个侏儒：皇帝要杀掉你们，因为你们既不种田，又不能打仗，对国家没用，还不快去向皇帝求情。侏儒们吓坏了，赶紧去向汉武帝求饶。汉武帝纳闷，不知道怎么回事，后来问明白，原来是东方朔在捣鬼，于是就将东方朔叫来责问。东方朔解释说：我不得已才这样做的，我与侏儒所赚俸禄一样多，但侏儒身高三尺，我身高九尺，我是他们的三倍，他们够吃的，我不够，皇上要是不用我，我就回家种地去了。汉武帝听后哈哈大笑，任命他为待诏金马门。从此，东方朔有更多的机会见到汉武帝，他经常见机直言进谏。

如《汉书·东方朔传》记载，汉武帝的姐姐隆虑公主死后，她的儿子昭平君目无王法，酒后杀人。汉武帝当年答应姐姐，如果有一天昭平君犯了死罪，可以用钱赎其儿子一命。这事大家都知道，所以当昭平君被下了大狱，很多人都替昭平君求情。汉武帝犹豫不决，杀了吧，对不起姐姐当年的嘱托；不杀吧，又违背法律，破坏法律的权威。最后，汉武帝还是下决心杀掉了昭平君。但他因违背了当初对姐姐的承诺而愧疚。汉武帝非常迷信，姐姐地下有知怎么办？自己会不会减寿？这时候东方朔却突然上前说："祝皇上万寿无疆。"汉武帝蒙了，怎么蹦出这么一句，一下从思绪中回过神来，于是就离开了。晚上召见东方朔问他为何说这么一句话，东方朔说，悲伤影响健康，喝酒可以解愁，所以他用酒祝寿。言外之意，希望陛下不要忧伤，有我们在，祝您越来越长寿，您做得没错，不用担心。东方朔以这种“不合时宜”的滑稽方式谏武帝要一视同仁，公正执法，类似的事件如在修上林苑时，需要大肆拆迁，东方朔借机谏武帝要戒奢恤民；在主人翁事件上，东方朔谏武帝要矫枉风化等等。在东方朔看来，正话反说、绵里藏针、装疯卖傻、油腔滑调等等都是可以的，只要能对听者有规谏效果。

在《史记》中，东方朔被褚少孙补入《滑稽列传》。《史记·滑稽列传》：“淳于髡者，齐之赘婿也。长不满七尺，滑稽多辩。”司马贞索隐：“按：滑，乱也；稽，同也。言辩捷之人言非若是，说是若非，言能乱异同也。”滑稽，古音为“gǔ jī”，谓能言善辩，言辞流利，《太史公自序》曰：“不流世俗，不争势利，上下无所凝滞，人莫之害，以道之用，作《滑稽列传》。”在这一传记中，司马迁记录了先秦时期其他喜剧人物，如淳于髡（kūn）、优孟、优旃等，他们都出身低微，但都不趋炎附势，“不流世俗，不争势利”，他们善于搞笑，但更善于借此进行讽谏，“谈言微中，亦可以解纷”，如淳于髡仰天大笑，在谈笑中谏言更容易被帝王接受，齐威王接受了他的建议，因而能成为天下的楷模。优孟摇头歌唱，扮演曾经有功于楚国的孙叔敖，在说学逗唱中，唤起楚王的良知，使楚王想起死去的孙叔敖，孙叔敖在民间受苦的儿子因而受到封赏。优旃大喊一声，在反转游戏中，使听者能够理解自己的意图，阶下受苦的卫士因而得以减半值勤，轮流倒休等等。上讽权贵，下恤民众，在精神上，东方朔和他们是一脉相承的。《汉书》中有东方朔传，“其滑稽之雄乎！”东方朔作为相声的祖师爷，当之无愧！班固说东方朔诙谐通达，机智多变，诙谐搞笑起来认真专业，就如同戏谑娱人的艺人；他还能远离或排斥小人，就如同智者；在别人都默不作声的时候，他又敢站出来嬉笑怒骂，对权贵进行讽刺规谏，这又如同一位正直的大臣等等，“诙达多端，不名一行，应谐似优，不穷似智，正谏似直，秽德似隐”。大概也正因为如此，褚少孙才看中了东方朔，将其补入吧。

谈笑自若，不卑不亢，对上不阿谀奉迎，对世不阴谋害人。多了，于世无损；少了，似有所失。既被笑，又笑人。在众人皆醉中，独醒于济济多士。当千人唯唯诺诺之际，又敢于一人说不。在江湖热热闹闹表演的同时，也在庙堂舞台上轰轰烈烈地活着。这就是那时的“喜剧人”。只可惜只有《史记》有《滑稽列传》，自此后，正史中再无为这一类人特别立传，中国的知识分子大概也就此分为了两途，一部分不苟言笑的正人君子占据了庙堂，他们义正辞严地坚持着道统，朝廷上就此没了喜剧人的地位；而那部分被边缘化的喜剧人，只能在江湖的戏台上揶揄着王公大人。而再往后呢？王公大人也说不得了。

61. 陶渊明所说的“桃花源”或许是真实存在的？

陶渊明有一篇非常有名的作品《桃花源记》：

晋太元中，武陵人捕鱼为业。缘溪行，忘路之远近。忽逢桃花林，夹岸数百步，中无杂树，芳草鲜美，落英缤纷，渔人甚异之。复前行，欲穷其林。

林尽水源，便得一山，山有小口，仿佛若有光。便舍船，从口入。初极狭，才通人。复行数十步，豁然开朗。土地平旷，屋舍俨然，有良田美池桑竹之属。阡陌交通，鸡犬相闻。其中往来种作，男女衣着，悉如外人。黄发垂髫，并怡然自乐。

见渔人，乃大惊，问所从来。具答之。便要还家，设酒杀鸡作食。村中闻有此人，咸来问讯。自云先世避秦时乱，率妻子邑人来此绝境，不复出焉，遂与外人间隔。问今是何世，乃不知有汉，无论魏晋。此人一一为具言所闻，皆叹惋。余人各复延至其家，皆出酒食。停数日，辞去。此中人语云：“不足为外人道也。”

既出，得其船，便扶向路，处处志之。及郡下，诣太守，说如此。

（明）仇英绘《桃源》图局部

（清）黄慎绘《桃花源》局部

（清）黄慎绘《桃花源》局部

太守即遣人随其往，寻向所志，遂迷，不复得路。

南阳刘子骥，高尚士也，闻之，欣然规往。未果，寻病终，后遂无问津者。

此文之后，没有战争、没有压迫的“世外桃源”成了人们的向往之地。而这个“世外桃源”究竟在哪儿，人们更多地倾向于它是虚构的，是“乌托邦”，真实的地方并不存在，它只不过是陶渊明美好愿望的一个寄托。

但苏东坡和王安石都认为桃花源其实确有其地，近代著名史学家陈寅恪先生更是对此进行了详细的考证。1936 年，陈寅恪在《清华学报》发表了《桃花源记旁证》一文，他认为《桃花源记》中提到的这个“桃花源”是真实存在的。

（明）仇英绘《桃源》图局部

（明）仇英绘《桃源》局部

（明）仇英绘《桃源》图局部

关于桃花源的背景，陈寅恪指出，陶渊明写《桃花源记》所谓“自云先世避秦时乱”的“秦”，很可能就是受到了苻坚建立的“前秦”的启发。魏晋时期，江南、荆湘地区由东晋控制，而北方则出现了五胡十六国混战局面，有前凉、成汉、前赵、后赵、北凉、西凉、后凉、南凉、前燕、后燕、南燕、北燕、夏等，后被前秦短暂统一，与东晋形成了对峙，进入南北朝格局。这个政权后来与东晋交战，就是淝水之战，谢石、谢玄以少胜多，风声鹤唳、草木皆兵、投鞭断流等成语都是因为这场战争产生的。苻坚建立前秦的时候，中原为少数民族逐鹿，东晋与五胡十六国也不断进行厮杀，可谓正是北方大乱的时候，大概陶渊明以此为蓝本，将苻坚的前秦换成了嬴姓的秦，从而有了后文“乃不知有汉，无论魏晋”的想象。

关于桃花源的地点，陈寅恪指出，这座桃花源并不在南方的武陵，而是在北方，大约在西北一带。魏晋以来，北方陷入大乱，一些不能远迁的世家大族以及百姓往往在险要的地方建立“坞堡”以求自保，这就是桃花源的原型。

《晋书》中多处记载了这种“坞堡”，面对战争的动乱，大量民众逃到坞堡当中。这种地方往往有水源，利于耕种，经济可以自给自足，而且地势险要，要比城市易守难攻，它们一般都是依山而建。《艺文类聚》中有一则材料说中原大乱的时候，郗鉴被选为堡主在峄山修建可以自保的家园，而且《太平御览》引《地理志》说这个建在峄山的家园，山有很多洞，有的可以供人出入。陈寅恪指出，《桃花源记》中提到的“山有小口”，就是指的此类坞堡的出口，“峄山在邹县北。高秀独出。积石相临，殆无壤土。石间多孔穴，洞达相通，往往如数间居处，其俗谓之峄孔。遭乱辄将居人入峄，外寇虽众，无所范害。永嘉中，太尉郗鉴将乡曲逃此山，胡贼攻守不能得”。

陈寅恪还提到，陶渊明所写的桃花源是这种北方“坞堡”之一。然而当时北方带有山洞小口的坞堡很多，桃花源又具体是哪一个地方的呢？他提到，经过淝水之战，苻坚被部下姚苌所杀，姚苌建立了后秦，都长安。东晋末年，一个叫戴延之的跟随刘裕入关（几年后，刘裕称帝，建立了宋，东晋灭亡），去打姚苌，陈寅恪认为陶渊明的《桃花源记》实际就是这件事的纪实。在路上，戴延之写了一部《西征记》，说他到了一个叫“皇天原”的地方，地形类似于高原，上面非常平坦宽阔，三面是悬崖，“三面壁立，高千许仞”，这个地方据说曾是周武王放牛休牧之地，又被称为“桃林”。另外，陈寅恪提到戴延之还做了一件事情，《水经注·洛水》就记载说，洛水之东，有座檀山，这座山四面悬崖，山上有人们建立的“坞”，春夏间，大概是山上桃花始开的时节，刘裕派戴延之乘舟顺着水流探究情况，结果没有找到源头，他就到此而返了，“洛水又东，径檀山南。其山四绝孤峙，山上有坞聚，俗谓之檀山坞。义熙中，刘公西入长安，舟师所届，次于洛阳。命参军戴延之与府舍人虞道元即舟溯流，穷览洛川，欲知水军可至之处。延之届此而返，竟不达其源也”。陈寅恪指出，陶渊明的好朋友羊长史是戴延之的手下，关于此次经历，从戴延之那里传到陶渊明是有可能的，《桃花源记》的取材大概就跟戴延之西征这件事情有关，《桃花源记》中的“桃花林”以及“土地平旷”与戴延之《西征记》记载的“皇天原”有关，而《水经注·洛水》记载的刘裕派戴延之从洛水溯源到檀山坞而返，大概就是《桃花源记》中提到的“太守即遣人随其往”这一句的本事。

也就是说在陈寅恪看来，桃花源是北方“皇天原”以及檀山坞的结合。“武陵人捕鱼为业”，那么，本来是一个北方故事，为何会被搬到南方武陵呢？陈寅恪说这是因为这个纪实的部分又和刘子骥入衡山采药的传说混在一起了：

南阳刘驎之，字子骥，好游山水。尝采药至衡山，深入忘反。见有一涧水，水南有二石囷。一闭一开，水深广，不得渡。欲还，失道，遇伐薪人，问径，仅得还家。或说囷中皆仙方灵药及诸杂物。驎之欲更寻索，不复知处。

长沙醴陵县有小水，有二人乘舟取樵，见岸下土穴中水逐流出，有新斫木片逐流下。深山中有人迹，异之。乃相谓曰："可试如水中，看何由尔？"一人便以笠自障，入穴。穴才容人。行数十步，便开明朗，然不异世间。

这个故事选自托名为陶渊明所写的《搜神后记》，南阳刘子骥，采药至衡山，路上看到一道山涧，水的南面有两扇石门，一扇关一扇开，他想去对面，但水深广，无法渡过去，想返回，又迷失了道路……后面还有一个小故事也与此类似，说有两个人乘船去砍柴，顺着河流而行，发现岸边有个洞穴，走进洞穴，仅能容一人通过，走了几十步，眼前就明亮起来，里面情景不同于人世间的景象……这可能是陶渊明时代民间流传的一个小故事，为陶渊明所注意。陶渊明获得了坞堡这样的家园形式信息后，会怎样构思进入这个坞堡呢？在搜集到这个故事后，他大概就将坞堡有山洞相连接的信息与刘子骥采药以及两人乘舟取樵的故事（这两个故事大概是道教洞天、壶天的演绎）相结合，将其作为“误入”桃花源的部分了，刘子骥的故事发生在武陵，于是《桃花源记》的背景也就随之被搬到了武陵。

经过考证，陈寅恪得出这样几个结论：

甲、真实之桃花源在北方之弘农，或上洛，而不在南方之武陵。

乙、真实之桃花源居人所避之秦乃苻秦，而非嬴秦。

丙、《桃花源记》纪实之部分乃依据义熙十三年春夏间刘裕率师入关时戴延之等所闻见之材料而作成。

丁、《桃花源记》寓意之部分乃牵连混合刘驎之（字子骥）入衡山采药故事，并点缀以“不知有汉，无论魏晋”等语所作成。

二十年后，另一位学者唐长孺先生对陈寅恪先生的考证提出了质疑，其在《读〈桃花源记旁证〉质疑》一文[①]中，给出了另一种解释的可能："桃花源的故事本是南方的一种传说，这种传说流行于荆湘，陶渊明根据所闻加以理想化，写成《桃花源记》。"

唐长孺先生指出，刘敬叔《异苑》中记载了这样一个故事，武陵蛮人射鹿，追它追到了一个洞口，才通人，进去之后，发现有个梯子，顺着梯子上去，豁然开朗，这个蛮人做了记号，后来再去找，已经找不到了：

> 元嘉初，武陵蛮人射鹿，逐入石穴，才容人。蛮人入穴，见其旁有梯，因上梯，豁然开朗，桑果蔚然，行人翱翔，亦不以怪。此蛮于路斫树为记，其后茫然，无复仿佛。

刘敬叔的作品在陶渊明之后，但两个人年代相差不远，唐长孺说："他（刘敬叔）当然能够看到陶渊明的作品，然而这一段却不像是'桃花源记'的复写或改写，倒像更原始的传说。我们认为陶、刘二人各据所闻故事而写述，其中心内容相同，而传闻异辞，也可以有出入。"唐长孺认为刘敬叔这个故事虽然晚于陶渊明，但未必是本于《桃花源记》，《桃花源记》和

① 唐长孺：《魏晋南北朝史论丛》，河北教育出版社 2000 年版，第 622—633 页。

（元）钱选绘《扶醉图卷》（坐者为陶渊明）

刘敬叔《异苑》中记载的这个故事可能有个更原始的底本，分别为两人所借鉴。

《搜神后记》中可能还有《桃花源记》的“初稿”：

> 径向一山。山有穴，才容一人。其人即入穴，何亦随之入。初甚急，前辄闲旷，便失人，见有良田数千顷。何遂垦作，以为世业。子孙至今赖之。

这个“初稿”与《异苑》中的故事就更像了，二者很可能源于同一传说，“《桃花源记》和《异苑》所述故事是根据武陵蛮族传说”。

在《云笈七签》中记载蜀地，《雍荆记》记载武陵西阳县，《太平寰宇记》记载彭州九陇县等地方，都有类似的故事，都是在南方流传，所以唐长孺认为这个故事的母本就在南方，而不是在北方的弘农或上洛，桃花源可能就是在武陵，“武陵本是蛮族所居之地，这段故事发生在武陵，发现异境者是蛮人或具有蛮族姓氏的渔人，很可能本来是蛮族的传说”。

唐长孺还提到一点，他认为“避秦时乱”也不是如陈寅恪所说的那样，是苻坚的前秦，而就是秦二世的“秦”，是汉以来“过秦”论的体现。所谓的“乱”并不是指战争，而是赋税太重。

经过考证，唐长孺先生认为，《桃花源记》的原型是武陵地区蛮族逃入山林避税。这与陈寅恪主张的北方人们避战争之乱而在山上建立坞堡大不相同。现在不少学者认为唐长孺说法更靠谱些。

篇目	桃花源原型	原址	故事来源	发现异境者	为何而避世	所避之秦	刘子骥归所
《桃花源记旁证》	坞堡（西北区域为多）	弘农、上洛	《水经注》中所载，戴延之随刘裕入关后的见闻（羊长史）	避兵之人	流民、兵役、苻秦	所居虽离武陵不远，但是南郡后分置武宁郡，宁、陵音近，是文人狡黠故意混淆	
《魏书司马睿传江东民族条释证及推论》				黄姓溪族后代			
读《桃花源记旁证》质疑	假如不是完全虚构，没理由移到北方；假如是虚构，那么在什么地方任意由作者指定	武陵	鄱阳、浔阳传说	蛮人黄道真	赋税	嬴秦	陶渊明、刘敬叔都住在江陵附近，刘驎之所居地杨岐山离武陵更近，更能证明是当时传说

图片截取自孙晨论文《陶渊明桃花源故事诞生的文化阐释》（暨南大学硕士论文，2014 年）

笔者则更倾向于陈寅恪之说，“桃花源”的原型是魏晋南北朝时期的“坞堡”，应该是可信的，这就像是《木兰》故事的流传，本是一个北方故事，南方对北方女子也可以当兵的事情不太了解，就把木兰当作传奇演绎，“同行十二年，不知木兰是女郎”。而陶渊明则是以北方坞堡为原型的，后人不知，也就将其完全当成了虚构，其中，有部分内容大概是有现实依据的。

陶渊明写完《桃花源记》五六年后，就去世了，把桃花源的秘密也带走了。“山气日夕佳，飞鸟相与还”，日复一日，南阳刘子骥，终是未能寻得桃花源。刘子骥去世后，并不是“遂无问津者”。他们也许怎么都不会想到，时隔千年之后，有趣的学者们仍在问津呢。真正的桃花源，你究竟在哪里呢?

62.《木兰诗》有多少争议？花木兰什么时候姓花的？

唧唧复唧唧，木兰当户织。不闻机杼声，唯闻女叹息。

问女何所思，问女何所忆。女亦无所思，女亦无所忆。昨夜见军帖，可汗大点兵，军书十二卷，卷卷有爷名。阿爷无大儿，木兰无长兄，愿为市鞍马，从此替爷征。

东市买骏马，西市买鞍鞯，南市买辔头，北市买长鞭。旦辞爷娘去，暮宿黄河边，不闻爷娘唤女声，但闻黄河流水鸣溅溅。旦辞黄河去，暮至黑山头，不闻爷娘唤女声，但闻燕山胡骑鸣啾啾。

万里赴戎机，关山度若飞。朔气传金柝，寒光照铁衣。将军百战死，壮士十年归。

归来见天子，天子坐明堂。策勋十二转，赏赐百千强。可汗问所欲，木兰不用尚书郎，愿驰千里足，送儿还故乡。

爷娘闻女来，出郭相扶将；阿姊闻妹来，当户理红妆；小弟闻姊来，磨刀霍霍向猪羊。开我东阁门，坐我西阁床，脱我战时袍，著我旧时裳。当窗理云鬓，对镜贴花黄。出门看火伴，火伴皆惊忙：同行十二年，不知木兰是女郎。

雄兔脚扑朔，雌兔眼迷离；双兔傍地走，安能辨我是雄雌？

这是我们中学的时候就学过的《木兰诗》，这首诗你可能很熟悉，但也可能会很陌生，因为其中“隐藏”着各种争议，比如第一句，“唧唧复唧唧”，有人说是织布的声音，但后面“不闻机杼声”，所以又有人说这是木兰哭泣的声音，类似现在的“嘤嘤嘤”，你可以想象一下，“嘤嘤复嘤嘤，木兰当户织”……

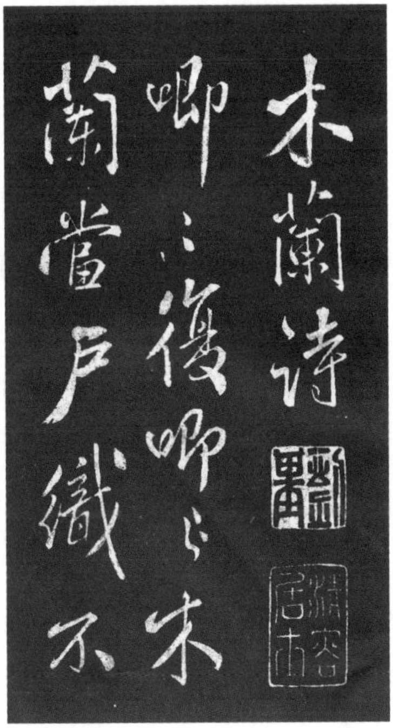

“苏黄米蔡”中的米芾写的《木兰诗》拓本

花木兰的故事家喻户晓，《木兰诗》自民国至今一直被选入中学语文教材，凡是受过九年义务教育的基本都对这首“唧唧复唧唧，木兰当户织”耳熟能详。然而，倒背如流不代表着就能“辨其雄雌”，关于这首扑朔迷离的诗，实际上有着各种不明确的地方以致众说纷纭。

如果你是1933年以前上的中学，教科书《基本教科书国文》对《木兰诗》的题解是这样的，“这是不知作者名氏的民间故事诗，相传为北朝时所作，中间‘万里赴戎机’几句似乎经过文人的润饰”；如果你是1961年以前上的中学，那么语文教科书中说，“木兰诗——选自宋代郭茂倩所编的《乐府诗集》，这是有名的叙事诗，木兰，相传是我国古代一个代父从军的女英雄”；如果你是1978年以前上的中学，语文教科书会说《木兰诗》“选自宋朝郭茂倩所编的《乐府诗集》，这是南北朝时北方的一首民歌”；如果你是2001年前上的中学，那么人教版教科书会说《木兰诗》“选自宋代郭茂倩所编的《乐府诗集》(《四部丛刊》本）卷二五，这是南北朝时北方的一首乐府民歌”。随后的语文教材，如初中语文新人教版七年级下册等都基本延续了这一说法。似乎有些观点一入教材，就成了定论，而实际上，关于《木兰诗》，除了最早著录在《乐府诗集》无争议外，其他地方，诸如后人的修饰与诗的作者的问题，该诗是南北朝哪个政权时期的诗，内容反映的是南北朝时期还是隋唐时期的情况，该诗是不是北方的故事南方的诗，是不是叙事诗，木兰是传说人物还是确有其人等等，历来都是聚讼纷纷，莫衷一是。

首先,《木兰诗》的作者不明确。正如民国时期语文教材提到的那样，不知作者是何人，因而很多教材对这一问题都避而不谈，只说《木兰诗》选自宋代郭茂倩编的《乐府诗集》。注意，南宋郭茂倩编了《乐府诗集》，他在这个集子中收录了《木兰诗》，他并不是作者。早在宋代，关于《木兰诗》的作者就充满了争议，宋初编的《文苑英华》题为唐代的韦元甫所作，其他宋代著作也多认为是唐人所作，如《古文苑》题为《木兰诗》，以为“唐人诗”，宋代程大昌《演繁露》据诗中“可汗大点兵”语，认为木兰不是隋朝人就是唐朝人，“生世非隋即唐”，南宋严羽《沧浪诗话》则认为“朔气传金柝，寒光照铁衣”之类，像李白之作，不会是汉魏人的诗歌，“已似太白，必非汉魏人诗”。此后，历代都有人认为《木兰诗》是隋唐时期的人所作，但宋代黄庭坚则考证指出，此诗并非唐代韦元甫所作，而是韦元甫在民间听到之后，自己加以传唱，后来人便以为是韦元甫所写。还有一种说法，认为《木兰诗》原先可能是一首鲜卑歌，后来流传到了江南，被译为汉语，曾入梁代乐府，后又散落民间，而到唐代为韦元甫重新发现，并拟作了一首《木兰歌》，以至于到了宋代，大家以为韦元甫的《木兰歌》就是《木兰诗》，实际上唐代的韦元甫只是《木兰诗》的搜集发现者之一。

其次，作品的时代不明确。关于《木兰诗》产生的年代，郭茂倩《乐府诗集》在题解中说“按歌辞有《木兰》一曲，不知起于何代也”，古代学者的判断，有汉魏说、三国说、西晋说、齐梁说、北朝说、隋唐说等。到了近代，学者们从历史、地理、文学、语言、民族等多个角度出发，最终形成了两大派。一是支持隋唐说的学者：姚大荣发表《木兰从军时地表征》一文，他从可汗、天子、胡骑、黄河、燕山、黑山等这些隋唐时期才出现的词语入手，认为“木兰为隋末唐初人”；徐中舒在《木兰歌再考》《木兰歌再考补编》等文中指出《木兰诗》是作于初唐、盛唐之间；齐天举则考证兵帖、大儿、爷娘、啾啾、戎机、铁衣、磨、战袍这八个词语是隋唐以后才出现的，判定“《木兰诗》是唐代作品”；历史学家唐长孺也对军帖、点兵、十二转、火伴等词语进行了详细的考证，指出“这些语辞在唐代普遍行用”，从而也将《木兰诗》归为唐代所作；王增文《木兰诗产生的时代本事和作者考辨》提到“帖花黄”这一风俗是北朝末年才出现的，而到唐代则盛行；等等。一是支持北朝说的学者：张为麟《木兰时代辨疑》肯定《木兰诗》是作于陈以前；陆侃如据此又进一步加以考证，认为《木兰诗》必产生于梁以前；余冠英从历史、地理等条件及《古今乐录》的著录出发也判定《木兰诗》是北朝作品，并指出最有可能产生在后魏；罗根泽开始是在《木兰诗作于唐代考》一文中论“策勋十二转”是唐时勋官制度，从而认为《木兰诗》是唐代作品，但后来又承认“以至于我自己……也都错了”，转而又从府兵制、明堂制、勋官制等方面和地区关系等角度提出了新证据，从而把产生时代“确定在西魏”。另外，胡适、袁行霈等著名学者也都赞成《木兰诗》产生于北朝，隋唐人只不过是对其有所修饰，所以诗中才会有隋唐时期的词语存在罢了。

再次，木兰其人不明确。“开我东阁门，坐我西阁床。脱我战时袍，著我旧时裳。当窗理云鬓，对镜帖花黄”，从这第一人称的叙述口吻来看，《木兰诗》应当是木兰本人所述。古代学者一般认为这首诗反映的内容应该是真实的，对于木兰是否确有其人，则很少有人去进行考证。曹熙在1982年发表《木兰诗新考》一文[①]，结合1980年出土的鲜卑石室祝文，认为木兰应确有其人。木兰的故乡在何方呢？武汉黄陂时常举办木兰旅游文化节，而河南商丘也有木兰文化节，此外安徽亳州、陕西万花山、河北完县、山东任城等地也都说自己才是木兰的故乡。有近代学者根据诗中提到买马的风俗以及木兰的行军路线，推断木兰的故乡或在中原或在北地，各地政府也各执一词，参与到了这场争论中。因涉及旅游经济发展的问题，这个问题变得更为复杂。木兰到底姓什么呢？在诗歌中木兰并无姓氏，元代侯有造《孝烈将军祠像辨正记》提到“将军魏氏，本处子，名木兰”，认为木兰姓魏；清同治十年《黄陂县志》有《木兰古传》一篇，该志说“木兰将军，黄郡西陵人也，姓朱”，认为木兰姓朱；而最早提出木兰姓花的是明代徐渭的《雌木兰代父从军》，徐渭推测木兰名字的由来大概是源于木兰花，因而冠木兰以花姓，随后根据《木兰诗》改编的文艺作品多沿袭徐渭的说法。

最后，关于《木兰诗》的内容也多有争论。如《木兰诗》涉及的地名以及制度，“旦辞黄河去，暮至黑山头，不闻爷娘唤女声，但闻燕山胡骑鸣啾啾”，余冠英《乐府诗选》认为燕山就是指燕然山，而黑山指今内蒙

① 曹熙：《木兰诗新考》，《齐齐哈尔师范学院学报》，1982年第4期。

古杀虎山[①]；林庚在《木兰辞中的燕山和黑山》[②]一文中提出，黑山和燕然山南北相距约八百公里，如果“暮宿黑山头”就不可能会“但闻燕山胡骑鸣啾啾”，因而燕山应该是指蓟北的燕山，黑山是指燕山附近昌平的天寿山，两者离得不远，这样这句诗就能说通了；另外，还有说法认为太行山古代也称燕山，等等。“东市买骏马，西市买鞍鞯，南市买辔头，北市买长鞭”反映的应是府兵制，有学者曾分析《木兰诗》说“同行十二年”，如此长时间对少数民族柔然作战的，根据历史记载，只有北魏，然而北魏时期还没有府兵制，府兵制是北魏灭亡后，到了西魏大统年间才正式建立的。这一制度，一般说法，又历北周、隋至唐初期而日趋完备，唐太宗时期达到鼎盛，到了唐玄宗天宝年间最终停废，历时约二百年。这种兵役制度的特点就是兵农结合，即平时为农，战时为兵，而且府兵参战要自备武器和马匹。但《木兰诗》究竟反映的是北朝时期的府兵制还是隋唐时期的府兵制呢？目前见到的材料，北朝时期的府兵制，府兵只需要自备一把弓刀即可，其他的装备由政府资助。唐代的府兵制则说需要十个人结成一伙，这一伙人需要自备六匹马。而近来又有学者考证，唐代其实根本就没有实行过府兵制，因而关于《木兰诗》府兵制的问题也有待做出进一步的探讨。

《木兰诗》在内容上还有一个最大的争议，就是为何“同行十二年，不知木兰是女郎”。一个女子在全是男子的军营中十二年，身份居然都没有暴露？这是为什么呢？我的博士导师李山先生曾经告诉我，这很可能是时代、地域造成的文本“误解”。木兰最初是北朝的一个故事，而北朝女子不像后来的女子，只能“当户织”，彼时可能受到少数民族母系社会遗存的影响，女子地位很高，她们还善于骑射打仗，如《魏书·李孝伯传》中

① 余冠英：《乐府诗选》，人民文学出版社1954年版。

② 林庚：《木兰辞中的燕山和黑山》，《文汇报》1961年第1期。

记载了一首赞美武艺高超、骑马射箭的女子李波小妹的歌："李波小妹字雍容，褰裳逐马如卷蓬，左射右射必叠双，妇女尚如此，男子安可逢"；《北史·杨大眼传》记载杨大眼的妻子潘氏曾穿着戎服参与攻战、游猎训练，且被称为将军，"大眼功尤多，妻潘氏善骑射，自诣军省大眼。至攻战游猎之际，潘亦戎装，齐镳并驱。及至还营，同坐幕下，对诸寮佐，言笑自得，大眼时指谓诸人曰：'此潘将军也'"。北朝时期，很可能是有女兵、女将的，《南齐书·魏虏传》记载太后出行，左右有女兵骑马保护，"太后出，则妇女著铠骑马，近辇左右"，《魏书》就记载了苟金龙妻刘氏是如何作为首领率领民众抗敌的，"刘率厉城民，修理战具，一夜悉成。拒战百有余日，兵士死伤过半……刘乃集诸长幼，喻以忠节"，等等。倘若北朝真有女兵制度存在，那么，在军营中也就必然会有适合妇女生活起居的配套设施，木兰在军中，伙伴们也就不可能不知道她是女郎。那么为何《木兰诗》作者会说伙伴们十二年都不知道呢？作者以全知的视角讲述木兰的故事，故事时间就有十二年之久，而从这个故事的流传到最后的完善，必定经历了一段更为漫长的时间。我们知道，从北魏到唐初，北方少数民族政权经历了一个汉化的过程，许多少数民族原有的习俗也就越到后来越少有人知道，比如，北方女性习武的风尚。经过汉化之后的政权，农耕文明渐渐占据了主导地位，建立在农耕文明基础上的"男耕女织"就把女子们禁锢在了闺阁之中。在彼时，木兰是女子众人知之，或许在那些伙伴看来，木兰从军，恐怕并不是什么稀奇的事。而身处另一个社会发展阶段（北朝故事，到了隋唐被加工）、另一个地域（故事传到南方，在南方被加工）的作者，则对木兰所处时空的风尚已不甚了解。在作者看来，木兰当户织才是生活的常态，中国传统社会是男耕女织，女子负责在家纺织，参军应是"爷""大儿""长兄"这些男子的事情。《木兰诗》最后木兰女子的身份被揭开，作者说“火伴皆惊忙”，而实际上“皆惊忙”的恐怕未必是木兰的伙伴，那是作者自己的一种感受。最后，作者又借伙伴之口说“同行十二年，不知木兰是女郎”，这样的情节也只不过是为了在逻辑上说通，女子参军亦应当是以男人的模样或标准，这是因为时过境迁，在作者理解和认知的范围内，只有男子才能参军罢了，这大概就是“不知木兰是女郎”的真相吧。

可见，这首入选教材的《木兰诗》含有诸多可思考的问题，倘若将这些问题抛开，只欣赏《木兰诗》文本本身，也未尝不可。但我们也应知道，这部作品本身还隐藏着诸多的历史“错觉”。

63. 有哪些国宝下落不明了？王羲之《兰亭集序》真迹去哪儿了？

在中国历史上，有很多我们熟悉的国宝现在都下落不明了，如圆明园兽首还有好几个没有现身，北京人头盖骨在抗日战争时期不知所终，这是近代以来的巨大损失。而有些“宝贝”，在古代就已经下落不明了。

如“九鼎”。据传大禹将天下分为九州，每州设一长官为牧，他收九州之铜，制造了九鼎，以表示拥有天下九州。商汤灭夏，九鼎被商人所得。到了商末周初，周武王伐纣，营造洛邑，九鼎又被迁到了洛阳，当时洛阳被周人看作天下的中心。九鼎有着极大的象征意义，掌握了九鼎，也就意味着掌握了最高权力，成为正统，所以，春秋时有个“楚王问鼎”的典故。这“九鼎”后来怎么样了呢？关于“九鼎”的去处，《史记》中说了两种可能，《史记·封禅书》曰：“秦灭周，周之九鼎入于秦。或曰宋太丘社亡，而鼎没于泗水彭城下。”一种可能是秦灭周，鼎到了秦；另一种说法是东周末年，在宋国灭亡的时候，九鼎沉没到了泗水中，不知所终了。反正到了汉代刘邦的时候，九鼎就已经不知去向了。唐代的武则天、宋代的宋徽宗都自己造了九个赝品。

下落不明的还有“传国玉玺”，据说是秦始皇时期用“和氏璧”所做，上面刻有“受命于天，既寿永昌”八篆字，此后每改朝换代，寻求“传国玉玺”便成了一件重要的事情，得之即象征自己的统治是正统，是天命所归。徐令《玉玺记》曰：“玉玺者，传国宝也。”秦亡后，传国玉玺归了汉代刘邦，后来代代相传，大约到了五代至宋元时期，这个传国宝因为战乱而不知所终。而在古代，对于这样一件国之重器，也出现了不少伪造品，如明孝宗、乾隆时期都有人进献“传国玉玺”，结果被证明都是赝品。

《永乐大典》写完后一直在明朝皇宫保存着，正统年间，火烧了一小部分。嘉靖年间，宫中又起火，又烧了一小部分。嘉靖怕以后再着火会毁了这套书，就让人抄写了一部副本。诡异的是，副本抄完之后，正本就消失不见了，从此下落不明。有人说后来终是毁于大火，也有人说是随嘉靖皇帝陪葬了，现在嘉靖的陵墓还没有打开，不知真伪。而副本，在清朝的时候，宫廷内还有一部分，到了清末，由于战乱或其他原因而流失四方，流传至今的不到百分之三。

（明）陈老莲绘《王羲之像》

我们现在看到的《兰亭集序》，也不是王羲之的真迹，而是“副本”。王羲之在隋朝之前，名并不为世重，而入唐后，突然声名鹊起，名声大震，各家争相寻迹模仿，最终他被推上“书圣”之高位，这与唐太宗李世民对他的喜好不无关系。李世民对王羲之的书法推崇备至，称他的字“尽善尽美，心摹手追”。据张怀瓘的《二王等书录》记载，李世民聚敛了2290张王羲之的书画作品，修《晋书》的时候，还亲自撰写了《王羲之传论》，可见他对王羲之的重视。

《兰亭集序》被誉为“天下第一行书”，为王羲之书法代表作。东晋永和九年，王羲之时为会稽内史，三月三上巳节这一日，他与谢安、孙绰等人在绍兴会稽山兰亭修祓禊之礼，诸人饮酒赋诗，共成诗三十七首，把这些诗结成集子，称为“兰亭诗”，由王羲之作序。王羲之用蚕茧纸、鼠须笔书就《兰亭集序》。据史书记载，王羲之仙逝后《兰亭集序》由子孙收藏，传至七世孙智永和尚，因和尚无后代，永卒，传于弟子辨才。

唐太宗李世民收藏了大量王羲之的字帖，而唯独缺少天下第一行书《兰亭集序》。后来听说《兰亭集序》在王羲之的七代孙智永和尚那里，于是，唐太宗派人去查找，得知智永已圆寂，禅师坐化前将《兰亭集序》交给了大徒弟辨才。唐太宗三次召见辨才，希望他能奉出这件稀世珍品，辨才却说《兰亭集序》不知去向。唐太宗为了得到《兰亭集序》，夜不能寐，想尽办法，辨才却一再矢口否认《兰亭集序》尚存世间。后来，房玄龄向

（清）樊圻绘《兰亭图》局部

皇帝举荐了多才多艺，又有权谋的监察御史萧翼。萧翼打扮成一个琴棋书画样样精通的书生，和辨才交朋友，后来趁其不备，将《兰亭集序》给骗了来。这就是唐传奇中记载的“萧翼赚兰亭”的故事。

李世民得到《兰亭集序》真迹后，爱不释手，视为御宝，除自己临摹观赏外，还命令当朝著名书法家欧阳询、虞世南、褚遂良、冯承素等写成

（唐）褚遂良所临《兰亭集序》

（唐）冯承素所临《兰亭集序》

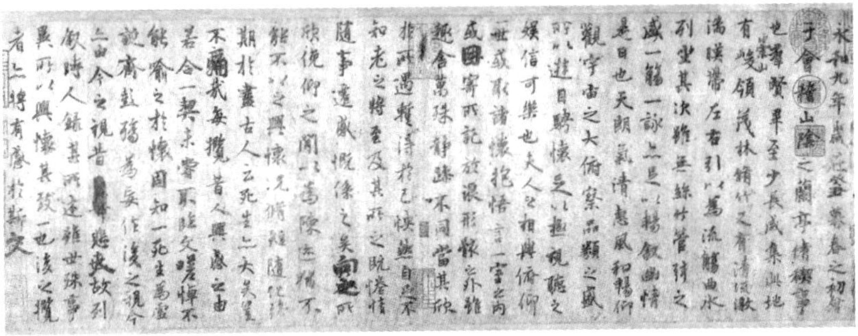

（唐）虞世南所临《兰亭集序》

明代画作《萧翼赚兰亭》

各种摹本传世，把真品藏在身边。唐太宗驾崩后，这绝代墨宝也作为陪葬品埋入了他的坟墓昭陵里。五代时，一个叫温韬的人盗挖了昭陵，掘开的时候，字帖纸墨都还像新的一样。这些字帖中有没有《兰亭集序》，史书上没有提，后世不得而知。郭沫若认为昭陵以山为陵，异常坚固，凭当时条件，温韬根本没法进墓，《兰亭集序》仍在昭陵墓中。还有一种说法，《兰亭集序》原本没葬在昭陵，因高宗李治也非常喜爱书画佳作，与父皇陪葬的是他人临摹本，而真品留在了自己身边，死前，他应该是让人将《兰亭集序》葬在了自己的墓中。温韬盗过昭陵之后，又想盗高宗和武则天的合葬墓乾陵，但偏巧风雨大作，温韬做贼心虚，最终没敢发掘。直到现在，乾陵仍是历代王陵里极少没有遭到过大规模盗掘的王陵。如今，人们看到的《兰亭集序》，应该说是后人的摹本和临本，只能展现它的基本风采。《兰亭集序》的真正下落，至今仍是一个谜。

64. 古诗词里提到的地点都在今天的哪里?

网上有很多人讨论古今地名演变，比如说驻马店曾经叫“汝南”，石家庄叫“常山”，临沂叫“琅琊”，枣庄曾叫“兰陵”，马鞍山叫“当涂”，濮阳叫“澶渊”，宝鸡叫“陈仓”，九江叫“浔阳”，绍兴叫“会稽”，淇县叫“朝歌”，等等。这样的对应，有时候又不是十分准确，比如驻马店下边实际上还有汝南县，还保留着汝南的名字呢；马鞍山下边也有当涂县；宝鸡市下边近些年有陈仓区了；山东 2014 年也恢复了兰陵县的叫法。不过，确实有很多我们在古诗文或者历史书中熟悉的地方，如今改换了新名字。有时候地理可以帮助我们更好地理解诗文，而诗文又可以作为我们旅行的文化指南，那我们就看看古诗词中都提到了哪些“景点”。这之前，我要说明一点，城镇发展很可能会导致地理位置与古代某地并非同一地址，但如果在其附近，我仍直接阐释其对应的是今日之某地。

曹操《观沧海》:“东临碣石，以观沧海”，碣石是指碣石山，主峰叫仙台顶，海拔 695 米，濒临大海，在今秦皇岛市昌黎县以北，“沧海”是渤海。

南北朝民歌《敕勒歌》:“敕勒川，阴山下，天似穹庐，笼盖四野。天苍苍，野茫茫，风吹草低见牛羊。”敕勒川大约在河套平原一带，所谓河套就是黄河几字形一带，“几”字的上半部分像个套子一样。阴山在黄河“几”字形的上边，南边就是河套平原，适合耕种，北边水少，以畜牧业为主。王昌龄《出塞》也提到了阴山，“秦时明月汉时关，万里长征人未还。但使龙城飞将在，不教胡马度阴山”。这首诗还提到了“龙城”。关于“龙城”，有不同的说法，一说是甘肃省天水市的别称，天水是“人首龙身”的伏羲出世之地，李广是天水人，故被称为“龙城飞将”；一说龙城是匈奴祭祖的地方，是匈奴的政治中心，在今蒙古国三连城遗址，那么此诗的“龙城”就解释为代指边塞。关于《敕勒歌》这首诗，我博导的博导，也就是我的师爷启功先生曾指出，原文很可能应该是“敕勒川，阴山下，天似穹庐盖四野，天苍苍，野茫茫，风吹草低见牛羊”，这样句式对称：三三七，三三七。

陈子昂《登幽州台歌》：“前不见古人，后不见来者。念天地之悠悠，独怆然而涕下！”幽州在今北京附近。战国时期，北京附近是燕国都城，燕昭王在此搭建了招揽贤人的高台。招揽人才燕昭王是真花钱，他在台上面放上黄金，所以此台被人们称为黄金台，后来又被称为燕台。燕地在古代又属于幽州，所以此台又叫幽州台。其地址一说在今北京朝阳，一说在河北定兴县。

王勃《送杜少府之任蜀州》：“城阙辅三秦，风烟望五津”，三秦指潼关以西的秦朝故地。项羽灭秦后，将此关中地封给秦军三位降将，章邯、董翳、司马欣，将早期秦国地盘一分为三了，后世泛称陕西为“三秦”，而陕西最初命名与其在陕原以西有关。“五津”，四川岷江古有白华津、万里津、江首津、涉头津、江南津五个著名渡口，合称五津。津就是渡口，武王伐纣的时候，到了一处渡口与八百诸侯会盟，这就是孟津。明朝朱棣从天津出发靖难，天子经过的渡口，所以叫“天津”。

崔颢《黄鹤楼》:“昔人已乘黄鹤去，此地空余黄鹤楼。黄鹤一去不复返，白云千载空悠悠。晴川历历汉阳树，芳草萋萋鹦鹉洲。日暮乡关何处是？烟波江上使人愁。”千年来黄鹤楼屡遭毁坏，其旧址在今湖北省武汉市武昌区蛇山黄鹤矶头，后来修长江大桥把旧址占了，于是重新选址，在蛇山峰岭上重新建立一座黄鹤楼。李白曾在黄鹤楼送过孟浩然,《黄鹤楼送孟浩然之广陵》:“故人西辞黄鹤楼，烟花三月下扬州。”广陵是扬州的另一个称呼，故地在今扬州西北。黄鹤楼名字的由来，一说跟一只飞升的黄鹤有关；一说因它建在黄鹄(hú)矶上，人们误把鹄读为“鹤”，于是就有了黄鹤楼，这让我想起了一位北大校

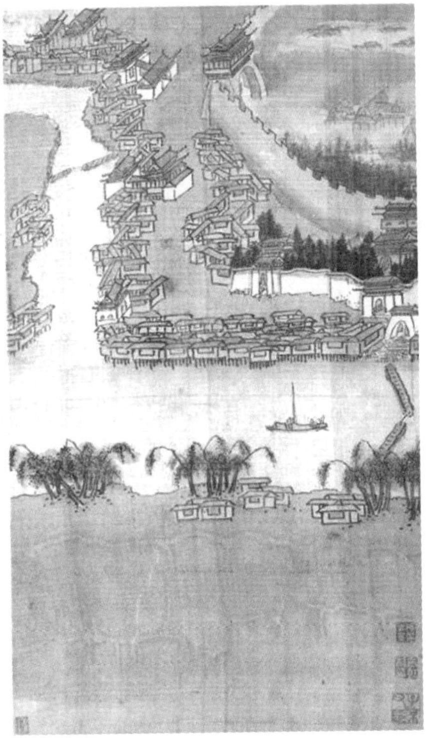

明沈周绘　扬州

(元)夏永《黄楼赋图》　美国大都会艺术博物馆藏

长把“鸿鹄之志”读成了鸿“浩”之志。

李白《春夜洛城闻笛》:“谁家玉笛暗飞声，散入春风满洛城。此夜曲中闻折柳，何人不起故园情。”洛城即洛阳，水北为“阳”，城在洛水的北边，故被称为洛阳，洛阳是十三朝古都。

李白《望天门山》说“天门中断楚江开，碧水东流至此回”，天门是两座山隔长江对峙，形成如同天设的门户，在今天安徽省芜湖市北郊长江畔，楚江就是长江，先秦属楚国辖域。

李白《渡荆门送别》说:“渡远荆门外，来从楚国游。山随平野尽，江入大荒流。月下飞天镜，云生结海楼。仍怜故乡水，千里送行舟。”荆门是“荆楚门户”、古楚国的大门，是山名，这座山位于今湖北省宜昌市宜都市西北、长江南岸。

李白《峨眉山月歌》说:“峨眉山月半轮秋，影入平羌江水流。夜发清

（清）佚名　天下名山图

溪向三峡，思君不见下渝州。”峨眉山位于四川峨眉市西南，处在四川盆地到青藏高原的过渡地带，据说是因为山像美人的眉毛，而被称为峨眉山；平羌是青衣江、岷江的支流；三峡即长江瞿塘峡、巫峡、西陵峡；渝州古属巴县，今重庆。

李白《早发白帝城》说：“朝辞白帝彩云间，千里江陵一日还。两岸猿声啼不住，轻舟已过万重山。”白帝城在今重庆市奉节县东部的白帝山上，原名子阳城。西汉末年，公孙述想割据蜀地，于是造势说在一口白鹤井中出现了白龙，这是祥瑞，是上天对他的认可，类似于刘邦当年芒砀山拔剑斩蛇，宣扬自己是赤帝之子。公孙述因此自号白帝，子阳城改名白帝城。“千里江陵一日还”，江陵前身为楚国国都“郢”（yǐng），今湖北省荆州市附近。

杜甫《望岳》说：“岱宗夫如何，齐鲁青未了。造化钟神秀，阴阳割昏晓。荡胸生曾云，决眦入归鸟。会当凌绝顶，一览众山小。”岱宗是泰山的别称，在山东，主峰在泰安市，冲积平原上的高山，我们实际看到的是泰山的“山腰”，其山脚已经被埋在地下，所以泰山给人一种突然拔地而起的震慑感。泰山为五岳之首；嵩山是五岳中的中岳，位于河南省郑州市登封市北；西岳华山在今陕西东部，主峰太华山在今华阴市南，陆游《秋夜将晓出篱门迎凉有感》：“三万里河东入海，五千仞岳上摩天。遗民泪尽胡尘里，南望王师又一年。”其中提到的“五千仞岳”就是指华山，之所以叫华山，据说是因为山峰像花，《水经注》：“其高五千仞，削成四方，远而望之，又若花状”。唐诗中经常提到的终南山，在今陕西省西安市南，属于秦岭山峰之一，终南山位于太白山和华山之间，这三座山都属于秦岭。李白也曾提到过太白山，《蜀道难》“西当太白有鸟道，可以横绝峨眉巅。”“太白山”是先秦时期秦人取的，他们认为自己的祖先是白帝，是西

（清）高其佩《庐山瀑布图》 台北故宫博物院藏

方之神，秦武公就将秦岭的最高峰命名为“太白山”，并将此处作为祭坛。李白《望庐山瀑布》提到了庐山，庐山在今江西省九江市南部，“日照香炉生紫烟”，庐山有一山峰形似“香炉”。白居易“人间四月芳菲尽，山寺桃花始盛开”。山寺是指庐山上的大林寺。另外，有人指出，陶渊明“采菊东篱下，悠然见南山”提到的南山很可能就是庐山，当然，也可能就是一座不知名的南边的山。古代有个笑话，说陶渊明可能是斜眼，因为他采菊东篱，面朝东，却能看到南边的山。李白还有一首《独坐敬亭山》，“相看两不厌，只有敬亭山。”敬亭山在今安徽省宣城市北，在山上有为了纪念曾任宣城太守的谢朓而建的“谢公亭”，李白《谢公亭》：“谢公离别处，风景每生愁。客散青天月，山空碧水流。池花春映日，窗竹夜鸣秋。今古一相接，长歌怀旧游。”在敬亭山陵阳峰上有谢朓当年建的楼，唐代重建，人们称之为“谢朓楼”，李白《宣州谢朓楼饯别校书叔云》：“弃我去者，昨日之日不可留；乱我心者，今日之日多烦忧。长风万里送秋雁，对此可以酣高楼。蓬莱文章建安骨，中间小谢又清发。俱怀逸兴壮思飞，欲上青天揽明月。抽刀断水水更流，举杯销愁

（清）佚名　天下名山图　庐山

愁更愁。人生在世不称意，明朝散发弄扁舟”。现在所见的谢朓楼是 1997 年重建的。

杜甫《春夜喜雨》:“好雨知时节，当春乃发生。随风潜入夜，润物细无声。野径云俱黑，江船火独明。晓看红湿处，花重锦官城。”锦官城即成都，蜀锦为天下一绝，“锦官”是朝廷专门派到成都来管理丝织业的，朝廷还在成都城西南专门修筑了“锦官城”，后来锦官城成了成都的代称。杜甫在成都浣花溪旁有一草堂，在今成都市青羊区，其《客至》“舍南舍北皆春水，但见群鸥日日来。花径不曾缘客扫，蓬门今始为君开”，以及《茅屋为秋风所破歌》都是对其草堂的描述。杜甫在草堂居住了四年，离开后，草堂便不存。唐朝末年诗人韦庄在草堂遗址重结茅屋，使之得以保存，后来历代都有修葺扩建。我们现在见到的杜甫草堂，是在明清建筑格局的基础上进行的修复。

杜甫《登岳阳楼》:“昔闻洞庭水，今上岳阳楼。吴楚东南坼，乾坤日夜浮。亲朋无一字，老病有孤舟。戎马关山北，凭轩涕泗流。”岳阳楼本是岳阳城西门上的城楼，在今湖南省岳阳市，洞庭湖和长江交汇处。岳阳古代叫“巴陵”“岳州”，山南为阳，岳阳本来是对天岳山（今幕阜山）以南的称呼，后来变成了一个行政区域名称。以“山南水北”为“阳”这种方式命名的地点还有：衡阳、衡山南，贵阳、贵山南，洛阳、洛水北，襄阳、古襄水北，泾阳、泾河北，辽阳、辽河北，沈阳、沈河北。“阴”是对背阳光地方的称呼，“山北水南”为阴，如华山北侧有华阴，沂蒙山北有蒙阴，长江南岸有江阴，古淮河南岸有淮阴，等等。

王维《送元二使安西》:“渭城朝雨浥轻尘，客舍青青柳色新。劝君更

元人绘《吕洞宾过岳阳楼图》 美国大都会艺术博物馆藏

（清）佚名　天下名山图

清人绘《南岳全图》局部，衡山与县城

尽一杯酒，西出阳关无故人。”安西即唐代的安西都护府，在今新疆。渭城是今天的陕西省咸阳市渭城区。阳关在今敦煌市西南，阳是南，玉门关以南，所以叫阳关，阳关与玉门关南北呼应，阳关的古道还保留着一段，我亲自去看过，非常宽阔平坦，看了之后，你就知道什么是“阳关大道”了。

王维《使至塞上》：“单车欲问边，属国过居延。征蓬出汉塞，归雁入胡天。大漠孤烟直，长河落日圆。萧关逢候骑，都护在燕然。”居延是祁连山的雪水融化汇聚其他溪流形成的湖，位于今内蒙古自治区阿拉善盟额济纳旗北部。萧关在今宁夏回族自治区固原市东南，燕然在今蒙古国杭爱山，范仲淹《渔家傲·秋思》“燕然未勒归无计”中的燕然也是指此地。

王之涣《凉州词》：“黄河远上白云间，一片孤城万仞山。羌笛何须怨杨柳，春风不度玉门关。”凉州治所在今天的甘肃省武威市，玉门是汉武帝时期设置，西域的玉石经此输入，因而叫玉门，故地在今甘肃敦煌西北小方盘城。王昌龄《从军行》：“青海长云暗雪山，孤城遥望玉门关。黄沙百战穿金甲，不破楼兰终不还。”此诗也提到了玉门关，出了玉门关就是西域了，此诗中还提到了青海，就是今天的青海湖，古代又称西海，以构成东南西北四海。在古代东海一般包括今天的黄海和东海（先秦主要是黄海），南海主要是南边的海域，北海主要是贝加尔湖，西海就是青海了。

王之涣《登鹳雀楼》：“白日依山尽，黄河入海流。欲穷千里目，更上一层楼。”鹳雀楼在今山西省运城市永济市蒲州古城西面的黄河东岸，此楼据说始建于北周时期，最初叫白楼，因为在黄河边，常招来水鸟鹳，于是取名为鹳雀楼，又叫鹳鹊楼，元初的时候毁于战火，现在的鹳雀楼是 2002 年仿造的。

王昌龄《芙蓉楼送辛渐》：“寒雨连江夜入吴，平明送客楚山孤。洛阳亲友如相问，一片冰心在玉壶。”芙蓉楼在今江苏省镇江市附近，据说是东晋刺史王恭最初修建的，初名西北楼，因为楼前有湖，湖里有芙蓉，于是改叫芙蓉楼，古建筑早已不存，我们现在看到的是 1992 年仿建的。镇江除了有芙蓉楼，东北还有个北固山，也很有名，王湾《次北固山下》："客路青山外，行舟绿水前。潮平两岸阔，风正一帆悬。海日生残夜，江春入旧年。乡书何处达？归雁洛阳边。"镇江曾被称为京口，牛李党争的主角李党李德裕在京口主政，重建了甘露寺，在山顶复建了北固亭。辛弃疾去过北固亭，其《登京口北固亭有怀》曰："何处望神州？满眼风光北固楼。千古兴亡多少事？悠悠。不尽长江滚滚流。年少万兜鍪，坐断东南战未休。天下英雄谁敌手？曹刘。生子当如孙仲谋。"王安石《泊船瓜洲》也提到了京口，"京口瓜洲一水间，钟山只隔数重山。春风又绿江南岸，明月何时照

（清）佚名　天下名山图

我还？”此处的瓜州以形状像瓜而得名，与京口相对（甘肃也有瓜州，因盛产瓜而得名），王安石此诗还提到了钟山，此山在今南京市东部，多紫色矿石，阳光一照，金光闪闪，所以又被称为紫金山。

张志和《渔歌子》：“西塞山前白鹭飞，桃花流水鳜鱼肥。青箬笠，绿蓑衣，斜风细雨不须归。”西塞山在今浙江省湖州市西南部。

刘禹锡《乌衣巷》：“朱雀桥边野草花，乌衣巷口夕阳斜。旧时王谢堂前燕，飞入寻常百姓家。”朱雀桥、乌衣巷都在金陵，即今日之南京，之所以叫金陵，一说钟山上岩石发出金色的光，所以钟山叫金陵山，因山而命名城。南京除了金陵的称呼，三国时候称为建业（今南京市有建邺区），晋称建康，明代为应天府（北京对应为顺天府），清代为江宁府。南京还叫石头城，石头城位于今南京市西清凉山上，三国时孙吴以石壁筑城戍守，因此称石头城，刘禹锡《石头城》：“山围故国周遭在，潮打空城寂寞回。

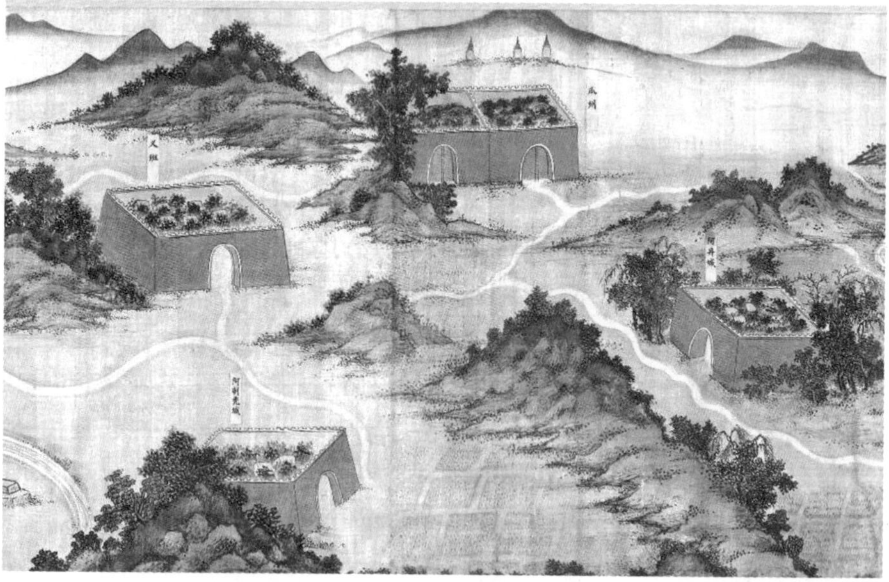

明人绘　甘肃瓜州所在位置

淮水东边旧时月，夜深还过女墙来。”三国时期吴国禁军驻扎在乌衣巷，之所以叫乌衣巷，是因为这些禁军都穿着黑衣。朱雀桥就是南边的桥，古人常用四灵朱雀、玄武、青龙、白虎表示方位，朱雀就是南方。白虎就是西方，林冲误入白虎堂，就是进入了西堂；玄武门之变就是北门之变。古代以星宿命名的地名有湖南娄底，对应二十八星宿的“娄”“氐”，还有南岳衡山，对应“衡”等。金陵除了乌衣巷、朱雀桥，还有凤凰台，在今南京市凤凰山上。李白写过《登金陵凤凰台》：“凤凰台上凤凰游，凤去台空江自流。吴宫花草埋幽径，晋代衣冠成古丘。”南京还有赏心亭，辛弃疾写过《登建康赏心亭》：“楚天千里清秋，水随天去秋无际。遥岑远目，献愁供恨，玉簪螺髻。落日楼头，断鸿声里，江南游子。把吴钩看了，栏杆拍遍，无人会，登临意。休说鲈鱼堪脍，尽西风，季鹰归未？求田问舍，怕应羞见，刘郎才气。可惜流年，忧愁风雨，树犹如此！倩何人唤取，红巾翠袖，揾英雄泪？”据《景定建康志》记载，赏心亭在古城城西的下水门城上，下临秦淮，可以尽览美景。秦淮河相传是秦始皇东巡会稽过秣陵（南京），以此地有“天子气”，于是人工挖了这条河予以压制，到唐代，根据这一传说，人们称之为秦淮。

张继《枫桥夜泊》：“月落乌啼霜满天，江枫渔火对愁眠。姑苏城外寒山寺，夜半钟声到客船。”姑苏城因姑苏山而得名，后来苏州也因姑苏山而起。枫桥，旧称封桥，因漕运夜间封此桥禁止船只通行而得名，后来演变为“枫桥”。此桥今在江苏苏州西郊的姑苏区，是一座月牙形单孔石拱桥，现在所见为清同治年间重建的。姑苏城即今之江苏苏州，位于太湖之滨。寒山寺，据说唐代名僧寒山、拾得曾在此寺，所以叫寒山寺，我的师兄中国人民大学副教授陈伟文曾经考证，寒山、拾得到苏州寒山寺的传说，是明初以后才出现的，寒山寺的名字是南宋以后才出现的，陈伟文指出唐代张继诗中的“姑苏城外寒山寺”，“寒山”就是字面意思：清寒的山上的寺庙。“寒山”是诗词常用词，仅在《全唐诗》中就出现了一百八十多次，全部都指清寒之山。陈师兄说，张继作《枫桥夜泊》之时，不仅不存在“寒山寺”这一寺庙名称，甚至今天寒山寺的前身普明禅院也很可能尚未建造，张继诗中的“寒山寺”其实只是泛指寒山之上某个不知名的寺庙而已，但是，随着张继《枫桥夜泊》的广泛流传和深入人心，后人就将诗中的“寒山寺”与枫桥寺牵合为一，后来干脆直接改寺名为“寒山寺”。寒山寺，显然是因为张继的诗而得名的。但为了指实张继诗中的“寒山寺”就是后来的寒山寺，必须称张继之前就已经有“寒山寺”之名，才又附会出寒山、拾得曾来此寺的传说以解释得名之由，又杜撰出此寺始建于南朝时期等等。

常建《题破山寺后禅院》：“清晨入古寺，初日照高林。曲径通幽处，禅房花木深。山光悦鸟性，潭影空人心。万籁此都寂，但余钟磬音。”破山寺又名兴福寺，在今江苏省常熟市虞山北麓破龙涧旁。始建于南朝齐，初名“大悲寺”，在这个寺里，有人发现一块石头，其纹看起来像“兴”，像“福”，于是有了“兴福寺”的名字。之所以叫破山寺，有一个传说，说唐代的时候，虞山出现一条白龙，经常化身为一老翁来兴福寺听经。有一天，高僧问他从何处来，老翁说，其实我不是人，我是龙。高僧说：真的吗，我不信。于是老翁现出原形，高僧吓坏了，念咒语，招来佛教护法揭谛神，揭谛神化作一条黑龙与之相斗，白龙打不过，赶紧逃跑，神力太大，寺前山坡被它震裂，故称“破山”，寺前破裂的山坡则形成了一条山涧，称为“破山涧”。我觉得可能是有一条山涧把山破开的造型，于是有了“破山涧”的名称，再之后根据“破山涧”，而有了破山寺的寺名。

许浑《咸阳城东楼》：“一上高城万里愁，蒹葭杨柳似汀洲。溪云初起日沉阁，山雨欲来风满楼。鸟下绿芜秦苑夕，蝉鸣黄叶汉宫秋。行人莫问当年事，故国东来渭水流。”咸阳在陕西，之所以叫咸阳，一说是因为其位置在山南，在水北，山南是阳，水北也是阳，都是阳，而“咸”有“都”“全”的意思，所以叫咸阳；还有一说，是先秦时期咸亨、阳里二地名合在一起形成的一个称呼。咸阳旧城在今西安市西北，汉时称长安（汉长安基本是在秦咸阳遗址建立起来的,《史记》记载公元前 201 年，“更名咸阳曰长安”，取长治久安之意），秦汉两朝在此建都。隋朝因地下水污染严重，在汉长安东南建大兴新城，即唐京师长安（主要在今西安城区），唐代咸阳城隔渭水与新都长安相望。韩愈《早春呈水部张十八员外》:“天街小雨润如酥，草色遥看近却无。最是一年春好处，绝胜烟柳满皇都。”天街是京城的街道，即唐代长安。李白也提到过长安，其《子夜吴歌·秋歌》曰:“长安一片月，万户捣衣声。”

李贺《雁门太守行》:“黑云压城城欲摧，甲光向日金鳞开。角声满天秋色里，塞上燕脂凝夜紫。半卷红旗临易水，霜重鼓寒声不起。报君黄金台上意，提携玉龙为君死。”今山西省忻州市代县县城以北约 20 公里处，有两山对峙，如同门，据说大雁南飞要经过此处，因此叫雁门，雁门山上有雁门关。

韩愈《左迁至蓝关示侄孙湘》:“一封朝奏九重天，夕贬潮州路八千。欲为圣明除弊事，肯将衰朽惜残年！云横秦岭家何在？雪拥蓝关马不前。知汝远来应有意，好收吾骨瘴江边。”这是韩愈在蓝关写的，蓝关在今陕西省西安市蓝田县东南，是关中平原与南阳盆地的分界线，是一个重要关口。此诗提到的潮州即今广东省潮州市，在唐代的时候，此地未完全开发，被视为九死一生的烟瘴之地。

白居易《钱塘湖春行》:“孤山寺北贾亭西，水面初平云脚低。几处早莺争暖树，谁家新燕啄春泥。乱花渐欲迷人眼，浅草才能没马蹄。最爱湖东行不足，绿杨阴里白沙堤。”钱塘江江流曲折，所以有了“之江”“折江”“浙江”之名。钱塘湖在杭州城西，所以又叫西湖。孤山在西湖的里、外湖之间，与其他山没有连在一起，很孤独，孤山寺位于孤山之南。唐代贞观年间，杭州刺史贾全在钱塘湖畔建了一座亭子，这就是贾公亭，又被称为“贾亭”。白沙堤不是白居易修建的，白居易去的时候就已经有了，西湖的苏堤确实是苏轼在此主政时期修建的。西湖有望湖楼，苏轼《六月二十七日望湖楼醉书》：“黑云翻墨未遮山，白雨跳珠乱入船。卷地风来忽吹散，望湖楼下水如天。”望湖楼在西湖宝石山最东端，建于五代时期，我们现在看到的望湖楼则是1985年重建的。

杜牧《寄扬州韩绰判官》：“青山隐隐水迢迢，秋尽江南草未凋。二十四桥明月夜，玉人何处教吹箫。”扬州即今江苏扬州，二十四桥即扬州吴

清人绘《杭城西湖江干湖墅图》中的孤山

家砖桥。

杜牧《过华清宫》："长安回望绣成堆，山顶千门次第开。一骑红尘妃子笑，无人知是荔枝来。"华清宫在今陕西省西安市临潼区的骊山，为新中国成立后修复重建。张养浩《山坡羊·骊山怀古》也提到了骊山，"骊山四顾，阿房一炬，当时奢侈今何处？只见草萧疏，水萦纡。至今遗恨迷烟树。列国周齐秦汉楚。赢，都变做了土；输，都变做了土"。骊山的西绣岭有一烽火台，据说是当年周幽王烽火戏诸侯之地，实际上烽火是战国之后才有的，西周末年根本就没有烽火。张养浩《山坡羊·潼关怀古》提到了潼关，"峰峦如聚，波涛如怒，山河表里潼关路。望西都，意踌躇。伤心秦汉经行处，宫阙万间都做了土。兴，百姓苦；亡，百姓苦"。潼关，临近潼水而得名，在今陕西省潼关县，古城建在华山山腰，下临黄河，十分险峻，易守难攻，要想入陕，必经过此处，自古就是兵家必争之地。

李商隐《乐游原》："向晚意不适，驱车登古原。夕阳无限好，只是近黄昏。"乐游原在今西安附近，是唐代长安城内一块高地，汉代最初叫乐游苑，后来被传为"乐游原"，古人认为上平为原（《公羊传》），发生这种命名的转变，可能也跟其高地上的"平"有关系。

清人绘 骊山

关于苏轼有《念奴娇·赤壁怀古》，有学者指出，苏轼所在的赤壁并非三国时期赤壁大战之赤壁，三国时期赤壁大战之赤壁大约位于今湖北省赤壁市长江南岸，苏轼所写赤壁是黄州赤壁，位于今湖北省黄冈市西北的长江岸边。

苏轼《惠州一绝》："罗浮山下四时春，卢橘杨梅次第新。日啖荔枝三百颗，不辞长作岭南人。"惠州在今广东省惠州市附近。罗浮山位于广东东江之滨，离惠州市博罗县城35公里。岭南，南岭以南的地区。

辛弃疾《菩萨蛮·书江西造口壁》："郁孤台下清江水，中间多少行人泪？西北望长安，可怜无数山。青山遮不住，毕竟东流去。江晚正愁余，山深闻鹧鸪。"这首诗是辛弃疾在江西赣州任职时写的，造口也叫皂口，在今江西省万安县南六十里处。郁孤台在今江西省赣州市城区西北部贺兰山顶，现在所见郁孤台是1983年修建的。赣江与袁江合流处旧称清江。

辛弃疾《丑奴儿·书博山道中壁》："少年不识愁滋味，爱上层楼。爱上层楼。为赋新词强说愁。而今识尽愁滋味，欲说还休。欲说还休。却道天凉好个秋。"博山岭在今江西省上饶市广丰区西南，有人说此山像庐山之香炉峰，我觉得大概因其形状像古代一种香炉造型即博山炉而得名吧。

（清）佚名　天下名山图

陆游《沈园》："城上斜阳画角哀，沈园非复旧池台。伤心桥下春波绿，曾是惊鸿照影来。”沈园故址在今浙江绍兴禹迹寺南，是南宋一富商建造的私家园林。绍兴还有一处名迹，就是兰亭，在浙江省绍兴市西南13公里的兰渚山麓，是王羲之的园林住所，传说越王勾践种兰花于此，东汉修了驿亭，于是就有了“兰亭”之称呼。陆游也提到过兰亭，其《兰亭》曰：“兰亭绝境擅吾州，病起身闲得纵游。曲水流觞千古胜，小山丛桂一年秋。酒酣起舞风前袖，兴尽回桡月下舟。江左诸贤嗟未远，感今怀昔使人愁。”

林升《题临安邸》：“山外青山楼外楼，西湖歌舞几时休！暖风熏得游人醉，直把杭州作汴州。”汴州是北宋的都城汴京，今河南省开封市。春秋时属郑国，名启封，战国时为魏国都城，名大梁（今开封市西北），秦灭魏，设置了启封县。西汉为了避讳汉景帝刘启，就叫开封了，启和开是同一个意思。南北朝时期，开封又叫梁州，北周时候因城靠近汴河，所以又叫汴州。五代时期，后梁、后晋、后汉、后周都定都开封，北宋也定都于此，称东京开封府。临安现在是杭州市一个辖区，据说最初是因境内临安山而得名。南宋置杭州为行在所，称杭州为临安府，南宋之所以注重“临安”这个名字，甚至压倒了杭州这个称呼，有三种说法，一说是“君临即安”之意；二是南宋朝廷感念吴越国王钱镠对杭州的历史功绩，以其故里“临安”为府名；三是南宋偏安江南，有“临时安置”之意。我觉得更为主要的原因可能是“安”这个字给惊慌失措的赵构带来了一些心灵安慰，或者是他的一种精神寄托。我们有好多地名都是一种社会心态的反映，如“粤南永宁”的南宁，“永远安定”的永定河，“海定则波宁”的宁波等。

文天祥《过零丁洋》：“惶恐滩头说惶恐，零丁洋里叹零丁”，惶恐滩在今江西省吉安市万安县，零丁洋又作伶仃洋，在今广东省珠江口外。

纳兰性德《长相思》：“山一程，水一程，身向榆关那畔行，夜深千帐灯。风一更，雪一更，聒碎乡心梦不成，故园无此声。”榆关即今山海关，在今河北秦皇岛东北。

总的来看，中国古代地名的命名方式多种多样，以“关”命名的地方可以看出其所处之重要，以“阴阳”“星宿”命名的地方可以推算其所在位置。此外还有文学作品、历史事件、历史人物、神秘传说、社会心态、自然物产影响的地名，等等。地名是一种文化的符号，也是文化传承的一种重要方式。

65. 骆宾王后来造反了？武则天读骆宾王骂她的文章，拍手叫好？

唐代诗人王勃、杨炯、卢照邻、骆宾王被称为“初唐四杰”，他们基本上都官小而才大，名高而位卑，因而他们的诗篇往往倾向于抒一己情怀，作不平之鸣。如王勃说“高情壮思，有抑扬天地之心，雄笔奇才，有鼓怒风云之气”；卢照邻说：“人生贵贱无终始，倏忽须臾难久恃”；杨炯曰“宁为百夫长，胜作一书生”；而提到与他们齐名的骆宾王，大家好像首先想到的是“鹅鹅鹅，曲项向天歌”。实际上这首诗是他七岁时写的，并不是其风格的代表作。长大后的骆宾王有不少情文并茂、灿然可观的作品，如《帝京篇》《于易水送人》《畴昔篇》《艳情代郭氏答卢照邻》《代女道士王灵妃赠道士李荣》，等等。

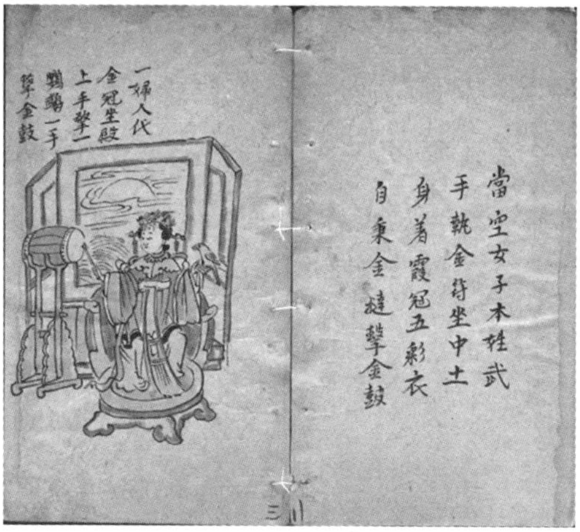

清抄本《推背图》中对武则天称帝的“预言”

你知道吗？这位大诗人，

后来参与了一场造反。这是怎么回事呢？只因他赶上了武则天打算称帝。武则天的丈夫唐高宗死后，太子李显即位，武后被尊为皇太后，因为与李显不和，武则天就将其废掉，贬为庐陵王，然后改立四子李旦为帝。这个李旦好控制，武则天把他软禁起来。武则天大权在握，临朝称制，就想自己当皇帝。天下人几乎都发现了这个苗头，骆宾王对此极为不满。

曾受到武则天打击的一帮人，聚在一起，以拥护李显为名，以徐敬业为首，在扬州起兵，讨伐武则天。骆宾王当徐敬业的幕僚，为他写了檄文。这篇檄文写得太好了，据说武则天读到之后，都连连称赞：骂我也写得这么好。《为徐敬业讨武曌檄》原文如下：

> 伪临朝武氏者，性非和顺，地实寒微。昔充太宗下陈，曾以更衣入侍。洎乎晚节，秽乱春宫。潜隐先帝之私，阴图后房之嬖。入门见嫉，蛾眉不肯让人；掩袖工谗，狐媚偏能惑主。践元后于翚翟，陷吾君于聚麀。加以虺蜴为心，豺狼成性，近狎邪僻，残害忠良，杀姊屠兄，弑君鸩母。人神之所同嫉，天地之所不容。犹复包藏祸心，窥窃神器。君之爱子，幽之于别宫；贼之宗盟，委之以重任。呜呼！霍子孟之不作，朱虚侯之已亡。燕啄皇孙，知汉祚之将尽；龙漦帝后，识夏庭之遽衰。

武氏的朝廷不合法，她不是一个温和善良之辈，大家不要被她蒙蔽了。她当初以不光彩的手段成为太宗皇帝的姬妾。唐太宗活着的时候，他就不顾伦常与太子（即后来的唐高宗李治，唐太宗儿子，母亲为长孙氏）关系暧昧。唐太宗死后，她隐瞒先帝唐太宗曾对她的宠幸，为了谋求取得在宫中专宠的地位，她排挤其他妃嫔，一个都不放过。她善于卖弄风情，像狐狸精一样迷惑皇上，她用卑鄙的计谋上位，当上了唐高宗的皇后，使唐高宗背负乱伦的骂名，这实际是她的罪过。她还有一副毒蛇般的心肠，凶残如豺狼，亲近奸佞小人，残害长孙无忌、上官仪等忠良，甚至还杀戮自己的兄姊，大概她母亲以及唐高宗的死，也与她有关系。这种人，人神共愤，天地所不容。如今，她图谋夺取帝位，世人皆知。唐高宗死后，李显继位，她却将其废掉，改立李旦为帝，她不仅私自废立，还将其幽禁起来。她依靠亲属党羽，委派以重要的职位，都是包藏祸心，图谋不轨。呜呼！有能力辅佐君王的大臣，像霍光那样的，朝廷没有；像汉代刘章那样，能诛灭吕后的，现在也没有。汉代的时候出现了“燕啄皇孙”歌谣，赵飞燕一出现，宫廷大乱，不久王莽篡位；周朝的时候，有关褒姒的预言出现，西周就要灭亡了。现在她武则天出现，又有流言，李唐危险了。

敬业皇唐旧臣，公侯冢子。奉先君之成业，荷本朝之厚恩。宋微子之兴悲，良有以也；袁君山之流涕，岂徒然哉！是用气愤风云，志安社稷。因天下之失望，顺宇内之推心，爰举义旗，以清妖孽。南连百越，北尽三河，铁骑成群，玉轴相接。海陵红粟，仓储之积靡穷；江浦黄旗，匡复之功何远？班声动而北风起，剑气冲而南斗平。喑呜则山岳崩颓，叱咤则风云变色。以此制敌，何敌不摧；以此图功，何功不克！

徐敬业是大唐的老臣下，是王公贵族的长子（父亲是李震。爷爷是徐世绩，字懋功，就是后世小说中瓦岗寨的军师徐茂功的原型，后来被唐高祖李渊赐国姓，叫李世绩，后避李世民讳改名为李绩。李敬业后被武则天改回了徐姓，所以又称呼为徐敬业），奉行的是先帝留下的训示，承受着李唐的优厚恩典。殷商灭亡后，商纣王的庶兄宋微子启会为故国的覆灭而悲哀，汉代的桓谭会因为无法让国家走上正轨而流泪。现在李唐危险了，你我都有责任该做点什么。在人心向背上，这个事业，依靠的将是人们对武氏的失望，是人们复兴李唐的心愿。在军事准备上，我们铁骑成群，战车相连，将踏遍南至东南沿海，北到中原的三河，我们的后勤有保障，仓库里的储存无穷无尽；我们的战马在北风中嘶鸣，宝剑之气直冲向天上的星斗，我们战士的怒吼，震天动地，风云变色。以此对付敌人，没有什么敌人不能打垮，以此攻击城市，有什么城市不能占领。让我们高举正义之旗，去消灭武则天那些妖孽吧。请相信，光复李唐的伟大功业已经不远了。

公等或居汉地，或叶（协）周亲，或膺重寄于话言，或受顾命于宣室。言犹在耳，忠岂忘心？一抔之土未干，六尺之孤何托？倘能转祸为福，送往事居，共立勤王之勋，无废大君之命，凡诸爵赏，同指山河。若其眷恋穷城，徘徊歧路，坐昧先几之兆，必贻后至之诛。

请看今日之域中，竟是谁家之天下！移檄州郡，咸使知闻。

清人绘《古代圣贤传略》中的徐敬业

诸位或者拥有世代传袭的爵位，或者是皇室的宗亲或姻亲，或者是负有重任的将军，或者是先帝的托孤大臣。你们都是李唐皇室的保障，先帝去世前把这个任务交给了你们，他的话音好像还在耳边，但你们是不是已经忘掉当初你们对先帝的承诺了，你们的忠心

清代人绘《古代圣贤传略》中的骆宾王

何在？先帝的坟土都尚未干透，我们新任的君主却不知依托于谁。你们怎么能袖手旁观不管呢？你们是有责任，有义务的。现在国家正在经历祸患，如果我们能同心协力，将祸难转为福祉，一起勤王救驾，履行先皇的遗命，有功者将授予爵位，子孙永享，可以指山河为誓。如果只是留恋眼前的利益，在关键时刻犹疑不决，采取观望的态度，将来一定会招致严厉的惩罚。诸君请仔细思量好了，这个国家，到底会是哪家的天下。此檄文将昭告各州各郡，让大家知晓。

《新唐书》里说武则天听言有这样一篇文章流传，特意让人找来，当她看到前面骂她是狐狸精，“狐媚偏能惑主”，她笑笑不以为然，而当读到“一抔之土未干，六尺之孤何托”的时候，为其才华惊叹，有这样的人才，却不能为我所用，这是宰相的过错，“有如此才不用，宰相过也”。

可惜，最后徐敬业的造反失败了，徐敬业被部下所杀。而骆宾王下落不明，有人说他也被杀了，也有人说他亡命天涯了，还有人说他在灵隐寺出家为僧了。

《唐才子传》中说他最后一次出场是在灵隐寺。“近乡情更怯，不敢问来人”，我想很多人都听过这两句诗，久离家乡，现在要回去了，而越是离着家乡近，越不敢打听家乡的事情，担心听到不好的消息，打破了自己的期待，或者被熟人证实了某种不好的预感。这两句诗的作者就是宋之问。传说，宋之问被贬谪，有一次夜宿灵隐寺，晚上睡不着，出来溜达，吟出了这样两句："鹫岭郁岧峣，龙宫锁寂寥。"然而，他怎么也想不出后面该如何写，于是在寺中走来走去。这时候来了一个老僧。老僧问他为何在此苦苦徘徊，宋之问把自己的两句诗告诉了老僧。老僧听罢，立即说道："何不接这样两句：'楼观沧海日，门对浙江潮？'"宋之问大喜，加上这两句，自己平平之诗顿时生色不少。

宋之问的作品集中有这首诗，叫《灵隐寺》：

鹫岭郁岧峣，龙宫锁寂寥。
楼观沧海日，门对浙江潮。
桂子月中落，天香云外飘。
扪萝登塔远，刳木取泉遥。
霜薄花更发，冰轻叶未凋。
夙龄尚遐异，搜对涤烦嚣。
待入天台路，看余度石桥。

"楼观沧海日，门对浙江潮"这两句显然是全诗最好、最有警策意义的。第二天，他还想去找老僧再请教，结果一个小和尚说老僧已经走了。宋之问追问老僧是谁，软磨硬泡半天，小和尚才悄悄告诉他说，这就是骆宾王啊。

唐代传奇中记载一段野史说，宋之问第二天找不到骆宾王，就盘问一位寺庙中的僧人。这个僧人告诉宋之问，其实，当年徐敬业和骆宾王都没死。徐敬业和骆宾王在失败的时候，都逃脱了危难，他们因兴复李唐为人敬重，所以逃跑的时候，得到了很多人的帮助。在战场上，死了好多人，当时武则天的将领找不到大头目，担心受到惩罚，就找了两个相似的人头上报了朝廷。徐敬业到了衡山当僧人，活了九十多岁。骆宾王也削发为僧，四处游历，后来到了灵隐寺，一年之后就死了。《太平广记》也收录了这个故事，但这段记载有个漏洞，就是明明骆宾王才给宋之问提供了两句诗，这个僧人却又说骆宾王在灵隐寺待了一年，已经死了。到了《太平广记》中，变成鬼故事了？前一晚指导宋之问的是骆宾王的鬼魂？大概是故事没有编好，不如《唐才子传》中直接说骆宾王不再见宋之问，之后不知所终好，“传闻桴海而去矣”。

骆宾王不想再见宋之问，大概一方面是怕自己的身份暴露，另一方面则可能是不喜欢宋之问，因为宋之问曾依附武则天，而且传言这个人人品有问题。他是另一个著名的诗人刘希夷的舅舅，刘希夷是他的外甥。刘希夷有一天向他展示自己写的诗，当读到“年年岁岁花相似，岁岁年年人不同”这两句的时候，宋之问小人之心顿起，对刘希夷说，可不可以把这两句诗给我，算我写的，你算是代笔。刘希夷自然不肯，结果宋之问一气之下，就用装土的袋子把刘希夷压死了。

《唐才子传》中说宋之问《灵隐寺》一诗中最好的两句是骆宾王给的，跟宋之问抢了外甥两句诗这个故事有着相似性：这个诗人“偷盗”成性。“楼观沧海日，门对浙江潮”即便是他写的，人们也不相信，认为其德行不配写出这样的句子来。德行不好，人们就编故事骂他，他的才华在人们心目中早已经死了。骆宾王造反虽然失败了，但人们赞扬他的人品。不知其所终的结局，留给了人们无限遐想。在人们的猜测中，骆宾王获得了“永生”，至今人们还在津津乐道起义失败后，没有死的骆宾王究竟去了哪里。

66. 李白从璘案：高适对李白见死不救？郭子仪救过李白的命？

关于李白的出生地，有两种主要说法：李白的族叔李阳冰说李白生在四川江油，而中唐时期李白的粉丝范传正从李白儿子那里得到一些了解，提出李白出生在中亚碎叶（唐时属安西都护府，今属吉尔吉斯斯坦），学者们一般认为后者更可靠一些。李白的父亲移居到了四川，李白从小就是在四川长大的，到了24岁才走出巴蜀，开始游历名山大川。旅游是要花钱的，李白家应该不差钱，“小时不识月，呼作白玉盘”，李白可以说是最早的“凡尔赛”了。

李白是非常有政治抱负的，想当宰相，想当帝王师，但他不想通过科举进入仕途，考中之后还得一级一级地升迁，那样太慢了，他想通过别人赏识推荐的方式，一飞冲天。他早先给安州裴长史写自荐信，希望他能推荐自己，这就是《上安州裴长史书》。信中说自己出身不错，妻子也很好，是前宰相的孙女，我上他们家做赘婿。自己读了很多书，去了很多地方；自己轻财仗义，乐于助人；自己还有特异功能，在岷山饲养了数以千计的奇禽珍鸟，一呼而来；接着借别人之口夸自己的才华，说有几个知名的朋友认为自己是杰出青年、奇异人才，等等，李白夸自己能夸出花。然而到了夸裴长史的部分，就不行了。李白不善于夸别人，他说裴长史您长得好看，齿像整齐的贝壳，皮肤洁白，容貌出众，光彩照人，“伏惟君侯，贵而且贤，鹰扬虎视，齿若编贝，肤如凝脂，昭昭乎若玉山上行，朗然映人也。”又夸裴长史名气大，重情义，朋友多，女朋友也多，“出跃骏马，入罗红颜。所在之处，宾朋成市”。你多招人喜欢啊，说明你了不起。李白这个人很有意思，想让别人举荐自己，又常常放不下身段，他在信的结尾说，如果你不能纳贤，不推荐我，我可直接去长安找别人了，到时候你可别后悔，“西入秦海，一观国风，永辞君侯，黄鹄举矣。何王公大人之门，不可以弹长剑乎？”

李白还给韩朝宗写自荐信，希望能通过韩朝宗的举荐而做官，这就是著名的《与韩荆州书》，可惜最终韩朝宗没能帮上忙。四十多岁的李白又在终南山隐居，所谓的隐居实际也是一种求官的方式，因为终南山离都城不远，李白名气又大，在这里写诗，很快就可以传到唐玄宗耳中。果然，没多久，唐玄宗就召李白进宫，李白一看唐玄宗“上当了”，便“仰天大笑出门去”。李白进宫之后，待诏翰林，深得玄宗赏识。但一年有余，受宫中小人排挤，李白就被“赐金放还”出宫了。民间传说，陷害李白的是高力士，因为李白酒后作诗的时候，让高力士脱靴而得罪了这个小人。出宫之后，李白碰到了科举不如意的杜甫以及刚刚再次落榜、已经四十岁的高适，三人共游梁宋，有一段共同游历的时光。“醉眠秋共被，携手同日行”（杜甫诗），一起睡觉，一起野游，三人建立了深厚的友谊。杜甫就此成为李白的迷弟，一辈子都在仰慕李白，但高适与李白的关系后来则因为一场案件而成为谜团。

经过一百四十年的统治，大唐达到了这个王朝的最高峰，然后急转直下，天宝十四载（755），爆发了安史之乱。唐玄宗仓皇逃出长安，驾幸成都。在路上，马嵬坡是一个重要的节点，第三子李亨在此与父亲分道扬镳，北上去了灵武（今宁夏灵武县），第十六子永王李璘（与李亨并非同一个母亲）则一直跟着唐玄宗到了蜀地。

这一年七月，李亨在灵武登基称帝，是为唐肃宗，唐玄宗在蜀地莫名其妙地成了太上皇。等到了七月十五，还不知道自己已经是太上皇的唐玄宗为了尽快平乱，将各位王子分封到各地镇守，任命太子李亨为天下兵马元帅，负责恢复黄河流域，身边的李璘为山南东路、岭南、黔中、江南西路四道节度使，江陵郡大都督，坐镇江陵，经营长江流域。这时候的高适已经当了谏议大夫，他跟随唐玄宗入蜀，劝谏唐玄宗不要这么做，否则可能会导致诸子关系的破裂，可惜唐玄宗不听。到了十一月，已经当上皇帝的李亨得到消息后，要李璘将权力交给自己，李璘不干，高适是支持李亨的，于是到了十二月，高适被任命为淮南节度使，管辖广陵等十二郡，高适组织军队讨伐“造反”的永王李璘。

李白与高适两人的仕途之路，真是令人唏嘘。李白早年暴得大名，却一辈子在仕途上不畅；高适在46岁的时候才做了个小官，而随着安史之乱的到来，他每次站队都能站对，先是大将哥舒翰看好他，他辅佐哥舒翰，哥舒翰失败后，他逃到蜀地见到唐玄宗，陈述失败都是下面的人造成的，甚至皇帝您被迫来到蜀地也不是您的错，是下面有坏人，唐玄宗对高适很满意，于是封他为谏议大夫，得到唐玄宗赏识，接着又得到唐肃宗的重用。对于永王李璘的问题，高适说永王必败，唐肃宗于是就任命高适去“平叛”。晚年的高适仕途一路畅通，61岁的时候居然被封侯了。盛世的李白、乱世的高适，都自有其高光时刻。平定李璘之乱是高适后来封侯的一个重要功绩依据。李璘之乱在高适与李白两个人生命的长河中都掀起了风浪。

当初，李璘奉了唐玄宗之命东进，经过庐山的时候，听说大诗人李白在这里（安史之乱爆发后，李白携家避难于庐山），就将李白请来做自己的幕僚。李白空有一身抱负，一直没有机会施展，以为这次是自己实现壮志的好机会，于是欣然而往，实际上他并没有看清当时的形势，误上了“贼船”。李白的政治眼光确实太差，他认为李璘是唐玄宗派来平叛安史之乱的皇室正统。面对国家危难，他挺身而出。他在永王李璘身边待了两个月，写了大量诗篇赞美李璘以及鼓舞士气，如《永王东巡歌十一首》。

传（明）吴彬《明皇幸蜀图》 天津博物馆藏

李璘东进，新皇帝李亨坐不住了，他以天子的命令让李璘去蜀地找爸爸去，结果李璘不去，于是李璘就被李亨定性为“谋乱”。李长之《李白传》说李璘率师东下是唐明皇的意思：“唐肃宗却有另一个想法，怕永王璘一旦在江南立足，就可能和自己争天下，所以当肃宗看他真要东下了，便命他回川，要他伺候唐明皇。他没有服从。”[①] 李璘是不是叛乱一直有争议，后来，唐代宗还为李璘平反过。当代学者邓小军《永王

① 李长之：《李白传》，长江文艺出版社，2019 年版，第 54 页。

璘案真相——并释李白〈永王东巡歌十一首〉》一文指出，根据原始文献《旧唐书》《册府元龟》《永王东巡歌》等，永王李璘率水军下扬州时玄宗诰命完全合法，并早已提前通报肃宗并获得认可，肃宗预谋镇压，挑起冲突，以璘为“叛”，所谓永王璘“叛逆”案纯属肃宗制造的冤案，所谓李白“从逆”案亦纯属冤案。[①]

李白实际上从来没有觉察到自己参与的李璘集团已经被定性为不正当的、不合法的。这是皇家的政治斗争，成王败寇，李璘失败了，李白的命运也就此改变。

这场所谓的“叛乱”很快被平息，高适收买了李璘的心腹，李璘集团内部自己乱了，李璘兵败被杀。作为“从逆”的李白先是逃到了彭泽，后来被抓了起来，关在浔阳（今江西九江市附近）的监狱中，其罪“当诛”（《新唐书·李白传》）。高适这时候是地区总领导，李白给高适写信，希望他能伸出援手，结果高适并没有理睬李白，甚至李白的夫人登门求救，都被拒之门外。周勋初《高适年谱》中说：“高适对李白之厄难，似无所帮助。”[②] 李亨、李璘两兄弟同室操戈，不想使得李白、高适这对当年的兄弟今日反目。

当时很多人都主张杀掉李白，“世人皆欲杀，吾意独怜才”，这句诗出自李白的“迷弟”杜甫，但他没能力救李白。杜甫是真爱李白，在得不到李白消息的时候，他做梦都梦到李白，这一时期杜甫写有《梦李白》二首，其中有一句广为人知，就是“千秋万岁名，寂寞身后事”。

据说最后是大将郭子仪为李白求情，免了李白死罪。郭子仪为什么救李白？民间传说当年郭子仪犯罪，李白搭救过他，所以这时候郭子仪向朝廷

① 参见邓小军：《永王璘案真相——并释李白〈永王东巡歌十一首〉》，《文学遗产》2010 年第 5 期。

② 周勋初：《高适年谱》，上海古籍出版社 1980 年版，第 99 页。

申请希望通过解除自己的官爵，来赎免李白的死罪。李白救没救过郭子仪无从考证，但郭子仪因爱才，搭救李白，是合情合理的事情。根据史料，当时，给予李白实质性帮助的还有宰相张镐、江南宣慰使崔涣和御史中丞宋若思（李白曾与宋若思的父亲是好朋友，宋若思是宋之问的侄子）。最终，皇上下旨把李白改判为流放夜郎（今贵州省桐梓县一带），“子仪尝犯法，白为救免。至是子仪请解官以赎，有诏长流夜郎。”（《新唐书·李白传》）

李白被判流放夜郎之后，朋友辛判官来找他喝酒，安慰他，李白就写了一首《流夜郎赠辛判官》。诗篇回忆了他们当年在长安的时候是多么春风得意，如今却要流放夜郎了：

昔在长安醉花柳，五侯七贵同杯酒。
气岸遥凌豪士前，风流肯落他人后？
夫子红颜我少年，章台走马著金鞭。
文章献纳麒麟殿，歌舞淹留玳瑁筵。
与君自谓长如此，宁知草动风尘起。
函谷忽惊胡马来，秦宫桃李向明开。
我愁远谪夜郎去，何日金鸡放赦回？

诗篇最后一句说“何日金鸡放赦回”，古代大赦天下的仪式是立一长杆，杆头设一黄金冠首的金鸡，口衔绛幡，然后把罪犯带到金鸡下面，宣布赦免的命令，所以金鸡象征着大赦。而李白被判流放夜郎不多久，因为关内大旱，朝廷就真的大赦天下了。

李白的《早发白帝城》：“朝辞白帝彩云间，千里江陵一日还。两岸猿声啼不住，轻舟已过万重山”，就是他听到了赦免消息的时候写的，这时候李白已经59岁了。他一辈子想着报效国家，却一辈子没有门路，晚年的这场政治灾难又给他沉重的打击，但当他在被贬谪的路上听到赦免的消息，说“轻舟已过万重山”，一切苦难都过去了，又是新的开始。这就是李白，所有的打击、困难，对于他来说都会过去。这一年是公元759年。两年后，公元761年，李白再次跨上马带上剑奔赴前线，去找李光弼，劝他东征，可惜在金陵病倒。公元762年，李白在安徽当涂去世，时年62岁。在最后的岁月，他写下了《临终歌》：

> 大鹏飞兮振八裔，中天摧兮力不济。
> 馀风激兮万世，游扶桑兮挂左袂。
> 后人得之传此，仲尼亡兮谁为出涕！

67. 王勃是因为各种机缘巧合才写的《滕王阁序》？他去世比“滕王”还早？

中国古代有一座著名的楼阁叫滕王阁。唐高祖李渊第二十二子李元婴受封滕王，他曾官洪州都督，在任期间建了这座阁，因而它被人们称为滕王阁。滕王阁建成20年后，声名大振，它的出名与一篇叫《滕王阁序》的文章有关：

豫章故郡，洪都新府。星分翼轸，地接衡庐。襟三江而带五湖，控蛮荆而引瓯越。物华天宝，龙光射牛斗之墟；人杰地灵，徐孺下陈蕃之榻。雄州雾列，俊采星驰。台隍枕夷夏之交，宾主尽东南之美。都督阎公之雅望，棨戟遥临；宇文新州之懿范，襜帷暂驻。十旬休假，胜友如云；千里逢迎，高朋满座。腾蛟起凤，孟学士之词宗；紫电青霜，王将军之武库。家君作宰，路出名区；童子何知，躬逢胜饯。

时维九月，序属三秋。潦水尽而寒潭清，烟光凝而暮山紫。俨骖騑于上路，访风景于崇阿；临帝子之长洲，得天人之旧馆。层峦耸翠，上出重霄；飞阁流丹，下临无地。鹤汀凫渚，穷岛屿之萦回；桂殿兰宫，即冈峦之体势。

披绣闼，俯雕甍，山原旷其盈视，川泽纡其骇瞩。闾阎扑地，钟鸣鼎食之家；舸舰弥津，青雀黄龙之舳。云销雨霁，彩彻区明。落霞与孤鹜齐飞，秋水共长天一色。渔舟唱晚，响穷彭蠡之滨；雁阵惊寒，声断衡阳之浦。

遥襟甫畅，逸兴遄飞。爽籁发而清风生，纤歌凝而白云遏。睢园绿竹，气凌彭泽之樽；邺水朱华，光照临川之笔。四美具，二难并。穷睇眄于中天，极娱游于暇日。天高地迥，觉宇宙之无穷；兴尽悲来，识盈虚之有数。望长安于日下，目吴会于云间。地势极而南溟深，天柱高而北辰远。关山难越，谁悲失路之人？萍水相逢，尽是他乡之客。怀帝阍而不见，奉宣室以何年？

嗟乎！时运不齐，命途多舛。冯唐易老，李广难封。屈贾谊于长沙，非无圣主；窜梁鸿于海曲，岂乏明时？所赖君子见机，达人知命。老当益壮，宁移白首之心？穷且益坚，不坠青云之志。酌贪泉而觉爽，处涸辙以犹欢。北海虽赊，扶摇可接；东隅已逝，桑榆非晚。孟尝高洁，空馀报国之情；阮籍猖狂，岂效穷途之哭！

勃，三尺微命，一介书生。无路请缨，等终军之弱冠；有怀投笔，慕宗悫之长风。舍簪笏于百龄，奉晨昏于万里。非谢家之宝树，接孟氏之芳邻。他日趋庭，叨陪鲤对；今兹捧袂，喜托龙门。杨意不逢，抚凌云而自惜；钟期既遇，奏流水以何惭？

呜乎！胜地不常，盛筵难再；兰亭已矣，梓泽丘墟。临别赠言，幸承恩于伟饯；登高作赋，是所望于群公。敢竭鄙怀，恭疏短引；一言均赋，四韵俱成。请洒潘江，各倾陆海云尔：

滕王高阁临江渚，佩玉鸣鸾罢歌舞。

画栋朝飞南浦云，珠帘暮卷西山雨。

闲云潭影日悠悠，物换星移几度秋。

阁中帝子今何在？槛外长江空自流。

该文用了24个典故，足见其才华。其中“落霞与孤鹜齐飞，秋水共长天一色”两句最为世人称颂。文章的作者是被誉为“初唐四杰”之一的王勃，这篇文章大概是他最有名的作品了，而王勃写《滕王阁序》，各种机缘巧合，如同上天特意派他下来写这篇文章，写完就又把他收走了。

王勃是因为什么到了“豫章故郡，洪都新府”呢？起因是他杀了人。《新唐书·王勃传》记载，有一个官家的奴才叫曹达，他犯了罪，找到王勃，藏在他的家里，后来因为官府搜捕得紧急，王勃害怕事情泄露，就把他给杀了，但还是东窗事发了。王勃这个人做官后，恃才傲物，跟同事们的关系不好，总有人想整他，这个事件大概就是嫉妒他的同事所为。王勃被下狱，判了死刑，但老天爷这时候还不想让他死，因为还有一篇文章没写呢。在王勃被行刑前，正好赶上天下大赦，王勃的罪责得以脱免，他被贬为平民，“倚

（元）夏永《滕王阁图》

（元）唐棣《滕王阁图》

才陵藉，为僚吏共嫉。官奴曹达抵罪，匿勃所，惧事泄，辄杀之。事觉当诛，会赦除名”（《新唐书·王勃传》）。

虽然死罪免了，但他做官的父亲受到了连累，被发配到交趾做官。王勃有一次去看他的父亲，恰好要路过滕王阁，这才正好赶上了那次盛会。本来他父亲不该在交趾，他父亲的官职是雍州司户参军，雍州范围在陕西一带，而交趾在越南，要不是因为这次杀人事件，他父亲不会被发配那么远，王勃也就不会因为去看父亲而路过南昌。王勃在时间上赶得也很巧，没有早一步，也没有晚一步，后来民间对此演绎，《马当神风送滕王阁》说

（元）王振鹏《滕王阁图》

王勃打算去南昌，但路途遥远，按理说与滕王阁的那次盛会本无缘。但不知怎的，这一夜，行船顺水又顺风，而且突起的风还特别大，据说这是风神在帮助他，结果他一夜就赶到了南昌，这好运气帮助他赶上盛会而一“战”成名，所以《增广贤文》中有句俗语说“时来风送滕王阁”，用以说明一个人的运气太好了，恰逢其时。我们再来梳理一下王勃的机缘巧合：王勃杀人，被赦免，他父亲受连累被贬，他去探望父亲，从他的出发地到他父亲新上任的地方，滕王阁正好就在这个路线上，又在恰好的时间赶上了那次盛会，从而写下了千古名篇《滕王阁序》。

能到达、能赶上是机缘巧合，能执笔写，也是机缘巧合。九月九有登高的习俗，当时南昌领导阎伯屿（有学者说是阎立本，可备一说，更多的还是倾向于阎伯屿）请来一帮社会名流在滕王阁聚会，写诗作赋，他事先背地里让他的女婿准备了一篇序，打算到时候向宾客们夸耀。唐代科举考试是不糊名的，如果一个人名气大，那将来科举考试考中机会就比较大，王维就是如此。如果有才华名气，甚至可以直接做官，李白就是走的这条路。不知都督阎伯屿是不是为自己女婿延誉才特意准备的这场盛宴，阎伯屿拿出纸笔遍请宾客作序，大家心知肚明，互相谦让，都不敢担承。结果刚刚赶到的王勃，毫不客气，接过笔来就写，都督尴尬了，没想到还有这么不给面子的，大怒，他转身去了厕所，暗中派人盯着王勃写文章，随时汇报。当王勃写了“豫章故郡，洪都新府”，家人报给都督，阎伯屿说：“亦是老生常谈。”第二次报“星分翼轸，地接衡庐”时，他不说话了。等家人第三次来报，已经写了“落霞与孤鹜齐飞，秋水共长天一色”时，阎伯屿按捺不住兴奋：“这真是个天才！”连忙过去热情招待王勃，请他写完，宾主尽欢而散，阎伯屿女婿这个“风头”就这样被王勃抢了。当然，机遇是一方面，要想“海内存知己”，实力才是第一位的。

这时候滕王阁的修建者“滕王”还活着呢，不知道当他读到《滕王阁序》的时候会有怎样的感慨，“勃，三尺微命，一介书生。无路请缨，等终军之弱冠；有怀投笔，慕宗悫之长风……今兹捧袂，喜托龙门”。他会不会想着帮一下有志再施展抱负的王勃呢？滕王有没有读到我们不得而知，有文献说，唐高宗读到了，与阎伯屿的反应一样，他大呼天才，打算重用王勃，可惜王勃等不到那个时候了。

王勃是当时公认的天才，但天妒英才，写完《滕王阁序》之后，老天就把王勃“收回去了”。九月离开南昌，继续赶路，到达岭南待了一段时间，由广州渡海赴交趾，结果渡海时溺水，惊悸而死。《新唐书·王勃传》说他仅仅活到了29岁，《唐才子传》说是28岁，王勃的好友杨炯也说是28岁，这个数字应该是可信的。总之，写完《滕王阁序》这篇文章，南下的王勃一去不回，一段时间后，王勃去世的消息就传来了。唐高宗知道这个消息后，甚为惋惜，“屈贾谊于长沙，非无圣主；窜梁鸿于海曲，岂乏明时？”你的圣君、明时都等到了，可惜“胜地不常，盛筵难再”，你也不在了。谁会悲悯你这个失路之人呢？尽是他乡之客。

68. 白居易被贬江州司马，是因为他母亲掉井里了？

白居易《琵琶行》曰“江州司马青衫湿”，这是他被贬江州司马的时候写的，但你知道白居易是为何被贬为江州司马的吗？说来可笑，白居易的母亲赏花的时候，不小心掉到井里去世了，结果白居易正好有一首赞美一口井的诗《新井》。他的政敌就利用这首诗，指责他不厚道、没孝心，白居易因此“文字狱”就被贬为江州司马了。难怪他会“青衫湿”，这样的无端罪名，搁谁谁都会哭。

（明）仇英 《浔阳送别图》局部

白居易在这之前的官职是左赞善大夫，正五品上（后来的“青衫”是八九品的服饰），太子官属，掌传令、讽过失、赞礼仪，相当于谏议大夫，主要是提意见的。白居易进入官场之后，其实一直差不多都是在干给别人提意见的活儿，如更早的时候，他还任职为左拾遗，“拾遗”就是拾起皇帝不小心遗漏的东西，给皇帝查漏补缺的，所以你看白居易的诗，如《卖炭翁》《秦中吟》等往往都是关心民间疾苦、讽喻统治者。这些作品的诞生也正与其工作性质有关系。你以为他在写诗或消遣或发泄，实际上人家在工作，人家写诗就是在工作呢，好比中文系的同学，自习课看小说就是在学习呢。

白居易尽职尽责，不畏权贵，很多次连皇帝都差点被他“怼”急了。史书中说，白居易在殿中答对时，辩论刚正耿直，皇帝听半天也不理解，白居易就直接说：皇帝，反正你就知道你错了就行了，“后对殿中，论执强鲠，帝未谕，辄进曰‘陛下误矣’”（《新唐书》）。皇上很不高兴，对另一个大臣李绛说，白居易这小子，是朕提拔他才有这样的声名地位，他却对朕无礼，朕受不了了。李绛却回答说，白居易之所以不避死亡的惩罚，事无巨细必定要说，正为报答陛下对他的大力提拔……皇上说，你说得对，“居易所以不避死亡之诛，事无巨细必言者，盖酬陛下特力拔擢耳，非轻言也”（《旧唐书》）。白居易是一心为公的，正因为一心为公，所以才会无所畏惧。

白居易任太子左赞善大夫的时候，出了一件大事，朝廷的宰相被刺杀了。唐朝中期以后，藩镇割据，藩镇将领都私自豢养刺客。当时淮西节度使吴元济造反了，宰相武元衡要带兵去剿灭，吴元济暗中勾结另一个节度使李师道要除掉武元衡，李师道就派了大批刺客混入京城。元和九年六月三日，武元衡上早朝路过一个地方，侍从持着的蜡烛突然都熄灭了，紧接着冲出一伙贼人，用箭射中了他的肩膀，然后从树荫下又冲出一帮人，驱散了他的侍从，拉住他的坐骑，往东南走十多步将他杀害，并且残忍地将他的头砍了下来。武元衡就死在了离自己住宅不远的地方。

在皇帝眼皮底下，将一个王朝的宰相杀死是历史上从未有之事，唐宪宗震怒。当时大家都知道是淄青节度使李师道派来的刺客，但谁都不说，其中的原因可能很复杂。一方面，李师道勾结了不少权贵，他当年要花银子替魏徵的孙子赎回家产，这件事后来就是被白居易阻止的。白居易告诉皇帝与其让李师道邀功赚了名气，不如皇帝您直接把魏家失去的家产赐给魏徵的后代，皇帝照做了。通过这件事就可以看出李师道对权贵的巴结，想必朝廷内受其"恩惠"的还不少；还有一部分人不愿意说，可能是出于担心两线作战的考虑，当时叛乱的主要是淮西节度使吴元济，应该先收拾他；还有一部分权贵，则纯粹是打着自己那点小算盘，皇帝怎么样，国家怎么样，不管，只要不损害自己的利益就行。

但这种事，皇帝受不了，白居易也忍不了，当别人都缄默的时候，白居易第一个站出来说，必须捉拿凶手。权贵们觉得他有点爱出风头，干了超出本职的工作，"居易首上疏，请亟捕贼。权贵有嫌其出位"（《唐才子传》），权贵们认为白居易是太子左赞善大夫，是太子属官，主要负责教育皇室子弟，不像原来做左拾遗的时候那样，是给皇帝提意见的谏官了。这个活儿应该是朝廷谏官做的，白居易先站出来，不合礼仪。从法理上来说，白居易作为太子属官，属于内廷官员，提这个建议确实不太合适。因为古代虽然是家国一体，但皇家的内廷官署与国家的外朝官署又是有分工的，如汉代，御史中丞负责监察皇室，另设一御史承监察中央和地方政府，这种内外职分之分形成了一种传统。钱穆在《中国历代政治得失》一书中指出："拿历史大趋势来看，可说中国人一向意见，皇室和政府是应该分开的，而且也确实在依照此原则而演进。皇帝是国家的惟一领袖，而实际政权则不在皇室而在政府。代表政府的是宰相。皇帝是国家的元首，象征此国家之统一；宰相是政府的领袖，负政治上一切实际的责任。”[①]明朝废除了宰相，皇帝把宰相的活儿都自己干，活儿太多怎么办？他就在宫廷里设置了一个秘书处，就是内阁。内阁大学士最初就是皇帝的私人秘书，后来皇帝变懒了，内阁大学士与太监基本掌握了实权，但他们仍然都属于皇帝的属官，而不是国家政府的官员。没了宰相，尚书六部是政府的最高长官，所以张居正以内阁大学士的身份发政府最高命令，以及要求报给皇帝的事情抄录给他一份，就经常受到大臣们的反对，大臣们认为他们的长官是尚书六部，而不是一个皇家的秘书。钱穆在《中国历代政治得失》中指出了这一现象的背后逻辑：“他们心里想：部（六部）院（督察员）长官，分理国事，只受皇帝节制。你做内阁大学士，只是皇帝的私人顾问，你在皇帝面前‘从容论思’是你的责任，你不该凭着这一点关系正式出面来干涉部院，那是你越权。”[②]从钱穆先生的研究可以看出中国古代政治对内、外之分的重视，这样也就好理解为什么当时会有人认为作为宫廷属官的白居易不应该干涉朝廷的事情了。

白居易当年当谏官的时候，任左拾遗，那是朝廷的官员，属于宰相的手下。左拾遗官职不大，但往往挑选的都是有学问、有气节的年轻人担任，他们敢说话，甚至敢顶撞皇帝。宰相遇到不好提的意见，为了避免和皇帝以及其他大臣发生直接冲突，就可以通过他们的口说出来，所以这类谏官往往跟宰相的关系比较好，他们充当的就是宰相的喉舌。白

① 钱穆：《中国历代政治得失》，生活·读书·新知三联书店 2020 年版，第 3 页。

② 同上书，第 114 页。

（南宋）马兴祖《香山九老图》（白居易与胡杲、郑据等九人在洛阳龙门寺聚会，称“香山九老”）

居易就和宰相武元衡的关系很好，二人还曾作诗唱和。可能正是出于对好友的同情，他就比现在的谏官提前上奏了而已。但白居易当谏官的时候，得罪的人太多，现在其靠山武元衡又死了，大家都想着找个借口报复他，于是就借着这件事打击他。这还没完，他们还捕风捉影地不断进谗言，于是就有了以白居易母亲看花不小心落井，而他恰好有一篇赞美花的《赏花》和一篇赞美井的《新井》而被贬为江表刺史之事。刺史是地方最高的行政长官，这些人还不放过白居易，认为他的罪行不可以再担任一方的最高行政长官了，于是就有了他被贬江州司马之事，尔后就有了《琵琶行》。

> 十年七月，盗杀宰相武元衡，居易首上疏论其冤，急请捕贼，以雪国耻。宰相以宫官非谏职，不当先谏官言事。会有素恶居易者，掎摭居易，言浮华无行。其母因看花堕井而死，而居易作《赏花》及《新井》诗，甚伤名教，不宜置彼周行。执政方恶其言事，奏贬为江表刺史。诏出，中书舍人王涯上疏论之，言居易所犯状迹，不宜治郡，追诏授江州司马。（《旧唐书》卷一百六十六）

白居易后来又被起用，但因为太正直，屡屡献忠言，却常不被采纳，于是有了归隐之心。晚年的时候与香山僧人如满等成立净社，白居易购置了一块宅地，种种树，养养花，喝喝茶，谈谈天，颐养天年。他前半生因为职业横冲直撞，到处给别人“挑毛病”，后来，也终究是被社会磨平了棱角，晚年好道又信佛，不跟你们玩了，出世了，自号香山居士。

69. 安禄山本不姓安？杨贵妃真的死在马嵬驿了吗？

大唐天宝十四载，安史之乱爆发。安禄山并不是中国人，而是粟特人。粟特人原是古代生活在中亚阿姆河与锡尔河一带的古老民族，所使用的语言属伊朗语族东伊朗语支，从我国的东汉时期直至宋代，他们往来活跃在丝绸之路上，以长于经商闻名于欧亚大陆，有点儿类似西方的犹太人。粟特人统治地区有昭武九姓，昭武，粟特语言是“王”的意思，昭武九姓也就是说有九个王，粟特人建立了九个政权，类似战国七雄。这九个政权分布在锡尔河、阿姆河的中下游，有七个地址大体明确，即康、安、曹、石、米、何、史等，其中康最大。昭武九姓的人到中原一般都以政权的名称为姓，安禄山、史思明都是其后人。但安禄山还不是来自安的政权，而是来自康（今乌兹别克斯坦的撒马尔罕，据传是西汉康居国后人），他本姓康，后来生父去世，母亲改嫁给同是粟特人安（今乌兹别克斯坦布哈拉市，据传是汉代安息国的后人）政权来的安延偃，安禄山才改姓安。安禄山的这次改名害了安姓人，造反失败后，与他没有血缘关系的安姓受到牵连，康姓反而没事。需要说明的是，并不是所有安姓都来自昭武九姓，在汉代以前，中原本土就已经有安姓了，是我们本民族的安姓祖先。

安禄山起兵后，他的进攻路线是，占领洛阳和潼关，然后直取长安。但占领洛阳后，常山太守颜杲（gǎo）卿怕他们去打潼关，于是在河北发难，拖住安禄山，为潼关驻防争取时间。安禄山抓住了颜杲卿的小儿子颜季明，让其去劝降父亲，颜季明大骂不止，不降而死。后来常山被攻破，颜杲卿也对安禄山骂不绝口，被割了舌头，还在骂，最后被杀。这次战役被杀害的颜氏一门，有30多人。平原太守、著名的书法家颜真卿是颜杲卿从弟，他一直奋力抵抗叛军，没有失败。第三年，朝廷的军队渐渐收复了河北很多地方，颜真卿找到了侄子的骸骨，面对家仇国恨，一气呵成写出了《祭侄文稿》。在书法史上，这篇祭文被视为“天下第二行书”，仅次于王羲之的《兰亭集序》。

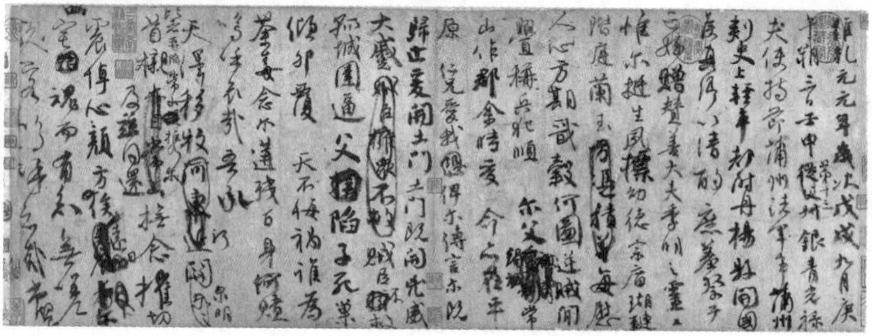

（唐）颜真卿《祭侄文稿》

安禄山攻破常山后，过了一段时间，还是占领了潼关。长安不保，唐玄宗就带着众人逃往四川。在马嵬驿的时候，六军不行，唐玄宗指挥不动他们了，愤怒的将士将杨国忠乱刀砍死，又逼使玄宗绞杀杨贵妃，才肯继续起行。

杨贵妃在安史之乱中死于马嵬驿，这似乎已成千古定论，所有正史都如是说。但民间传说却提出杨妃仙居于“海上仙山”，给她的后事披上了一层神秘的面纱。那么，杨贵妃究竟有没有死在马嵬驿呢？

1929年，著名学者俞平伯发表《〈长恨歌〉及〈长恨歌传〉的传疑》一文[①]，认为杨贵妃并未死于马嵬驿事变，民间的传说也绝非信口开河，而是有历史事实作背景的。

（唐）李昭道绘《明皇幸蜀图》

在唐传奇中就有一篇相关的故事，是由唐代陈鸿的《长恨传》与白居易的《长恨歌》组合在一起而成的。前面是陈鸿的铺叙，说唐玄宗政治腐败，荒淫无度，杨贵妃恃宠而骄。然后写天宝十五载，安禄山造反，叛军攻陷洛阳，王师接连败绩，唐玄宗打算逃往四川，途经马嵬坡时，六军不前，要求处死杨国忠兄妹。唐玄宗无奈，令杨贵妃自尽，然后驾行。后回

① 俞平伯：《〈长恨歌〉及〈长恨歌传〉的传疑》，《小说月报》1929年第1–6期。

狩野山雪绘《长恨歌卷》局部“马嵬兵变”

都洛阳，唐玄宗睹物思人，郁郁不乐。

有一会方术的道士，言愿寻得贵妃所在，于是奉上谕，四极走访，终于在“海外仙山”上找到了杨贵妃。杨贵妃为了证明自己的身份，拿出信物，还告诉道士只有她和太上皇（即唐玄宗，此时唐肃宗即位，唐玄宗为太上皇）两个人知道的事情，在七夕的晚上，太上皇曾对她说，“愿世世为夫妇”。杨贵妃本已成“仙人”，这次道士来找她，她因为怀念起关于太上皇的往事，只此一念，这个地方就不能待了，须转世了，她还说太上皇不久也要转世了，来世可再续前缘。道士回去后告诉了唐玄宗，唐玄宗很震惊，也非常忧伤，不久，唐玄宗就去世了。这篇故事的后半部分是白居易的《长恨歌》，白居易用浪漫主义的手法，写临邛道士上天入地寻找杨贵妃，终于在虚无缥缈的仙山找到了她，并让她“花冠不整下堂来”殷勤迎接汉家的使者，而“梨花一枝春带雨”则又显示出其超凡脱俗的“女神”形象。作者用艺术夸张杨贵妃的生离死别之恨，“唯将旧物表深情，钿合金

狩野山雪绘《长恨歌卷》局部“唐玄宗苦苦思念”

狩野山雪绘《长恨歌卷》局部“杨贵妃送走道士”

钗寄将去"，杨贵妃呈物寄言，重申秘誓，结尾"天长地久有时尽，此恨绵绵无绝期"，满腹相思，戛然而止，只剩下绵绵长恨，把唐玄宗杨贵妃的爱情悲剧表现得淋漓尽致。白居易是很少写这样虚幻的作品的，他往往关注现实，像《卖炭翁》《琵琶行》等。白居易怎么会写出这样一篇虚幻的浪漫主义作品呢？还是说这篇作品实际跟《卖炭翁》《琵琶行》等一样，也是有现实依据的？杨贵妃有没有没死在马嵬的可能呢？

俞平伯指出当年死于马嵬的"蛾眉"并非杨玉环本人，而是她的替身，由《歌》《传》来看，杨贵妃是逃走以后，当了女道士。所谓"海上仙山"，实指女道士的庵观，而"唐之女道士迹近娼家，非佳话也"，这个庵观，实际又是暗示杨贵妃已经沦落风尘。所谓临邛道士上天入地，其实是奉了唐明皇密旨去找杨贵妃，后来发现其已经沦落风尘，无法将其接回，杨贵妃也不愿回去了，"明皇密遣使者访问太真"，而"太真以贵妃之尊乃不免风尘之劫，贻闱壶之玷，可恨孰甚焉……明皇知太真之在人间而不能收覆水，史乘之事势甚明"，终于铸成了这段千古长恨。

俞氏认为，所谓"马嵬驿下泥土中，不见玉颜空死处"（《长恨歌》），实指马嵬事变一年后，唐玄宗回朝改葬，却发现杨妃活不见人，死不见尸；而"上穷碧落下黄泉，两处茫茫皆不见"，是说杨妃既未升天堂，也未下地狱，而是隐居在人间的"海上仙山"；"昭阳殿里恩爱绝，蓬莱宫中日月长"，明明写的是生离而不是死别。这是《长恨歌》中关于此项猜测的几个最明显的证据。但俞氏认为，这个"海上仙山"似应在国内某地。他对日本国方面盛传的杨妃流亡日本之说并不以为然。

1982年，孙汝舟发表了《读〈长恨歌〉与〈长恨歌传〉》一文[①]，推崇

① 孙汝舟：《读〈长恨歌〉与〈长恨歌传〉》，《文学遗产》1982年。

俞平伯是第一个读懂《长恨歌》的人。该文在“综合各种正史、野史的记载考证后的看法”是：在马嵬事变中，当事人高力士和陈玄礼都是玄宗的亲信，时间和驿馆构造完全可以让他们另觅一人代杨而死。杨贵妃可能在夜间换装隐逃，后来混入难民之中，越终南，浮汉水，沿江东逃，最后在东方滨海城市当了娼妓，很可能是一个妓院的主持人。唐玄宗派人寻访到杨贵妃，但她已厌恶了皇家生活，不愿再回长安，将定情物交中使带回表示决绝，这就是《长恨歌》后半部故事的真相。

70. 唐代诗人与唐代“疯狂”的粉丝

唐代有很多伟大的诗人，王维、李白、白居易、李商隐等，凭借着优秀的作品，他们在后世赢得了众多的粉丝。实际上，很多唐代的诗人在唐代的时候，就有了崇拜者、追随者。

李白一出场，就“征服”了贺知章，贺知章称其为“谪仙人”。杜甫更是李白的头号粉丝，他写了大量与李白有关的诗篇，如《赠李白》《春日忆李白》《梦李白》《天末怀李白》等将近二十首。结果李白来了一句：“吾爱孟夫子”——李白是孟浩然的粉丝。当然，李白也是给杜甫写过诗的，如《戏赠杜甫》《沙丘城下寄杜甫》《鲁郡东石门送杜二甫》，就几首，远不如杜甫“爱”他爱得深。杜甫是真喜欢李白，在李白后来因为政治站错队、锒铛入狱、“世人皆欲杀”的时候，杜甫仍站出来替李白说话，为李白求情。

杜甫在唐朝有一个“疯狂”的粉丝叫张籍。为了能成为杜甫那样的大诗人、拥有杜甫那样的肝肠，张籍常常把杜甫的诗篇抄写在纸上，然后烧成灰，用蜜调成膏服下，简直走火入魔。他的诗篇也确实有些与杜甫的相似之处，如杜甫写道“烽火连三月，家书抵万金”，张籍写道“洛阳城里见秋风，欲作家书意万重”，立意相似。唐朝有不少诗人之间都有这样的

“异曲同工”之妙，如：

王维“漠漠水田飞白鹭。阴阴夏木啭黄鹂”，同时代的李嘉佑有“水田飞白鹭，夏木啭黄鹂”。

李白“由来征战地，不见有人还”，王昌龄“黄尘足今古，白骨乱蓬蒿”。

王昌龄“从来幽并客，皆共尘沙老”，王翰“醉卧沙场君莫笑，古来征战几人回”。

李白“山随平野尽，江入大荒流”，杜甫“星垂平野阔，月涌大江流”。

刘长卿“惆怅南朝事，长江独至今”，孟浩然“人事有代谢，往来成古今”。

司空曙“乍见翻疑梦，相悲各问年”，李益“问姓惊初见，称名忆旧容”。

王昌龄“悔教夫婿觅封侯”，李商隐“无端嫁得金龟婿”。

从这些“相似”的诗句中，也可以看出仰慕、学习的关系。当然，同时代的诗人们也有“竞争关系”，有三位擅长写绝句的诗人就想着通过粉丝的反应来“一争高下”。

五代十国周文矩《文苑图》中画的王昌龄与岑参等人

有一次王昌龄、高适、王之涣三人听歌妓喝歌。他们三个想比试一番，看看谁的粉丝质量更高。小姐姐们不知道他们三个的身份，一女子唱：“寒雨连江夜入吴，平明送客楚山孤。洛阳亲友如相问，一片冰心在玉壶。”这是王昌龄的。接着一女子唱：“开箧泪沾臆，见君前日书。夜台今寂寞，犹是子云居。”这是高适的。接着又一女子唱：“奉帚平明金殿开，暂将团扇共徘徊。玉颜不及寒鸦色，犹带昭阳日影来。”又是王昌龄的。这时候王之涣脸上有点儿挂不住了，我不要面子啊，他说，那个最最最漂亮的肯定会唱我的诗，如果真是她唱我的诗的话，二位就拜倒于座前，尊我为师。果然最漂亮的女孩子唱到：“黄河远上白云间，一片孤城万仞山。羌笛何须怨杨柳，春风不度玉门关。”王之涣自己很得意，他还揶揄王昌龄和高适说，怎么样，土包子，我说得没错吧，“田舍奴，我岂妄哉”（《集异记》），三位诗人开怀大笑。女孩子听到笑声，不解其意，一问才知，原来三位是自己的偶像，开心坏了。王昌龄与孟浩然也是好友，有一次王昌龄去找孟浩然，二人相谈甚欢。王昌龄想吃海鲜，当时孟浩然生病了，不能吃海鲜，但朋友想吃，孟浩然就欣然陪着，结果孟浩然“食鲜疾动”，因为这顿饭而病发去世了。唐代这些诗人当中，人缘最好的就是孟浩然，王维也是其好友，还曾亲自为孟浩然画像。孟浩然一生非常洒脱。有一次韩朝宗想推荐他去做官，两人约好时间一起出发去京城。结果那天有朋友来，饮酒作诗，玩得很开心，家人催促他，跟韩朝宗约定的时间到了。他却说，现在大家这么开心，不管他了，不去了。活得就是这么潇洒，所以李白说他“风流天下闻”，这也是李白能成为他的粉丝的原因。李白与王昌龄也是好友，他曾写过一篇《闻王昌龄左迁龙标遥有此寄》：“杨花落尽子规啼，闻道龙标过五溪。我寄愁心与明月，随风直到夜郎西。”

好多我们熟悉的唐代大诗人，他们本身都是好朋友。唐代的诗人们好像总是集体出道，如初唐四杰：王勃、杨炯、卢照邻、骆宾王；文章四友：杜审言、李峤、苏味道、崔融；吴中四士：张若虚、贺知章、张旭、包融；大历十才子：李端、卢纶、吉中孚、韩翃、钱起、司空曙、苗发、崔峒、耿湋、夏侯审。并称的诗人就更多了，王孟：王维、孟浩然；李杜：李白、杜甫；元白：元稹、白居易。白居易与元稹相互唱和，可谓互为粉丝。白居易有个弟弟叫白行简，他曾写过一篇《三梦记》，其中记载了这样一件事情：“元和四年”，远在梁州的元稹梦见白居易等人游曲江，醒来后作诗一首，记录这件事。结果后来得知，那日白居易果然在曲江游玩，时间、地点与他那日诗中所写不差分毫。

白居易的诗篇在其粉丝群体中非常值钱，《唐才子传》说鸡林国（朝鲜半岛古国名）的商人把他的诗作卖给他们的国相，每篇都是一百两银子，“鸡林国行贾售于其国相，率篇百金”。粉丝打赏太疯狂了，而这些商人，大概就是最早的“黄牛”。

白居易有一个“疯狂”的粉丝。《酉阳杂俎》记载，唐朝湖北某地有一个街道办事处管理人员叫葛清。他从脖子以下，浑身都有刺青。他的刺青比较特别，全都与白居易的诗有关，足足涉及三十多首，喜欢白居易竟到这样一种程度。要是听到有人读白居易的诗篇，他马上过去就脱衣服，不知道怎么回事的估计都得吓一跳：你看，你刚读的那首白居易的诗篇，在我屁股上呢。他不仅会准确地指出位置，还会解读。他解读的方式也比较特别，就是在诗句旁边刺刻上相关的画，如“不是花中偏爱菊”一句诗，旁边就是一个人拿着酒杯站在菊花丛前。人们称呼他为“白舍人行诗图”（白居易官职曾为中书舍人），行走的白居易诗文图，好似我们现在粉丝追星用的应援牌一样。

白居易这样有名的人，也是别人的粉丝，他的“爱豆”是比他小将近四十来岁的李商隐。退休之后的白居易有一次读到小青年李商隐的诗篇，大为赞叹，他说希望自己将来可以转世为李商隐的儿子，“我死后，得为尔儿足矣。”（《唐才子传》）白居易去世几年后，李商隐果然生了一个儿子，他倒也不客气，真给自己的儿子取名为“白老”，结果这个“白老”不成器，很愚钝，长大了没什么才华。温庭筠有一次对“白老”开玩笑说：就你还白居易转世，白居易要知道你是这样，估计当年绝对不会说那样的话，你也太配不上白居易的名气了。

唐代有不少诗人的粉丝是有名的“大V”，甚至有是皇帝本人的，比如韩翃（hóng）。当时江淮刺史有缺，唐德宗批示让韩翃任职。当时有两个候选人都叫韩翃，同名同姓，手下人不知道是哪一个，再请示。皇帝批曰：是那个写“春城无处不飞花”的韩翃。韩翃《寒食》：“春城无处不飞花，寒食东风御柳斜。日暮汉宫传蜡烛，轻烟散入五侯家。”唐德宗以这首诗作为韩翃的标签，可见，它流传甚广。这位唐德宗对韩翃这首诗也是非常熟悉和喜欢的。

贾岛刚刚考取进士的时候，寓居在法乾寺。有一天，唐宣宗微服出行到了这里，正听到钟楼上有吟诗的声音，他就登上楼去，见书案上有诗卷，就拿起来看，沉迷其中。贾岛发现了，不认识皇上，就见到一个富家子弟在那里看自己的诗，你们这些纨绔子弟，懂不懂啊，于是过去就把诗卷夺了过来。皇上就下楼去了。后来贾岛知道那是皇帝，吓坏了，但皇帝并没有怪罪他，估计是被其诗才圈粉了。

贾岛因为“推敲”受到了韩愈的赏识，进而还俗走向了仕途。尽管还俗了，但他在唐朝的时候有一个粉丝叫李洞，仍把他当佛供起来，“铸其像，事之如神”，为其造像，称“贾岛佛”。他把贾岛的诗当佛经，读一遍，自认为会功德无量。我们现在称某个大牛为“大神”。你看，唐朝的时候，真的就有粉丝把自己偶像“封神”的。

唐代的大诗人们要想获得粉丝的拥戴，首先得有才华，但光有才华也不行，还得有颜值。《全唐诗话》说大诗人罗隐受到一个贵族小姐的青睐，这位小姐经常读罗隐的诗，对他佩服得五体投地，后来这家主人特意为自己的女儿请罗隐来家做客。结果一见面，这个女子大失所望，因为罗隐长得不好看，这个女孩子脱粉了，从此再也不读他的诗了。

当然，并不是所有的诗人，在他活着的时候或者唐朝的时候，就有了自己的粉丝了。唐代张若虚传世诗篇并不多，他写了《春江花月夜》后，当时的人们并不喜欢，这首诗就逐渐像档案一样被封存了起来。直到将近一千年后，一个叫胡应麟的人重新读到这首诗，大为感叹，《春江花月夜》终于等来了它的知音。从此，这首诗越来越受欢迎，名气也越来越大，直至被推至唐诗的“珠穆朗玛峰”。闻一多先生视之为中国诗歌史上“以孤篇压倒全唐”的“诗中的诗，顶峰上的顶峰”。一千年太久，但海上明月依旧共潮生。

71. 迎佛骨案：韩愈“夕贬潮州路八千”之后的“道歉书”更有意思

“一封朝奏九重天，夕贬潮州路八千”，这是韩愈的诗句，韩愈之所以夕贬潮州，是因为迎佛骨案。

凤翔扶风县（今属陕西省宝鸡市）法门寺有一座佛塔，叫护国真身塔，传说塔内供奉的舍利是释迦牟尼指骨一节（1987年在法门寺地宫中被考古队发现，现藏于法门寺博物馆）。唐宪宗晚年信佛，把这一佛骨迎到宫内参拜。在宫中供奉了三天之后，又送往长安各大寺院，让信徒们瞻仰。上有所好，下必甚焉，人们对此佛骨信仰趋之若鹜，《资治通鉴》记载说，有的人为了祈福把所有财产都捐出去了，倾家荡产，有的人为了许愿还自残，拿香火、蜡烛烧自己，“王公士民瞻奉施舍，惟恐弗及，有竭产充施者，有燃香臂顶供奉者。”

从小接受儒家教育、以继承儒家道统自居的韩愈不干了，于是针对皇帝这件事，就写了一篇《谏迎佛骨》。他说，中土没有佛教的时候，黄帝在位百年，活了一百一十岁；少昊在位八十年，活了百岁；颛顼在位七十九年，活了九十八岁；帝喾在位七十年，活了一百零五岁；帝尧在位九十八年，活了一百一十八岁；帝舜及禹，皆百岁。周文王年九十七岁，武王年九十三岁，穆王在位百年，等等，后来佛教来了，汉明帝时在位才十八年，后来的国家也都运祚不长。梁武帝三次出家，这么信佛，结果还不是被手下侯景所逼，活活饿死，等等。于是韩愈建议将佛骨“投诸水火，永绝根本，断天下之疑，绝后代之惑”。韩愈怕皇帝信佛引起不好的社会风气（后来唐懿宗也迎佛骨，果然引起不好的社会影响，有人为了表示虔诚，居然自断手臂），他想着为圣明除弊事，打击“异端”，才能更好地弘扬儒学。

唐宪宗看完之后，震怒，要杀了韩愈。宪宗说，韩愈说我信佛过了头，这点我承认，也没啥，我还可宽恕他，但他竟说信佛的皇帝，寿命都短，这不是在咒我吗？就凭这一点，我不能饶他。可见皇帝生气不是因为韩愈反对他信佛，而是韩愈不知道皇帝之所以信佛，不就是晚年了，怕死吗，他还老说死啊死的。宰相裴度以及其他大臣都为韩愈求情，唐宪宗才赦免了韩愈的死罪，将刑部侍郎韩愈贬到潮州当刺史。

> 宪宗遣使者往凤翔迎佛骨入禁中，三日，乃送佛祠。愈闻恶之，乃上表。表入，帝大怒，持示宰相，将抵以死。裴度、崔群曰：“愈言讦牾，罪之诚宜。然非内怀至忠，安能及此？愿少宽假，以来谏争。”帝曰：“愈言我奉佛太过，犹可容；至谓东汉奉佛以后，天子咸夭促，言何乖剌邪？愈，人臣，狂妄敢尔，固不可赦。”于是中外骇惧，虽戚里诸贵，亦为愈言，乃贬潮州刺史。（《新唐书·韩愈传》）

到了潮州之后，51 岁的韩愈怎么做的呢？马上给皇帝道歉，并与僧众结交（如大颠和尚），大丈夫真是能屈能伸。韩愈《潮州刺史谢上表》说，我不该写《谏迎佛骨表》，尤其是用语不敬，皇帝，我错了。皇帝您大人不记小人过，没杀我，还让我当潮州刺史，给我发工资，您的恩德真是比天高，比地大，即使我剖心沥血，竭尽忠诚，也不能表达我对您的谢意，磕头磕头再磕头，“圣恩弘大，天地莫量；破脑刳心，岂足为谢！臣某诚惶诚恐，顿首顿首”。跟您汇报一下我目前的情况，我被任命为潮州刺史后，当日就启程了，一路上经过五岭，渡过南海，水路陆路共计万里。我上任后，第一件事就是与当地的官吏和老百姓见面，我跟他们说，天子神圣，天子既威武又仁慈，他养育天下亿万百姓，从来不分亲疏远近，一视同仁，即使是在离朝廷万里之外，在五岭和南海的偏远角落，也完全像对待京郊和京城的百姓一样，天子有善必闻，有恶必见，很早就上朝，很晚才罢朝，工作996，兢兢业业，“天子神圣，威武慈仁，子养亿兆人庶，无有亲疏远迩，虽在万里之外，岭海之陬，待之一如畿甸之间，辇毂之下。有善必闻，有恶必见，早朝晚罢，兢兢业业，惟恐四海之内，天地之中，一物不得其所”。百姓们听我称颂陛下的大德，锣鼓喧天，欢欣鼓舞，为此，我要磕头磕头再磕头，“闻臣所称圣德，惟知鼓舞欢呼，不劳施为，坐以无事。臣某诚惶诚恐，顿首顿首”。接下来韩愈说：陛下您要去封禅吗？我可会写夸赞封禅的文章了。韩愈极力夸赞宪宗，要他去封禅，他说，肃宗、代宗、德宗、顺宗四位先君依次传位而传到陛下，陛下即位以来，对安史之乱以来的社会问题亲自治理，可以说是已经扭转乾坤、光辉普照了，在皇帝您的带领下，王师所向，天下无不安定顺服。普天之下，生命蕃息之治达到了最好的程度。要我说，你的功绩比唐高祖李渊、唐太宗李世民还要高，凭您的功绩，就应该到泰山去封禅，将您的功绩上奏皇天，使千秋万代都敬服您的成就。如今正是千载难逢的大好时机，我愿意为您写封禅的文章，陛下快让我回去吧，我不夸您两句，我死不瞑目啊，我现在望着京城的方向，我的魂儿已经飞到陛下身边了，“瞻望宸极，魂神飞去”，希望主宰天地一切的皇帝陛下，哀伤怜悯我这把老骨头，把我从这儿调回去，皇帝陛下，我好想你呀。

当年写《谏迎佛骨表》有多么理直气壮，如今写《潮州刺史谢上表》就有多么卑微。韩愈在潮州还写了《贺册尊号表》夸赞唐宪宗，“众美备具，名实相当，赫赫巍巍，超今冠古”。宋代黄震《黄氏日抄》对韩愈此等行为非常不满，他说，韩愈写《谏迎佛骨表》的时候多么正直啊，结果后来又写《潮州刺史谢上表》劝宪宗到泰山封禅，为了苟全性命，这种事都做得出来，真是可悲。欧阳修《与尹师鲁第一书》说，一些前代名人，论事的时候为了大义死都不怕，大义凛然，但一旦真的被贬，到了贬所，就会像变了一个人一样，开始戚戚怨怨的，絮絮叨叨，不能忍受穷苦的生活，韩愈也是如此，“前世有名人，当论事时，感激不避诛死，真若知义者。及到贬所，则戚戚怨嗟，有不堪之穷愁形于文字……虽韩文公不免此累。”实际上被皇帝处罚到地方，写谢表是一种形式，表示自己不记恨皇帝，很多人都写过，但没有像韩愈这样这么夸张地夸皇帝、这么肉麻的。韩愈“拍马屁”，唐宪宗吃这一套，《新唐书》记载，唐宪宗读完韩愈的《潮州刺史谢上表》之后说，韩愈当初进谏我迎佛骨，出发点还是爱我，他当初不应该总说死啊死啊的，“愈前所论是大爱朕，然不当言天子事佛乃年促耳。”道歉还是有用的，韩愈在潮州只待了八个月，就到袁州（江西西部宜春县）任刺史去了，第二年九月，召拜为国子祭酒，相当于现在国立大学的校长，年底就回到了京师。

对韩愈这种行为，后世有很多人回护，如说他虽然写了《潮州刺史谢上表》道歉，但对于迎佛骨之事却没有妥协；他虽然和大颠和尚有交往，但从他跟别人的书信中可以看出，他并没有改信佛，而且韩愈到潮州带着一大家子人，路上还死了一个女儿，为了家人，与其向朋友哭穷，不如直接向君主倾诉，君主如父母，向父母哀怜求助，夸张点儿，没什么不好意思的，等等。

我倒是认为韩愈写这样的文章，其实并不是什么不光彩的事情，反而是其内心成熟的一种体现。韩愈从小孤苦，三岁就成了孤儿，四十岁前，求学，考试，没考中，反复考试，做小官，再做小官。他在底层一路摸爬滚打，历经各种挫折磨难，这样的成长经历造就了一颗强大的内心。此后再经受打击，对他来说无妨，无所谓，来吧，还没什么不能承受的，无论什么困难，我都接着，我都能靠着强大的内心想办法化解。我们经常“韩柳”并称，另一位大文人柳宗元，其家庭是贵族，祖上世代为官，他经受过的挫折相对较少，三十三岁前一帆风顺，风光无限，考试一考就中，做官一求即得，所以一遭贬谪，其忧郁之情就难以承受，《小石潭记》等作品，都有这种忧郁情感的体现，“坐潭上，四面竹树环合，寂寥无人，凄神寒骨，悄怆幽邃。”柳宗元写有《柳州谢上表》，但他并没有写得那么露骨夸张，也大概因此，他也就很难离开柳州了。政治失意、事业蹉跎、生活凄苦、体弱多病，最终柳宗元被自己感情上的折磨“打倒”了。韩愈写完《潮州刺史谢上表》后，元和十四年十月他就被调到了袁州，一个月后，柳宗元去世的消息传来，柳宗元时年才四十七岁。柳宗元最好的两个朋友，一个是韩愈，一个是刘禹锡，柳宗元去世前分别给贬到连州的刘禹锡和贬到潮州的韩愈写了遗书。柳宗元终究没有熬过贬官生活，客死他乡。心态健康有时候很重要，同是被贬官的韩愈心态好一点，所以从潮州回来了，刘禹锡则是身体健康，他受到政治打压，被贬官，后来则把政敌都熬死了，一直做到了三品的大官，活到了七十一岁。

韩愈被贬潮州还有一个神话故事。唐代的《酉阳杂俎》中记载，韩愈的一个侄子为人轻狂不羁，不喜欢读书，韩愈曾责怪他，他为了显示自己的法术，就指着几朵花说：叔父想要此花变成什么颜色？你说个颜色，我就能把它变成什么颜色。韩愈不信，侄子不久果然把花变成了各种颜色，并且每朵花上还有字，写的是“云横秦岭家何在，雪拥蓝关马不前”，诗句预知了韩愈的潮州之行。韩愈对开花大为惊奇，但不明诗句的意思。

唐代的时候，还只说韩愈有这么一个会法术的侄子，没有说叫什么，后来的传说才不断完善这个故事，说这个人就是韩湘子，且说法由侄子演变成了侄孙，说韩湘子是韩愈的侄孙。据说后来韩愈被贬谪，路上想起当时的情景，就写了一首诗，把花上的句子也写进了诗中，这就是《左迁至蓝关示侄孙湘》：“一封朝奏九重天，夕贬潮州路八千。欲为圣明除弊事，肯将衰朽惜残年？云横秦岭家何在，雪拥蓝关马不前。知汝远来应有意，好收吾骨瘴江边。”

72. 范仲淹没有到过岳阳楼？他的朋友滕子京是贪污犯？

范仲淹的《岳阳楼记》天下闻名：

庆历四年春，滕子京谪守巴陵郡。越明年，政通人和，百废具兴。乃重修岳阳楼，增其旧制，刻唐贤今人诗赋于其上。属予作文以记之。

予观夫巴陵胜状，在洞庭一湖。衔远山，吞长江，浩浩汤汤，横无际涯；朝晖夕阴，气象万千。此则岳阳楼之大观也，前人之述备矣。然则北通巫峡，南极潇湘，迁客骚人，多会于此，览物之情，得无异乎？

若夫霪雨霏霏，连月不开，阴风怒号，浊浪排空；日星隐曜，山岳潜形；商旅不行，樯倾楫摧；薄暮冥冥，虎啸猿啼。登斯楼也，则有去国怀乡，忧谗畏讥，满目萧然，感极而悲者矣。

至若春和景明，波澜不惊，上下天光，一碧万顷；沙鸥翔集，锦鳞游泳；岸芷汀兰，郁郁青青。而或长烟一空，皓月千里，浮光跃金，静影沉璧，渔歌互答，此乐何极！登斯楼也，则有心旷神怡，宠辱皆忘，把酒临风，其喜洋洋者矣。

嗟夫！予尝求古仁人之心，或异二者之为，何哉？不以物喜，不以己悲；居庙堂之高则忧其民；处江湖之远则忧其君。是进亦忧，退亦忧。然则何时而乐耶？其必曰“先天下之忧而忧，后天下之乐而乐”欤。噫！微斯人，吾谁与归！

时六年九月十五日。

岳阳楼位于今湖南岳阳市西边的洞庭湖畔，本是当年鲁肃的阅军楼，吴蜀争夺荆州，鲁肃在岳阳练兵而修建了此楼。岳阳在当时被称为巴丘，两晋时更名为巴陵，大约到了唐代此楼才有了岳阳楼之称。此楼历经数次

（元）夏永绘《岳阳楼》

修建、迁移，唐宋以来，久负盛名。滕子京到了这里，再次重新修建了它，并请自己的好朋友范仲淹写一篇文章来纪念，这就是范仲淹开篇说的“乃重修岳阳楼，增其旧制，刻唐贤今人诗赋于其上。属予作文以记之”。

根据文章的内容，好像范仲淹真的去了岳阳楼，看到了洞庭湖盛景，“予观夫巴陵胜状，在洞庭一湖”。庆历四年春，滕子京谪守巴陵郡，这一年庆历新政失败，范仲淹也自请罢免参知政事之职，改为知邠州。庆历五年，滕子京开始修岳阳楼，范仲淹这一年则因为谗言益盛而知邓州。庆历六年九月十五日，58 岁的范仲淹在知邓州的时候写下了这篇文章。我们可以确定的是，从滕子京修完此楼到范仲淹写此文，范仲淹是没有时间登上重修后的这座岳阳楼的，尤其是文中写到的各种景象，“淫雨霏霏”“春和景明”等，非一时之景，远在河南邓县的范仲淹是没有时间请长假去远游的，何况当时的政治环境对他很不利，他不可能不务正事，给政敌以把柄而去追求“诗和远方”。那他是不是根据回忆而写的呢？根据学者们考证，从《范文正公文集》以及南宋楼钥《范文正公年谱》等文献的研究来看，范仲淹从考中进士到做官，一生奔波的足迹，从来就没有到过岳阳楼。至于是不是范仲淹中进士之前（三十年前）曾到过岳阳楼，那时候的他没有名气，没人记载，因为史料缺少，也就不得而知了，范仲淹自己反正没有提过。那文中的情景是怎么写出来的呢？一说他曾到苏州、饶州做官，见过太湖、鄱阳湖，所以很可能是根据太湖或者鄱阳湖的情景而写的；一说滕子京写信的同时还画了一张《洞庭秋晚图》给范仲淹，范仲淹是根据图写出来的。这两种说法实际也是说范仲淹没有到过岳阳楼。

范仲淹和滕子京是好朋友，两人同年中进士，一辈子相互帮助扶持，又同一年被贬。“庆历四年春，滕子京谪守巴陵郡”，滕子京为什么被贬谪呢？一直流传着一个很荒诞的理由——贪污，这是真的吗？

《宋史·滕宗谅（即滕子京）传》记载说，宋康定元年（1040），西夏李元昊大举侵宋，滕子京出任甘肃泾州知州。两年后，庆历二年（1042），西夏李元昊已经打到渭州（今甘肃平凉），距离滕子京的泾州只有 120 里。这时候守备渭州的将领已经战死，近万人被西夏军俘虏。眼见敌人来势汹汹，滕子京看到城中军队很少，就动员老百姓穿上军装登城，又招募勇敢之士侦察军情，并用文书告诉其他州郡要防备叛军。幸好范仲淹带兵到来解围，他才更有了底气。这时已经下了数十天的雨，军民意志消沉，为了提升士气，滕子京大摆宴席犒劳士卒，并祭奠战死的将士，安抚他们的家小。此次花费不少，但效果很好，不仅击退了李元昊，边境的民众也逐渐安居下来。

庆历三年（1043），范仲淹回到中央，推行庆历新政，他推荐滕子京接替自己在庆州的任职，结果滕子京调任不久，继任滕子京泾州之职的郑戬就诬告滕子京在泾州保卫战中浪费了公款。范仲淹的庆历新政触犯了一些人的利益，他们拿范仲淹无可奈何，就从范仲淹的“党羽”下手，想以此循序渐进扳倒范仲淹。他们指责滕子京在边疆花费的 16 万贯公款（当时宰相的俸禄也就每月 300 贯），耗资巨大，不明不白。实际上这些公使钱（国家拨下来专门用于宴请或馈赠等活动的机动经费），滕子京将一部分用在了犒赏军队以振士气上，还有一部分是按照惯例，犒赏当地的羌人部族首领，以安抚当地的少数民族。这一点宋仁宗都很理解，他说战国的李牧当年在边境也这么做过，没什么大不了的。还有一部分馈赠给了来边关巡游探望的游士、故人做盘缠，他一点都没有私自占有。但大概因为有战争，滕子京就给得比平时多一些，所以当受到御史弹劾，朝廷派人下来巡视时，他担心这些人会找自己给得比较多的那些羌人部属以及“游士故人”（《宋史》）的麻烦，他们被追究，不利于国家稳定，于是滕子京就把记账的名册给烧了。这就犯了明显的错误，御史王拱辰不断弹劾他，所以即便范仲淹极力保全他，但他仍被贬到了岳州。实际上，滕子京一生并未贪污，后来调查清楚，滕子京花费了差不多三千贯，所谓的十六万贯，是正常发给士兵的每月军饷的总数。《续资治通鉴》卷四十六记载这件事最终的调查结果是“燕度勘到滕宗谅所用钱数分明，并无侵欺入己”。他没有私吞一分钱，被贬应该跟烧了名册有关。对于滕子京是不是贪官，《宋史》中也早已有定论，史官评价他说，滕子京崇尚气节，以不拘于俗自任，喜欢施与，“及死，无馀财”，到死的时候，家中没有任何多余的财产，只有几本破书而已，这怎么能是贪官呢？1992 年年底，318 国道拓宽，无法绕开滕子京墓，抢救性发掘时，出土器物确实不多，可与史书参证。

滕子京是范仲淹的好友，范仲淹推行庆历新政，整顿吏治，导致一些坐享安逸的官员变得战战兢兢。于是他们想尽各种办法抵制新政，打击主张新政的人，他们毫无底线地进行各种诬告。庆历四年（1044），石介给富弼写了一封信，其中有一句建议富弼“行伊周之事”，伊尹、周公都是辅佐君王的名臣。结果为了打击支持新政的富弼，反对派中的小人夏竦就教自己的媳妇练习石介的字，模仿石介的笔迹把“行伊周之事”变成了“行伊霍之事”，让这封信传到了皇帝手中。“霍”是霍光，他是权臣，海昏侯刘贺本来当了皇帝，后来就是被他废掉的。一字之差，性质就变了，要效仿废皇帝之事，这还了得。再有，欧阳修也是支持变法的，他被诬告的罪名是盗用外甥女的私房钱购买田产，结果被贬谪到了滁州。贬谪对于他们来说是一种人生的困境，但对后人来说，似乎也不是一件坏事。欧阳修在滁州写下了著名的《醉翁亭记》，留下脍炙人口的名篇。滕子京被贬岳州，虽然他自己没有写什么，但其修岳阳楼，催生了范仲淹的《岳阳楼记》，也为后世留下了千古名篇。

那么滕子京修岳阳楼的钱是从哪里来的呢？当年弹劾滕子京的王拱辰，本想继续以岳阳楼之事弹劾滕子京，结果经过调查，发现滕子京修岳阳楼没用国家的钱，也没搜刮老百姓，而是开拓了政府的一项新业务：政府替人收债，从中收取一定现金，作为政府上项目的开销。滕子京在民间贴告示，凡是讨不回债款的债主，如果愿意将他们的一部分债权捐献给政府修建岳阳楼，政府将协助他们追债。人们很开心接受这样的业务，要债的人拿回了钱，政府也有了钱，双方皆大欢喜，岳阳楼因此修建起来了。人们都称赞滕子京有能力，“滕宗谅知岳州，修岳阳楼，不用省库钱，不敛于民，但榜民间有宿债不肯偿者，献以助官，官为督之。民负债者争献之，所得近万缗，置库于厅侧，自掌之，不设主典案籍。楼成，极雄丽，所费甚广，自入者亦不鲜焉。州人不以为非，皆称其能”（司马光《涑水记闻》）。滕子京确实是一个好官，而且是一个有能力的好官，所以他在岳州上任一年，就“政通人和，百废具兴”了。

庆历四年，在历史上是一个不一般的节点。这一年，不仅滕子京被贬，庆历新政失败，范仲淹同样被贬谪，从庙堂到了江湖，才有了后来“进亦忧，退亦忧”，“先天下之忧而忧，后天下之乐而乐”的感慨。同时这一年还发生了一些其他事件，西夏李元昊与宋议和，宋封其为夏国主。宋太宗第八子，《杨家将》等传说中的“八贤王”赵元俨去世了。还有一个更为重要、在当时却不起眼的事件，当滕子京在脑海中计划修建岳阳楼的时候，在远方的某个小地方，有一个工匠也在实验着修点什么东西。他叫毕昇，这一年，他发明了活字印刷术，为《岳阳楼记》等文献更为广泛的传播做好了准备。

73. 盗甥案："环滁皆山也"，欧阳修因为偷外甥女的私房钱而被贬滁州？

欧阳修有一篇著名的作品《醉翁亭记》：

环滁皆山也。其西南诸峰，林壑尤美。望之蔚然而深秀者，琅琊也。山行六七里，渐闻水声潺潺，而泻出于两峰之间者，酿泉也。峰回路转，有亭翼然临于泉上者，醉翁亭也。作亭者谁？山之僧智仙也。名之者谁？太守自谓也。太守与客来饮于此，饮少辄醉，而年又最高，故自号曰醉翁也。醉翁之意不在酒，在乎山水之间也。山水之乐，得之心而寓之酒也。

若夫日出而林霏开，云归而岩穴暝，晦明变化者，山间之朝暮也。野芳发而幽香，佳木秀而繁阴，风霜高洁，水落而石出者，山间之四时也。朝而往，暮而归，四时之景不同，而乐亦无穷也。

至于负者歌于途，行者休于树，前者呼，后者应，伛偻提携，往来而不绝者，滁人游也。临溪而渔，溪深而鱼肥。酿泉为酒，泉香而酒洌。山肴野蔌，杂然而前陈者，太守宴也。宴酣之乐，非丝非竹，射者中，弈者胜，觥筹交错，起坐而喧哗者，众宾欢也。苍颜白发，颓乎其中者，太守醉也。

已而夕阳在山，人影散乱，太守归而宾客从也。树林阴翳，鸣声上下，游人去而禽鸟乐也。然而禽鸟知山林之乐，而不知人之乐；人知从太守游而乐，而不知太守之乐其乐也。醉能同其乐，醒能述以文者，太守也。太守谓谁？庐陵欧阳修也。

第一句"环滁皆山也"，点出滁州的地形。《朱子语类》卷一百三十九记载最初这句不是这样的，刚开始写得很啰唆，滁州四面有山……东南西北怎样怎样，数十字。后来修改就用了"环滁皆山也"五个字，凝练而精彩，"欧公文亦多是修改到妙处，顷有人买得他《醉翁亭记》稿，初说'滁州四面有山'，凡数十字，末后改定，只'环滁皆山也'五字而已"。滁州真的是四面环山吗？钱锺书《管锥编》中说，欧阳修《醉翁亭记》"环滁皆山也"，如果没有去过滁州，读这一句，还以为这里会是四面是山的盆地，而实际上，滁州只有一点山，其余都是平原，既不能"环滁"，更谈不上"皆山"，真实情况是"环滁竟少山"。

欧阳修这篇文章让滁州名声大噪，那么，你知道欧阳修是因何而贬到该处的吗？你可能想不到，他被扣上了一个极为荒唐的罪名："盗甥"。

欧阳修一直是范仲淹庆历新政的支持者，范仲淹的新政主要是整顿吏治，因而得罪了不少官员。立新就得破旧，既得利益者为了维护自己的利益，当然不愿意改变，于是就找各种借口攻击范仲淹及其支持者们。

在反对派的捣乱之下，庆历新政最终失败了，庆历五年（1045）春，主张新政的范仲淹、富弼、杜衍、韩琦先后被贬谪出朝，守旧的奸邪小人们说他们四个是"朋党"。欧阳修再次挺身而出，为他们辩解，写《朋党论》说小人并无朋党，只有君子才有，小人贪财，他们只会为了利益勾结

南薰殿欧阳修像

在一起，而君子就不一样了，他们坚持道义，履行忠信，珍惜名节，志趣相互补益，一起为国家做事，这就是君子的朋党。君主用这样的真朋党，是可以安定天下的，没有什么不好。

然臣谓小人无朋，惟君子则有之。其故何哉？小人所好者利禄也，所贪者货财也。当其同利之时，暂相党引以为朋者，伪也；及其见利而争先，或利尽而交疏，则反相贼害，虽其兄弟亲戚，不能自保。故臣谓小人无朋，其暂为朋者，伪也。君子则不然。所守者道义，所行者忠信，所惜者名节。以之修身，则同道而相益；以之事国，则同心而共济；终始如一，此君子之朋也。故为人君者，但当退小人之伪朋，用君子之真朋，则天下治矣。

欧阳修还写了长篇的《论杜衍范仲淹等罢政事状》一文，指出了奸邪小人们的要害，好人一般难有把柄，这些奸邪之人把“朋党”的帽子一扣上，就可以把一群好人一网打尽了，“欲广陷良善，则不过指为朋党；欲动摇大臣，则必须诬以专权。其何故也？夫去一善人而众善人尚在，则未为小人之利；欲尽去之，则善人少过，难为一二求瑕，惟有指以为朋，则可一时尽逐”。

欧阳修一边为四人辩解冤枉，一边大骂奸邪小人们无耻的诬陷，那些人自然不会放过欧阳修，于是他们开始搜罗材料，下一个目标就是他欧阳修，还在发声的新政支持者就剩下他了。

这时候正好发生了他外甥女张氏的事件，奸邪小人们就在此事上做文章。《宋史·欧阳修传》说，有人借欧阳修外甥女张氏犯罪下狱之事罗织他的罪状，致使他降职为知制诰、滁州知州，“因其孤甥张氏狱傅致以罪，左迁知制诰、知滁州”。也就是说因为这次贬谪，欧阳修到了滁州，而后写下了《醉翁亭记》。那么，他的外甥女事件是怎么回事呢？

《续资治通鉴》记载了这件事。有个叫张龟正的，妻子死了，他没有儿子，只有一个女儿。欧阳修有个妹妹，就嫁给了张龟正，不久张龟正找他前妻去了，也死了，只剩下欧阳修的妹妹带着一个不是自己亲生的女儿张氏。这时候小女孩已经四岁了，无依无靠，就托付给欧阳修收养。等小女孩成年了，欧阳修就把她嫁给了自己族兄的儿子欧阳晟，结果，这个张氏在家里与一男家仆通奸，被人抓住了，送到了开封府。我们听戏曲经常提到“包龙图打坐在开封府”，包拯与欧阳修是同时代的人，欧阳修也曾打坐过开封府，两个人前后脚。而这时候主管开封府的不是他了，也不是包拯，是一个当年被欧阳修弹劾过的人，叫杨日严，他正好想借此机会报仇，于是逼供欧阳修这个非亲生的“外甥女”张氏，让她说自己和欧阳修有不正当关系。要想搞臭一个人，最好的办法就是说他生活作风有问题。在杨日严的威逼利诱下，就搞了这样一个大新闻出来，八卦满天飞，朝野瞬间炸了锅。这时候另一个小人钱明逸站出来了，他上朝弹劾欧阳修私通外甥女张氏，并且还加了一条，说他不仅骗色，还骗财，骗了张氏的钱，“卒而无子，有女实前妻所生，甫四岁，无所归，其母携养于外氏，及笄，修以嫁族兄之子晟。会张氏在晟所与奴奸，事下开封府。权知府事杨日严前守益州，修尝论其贪恣，因使狱吏附致其言以及修。谏官钱明逸遂劾修私于张氏，且欺其财”（《续资治通鉴》）。

钱明逸想整欧阳修，一方面是因为欧阳修当年得罪过他，另一方面是因为他是五代十国时期吴越国创立者钱镠的后人，百家姓“赵钱孙李”，“钱”能排在“赵”的后面，就因为其地位高。但欧阳修写《五代史》对钱氏评价不高，还有所诋毁，导致了钱氏后人的不满，因而钱明逸也想借此机会报复。当时有一本书《钱氏私志》也是钱氏后人写的，明确说对欧阳修编史书诋毁自己先人不满，也把欧阳修私通外甥女这件事记录下来进行传播：你看，他人品有问题。用以说明这种人对自己先人的评说不值一提，还编了一首艳词说是欧阳修写的，这首词表明欧阳修早已经看上小姑娘了。

> 后修《五代史·十国世家》，痛毁吴越，又于《归田录》中说文僖数事，皆非美谈。从祖希白尝戒子孙，毋劝人阴事，贤者为恩，不贤者为怨。欧后为人言其盗甥，《表》云：丧厥夫而无托，携孤女以来归。张氏此时年方七岁，内翰伯见而笑云：“七岁正是学簸钱时也。”欧词云：“江南柳，叶小未成阴，人为丝轻那忍折，莺怜枝嫩不胜吟，留取待春深。十四五，闲抱琵琶寻，堂上簸钱堂下走。恁时相见已留心，何况到如今？”欧知贡举时，落第举人作《醉蓬莱词》以议之，词极丑诋，今不录。

后世有学者认为这首词并非欧阳修所写，应该是政敌们编造的，清末况周颐《蕙风词话》曰：“窃疑后人就德寿词衍为双调，以诬欧公，世昭遂录入私志，王铚因载之默记。唯钱穆父固与欧公同时。然公词既可假托，即自白之表、穆父之言，亦何不可造作之有？窃意欧阳文集中，未必有此表也。”

私通外甥女，对这样的罪名，欧阳修当然很窝火。这之前，他也遭遇过政治打击。景祐三年（1036），范仲淹批评宰相吕夷简任人唯亲，独揽朝纲，贪污腐败。结果吕夷简反过来指责范仲淹结党营私，范仲淹被贬谪。欧阳修对范仲淹的被贬不满，上书言事，议论朝政，为范仲淹鸣不公，结果他也跟着被贬了。这是欧阳修第一次被贬谪，因为替范仲淹辩解而被贬谪，欧阳修觉得十分光荣。这次不一样了，私通外甥女，这个罪名太难堪了。

皇帝派人去查这个"桃色新闻"，结果子虚乌有，纯粹是胡说。小人们聚在一块，继续商量对策，他们不愿意放弃这次整倒欧阳修的机会，既然说两人有染没人信，那就找别的理由。宋人王铚的《默记》中记载这件事，说外甥女张氏在狱中害怕，为了自己少受罪，胡说八道了不少，"张惧罪，且图自解免，其语皆引公未嫁时事，词多丑异"。估计其中除了说自己和欧阳修有不正当关系，还听从小人们的教唆，诬陷欧阳修贪财。

这件事的结局就是，判定欧阳修偷用外甥女嫁妆置办私产的罪名成立，"乃坐用张氏奁中物买田立欧阳氏券"（《续资治通鉴》），然后就把他贬谪到了滁州。

欧阳修在滁州写了一首《啼鸟》，其中有句说："我遭谗口身落此，每闻巧舌宜可憎。"可能说的就是自己贬滁州的起因。钱锺书《宋诗选注》

（元）赵孟頫书欧阳修《秋声赋》（此文抒发了作者对人生不易的感慨：草木无情，有时飘零。人为动物，惟物之灵，百忧感其心，万事劳其形）

曰：“《居士集》目录以此诗编在庆历六年，庆历五年欧阳修因甥女张氏暧昧之事，被人诬告，他出知滁州。‘谗口’就指捕风捉影攻击他的政敌。”欧阳修对于这样的谗言、诽谤是一直耿耿于怀的。

欧阳修被贬是他人生的一个困境，但对于后人来说未必不是好事，因为在滁州，诞生了流传千古的名篇《醉翁亭记》。原来读《醉翁亭记》，以为他只是因为政治抱负不得施展，谪居苦闷，从而寄情山水之乐，当我知道了，原来欧阳修是因为被诬偷了自己外甥女的私房钱给自己买地、买房而被贬滁州的，这样荒诞的罪名，“太守醉也”，我也是醉了。再读《醉翁亭记》，醉翁之意不在酒，我们恐怕不仅不知道太守之乐，更不知太守之苦。

74. 乌台诗案：苏轼因为“文字狱”差点儿被杀掉？是沈括陷害了他？

苏轼曾卷入一场攸关生死的“文字狱”。王安石变法，苏轼反对其中一些不合理的政策，于是遭到新党的打击，先是从中央调到杭州任杭州通判，后来又到密州（山东诸城）任知州，再任徐州知州、湖州知州。被任命为湖州知州的时候，苏轼已经四十三岁了。到任后，按照惯例，苏轼要向皇帝报告一下当下的基本情况以及未来的工作计划，结果苏轼在报告中流露出一些抱怨。其《湖州谢上表》写道：“陛下知其愚不适时，难以追陪新进”，意思是陛下您知道，我愚钝，跟不上时代了，跟“新进”的人们合不来。新党想着继续整苏轼，于是指责他这份《湖州谢上表》有问题：皇帝和我们都在变法，苏轼居然说不一起玩耍，还说自己愚钝，谁不知道你是第一文人，阴阳怪气的，还你笨，是在抱怨皇帝打压你吗？太妄自尊大了。抱怨一下，实际是文人们官运不通时的一种“通病”，但往往会因“口无遮拦”而招来一些祸端，如写《陈情表》的李密。李密本来是蜀国的官员，后来蜀国灭亡了，他就回家照顾祖母。他有才华，又有好的名声，晋武帝就想召他做官，他就写了著名的《陈情表》，表示要在家伺候祖母，暂时不能去做官。祖母去世后，李密去当官，做了汉中太守，但他嫌弃官小，总想着回朝廷做官，可朝中没有人帮他，他因此有点儿怨恨。有一次晋武帝赏赐酒席，召来李密，让李密作诗，李密在诗的末尾说，“人亦有言，有因有缘。官无中人，不如归田。明明在上，斯语岂然！”大意就是，人们都说，朝中有人好做官，朝中没靠山做主，不如回家卖红薯，果然如此。这样公开嘲讽官场，晋武帝听到后很生气，于是不久李密就被罢官了。谁能想到，当年写《陈情表》的李密，最后竟然会是因为抱怨官小而被免职呢。

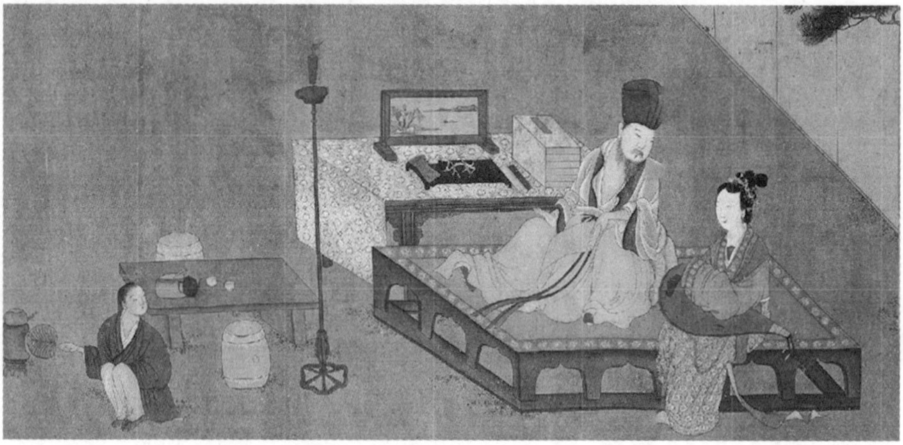

（明）仇英《东坡寒夜赋诗图》

元丰二年，苏轼仕途也因为“口无遮拦”遇到了危难。御史何正臣等弹劾苏轼，说他写的诗文讥刺朝政，包藏祸心，辱骂皇帝，大不尊敬，应该定为死罪。御史台是中央行政监察机关，这里的御史们的主要职责是监督官员，看他们有什么错，弹劾他们。御史台自汉代就有，汉代的御史台庭院中有柏树，柏树上经常有乌鸦（我上学的时候，北师大有一条“天使路”，这条路两边都是高树。每到冬天，上边会停着数千只乌鸦。经过这条路，要小心“天屎”。说来奇怪，只有一路之隔，隔壁的北邮就一只乌鸦都没有），因此官员们常说御史是“乌鸦嘴”，御史台被称为“乌台”。苏轼这个案子，在历史上就被称为“乌台诗案”。

神宗皇帝对《湖州谢上表》的“问题”其实并不怎么在意，御史台李定、何正臣、舒亶等开始“挖坟”，寻找苏轼以前写的一些有“问题”的诗文，想找更多的证据来给苏轼定罪。

南宋王铚《元祐补录》记载说，写《梦溪笔谈》的沈括参与了这场“文字狱”。沈括本来跟苏轼是好友，但其在政治主张上是靠近新党的，深受宋神宗、王安石的赏识，他参与了王安石变法，于是与苏轼、司马光等旧党成为了“政敌”。但因为与苏轼还有旧交情，所以二人还有往来。苏轼在杭州的时候，沈括充任监察御史察访两浙。沈括离开京师时，宋神宗特意嘱咐他，苏轼任杭州通判，你要好好对他，宋神宗很可能想调苏轼回朝廷，让沈括去看看苏轼怎么样。沈括作为老朋友去找苏轼，二人谈论旧情，相谈甚欢。沈括抄录了苏轼的一些作品带回家，苏轼以为他是喜欢自己的诗文，谁能想到沈括回家后，却是仔细琢磨其中是否有讥讽朝廷的大不敬之言，把他自己理解的一些有问题的诗文挑出来，又做了解读，呈现给了皇帝。后来御史们就根据沈括找出来的这些材料来打击苏轼。

《沈括集》云：“括素与苏轼同在馆阁，轼论事与时异，补外。括察访两浙，陛辞，神宗语括曰：‘苏轼通判杭州，卿其善遇之。’括至杭，与轼论旧，求手录近诗一通，归则签帖以进，云词皆讪怼。轼闻之，复寄诗。刘恕戏曰：‘不忧进了也？’其后，李定、舒亶论轼诗置狱，实本于括云。元祐中，轼知杭州，括闲废在润，往来迎谒恭甚。轼益薄其为人。”

这条材料如果可信的话，那么，在“乌台诗案”发生六年前，沈括就开始收集苏轼的黑材料了。只不过六年前，沈括把苏轼那些诽谤新法的言论呈上去，苏轼只是没有被调回中央，并没有受到其他的指责。《元祐补录》说六年后，这些材料为御史台所利用。这件事只有南宋王铚的《元祐补录》记录了，沈括是不是这样的人、记录是否属实很难说。不过，沈括确实得罪了不少人，新党当权的时候，他打击旧党，旧党上台后，他又攻击新政，有点儿“趋炎附势”，这大概就是后人“黑”他的原因之一吧。苏轼在后人看来，那是偶像级别的人物，把你写成欺负苏轼的人，你当然就是坏人了。

御史台是不是受到了沈括的启发，我们不得而知，但他们确实是从苏轼的诗文入手来整苏轼的。他们指责苏轼经常在诗文中讥讽朝政，骂大臣，尤其是骂新党的大臣，甚至还暗自骂皇帝，如苏轼有一句“根到九泉无曲处，世间惟有蛰龙知”（《王复秀才所居双桧》），御史们说：好家伙，苏轼你说世间的是蛰龙，真龙在九泉，你在咒皇帝死？苏轼有没有讥讽朝政呢？是有的，苏轼也承认了一部分，如对盐政的不满，苏轼对于新政中的一些不合理措施确实采取批评的态度。因为当时皇帝是支持新法的，所以反对新法就是错误，就是反对皇帝，所以御史们就找来苏轼一些模棱两可的诗文，指责他某句是在批评某新政，如说他《山村五绝》“赢得儿童语音好，一年强半在城中”就是在讥讽青苗法，等等。这些御史为了整苏轼，牵强附会的特别多，比如苏轼写诗赞美过原宰相司马光，新党就指责苏轼，你觉得原来的宰相好，就是在影射现在的宰相不好喽。他们还从苏轼与驸马王诜的交往入手，想从苏轼“与王诜往来诗赋”中去寻找更重的“罪证”，因为宋朝是严禁士大夫与皇亲国戚结交的。

当然，他们也不是把所有语带嘲讽的诗句都当作“罪证”，比如苏轼写给弟弟的、写给和尚的诗，如果没有广泛传播，没有发朋友圈，没有发微博被转500次，仅限于当事人两个人知道，影响力不大，就没事。

苏轼七月二十八被捕，十二月二十八结案，总共经历了五个月的牢狱风波。负责审讯的是御史台，负责判决的是大理寺。大理寺审判的结果是应该流放两年，但当时正好赶上大赦天下，所以就不罚了吧，“当徒二年，会赦当原”（《续资治通鉴长编》）。御史台忙活半天，好家伙，白忙活，他们当然不干，他们以苏轼骂皇帝这样十恶不赦的罪行控诉苏轼，就是希望能杀掉他，结果却没有达到他们的目的，“御史李定、舒亶、何正臣摭其表语，并媒蘖所为诗以为讪谤，逮赴台狱，欲置之死，锻炼久之不决。神宗独怜之，以黄州团练副使安置。”（《宋史·苏轼传》）于是他们吵吵闹闹。

宋代的审刑院，相当于现在的检察院，他们负责复核判决结果，最终，他们顶住了御史台的压力，支持大理寺的判决，苏轼应该享有当时颁布的赦免政策。宋朝的司法体系还是值得称道的。

最后皇帝结合御史台的控告和大理寺的判决，既要照顾御史台的情绪，又要参照现行的法律条文，最后没杀苏轼，采取了赦免的态度，但为了表示惩罚，给苏轼点儿小教训，将其贬到黄州。史书上记载是“特责”，也就是说如果按照法律条文，根据大赦的政策，苏轼没罪了，但还是要给他点儿特别的小惩罚。

《宋史·苏轼传》说宋神宗放苏轼一马，是因为爱才，怜惜他，又说，宋神宗是看了苏轼在狱中写的绝命诗而爱惜其才华，才没有杀苏轼的。另外，不仅皇帝爱苏轼之才，为其“放水”，还有人说有大赦的政策，是因为太皇太后曹氏也是苏轼的粉丝。

苏轼的一生，历经英宗、神宗、哲宗三朝。他二十二岁中进士，三十六岁因反对王安石变法自请去地方任职，为杭州通判，三年后又任徐州太守、湖州太守。在湖州任上不足三个月，发生“乌台诗案”，谪居黄州，在黄州他写了《赤壁赋》、《后赤壁赋》和《念奴娇·赤壁怀古》等名篇佳作。死里逃生，苏轼曾以为此地将是他的养老之地了：“莫听穿林打叶声，何妨吟啸且徐行。竹杖芒鞋轻胜马，谁怕？一蓑烟雨任平生。料峭春风吹酒醒，微冷，山头斜照却相迎。回首向来萧瑟处，归去，也无风雨也无晴。”（《定风波》）后来旧党得势，苏轼被重用，但苏轼又不满旧党一刀切，把王安石新政都废除，就又遭到了旧党的排挤。五十九岁起，因新党重新执政，苏轼再度遭贬，先后谪于惠州、儋州等地，直到六十六岁他去世的那年，才从海南放归，于北返途中病殁，“心似已灰之木，身如不系之舟。问汝平生功业，黄州惠州儋州”（《自题金山画像》）。

（南宋）刘松年 《西园雅集图》局部

（南宋）《赤壁图册》

75. 写《项脊轩志》的归有光有三任妻子？吴承恩曾是他的手下？

古代有不少名家写怀念自己妻子的诗文都写得特别好，如唐代元稹的《遣悲怀》:“昔日戏言身后意，今朝都到眼前来。衣裳已施行看尽，针线犹存未忍开。尚想旧情怜婢仆，也曾因梦送钱财。诚知此恨人人有，贫贱夫妻百事哀。”宋代苏轼的《江城子·乙卯正月二十日夜记梦》:“十年生死两茫茫，不思量，自难忘。千里孤坟，无处话凄凉。纵使相逢应不识，尘满面，鬓如霜。夜来幽梦忽还乡，小轩窗，正梳妆。相顾无言，惟有泪千行。料得年年肠断处，明月夜，短松冈。”明代我们最熟悉的大概就是归有光写的《项脊轩志》了，一句“庭有枇杷树，吾妻死之年所手植也，今已亭亭如盖矣”不知感动了多少人。

《项脊轩志》原文：

项脊轩，旧南阁子也。室仅方丈，可容一人居。百年老屋，尘泥渗漉，雨泽下注；每移案，顾视无可置者。又北向，不能得日，日过午已昏。余稍为修葺，使不上漏。前辟四窗，垣墙周庭，以当南日，日影反照，室始洞然。又杂植兰桂竹木于庭，旧时栏楯，亦遂增胜。

借书满架，偃仰啸歌，冥然兀坐，万籁有声；而庭阶寂寂，小鸟时来啄食，人至不去。三五之夜，明月半墙，桂影斑驳，风移影动，珊珊可爱。

然余居于此，多可喜，亦多可悲。先是庭中通南北为一。迨诸父异爨，内外多置小门墙，往往而是。东犬西吠，客逾庖而宴，鸡栖于厅。庭中始为篱，已为墙，凡再变矣。家有老妪，尝居于此。妪，先大母婢也，乳二世，先妣抚之甚厚。室西连于中闺，先妣尝一至。妪每谓余曰："某所，而母立于兹。"妪又曰："汝姊在吾怀，呱呱而泣；娘以指叩门扉曰：'儿寒乎？欲食乎？'吾从板外相为应答。"语未毕，余泣，妪亦泣。余自束发读书轩中，一日，大母过余曰："吾儿，久不见若影，何竟日默默在此，大类女郎也？"比去，以手阖门，自语曰："吾家读书久不效，儿之成，则可待乎！"顷之，持一象笏至，曰："此吾祖太常公宣德间执此以朝，他日汝当用之！"瞻顾遗迹，如在昨日，令人长号不自禁。

轩东故尝为厨，人往，从轩前过。余扃牖而居，久之，能以足音辨人。轩凡四遭火，得不焚，殆有神护者。

项脊生曰："蜀清守丹穴，利甲天下，其后秦皇帝筑女怀清台；刘玄德与曹操争天下，诸葛孔明起陇中。方二人之昧昧于一隅也，世何足以知之，余区区处败屋中，方扬眉、瞬目，谓有奇景。人知之者，其谓与坎井之蛙何异？"

余既为此志，后五年，吾妻来归，时至轩中，从余问古事，或凭几学书。吾妻归宁，述诸小妹语曰："闻姊家有阁子，且何谓阁子也？"其后六年，吾妻死，室坏不修。其后二年，余久卧病无聊，乃使人复葺南阁子，其制稍异于前。然自后余多在外，不常居。

（清）李方膺《枇杷图》 南京博物院藏

庭有枇杷树，吾妻死之年所手植也，今已亭亭如盖矣。

归有光（1507—1571）是少年天才，九岁就会写文章，而且写得特别好，十岁时写出的《乞醯论》，洋洋洒洒数千言，为世人称赞，人们都说这个孩子将来肯定能继承古人的志向。然而二十岁之后，他在科场上却屡战屡败。

归有光一生有三任妻子。第一任原配夫人是魏氏（见《请敕命事略》《祭外舅魏光禄文》），是自己师傅魏校的侄女，两人奉父母之命而成婚，婚后很恩爱，但大约在归有光二十七岁的时候，这位妻子就去世了。在《项脊轩志》中，归有光提到她陪读的时光，“后五年，吾妻来归，时至轩中，从余问古事，或凭几学书”。归有光三十岁的时候，娶了一位比自己小十多岁的王氏（见《王氏画赞并序》），两人也很恩爱，又有了陪读了，但在归有光四十六岁的时候，这位妻子也去世了。第二年，归有光娶了第三任妻子费氏，而他娶这位妻子的时候，仍旧没有通过读书而考取功名，屡试不第。

《项脊轩志》并不是一次完成的，田干生《〈项脊轩志〉的写作时间及主题考辨》一文指出，“这篇文章是分两次写的，第一次已经写成完整的一篇（开头至‘其谓与坎井之蛙何异’），我们把它称为‘正文’，过了若干年后，作者又续写了一段文字，我们则称之为‘补记’……作者在‘补记’的开头提到‘余既为此志，后五年，吾妻来归。’可见，‘正文’是作于归有光娶妻前五年。……婚后第六个年头早逝者，正是归有光原配魏氏夫人。这样我们即可判定，《项脊轩志》的‘正文’乃是写于魏氏‘来归’的前五年。…… 则可知归有光作《项脊轩志》的“正文”时，只有十八岁。‘补记’作于何时，已不可详考，但从作者的记述中尚能推断出它大致的写作时间。‘补记’中有三处为我们留下了明确的时间线索：一、‘余既为此志，后五年……’二、‘其后六年，吾妻死…… ”三、‘其后二年，余久卧病无聊……’这就告诉我们，‘补记’是在写了‘正文’十三年以后才续写的，也就是说它作于1536年以后”。一说补记作于明世宗嘉靖十八年（1539）。也就是说《项脊轩志》一部分写于归有光十八岁的时候，一部分写于其三十多岁的时候。

在《项脊轩志》中，归有光提到自己少年读书学习的经历。上文提到，“正文”可能是他十八岁时写的，不是后来的回忆，那时候的归有光正意气奋发，他说：“余自束发，读书轩中，一日，大母过余曰：吾儿，久不见若影，何竟日默默在此，大类女郎也？比去，以手阖门，自语曰：吾家读书久不效，儿之成，则可待乎！顷之，持一象笏至，曰：此吾祖太常公宣德间执此以朝，他日汝当用之！”这里提到了归有光的祖母，她的祖母很支持他读书，她的祖上就是读书做官的，有笏板为证。她把这个笏板传给归有光，就是希望他有一天能重新通过读书而做官。我想，归有光在写这段文字的时候，也是对自己的未来充满了希望的。

笏板是什么呢？“笏”就是古代大臣上朝时拿着的手板，一般用玉、象牙或竹片制成，形制上一般有两种，一是上圆下方，一是上拙下方。“笏”上面可以写字记事，是古代官员的笔记本。大臣们可以把自己的意见写下来，上朝的时候用以备忘，而皇帝有什么指示，也可以在“笏”上记下来。“笏”在古代是一种等级身份符号。唐代规定，五品官以上可以执象牙笏，六品以下官员则执竹木做的笏。唐代《剧谈录·龙待诏相笏》记载说：开成中，有一个叫龙复本的盲人，他善于以笏算卦，只要官员们把笏拿给他摸摸，他就能知道其官禄年寿。实际上这和不同官员拿不同材质的笏板有关。直到明代，笏依旧是不同等级身份的象征。明朝规定四品以上持象牙笏，五品以下持木笏，但这一时期纸张应用已经很广泛，“奏本”成为记录的载体。“笏”用于记录的实用价值已经不大，主要是为了挡住自己的脸，衬托皇帝的龙威。

可惜他的祖母也没有看到他做官的那一天，因为归有光此后八次落第，六十岁才考中进士，那时候他的祖母早已经去世了。

六十岁之后的归有光终于可以做官了，但因为是三甲进士，只能去地方，于是去了长兴当知县。而这时候他有一位手下，就是县丞吴承恩。归有光很正直，他在长兴为了百姓的利益，得罪了不少豪强、大官，也因此引起一场风波，吴承恩也受到牵连而入狱。蔡铁鹰在《归有光、吴承恩狱案及其背后的文学纠葛》一文中指出，“根据苏兴先生等此前的研究成果，我们目前对狱案的所知大致如下：嘉靖四十四年，归有光进士及第，除授长兴县令。次年，吴承恩选为长兴县丞，在杭州报到后于夏秋间赴长兴上任。归有光到任时，正逢浙江推行里递征粮政策。案，明初制度，各地征粮设粮长，一般由大户担任，负责将本地里甲小户应交的粮食收齐解送官府，地方的基层组织里甲予以协助。粮长在明初是一种大户们争抢的荣耀职务，后来由于农民逃亡严重，里甲人口不齐，而征粮仍按原有人口数不变，欠缺的粮食要由粮长承担，大户便渐渐不愿担当粮长，纷纷逃避而嫁祸于小户。小户生活本就不很宽裕，被迫当了粮长便常常倾家荡产，以致明中期时粮长成了农户的一害。而当时浙江推行的所谓的里递就是让地方基层组织兼任粮长。归有光认为其实质还是由小户承担责任，于是在长兴仍实行大户粮长制度，将征粮的责任仍归之于豪强。这引起了湖州府甚至浙江巡抚的强烈不满。隆庆二年，为外官觐见之年。归有光当在元旦之前入京，于是在元年十月前将政务包括征粮的事一起交给了上级派来的摄令（又称署印，即代理县令）。这位摄令擅自改动归有光已经确定的大户粮长任职计划，结果造成征粮困难，导致摄令与协助其工作的县丞以贪赃罪被捕入狱。事件发生时归有光虽然不在长兴，但改革征粮制度一事牵涉的方面复杂，府、县对归的批评都较多，有追究责任的舆论，在王锡爵《明太仆寺丞归公墓志铭》中甚至提到‘有蜚语闻，中以《考功法》’的话头，于是隆庆二年二月归便被改调顺德通判”。彭国忠《吴承恩长兴县丞任新考》指出，“依据最新出版的《归有光全集》中所收归有光致吴承恩书信及归有光致他人书信，可知吴承恩于隆庆元年任长兴县丞，归有光任县令，二人同事一年左右的时间；归有光称赞吴承恩人品高洁，视他为知己”。总之，根据现代学者们的考证，吴承恩应该是做过归有光的手下，而且两人关系不错，还一起经历了一场风波。

《明史·归有光传》说归有光对于上级不切实际的命令往往不听，不去执行，还经常与上司有所争执，按照自己的意思办事。大官、豪强们大多不喜欢他，就调他去做顺德通判，“大吏令不便，辄寝阁不行。有所击断，直行己意。大吏多恶之。调顺德通判，专辖马政”。六十三岁的时候，被调任顺德府通判的归有光，管理马政。归有光虽然很生气，但他还是把工作做得非常好，还修了一部《马政志》。提到“马政”，很多人可能会想到孙悟空被封为“弼马温”，一个有本事的人居然去养马，大材小用。实际在古代，马政可不是小说里说弼马温那样是不入流的小官，马政在古代是非常重要的职位，因为马是重要的战略物资，但即便这个职位很重要，让归有光去当通判，管马政，还是有点儿不合适。《明史·归有光传》说，明代，进士作县令没有升任副职的，因此，调任通判（明朝通判为各府的副职，位于知府、同知之下），名为提升，实际上是很重的贬谪，“调顺德通判，专辖马政。明世，进士为令无迁倅者，明为迁，实重抑之也”。不知道他当年的属下吴承恩后来写孙悟空当弼马温，反下天宫，是否有替归有光抱打不平的寓意呢。当然《西游记》是否真为吴承恩所写，也是一个有争议的问题。

76. 这些作品未必是他们写的？《西游记》的作者未必是吴承恩？

古代有很多作品，其署名实际上是有争议的，但时至今日，可能有时候，我们就习焉不察了。有些我们熟悉的作品，其作者，实际上未必就是我们经常认为的那个人。

比如《论语》，市面上有些书把《论语》的作者署名“孔子”，或者写成“孔丘著”。实际上《论语》这本书的署名权，并不属于孔子。《汉

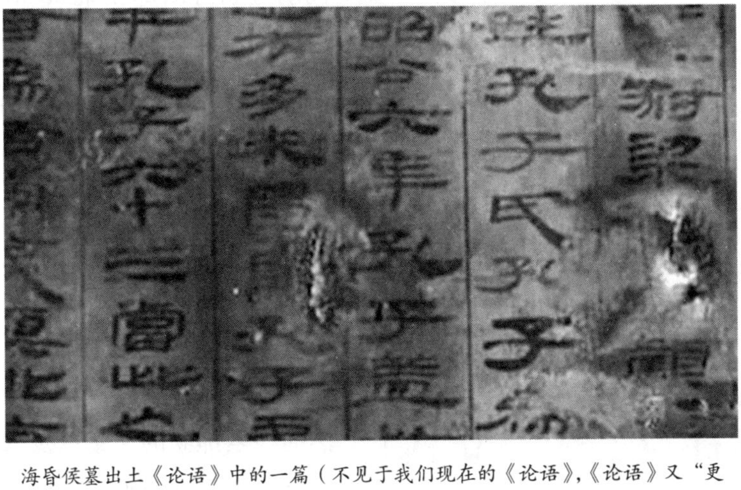

海昏侯墓出土《论语》中的一篇（不见于我们现在的《论语》，《论语》又“更新”了）

书·艺文志》曰："《论语》者，孔子应答弟子、时人及弟子相与言而接闻于夫子之语也。当是弟子各有所记。夫子既卒，门人相与辑而论纂，故谓之《论语》。"也就是说《论语》是孔子去世之后，后世弟子门人们编纂而成的。不是孔子自己写的，在孔子的时代，还没有私人著述之事。

当然《论语》记录孔子言行，大致是可信的，与孔子的关系还比较大。而后世有些书根本就与孔子无关，而假托孔子之名。如《庄子》中就托孔子之名写了很多寓言故事。我们熟悉的《列子》，记载了孔子与两小儿辩日的故事，这个故事也是假托的。现在流传的《列子》这本书，也不是列子所写。《庄子》中提到了"列子"这个人，《逍遥游》曰："夫列子御风而行，泠然善也，旬有五日而后反。"列子应该是早于庄子或与庄子同时代的人。而传说列子写的《列子》这本书实际则是后世编造的，与先秦的列子关系不大，《列子》一书中有佛教思想和佛家神话，梁启超说此书大概是东晋时的张湛编的。

对于古书的真伪以及作者的署名是否正确，明代宋濂《诸子辩》、明代胡应麟《四部正讹》、清代姚际恒《古今伪书考》均有考证。除了整部著作，还有一些单篇作品的署名也是有争议的。

18世纪《历代帝王圣贤名臣大儒遗像》中的邵雍像

比如小学课本有一首小诗："一去二三里，烟村四五家。亭台六七座，八九十枝花。"一般都说这首《山村咏怀》的作者是宋代的邵雍。然而检索邵雍的文集以及其他著作会发现，这首诗是到了清代才出现的，清朝中叶的《白雪遗音》中有一篇《艾叶重发一枝》，里面化用了这首诗：“走过一去二三里，又过烟村四五家，瞧见亭台六七座，又看八九十枝花。”因为这首诗中恰好含有数字“一二三四五六七八九十”，于是从清中叶开始直到如今，就一直被选入识字教材，后来不知什么时候，被附会到了邵雍身上。邵雍与司马光是好朋友，与周敦颐、张载、程颢、程颐并称“北宋五子”，是北宋著名的理学家、数学家、诗人，更是知名的易学大师。据说他善于用数字算卦，《梅花易数》也是托名于他，《山村咏怀》这首诗中有不少数字，大概正因为如此，人们就把这首诗与他联系在一起，从而提高了这样一首无名小诗的地位吧。

又如岳飞的《满江红》：“怒发冲冠，凭阑处、潇潇雨歇。抬望眼、仰天长啸，壮怀激烈。三十功名尘与土，八千里路云和月。莫等闲、白了少年头，空悲切。靖康耻，犹未雪，臣子恨，何时灭。驾长车踏破、贺兰山缺。壮志饥餐胡虏肉，笑谈渴饮匈奴血。待从头、收拾旧山河，朝天阙。”明清两代没人怀疑此词的作者，到了近代，一些学者才有了一些质疑，如余嘉锡、夏承焘等先生，都认为此诗是明朝人托名所作，与岳飞无关。其中一个重要的理由就是明朝中期以前，这首词从来没有被任何文献记载过，到了明代中期，突然就出现了，这时距离岳飞去世已经数百年。这样一首有名的词，为何在南宋以及

18世纪《历代帝王圣贤名臣大儒遗像》中的岳飞像

元等时代的文献中没有被提及？甚至岳飞的后人岳珂，不遗余力地搜罗祖父岳飞遗作，编纂《金陀粹编》，也没有收录这首词，不合常理，所以，当代学者对于这首词是否真的是岳飞所写，深表怀疑。当然，学界也有一大批学者认定此词确为岳飞所写，如唐圭璋、邓广铭等先生就对怀疑者予以辩驳，认为宋词不见于宋代典籍而见于明清典籍的情况很多，岳飞后人整理文献并不细心，有遗漏文献的先例，如岳珂编的《岳王家集》就丢了岳飞“雄气堂堂贯斗牛，誓将直节报君仇。斩除顽恶还车驾，不问登坛万户侯”这首诗，所以，他不是没有遗漏此词的可能，并不能因此而断定《满江红》非岳飞所作，等等。所以，目前此词的作者仍充满了争议。

再有《西游记》的作者，目前署名为吴承恩，这是近代经过鲁迅、胡适等先生的考证而确定下来的。在学界，百回本的《西游记》作者是不是吴承恩，也是有争议的。古代的小说，因为有文学文体偏见，被认为不入流，所以作者往往不署真名。目前所见《西游记》最早版本是明代万历二十年金陵世德堂《新刻出像官板大字西游记》，上面没有真名字，只有“华阳洞天主人校”几个字，这个人是谁，谁也不知道。到了明末清初的时候，人们就想考证究竟是谁写了《西游记》，彼时最为流行的说法是宋元之际道士丘处机，因为早有文献记载说丘处机名下有一部《西游记》的著作。后来在乾隆六十年，钱大昕找到了《长春真人西游记》，即丘处机名下的那部《西游记》，此书与我们看到的神魔小说《西游记》完全不同，主要是写丘处机带领弟子们向西游历去见成吉思汗的故事。于是，人们以此证据来反驳唐僧取经故事的《西游记》为丘处机所作的观点，且《西游记》中多明朝官制，宋元时期的丘处机根本不可能知道明朝的官制叫法，两本书虽然都叫《西游记》，但丘处机名下的《西游记》与我们所言的取经故事的《西游记》毫无瓜葛。到了近代，学者们发现明代天启年间的《淮安府志》记载说吴承恩名下有一部《西游记》著作，而取经故事《西游记》中又多淮地方言，于是，他们认为神魔小说《西游记》作者为吴承恩。但此说实际也有疑点，此书记载在地方志中，另一本书，大约成书于清初的《千顷堂书目》说吴承恩有《西游记》一书，而分类到了与《徐霞客游记》一类的地理志、游记中，并没有说它是小说，所以很有可能吴承恩名下的《西游记》也和丘处机名下的那部《西游记》一样，记载的是吴承恩个人到西方游历的游记。当然，目前在还不能确定的情况下，署名为吴承恩，正如竺洪波、李天飞等学者主张的那样，总比回到混沌的“无名氏”要好些。

出土文献有时候能帮助我们确定一些作品的作者，比如《孙子兵法》，曾有争论其作者究竟是孙武还是孙膑，后来出土了《孙膑兵法》，这也就将二者区别开来了。孙武的是《孙子兵法》，孙膑的是《孙膑兵法》，也就是早期文献记载中的《齐孙子》。当然有些新发现会让我们看到，某些著作虽然不是伪作，署名权没问题，但其内容却可能在后世经过加工。比如《老子》一书，现在出土了好几种《老子》，1973 年长沙马王堆三号汉墓出土帛书《老子》甲、乙本，编次为《德经》在前，《道经》在后。1993 年在湖北省荆门市的郭店楚墓出土了一批战国的竹简，后来被学界称为“郭店简”，其中就有《老子》（甲、乙、丙）三篇，不分“道经”和“德经”。2009 年年初，北京大学抢救收藏一批流失海外的西汉竹书，有《老子上经》和《老子下经》的篇题，分别对应今本《德经》和《道经》。在形式上，原本《老子》很可能就是《德经》在前《道经》在后，而且不分章，应该叫“德道经”。在内容上，传世版本与出土版本也有不同，如今本第十九章“绝圣弃智，民利百倍；绝仁弃义，民复孝慈；绝巧弃利，盗贼无有”，简本则为“绝智弃辩，民利百倍；绝巧弃利，盗贼亡有；绝伪弃诈，民复孝慈”，并无“绝圣”“绝仁弃义”等激烈的言论。今本《老子》第十八章“大道废，有仁义；智慧出，有大伪；六亲不和，有孝慈；国家昏乱，有忠臣”，简本记为：“故大道废，安有仁义？六亲不和，安有孝慈？邦家昏□，安有正臣？”这两个版本的意思可以说是完全相反的，现在所见的版本很可能是经后人整理和修改过的。

又如李白的《将进酒》：

君不见黄河之水天上来，奔流到海不复回。君不见高堂明镜悲白发，朝如青丝暮成雪。人生得意须尽欢，莫使金樽空对月。天生我材必有用，千金散尽还复来。烹羊宰牛且为乐，会须一饮三百杯。岑夫子、丹丘生：将进酒，杯莫停。与君歌一曲，请君为我倾耳听。钟鼓馔玉不足贵，但愿长醉不复醒。古来圣贤皆寂寞，惟有饮者留其名。陈王昔时宴平乐，斗酒十千恣欢谑。主人何为言少钱，径须沽取对君酌。五花马，千金裘，呼儿将出换美酒，与尔同销万古愁。

“敦煌遗书 2567”版《惜罇空》与之极为相似，有人曾指出，这很可能就是李白《将进酒》的原稿：

君不见，黄河之水天上来，奔流到海不复回。君不见，床头明镜悲白发，朝如青云暮成雪。人生得意须尽欢，莫使金罇空对月。天生吾徒有俊才，千金散尽还复来。烹羊宰牛且为乐，会须一饮三百杯。岑夫子，丹丘生，与君歌一曲，请君为我倾。钟鼓玉帛岂足贵，但愿长醉不用醒。古来圣贤皆死尽，惟有饮者留其名。陈王昔时宴平乐，斗酒十千恣欢谑。主人何为言少钱，径须沽取对君酌。五花马，千金裘，呼儿将出换美酒，与尔同销万古愁。

总之，我们熟悉的很多文学作品，实际上作者仍有争议，很多历史谜题，须等待地下出土材料来证实，或许有些谜题将永远都不会得到解答，这也是极有可能的。

77.《三国演义》中有哪些事并不是真正的三国历史？

我们常常把一些文学作品当作历史，如《赵氏孤儿》的故事，实际上它是虚构的。历史小说一类的文学作品与历史本身还是有区别的，《三国演义》中有很多情节实际上也并非真实历史情况的反映。如吕思勉《三国史话》[①]“赤壁之战的真相”一章中指出，刘备屡屡背叛曹操，勾结董承，投靠袁绍，投靠刘表，所以如果他此战投降了曹操，曹操是不肯容他的，他只能抵抗到底，而孙权和曹操没有嫌隙，如果他投降，曹操可能会予以优待，给没有投降的人看，天下也可以早日统一。而孙权之所以要抵抗曹操，《三国演义》中说孙权指责曹操想自立为帝，是汉贼，他要匡扶正义，“老贼欲废汉自立久矣，所惧二袁、吕布、刘表与孤耳。今数雄已灭，惟孤尚存。孤与老贼，誓不两立！”吕思勉根据《三国志》中相关记载指出，实际根本原因是孙权自己早就有自立的野心，不甘心做曹操手下，所以才要抵抗曹操大军。吕思勉还指出，关羽死后，刘备征吴也未必是为了替关羽报仇。关羽死后一年半，刘备才出兵征吴，刘备可能觉得自己兵力不足以取中原，于是决定取回荆州。没有了荆州，就没有了从荆州向南阳攻洛阳

① 吕思勉：《三国史话》，岳麓书社 2010 年版。

的一路，荆州的位置非常重要。吕思勉该书中，还有“替魏武帝辩诬”一章是替曹操“翻案”的，“至于说他想做皇帝，或者想他的儿子做皇帝，那更是子虚乌有之谈了。”吕思勉在“替魏延辩诬”中又说，魏延死因并非谋反，而是不愿在诸葛亮死后退兵，想继续伐魏，结果和当时掌握大部分兵权的将领不和，被杀。

除了吕思勉先生提到的这些，《三国演义》中还有诸多与历史“真相”不和之处，如：

《三国演义》中汉献帝查家谱，发现自己小一辈，于是认刘备为“皇叔”，第十二回：“帝排世谱，则玄德乃帝之叔也。……自此人皆称为刘皇叔。”实际上按照小说中的排序推算，汉献帝要比刘备辈分大。汉献帝是汉景帝的第十三世孙，而刘备是第十八世孙，汉献帝要比刘备大五辈。刘备不应该是“刘皇叔”，而是“刘来孙”，比汉献帝的玄孙还要小一辈，叫刘玄德可以，叫刘玄孙都不行。刘备这个人也真会攀亲戚，他自称是汉景帝第七个儿子中山靖王之后，而历史上的中山靖王有120多个儿子，到了刘备的时候，将近三百年过去了，开枝散叶，得有多少后代？所以只要姓刘，你说自己是中山靖王之后，别人要真想去核实，也很难。

《三国演义》中关羽“温酒斩华雄”，历史上此事实际是孙坚所为。虎牢关前刘、关、张“三英战吕布”，历史上并没有此事。这两件事在小说中发生的背景都是袁绍、曹操、马腾、公孙瓒、刘备、孙坚、孔融等十八路诸侯征讨董卓，而历史上讨董卓的时候，只有十三路，孔融、陶谦、马腾、公孙瓒、张杨这五人没有参与，刘关张当时跟着公孙瓒，公孙瓒当时并没有带他们去征讨董卓。

《三国演义》中说吕布中了美人计，因为貂蝉而与董卓闹翻。吕布确实与董卓府中一个婢女有不正当关系，《三国志》：“（吕布）与卓侍婢私通，恐事发觉，心不自安。”但《三国志》《后汉书》中从未出现貂蝉的名字，貂蝉可能是虚构的，其根据大概就是那个婢女。

《三国志》中，曹真、周瑜之死都跟诸葛亮没有关系。小说中说诸葛亮骂死王朗，历史中也并无此事，但王朗确有其人。他在当时德高望重，品评还算不错。《世说新语》记载，王朗到会稽当地方官，发现本地人居然祭祀秦始皇，他觉得秦始皇无道，就把秦始皇的木造像给毁了。他在任期间，非常爱护百姓，“居郡四年，惠爱在民”。当然，王朗也并不是道德完美，《世说新语》中还有一件事情，是讲他和华歆的故事，华歆就是“割席断交”典故中被断交的那个人。华歆和管宁年轻时，形影不离，同榻读书，同床而眠，相处得很和谐。然而有一次，他俩一块儿在菜地里锄草，见菜地里有一小块儿金子，管宁视其与瓦石无异，而华歆却“捉而掷去之”，拾起来看了看，才扔了。又有一次两人同席读书，有“乘轩冕过门者”，即有大官经过，管宁读如故，而华歆却放下书出去看热闹。管宁目睹了华歆的所作所为，再也抑制不住心中的叹惋和失望，等到华歆回来以后，管宁就拿出刀子当着他的面把席子从中间割成两半，表示道不同不相为谋，看不起他。王朗有一次与华歆一起乘船逃难，路上遇到一个人想跟着他们一起走，华歆不愿意多一个累赘，而王朗却说，船这么宽，多一个人无所谓，于是就带上了这个人。结果后来强盗们快要追上了，王朗就要抛弃刚刚带上的那个人，华歆说，我开始不愿意带上他，就担心这种情况出现，但我们既然已经带上他了，怎么能够在危险的时候抛弃他呢？华歆坚决要带着这个人继续逃难，“世以此定华、王之优劣”，世人因此事而知道谁的品行更高一些了。被嫌弃的华歆都比王朗强，可见王朗被后世小说家“黑”，也是有“污点”可寻的。王朗的儿子也很有名，就是王肃，是一位学术大师，唐代时曾配享孔子。能配享孔子的都是孔子的学生颜渊、曾子以及后世大儒孟子等，王肃能入列，可见其地位之高。王肃有两个女儿，一个嫁给了司马昭，另一个嫁给了蒯钧。蒯钧有一个叔伯兄弟叫蒯祺，据传，蒯祺的妻子就是诸葛亮的姐姐，当然，这只是个传说，未必可信。

明刻本《三国演义》插图“华容道”

《三国演义》中说赤壁之战前，周瑜定下苦肉计，打黄盖，一个愿打一个愿挨。实际上在史书中对此并无记载，只说黄盖诈降，交战那天，黄盖坐着带着柴火的“快艇”顺着风就去找曹操玩命，后来，黄盖中箭落水，被士兵们救起。

《三国演义》中说曹操赤壁之战大败后，逃走经过华容道时遇见了关羽，被关羽放了。历史上曹操确实是经过华容道逃回去的，但并没有关羽在那里拦截曹操之事，既没有拦截，就更没有“义释曹操”之事了，一说是刘备负责拦截，《三国志》：“备与瑜等复共追”，可惜没赶上曹操。

《三国演义》中说曹操刺杀董卓不成，佯装献刀，后败露逃走，这个情节也是子虚乌有，《三国志》中说董卓想要与曹操一起干大事，结果曹操可能看不上他，于是就改易姓名，溜了。《三国演义》中有刘关张“桃园三结

明刻本《三国演义》插图“桃园三结义”

义”，这也是虚构的，《三国志》以及裴松之的注解都无此事，但刘备确实与关羽、张飞的关系极为密切。《三国志》说刘备经常和两个兄弟在一张床上睡觉，“先主与二人寝则同床，恩若兄弟”。关于三个人的排行，也一直充满了争议，关羽可能比刘备还要大一岁。这种排行的争议还有我们熟悉的另一个历史与小说人物，就是杨延昭。小说《杨家将演义》中说杨延昭是杨业的第六个儿子，因而又叫杨六郎，不过，历史事实并非如此。《宋史》中记载杨业有七个儿子，杨延昭至少比其中的五位要大，怎么也不会因为排行而叫老六，《宋史》说“契丹惮之，目为六郎”，可见杨六郎本来是辽人对杨延昭的称呼，于是，人们就把他附会为“老六”。为什么敌人怕他就要称他为“六郎”呢？《太平御览》卷六引《大象列星图》说，北斗六星中的第六星主燕。燕地当时是契丹国所在之地，而杨延昭镇守河北正是为了对付契丹，契丹人惧怕他，因而将他比喻为震慑本国的神星，认为他就是北斗中的第六星转世，于是就称他为杨六郎了。

《三国演义》中还有些事确实在历史上发生了，但张冠李戴了，比如鞭打督邮的不是张飞，《三国志》说是刘备所为；火烧博望坡也是刘备所为；给关羽刮骨疗毒的也不是华佗，因为当时华佗已经去世；单刀赴会的不是关羽，而是鲁肃；“草船借箭”的不是诸葛亮，而是孙权［《魏略》记载，“（孙权）乘大船来观军，公（曹操）使弓弩乱发，箭著其船，船偏重将覆，权因回船，复以一面受箭，箭均船平乃还”］；使“空城计”的也不是诸葛亮，而是另有其人。《三国志》中提到赵云曾用过“空城计”，文聘好像也用过。实际上“空城计”早在春秋时期就被人用过，楚国公子元率领众兵攻打郑国的都城，当时郑国向其他诸侯求救，面对强兵压城，郑国为了能在救兵来临之前守住都城，想了一个大胆的策略，大开城门，“县（悬）门不发，楚言而出”（《左传·庄公二十八年》），公子元怕有埋伏就不敢进攻了。在他犹豫不决的时候，诸侯援兵赶到，楚国就退兵了。《三国演义》中有不少情节都借鉴了《左传》，如《左传·僖公二十八年》晋楚城濮之战，晋国将领为了迷惑敌人，就用战车拉着树枝乱跑，这大概是晋国的“祖传手艺”。在《左传·襄公十八年》晋国和齐国之战，晋国为了显示自己的强大，再次用这一招，用战车拉着树枝弄得尘土飞扬，敌人不能辨别虚实。《三国演义》第四十一回说张飞在长坂桥接助七进七出的赵云时，同样用了此计

张飞像　清宫内务府藏

策，“（张飞）教所从二十余骑，都砍下树枝，拴在马尾，在树林内往来驰骋，冲起尘土，以为疑兵”。当然，张飞的这一处情节可能是虚构的，不像《左传》中是实际存在的，《三国志》说“使飞将二十骑拒后，飞据水断桥”，并没有提及他用马拉着树枝扬尘为疑兵之事。另外，他在曹兵到达之前就把桥拆了，也并不是后来戏曲中唱的那样“喝断桥梁水倒流”。

《三国演义》中还有一些事情是把历史夸张了，例如历史上关羽确实曾离开曹操去找刘备，但“过五关斩六将”是没有的事情。《三国志》中记载，曹操说，各为其主，不要追了。《三国演义》说赤壁之战，曹操统领八十三万人马，实际只有二十来万。此外，关羽没有八十二斤重的青龙偃月刀，姜维也没有“胆大如鸡卵”，陆逊也不是被诸葛亮的八阵图吓退的，曹操也未曾被马超追得“割须弃袍”，赵云也没有在长坂坡“七进七出”，诸葛亮没有火烧上方谷，更没有智而近妖“借东风”以及“锦囊妙计”，等等。有夸张了的，也有被低估了的，如张飞，他不仅是一名武将，历史上的他可能还是著名的书法家。对三国的人物形象，历史小说可能有着很大的“颠覆性”，如刘备年轻的时候就是一个“街溜子”，《三国志》说他不喜欢读书，喜欢狗马、音乐、美衣服，好结交豪侠，可能没有《三国演义》说的那么完美；而曹操或许没有小说中说的那么坏，他不仅足智多谋，而且多才多艺。最初曹魏是正统，大约宋代以后尊刘贬曹成为主流，曹操被描绘成了大反派，他的历史功绩远远被低估了。

（元）赵孟頫绘《诸葛亮像》

人们常说《三国演义》“七分实，三分虚”，实际上事实与虚构差不多五五分，其中有诸多文学家们杜撰的故事。另外,《三国演义》中还有许多虚构的人物，如周仓、潘凤、邢道荣、夏侯恩、蔡中、蔡和、关定、关索、刘贤等，这些人在历史上都不存在。像这样被我们误会为历史人物的虚构人物还有不少，如李元霸、罗成、穆桂英，等等。

78.《西游记》中哪些故事是真实历史情况与古人生活的反映？

“四大名著”的内容往往都有着真实历史的依据，如《三国演义》，“七分实，三分虚”，是在三国历史基础上的再创作。《水浒传》虽然杜撰的成分更多一些，但也是有基本原型的，如历史上真的有宋江起义，只不过不是一百零八将，而是三十六个头目。《东都事略》记载一个官员向皇帝的建言就提到了此事，说当时他们横行齐魏，数万官军都拿他们没办法，侯蒙建议皇帝招安他们，让他们去征讨方腊，“宋江寇京东，蒙上书，言宋江以三十六人横行齐魏，官军数万，无敢抗者，不若赦江，使讨方腊以自赎，或足以平东南之乱”。《红楼梦》是一部人情小说，现实主义巨作，其中对古代社会的反映就更多了。而作为浪漫主义神魔小说的《西游记》，其中也有不少真实历史情况以及古人生活的反映。

据学者们考证，《西游记》中很多故事，实际都是对具体历史事件的反映。最明显的，故事主线就是历史上玄奘取经的故事。《旧唐书》记载：“僧玄奘，姓陈氏，洛州偃师人。……”玄奘在西域十七年，撰写了《西域记》十二卷，五十六岁的时候去世，葬于白鹿原。唐释慧立《大唐大慈恩寺三藏法师传》对玄奘的事迹记载得更为详细。胡适《西游记考证》认为“玄奘路上经过的种种艰难困苦，乃是《西游记》的种子……（《大唐大慈恩寺三藏法师传》）记高昌王与玄奘结拜为兄弟，又为他通书于当时镇服西域的突厥叶护可汗，书中也称玄奘为弟。自高昌以西，玄奘以‘高昌王弟’的资格旅行各国。这一点大可注意。《西游记》中的唐太宗与玄奘结拜为弟兄，故玄奘以‘唐御弟’的资格西行，这一件事必是从高昌国这一段因缘脱胎出来的”。《西游记》中的流沙河其实是沙漠的反映,《大唐大慈恩寺三藏法师传》记载:“从此已去，即莫贺延碛，长八百余里，古曰沙河。”胡适指出,《西游记》中八十一难的故事，实际很多都是历史上玄奘取经故事的折射,“第三部分（八十一难）是《西游记》本身。这一部分有四个来源。第一个来源自然是玄奘本传里的记载，我们上文已引了最动人的几段。那些困难，本是事实，夹着一点宗教的心理作用。他们最能给小说家许多暗示。沙漠上光线屈折所成的幻影渐渐的成了真妖怪了，沙漠的风沙渐渐的成了黄风大王的怪风和罗刹女的铁扇风了，沙漠里四日五夜的枯燋渐渐的成了周围八百里的火焰山了，烈日炎风的沙河渐渐的又成了八百里‘鹅毛飘不起’的流沙河了，高昌国王渐渐的成了大唐皇帝了，高昌国的妃嫔也渐渐的成了托塔天王的假公主和天竺国的妖公主了。这种变化乃是一切大故事流传时的自然命运，逃不了的，何况这个故事本是一个宗教的故事呢?”[①]

除了有唐代玄奘真实历史的反映，西游故事成为百回本小说，历经数个时代，所以其中很多情节可能都带有各个时代的烙印，如有学者指出，车迟国国王任用道士、打击和尚，比丘国国王要用1111个小儿的心肝做药引，可能是对迷信道教的嘉靖皇帝的讽刺。因为涉及不同时代，所以我

① 胡适:《西游记考证》，载《胡适学术代表作》，安徽教育出版社，2007年版。

们将古代看成一个“整体”，来探究一下，在《西游记》中，反映了哪些古代的历史与社会生活。

首先，在《西游记》中，有不少内容是古代政治形态的反映。萨孟武《〈西游记〉与中国古代政治》指出，玉帝有“文武仙卿”，佛祖有“三千诸佛，五百罗汉，八金刚，四菩萨”，这是对人世的官僚组织的反映。仙佛要靠人间香火供养，这又是对官僚向百姓收取租税的反映。二郎神是玉帝的外甥，他帮助玉帝降服孙悟空之后，玉帝并没有将他一直留在天庭护驾，而是遣返回灌江口。孙悟空在七七四十九天之后再次造反，玉帝没有再去请二郎神来帮忙，而是直接请佛界人士，萨孟武认为这是古代皇权对外戚忌惮的反映，在古代，内亲外戚一旦有权，无不反戈相向。《西游记》追述唐代的事，唐代的皇帝常借用外兵来平乱，如唐肃宗用回纥平安史之乱，唐德宗用吐蕃以讨伐朱泚，唐末黄巢之乱沙坨李克用来平乱等等，萨孟武认为玉帝借佛祖之力擒拿齐天大圣，是依这种现实情况想象出来的。莲花洞金角、银角念动咒语召唤土地来他们洞府值班，还让山神将三座大山压在孙悟空身上，孙悟空感慨：“苍天！苍天！自那混沌初分，天开地辟，花果山生了我，我也曾遍访明师，传授长生秘诀。想我那随风变化，伏虎降龙，大闹天宫，名称大圣，更不曾把山神、土地欺心使唤。今日这个妖魔无状，怎敢把山神、土地唤为奴仆，替他轮流当值？天啊！既生老孙，怎么又生此辈？”这些土地、山神只听符咒对不对，而不管发命令的人是正是邪，山神、土地犹如人世的乡官，地位甚低，平时习惯了听命，萨孟武说：“文人所描写的小说必不能离开现实社会。”[①]

其次，在《西游记》中，除了官方政治文化，还有古代真实江湖文化

① 萨孟武：《〈西游记〉与中国古代政治》，北京出版社2016年版。

的体现。林庚《西游记漫话》[1]中指出，孙悟空大闹天宫的情节设置，从观众的角度来看，是一种市民审美趣味的体现，和“三言”中《宋四公大闹禁魂张》宋四公与赵正、侯兴师徒大闹东京，《七侠五义》白玉堂闹东京的故事相似。孙悟空最大的本事是“偷”，这与《神偷寄兴一枝梅》的审美趣味也是一致的，“这就说明这样一个大闹天宫的形象原是以市民心目中的英雄好汉为生活依据的”。《西游记》第八十四回，唐僧师徒装扮成走江湖的客商，结果遇到了黑店打劫，这实际上是古代客商闯江湖的反映。在古代，客商闯江湖，遇到风险，有时候曝出保护者的名字，可以避免灾祸，有些江湖侠士具有震慑作用。对此，《西游记》也有反映。《西游记》第二十七回“圣僧恨逐美猴王”谈到，孙悟空临行前嘱咐沙僧“倘一时有妖精拿住师傅，你就说

清人绘《西游记》

① 林庚:《西游记漫话》，北京出版社 2004 年版。

老孙是他大徒弟，西方毛怪，闻我的手段，不敢伤我师父”。孙悟空大闹天宫，为其打下了一个好汉的名声，这就是他此后西天之行的本钱，而西天之行又处处带有江湖社会的色彩，如蒙汗药、买卖人肉的黑店、土匪抢亲等。《西游记》中孙悟空戏弄猪八戒与《水浒传》中鲁智深戏弄周通的故事相似，小霸王周通要抢亲，鲁智深恰好到刘太公家借宿，于是假扮小姐姐，在床上打跑周通。场面极度辣眼睛，鲁智深赤条条压在周通身上，周通跑了，扬言再来。刘太公像高太公一样，希望能斩草除根，最终结局是放弃娶亲，二者和解。孙悟空路见不平、拔刀相助反映的又是江湖好汉的品格，如在朱紫国主动要求给国王治病，听说其王后被赛太岁捉去了，又主动请缨去降妖；在比丘国，驿站主人让他们快赶路，孙悟空却执意要搭救众儿童；在镇海寺，他要去降老鼠精，唐僧都埋怨他“多管闲事”，耽误了自己的行程，等等。

再者，在《西游记》中，还有民俗文化的体现。《西游记》第四十三回观音菩萨收服红孩儿的时候，用金箍套在了红孩儿的颈项和手足上，孙悟空开玩笑说：“我那乖乖，菩萨恐你养不大，与你戴个颈圈镯头哩。”孙悟空的这句话，是对古代器物功能的一个借鉴，颈圈镯头是从五色缕以及长命锁发展而来的一种给小孩子戴的装饰，一般上面刻有“长命百岁”等字。据说给小孩子佩戴这样的装饰，可以保佑他们平安长大。

在收八戒的时候，孙悟空打进了云栈洞的大门，八戒说他打破人家大门，是犯了死罪，孙悟空说：“这个呆子！我就打了大门，还有个辨处。像你强占人家女子，又没个三媒六证，又无些茶红酒礼，该问个真犯斩罪哩！”这反映的是古代的社会，要想娶亲，得有三媒六证，还得有“茶红酒礼”。从宋代开始，茶就是一项重要的聘礼。你送了茶，对方接收了，才意味着对方答应了婚事。

古代，人们认为天上有九星：妖星、惑星、禾刀、煞贡、直星、卜木、角己、人专、立早。这九星有吉有凶，每日有一星值班，轮流反复。《西游记》中唐僧取经出发前，唐太宗命人给他选定一个吉日，原文曰："有钦天监奏曰：'今日是人专吉星，堪宜出行远路。'唐王大喜。又见黄门官奏道：'御弟法师朝门外候旨。'随即宣上宝殿道：'御弟，今日是出行吉日。这是通关文牒。朕又有一个紫金钵盂，送你途中化斋而用。'"唐僧取经选日子，选了一个"人专"吉星值班的日子，这是对古代吉凶历法的反映。

古代寒食节有扫墓的习俗，但唐以后，又流行扫墓烧纸，寒食本来禁火，这就冲突了。因为清明节与寒食节离着近，所以扫墓的习俗就转移到了本是二十四节气之一的清明节，明代以后，寒食节开始消亡，扫墓祭祖"名正言顺"地成了清明节的习俗。在《西游记》中，就反映了这种情况。第八十回金鼻白毛老鼠精变成一个女子，骗唐僧说自己在荒郊野外的原因是清明和家人来扫墓，遇到了强盗，"时遇清明，邀请诸亲及本家老小拜扫先茔（yíng，即坟墓），一行轿马，都到了荒郊野外。至茔前，摆开祭礼，刚烧化

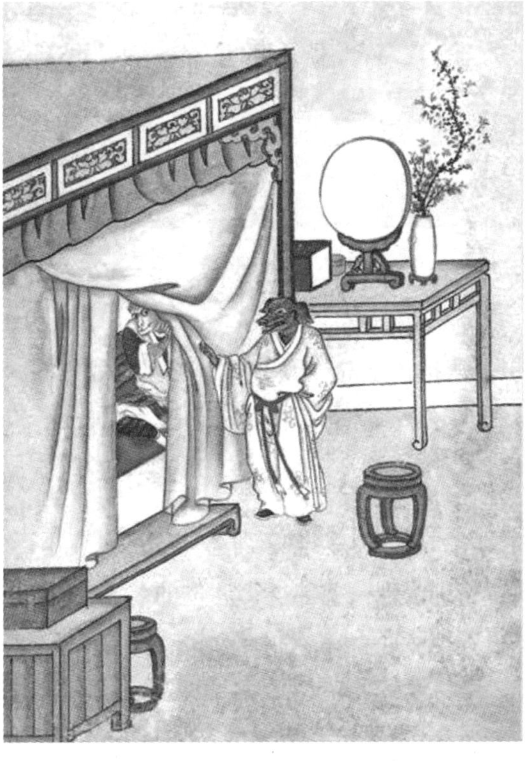
清人绘《西游记》

清人绘《西游记》

纸马，只闻得锣鸣鼓响，跑出一伙强人，持刀弄杖，喊杀前来，慌得我们魂飞魄散……”唐僧上当，认为她是良家妇女，后被其捉到了陷空山无底洞，被逼着成亲。

古人有一种认识，认为人的名字、图像跟人的灵魂是一体的。民间认为，弄个小人模型，写上对方名字，用针扎它，对方就会感觉到疼痛，就是这种信仰的反映。另外在民间，流传着“叫魂”的习俗，如果一个小孩子精神萎靡，大人们往往就会认为这是孩子的“魂丢了”，得想办法把孩子的“魂”找回来，最常见的叫魂方式就是由母亲抚摸着孩子的头，或者拿着孩子贴身的衣物，在孩子经常活动的地方呼唤孩子的名字，这实际上正是传统中“名字”与人为一体这种思维方式的反映。《西游记》第三十五回有个斗法的场面，银角大王的“我叫你一声，你敢（答）应吗”，大家耳熟能详，叫你的名字，你要是答应了，就会被装进葫芦里，也是对这种民俗的反映。但《西游记》这里似乎有一个漏洞，就是叫假名字，一旦答应了，也会被葫芦装进去。另外，《西游记》中也有例证体现了民间信仰中，图像对人的巫术控制。同是这一难，金角大王、银角大王让

清人绘《西游记》

小妖们拿着画像在路上等着师徒四人，“却说八戒运拙，正行处，可可的撞见群魔，当面挡住道：‘那来的甚么人？’呆子才抬起头来，掀着耳朵，看见是些妖魔，他就慌了，心中暗道：‘我若说是取经的和尚，他就捞了去，只是说走路的。’小妖回报道：‘大王，是走路的。’那三十名小怪，中间有认得的，有不认得的，旁边有听着指点说话的，道：‘大王，这个和尚，像这图中猪八戒模样。’叫挂起影神图来。八戒看见，大惊道：‘怪道这些时没精神哩！原来是他把我的影神传将来也！’”猪八戒说自己最近没精神，是因为被别人画了像。古人认为，画像会将人的一缕魂魄附过去，这个情节也有着现实文化的借鉴与反映。

《西游记》中还有不少对宗教信仰的反映与借鉴，如我们熟悉的太上老君、玉皇大帝、托塔天王，等等。

总的来说，如果以“文史互证”的方法读《西游记》，你会发现，作为文学作品的《西游记》，其中有着诸多历史事件以及古代社会生活的反映。

79.《水浒传》中哪些习俗是有历史依据的？

《水浒传》虽然是小说，但很多描述都是有着历史依据的，如宋江的事迹，《宋史纲》记载宋江在淮南为盗，后来被张叔夜击败而招安，“淮南盗宋江掠京东诸郡，知海州张叔夜击降之”《宋史目》。记载宋江带领三十六个头目横行河朔，采取流动作战的形式（这与小说中说他们聚集在梁山水泊不同），劫略数十郡。一个叫侯蒙的大臣建议皇帝将他们招安，让他们去打当时更大的匪患方腊，结果侯蒙还没来得及实施这个策略就去世了。后来张叔夜在海州（今属江苏连云港）碰到了宋江等人，张叔夜设下埋伏，断了宋江等人的后路，“贼闻之，皆无斗志”，最后张叔夜将宋江降服招安了。这一年是宣和四年，而宣和三年的时候，方腊已经被收拾完了，也就用不到宋江去打方腊了，宋江可能被封了个官职，但具体是什么，史书没有记载。所以说《水浒传》中虽然有些以历史为背景的情节，但小说与历史的记载有时并不完全相符。再如，范仲淹是1052年去世的，而《水浒传》开篇说“嘉祐三年三月三日五更三点”仁宗上朝，参知政事范仲淹启奏，“嘉祐三年”是1058年，范仲淹这时候实际已经去世六年了。当然，我们知道，范仲淹在历史上确有其人。其实除了宋江、范仲淹，《水浒传》

传为北宋苏汉臣所作《货郎图》中簪花的货郎

中提到的高俅、童贯、蔡京、李师师等，在历史上也都确有其人。

《水浒传》除了借鉴了一些真实的历史事件与人物，其中还有很多描述都是社会风俗的真实反映。

如“簪花”,《水浒传》中共出现了28次簪花现象，如刽子手蔡庆一生都爱簪花,“金环灿烂头巾小，一朵花枝插鬓旁”，所以人们称呼他为“一枝花”蔡庆；浪子燕青“腰间斜插名人扇，鬓间常簪四季花”，杨雄“鬓边爱插芙蓉花”，阮小五“鬓边插朵石榴花”。《水浒传》中描写某个人出场簪着某花，往往有着提醒时间的作用。石榴花五月盛开，文中提到蔡京的生辰是六月十五,“石榴花”就暗示六月快要来了，于是就有了后边阮氏三雄参与的“智取生辰纲”,“生辰纲”就是给蔡京运送的生日礼物；第七十二回回目为“柴进簪花入禁苑，李逵元夜闹东京”，柴进问王班直为何头上戴着翠花,“至半酣，柴进问道：‘观察头上这朵翠花何意？’那王班直道：‘今上天子庆贺元宵，我们左右内外共有二十四班，通类有五千七八百人，每人皆赐衣袄一领，翠叶金花一枝，上有小小金牌一个，凿着‘与民同乐’四字，因此每日在这里听候点视。如有宫花锦袄，便能够入内里去。’”原来簪的这个花是正月十五进宫的凭证；第八十二回，写梁山好汉被招安后，“宋江等俱各簪花出内”，按照《宋史》的记载，官员们都要簪花，所以这里说宋江招安后，参加完天子的筵席，簪着花出来。杨倩丽《论宋代御宴簪花及其礼仪价值》一文指出，“御宴簪花”是在宫廷设宴之时，以皇帝名义赐予群臣宫花，并簪戴于头上，以示荣宠。宋真宗时期御宴簪花已经颇为流行，皇帝和大臣皆以簪花为时尚，宋人喜好牡丹，御花皆以牡丹为主。御宴簪花礼仪盛行于两宋，是当时朝廷宣扬太平盛世、体现皇恩的手段之一。宋代，在宫廷内簪什么样的花，是一种等级符号，《宋史·舆服五》：“罗花以赐百官，栾枝，卿监以上有之；绢花以赐将校以下。”从这样一条记载又可以看出，古人所簪之花，有真花也有假花。

晚唐五代以前簪花多为女性，唐代周昉还有一幅《簪花仕女图》流传于世，女子们簪有牡丹、荷花、芍药。唐代男子有时候也簪花，但一般在特殊的节日或者场合，如重阳节的“遍插茱萸少一人”。到了宋代，男子簪花大为盛行，上到宫廷、士大夫，下到平民百姓，无论老少，都喜欢簪花。在《梦溪笔谈·补笔谈》中记载了“四相簪花”的故事。据说韩琦在做地方官的时候，有一天院子里的芍药一枝上恰好开了四朵花，于是他请来三位好朋友王珪、王安石、陈升之（据说刚开始没有请陈升之，恰好被请的那个人没来，陈升之来了）。他和三位好友各自簪花一朵，结果在三十年内，四个人都做了宰相。这个故事在古代非常流行，簪花也就因此而有了吉祥富贵的寓意。年轻人喜欢簪花，老年人也可簪花。簪花还是一种风流倜傥的象征，欧阳修曾写到老年簪花醉舞的一种潇洒，“堤上游人逐画船，拍堤春水四垂天。绿杨楼外出秋千。白发戴花君莫笑，六幺催拍盏频传。人生何处似尊前！”苏轼也曾写到簪花的风尚，“人老簪花不自羞，

（唐）周昉《簪花仕女图》 辽宁省博物馆藏

花应羞上老人头。醉归扶路人应笑，十里珠帘半上钩”。南宋有位画家画《香山九老图》，就给九个老头中的一位簪上了花，正可对应欧阳修、苏轼这两首老年簪花、表现“老来俏”的诗词。

《水浒传》中提到七位好汉都有纹身，如“九纹龙”史进，史太公向“神龙见首不见尾”的王进介绍自己的儿子史进时说，“老汉的儿子，从小不务农业，只爱刺枪使棒。母亲说他不得，呕气死了。老汉只得随他性子，不知使了多少钱财，投师父教他，又请高手匠人，与他刺了这身花绣，肩臂胸膛，总有九条龙，满县人口顺，都叫他做九纹龙史进”。还有“花和尚”鲁智深，“因他脊梁上有花绣，江湖上都呼他做花和尚鲁智深”。短命二郎阮小五胸前刺着“青郁郁一个豹子”，病关索杨雄“蓝靛般一身花绣”，双尾蝎解宝“两只腿上刺着两个飞天夜叉”，花项虎龚旺“浑身上刺着虎斑，脖项上吞着虎头”。最好看的纹饰还是浪子燕青身上的，“这人是北京土居人氏，自小父母双亡，卢员外家中养的他大。为见他一身雪练也似白肉，卢俊义叫一个高手匠人，与他刺了这一身遍体花绣，却似玉亭柱上铺着软翠，若赛锦体，由你是谁，都输与他”。后来李师师看了，都忍不住要摸一摸。

从唐末五代到两宋，纹身往往与军队有关。“刺配”是纹身的一种，在脸上刺字充军的罪犯，是宋代军队的重要组成部分（也因此士兵往往没有

日本江户时代歌川国芳绘 九纹龙史进与花和尚鲁智深等

荣誉感，这与春秋时期贵族当兵大大不同，北宋军事薄弱大概与此有关），不仅罪犯纹身，后来发展为凡是参军的几乎都要纹身，主要目的是防止士兵逃亡。在北宋中期以前，纹身还被歧视为恶少年的象征，到了北宋后期，这种看法发生了改变，纹身成为反社会主流、体现胆量与勇气的一种方式。纹身在一些底层人群中极为盛行，宋代高承《事物纪原》记载说，“今世俗皆纹身，作鱼、龙、飞仙、鬼、神等像，或为花卉、文字”。而且宋代还有纹身爱好者社团，叫“锦体社”。纹身的工作者叫“针笔匠”或“针墨匠”，他们还发明了擦除纹身的方法，以及改刺的方法，纹身这一行可以说在两宋非常有市场。

《水浒传》中还有很多内容都是历史现实的反映，如《水浒传》中说高俅以蹴鞠发迹，也是有史可寻的。在宋代，蹴鞠确实大为流行，从宋太祖开始，王室就喜欢这项运动。《宋史·乐志》记载，重大的节日要有专门的蹴鞠表演，《宋史·礼志》记载，踢球的时候还有礼乐伴奏，尤其是射门

（宋）张择端《清明上河图》局部 故宫博物院藏

的时候，如果射中了，就会锣鼓喧天、鼓乐齐鸣。《水浒传》中提到了宋徽宗的花石纲被杨志沉入了河中，“纲”指成批运送货物的运输团队，“花石纲”就是运送花木石头的组织，当时往往将十艘船称为一纲。据史书记载，搜罗天下的花木怪石、“花石”的纲运就是起源于宋徽宗时期。大家常注意到《水浒传》中，好汉们喜欢吃牛肉，实际上《水浒传》中也多次提到了羊肉，如第二回史进拜师，太公叫庄客杀了一只羊，安排酒食果品之类；第二十三回，宋江见到柴进，柴进也是请他吃羊肉；第三十二回，宋江到了清风山，吃羊肉吃到五更。在宋代，确实是以羊肉为上品肉的。《清明上河图》中最大的一家饭店就是卖羊肉的孙羊正店……诸如此类，小说与历史之紧密关系还有很多，不再一一赘述。

80. 情僧是顺治？索隐派认为《红楼梦》影射了怎样的历史事件？

很多人对“四大名著”的了解主要是通过影视剧，像86版的《西游记》、87版的《红楼梦》、94版的《三国演义》、98版的《水浒传》都是经典。我建议大家有时间再读一读原著，因为单从情节上来说，影视剧和原著就有不少不同的地方，如电视剧《水浒传》中，“武松单臂擒方腊”，实际在原著中，擒拿方腊的是鲁智深。电视剧《红楼梦》与原著也有很多差异，如“冷子兴演说荣国府”，这一回在小说中是十分重要的，电视剧却忽略了。北京师范大学的李山老师在《有声有色说“红楼”》一书中指出了电视剧不少不应该忽略的小说细节，如：电视剧中贾雨村断案，展现贾雨村虚张声势的情节很有意思，可是有一个小细节遗漏，却不能不说是个遗憾。那就是案子结束，贾雨村对贾府有了交代后处理小和尚的事。小说写道，贾雨村在给贾府写了薛蟠案平安信后，忽然想到这小和尚（也就是今日之“门子”），想到这次办案的细节小和尚是都知道的，“又恐他对人说出当日贫贱时的事来”，“心中大不乐业，后来到底寻了个不是，远远地充发（充军发配）了他才罢”。这才是贾雨村的“腹黑”。害得小和尚发配充军，不为别的，只因为他知道自己的底细。为掩盖自己的过去，不惜对别人下狠手，这才是贾雨村的人品。又如，小说说王熙凤协理宁国府的时候，是让人念账单的，表现王熙凤不认识字，而电视剧却演她手持明细单子看了以后说不对。《有声有色说“红楼”》指出，曹雪芹让这位“金陵王”家出身的贾府当家奶奶“不识字”，用意是颇深的。古语说“刘（邦）项（羽）原来不读书”，又古人有所谓“不学而有术”者，古今多少事，就“成也萧何败也萧何”地在这类人物手中呢！王熙凤就属这类人物，所以在表现王熙凤时，识不识字很重要，是错不得的。电视剧《红楼梦》与原著最大的不同，就是结尾，结尾并不是用高鹗续写的结局，而是根据“红学”家们的研究成果进行的改编。那么，什么是“红学”呢？

自曹雪芹《红楼梦》问世以后，对《红楼梦》的研究蔚为大观，已经发展为专门的学问，人们称之为“红学”。从研究方向上来说，“红学”最主要的两个派别，一是考证派，一是索隐派。考证派主要考证《红楼梦》成书过程，以及《红楼梦》的版本、思想内容、人物艺术等，胡适的《红楼梦考证》就是这一类作品，考证派后来发展出曹学、脂学、版本学、探佚学等分支；索隐派主要是想透过文字，分析出作者想隐藏的“真人真事”，蔡元培的《石头记索隐》就是这一类作品。“索隐”出自《周易·系辞上》：“探赜索隐，钩深致远”，索谓求索，隐谓隐藏，索引就是求索隐藏内容的意思。孙勇进老师《索隐、考证以及索隐派红学》（《南开大学学报》2018 年第 5 期）指出：“凡视文本为伪装，在文本内各意义单元和文本外各对象间建立映射关系，并将其推定到作者意图层面，以索解此意图为阐释之根本目标，即为索隐，亦方为索隐。”

近代以来，影响最大的索隐派代表人物大概就是蔡元培了。蔡元培在《石头记索隐》中指出，这本书实际是清康熙朝的政治小说，作者是在“吊明之亡，揭清之失”，即这本书的主旨是怀念明朝，揭露清朝之过失。他提到宝玉爱红的毛病，红即是朱，是汉人朱明王朝的象征，所以这是暗示满人爱汉族文化；宝玉在大观园中的住处叫“怡红院”，也是爱红之义，等等。蔡元培将《红楼梦》中的诸多人物都与康熙时候的著名文人们对号入座，如他说，探春影射的是康熙时一个叫徐乾学的人，他名字里有个“乾”，《周易》“乾”卦对应数字“三”，所以小说中叫他“三姑娘”，徐乾学科举还是探花，所以在小说中，给他改名为“探春”。又如惜春，影射的是一个叫严荪友的人，严荪友号藕渔，所以小说作者让惜春住藕榭，诗社中又以藕榭为号，“探春，影徐健庵也。健庵名乾学，乾卦作三，故曰三姑娘，健庵以进士第三人及第，通称探花，故名探春。健庵之弟元文入阁，而健庵则否，故谓之庶出。”“惜春，严荪友也，荪友为荐举鸿博四布衣之一，故曰四姑娘。荪友又号藕渔，亦曰藕荡渔人，故惜春住藕榭，诗社中即以藕榭为号。”蔡元培主要是搜集康熙朝文人的人名、逸闻逸事以及品性与《红楼梦》中的人物进行对照，对得上的就一一比附。这个工作也很不容易，你首先得对很多古人熟悉，然后还能发生联想。

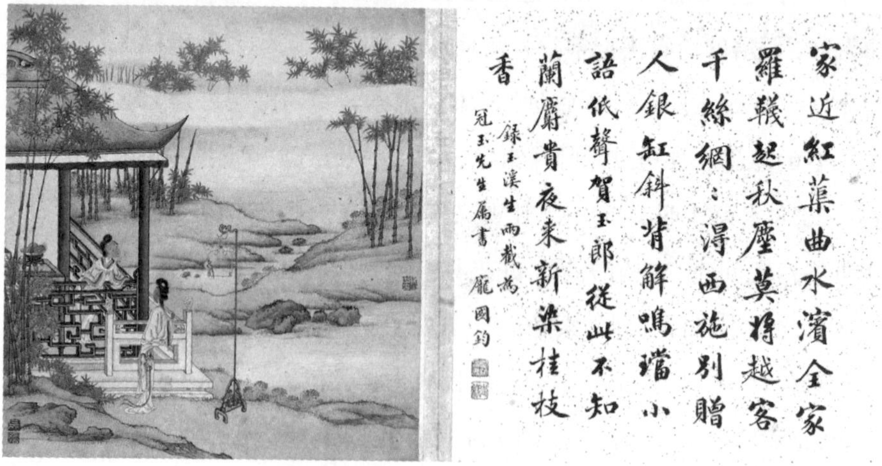

（清）喻兰《红楼梦人物册页》 上海博物馆藏

在蔡元培之前，就已经有索隐派文章了。鲁迅说索隐派，“发端于徐时栋，而大备于蔡元培《石头记索隐》”。徐时栋（1814—1873）曾提出《红楼梦》反映的是康熙时期明珠的家事，“小说《红楼梦》一书，即记故相明珠家事。金钗十二，皆纳兰侍御所奉为上客者也。宝钗影高澹人，妙玉即影西溟先生。妙为少女，姜亦妇人之美称，如玉如英，义可通假。妙玉以看经入园，犹先生以借观藏书就馆相府。以妙玉之孤洁而横罗盗窟，并被以丧身失节之名，犹先生之贞廉而瘐死圜扉，并加以嗜利受赇之谤，作者盖深痛之也。”（引自钱静方《红楼梦考》，陈康祺《燕下乡脞录》卷五亦载）。明珠做过康熙时期的宰相，后来被抄了家，之后又被任命为内大臣。人们认为明珠就是《红楼梦》里的贾政，明珠的儿子是纳兰性德，即纳兰容若，他非常有才华，人们认为其与贾宝玉很像。纳兰容若曾哀悼其妻子，人们认为宝玉哀悼黛玉大概来源于此。《红楼梦》反映的是明珠家家事这一说法据说在乾隆时期就有了。另外，在乾隆时期还有说反映的是金陵张

（清）费丹旭《十二金钗图》 北京故宫博物院藏

侯家的家事（周春《阅红楼梦随笔》，1794年）。

钱静方（1875—1940）《红楼梦考》总结了不少晚清索隐派的观点。他说有人认为《红楼梦》影射的是顺治、康熙八十年间的历史（邓狂言《红楼梦释真》认为《红楼梦》包含了明末到清乾隆时期的历史，历史跨度更大），宝玉不是人，而是玉玺，林、薛二人争宝玉，就是康熙的儿子们争帝位，“有谓红楼一梦乃影清初大事者，林、薛二人争宝玉，即指康熙末允禩诸人夺嫡事。宝玉非人，寓言玉玺耳，故著者明言顽石也。黛玉之名，取黛字下半黑字与玉字相合，去其四点，则代理二字。代理者，代理密亲王也。和硕理密亲王名允礽，为康熙帝次子，故以双木之林字影之。犹虑阅者不解，又于迎春名之曰二木头，盖迎春亦行二也。袭人为宝钗之影，写宝钗不便尽情极致，乃旁写一袭人以足之。袭人者，龙衣人，指世宗宪皇帝允祯也。海外女子，指延平王郑氏之据台湾。焦大指洪承畴，观其醉后自表战功，与承畴之为清效力者近似。妙玉乃指吴梅村，走魔遇劫，即状其家居被迫，不得已而出仕。梅村吴人，妙玉亦吴人，居大观园自称槛外人，寓不臣之意。王熙凤指宛平相国王熙。康熙一朝，汉大臣有权者，熙为第一。书中明言熙凤为男子也。此说旁征曲引，似亦可通，不可谓非读书得间。所病者举一漏百，寥寥钗黛数人外，若者为某，若者为某，无从确指”。孙静庵《栖霞阁野乘》持此说。后来寿鹏飞《红楼梦本事辨证》（1927年）认为《红楼梦》反映的是康熙时期九子夺嫡的故事，延续的就是这种说法。他指出通灵宝玉上的“莫失莫忘，仙寿恒昌”，影射的是玉玺“受命于天，既寿永昌”，他还指出贾母的原型就是康熙，“史太君者，康熙帝影子也。……亦称贾母者，言伪朝元母也。康熙仁慈，宜称众母。太君既居最高地位，而所爱护者惟此宝玉，所以喻康熙帝之宝爱其帝座宝位，无所不至也。爱宝玉而不肯即以黛玉配之者，喻帝之不肯轻立储贰，以宝位畀胤礽也。太君备致五福宽厚有阅历，非影康熙帝而何？”他还指出，林黛玉的原型就是康熙的废太子，即第二个儿子胤礽，林是两个木，“木”是“十八”的组合，两个木就是两个十八，即三十六，对应着康熙的三十六子，“胤礽为皇二子，故姓林。林者二木，二木云者，木为十八之合，两个十八为三十六，康熙三十六子，恰合二木之数。而理王为三十六子中之一人也。黛玉者，乃代理二字之分合也，分黛字之黑字与玉字合，而去其四点，则为代理二字，明云以此代理亲王也。全书描写黛玉处，直将胤礽一生遭际及心事，曲曲传出。而康熙帝始爱胤礽，后生憎恶，口吻毕肖。作书本旨全在于是。而仍浑然不露，所以为奇文也”。黛玉是太子，宝玉是玉玺，黛玉与宝玉，就是太子想要玉玺而不得。

钱静方《红楼梦考》还提到，还有人认为《红楼梦》实际反映的是顺治与董小宛的故事，“近人又谓《红楼》一名《情僧录》，情僧指清世祖。世祖纳冒氏之妾董小宛为妃，小宛早卒，世祖伤感不已，遂遁五台为僧，《红楼》之作，刺世祖也”。王梦阮《红楼梦索隐》（1913 年刊）持此说。王梦阮认为顺治就是情僧，黛玉就是董鄂妃，即江淮名妓董小宛。他指出这样几点相似之处：顺治统治了十八年，宝玉正好十九岁出家；宝玉名玉，故其一辈人皆从玉，玉旁写作“王”，暗示是王者之家，小宛是苏州人，黛玉也是苏州人，小宛游金山时，人以为江妃踏波而上，故黛玉号“潇湘妃子”，实从“江妃”二字得来，等等。

蔡元培的《石头记索隐》发表之后，就受到了胡适的质疑。胡适《红楼梦考证》举出证据确认前八十回作者为曹雪芹，胡适以曹家的接驾、抄家之事考证《红楼梦》，认为《红楼梦》一书是“曹雪芹破产倾家之后，在贫困之中做的”，“是一部隐去真事的自叙：里面的甄、贾两宝玉，即是曹雪芹自己的化身”。胡适反驳了蔡元培《红楼梦》是“清康熙朝政治小说”和“排满说”的说法，也反驳了“清世祖董小宛爱情故事说”“明珠家事说”等。考证派在与索隐派的论战中，占据了上风。但索隐派并没有因此而销声匿迹，仍有不少学者以索隐的方式解读《红楼梦》。

索隐派认为小说背后一定隐藏着一个历史的本事，作者是有意将其隐藏起来了，他们认为书中也多次点出这一点，如“甄士隐”就是“真事隐”，“贾雨村”即“假语存”，第一回借空空道人与石头的对话又故意强调这个故事“无朝代年纪可考”，仿佛又是在暗示读者“此地无银三百两”。总的来看，索隐派钩沉历史，主要将《红楼梦》视为这样几个历史故事的反映：一是明清易代的事情（刘铄《红楼梦真相》指出，贾不假是指明朝，“贾王薛史”，就是明亡血史），一是清初顺治与董小宛，一是顺治夺弟妻说，一是康熙时期明珠家故事，一是康熙朝政治状态，一是康熙九子夺嫡说，一是雍正政治黑幕，一是傅恒家事说，一是和珅成败说（《谭瀛室笔记》中说，和珅自正妻以下，还有二十四个如夫人，即正副十二钗，和珅还有个少子叫玉宝，和珅也被抄家了，和珅有很多与《红楼梦》相合的事情），等等。

索隐派难免有牵强附会的地方。实际只要将作者生平考证出来，很多索隐派的说法也就站不住脚了。考证派也主要是靠这样的方式击退索隐派的。索隐派要想扳回来一局，就得先论证《红楼梦》的作者有问题。实际上时至今日也确实有一部分索隐派学者是从这一角度进行回击的：考证派倾向于《红楼梦》是曹雪芹家族的“自传”，反映的就是他们家的事情，这是不是也是“索隐”呢？考证派考证的曹雪芹的年龄与曹家被抄家的事件越来越有矛盾，曹雪芹似乎在很小的时候（大约四岁），家就被抄了，他是怎么回忆起当年的一砖一瓦、一草一木的呢？另外，贾宝玉的原型真的是曹雪芹本人吗？曹雪芹如此自曝家丑，真的有可能吗？作者为何对贾府有这么大的恶意呢……还有一部分索隐派学者选择了一种具有隐蔽性的策略性回击，他们将考证派与索隐派结合了起来，他们承认《红楼梦》的故事是与曹雪芹有关，但同时也有着另一个故事，如赵同《红楼猜梦》（1980 年）认为《红楼梦》中有曹雪芹的家事，同时也有国事，宝玉影射的就是太子允礽（胤禛当了雍正皇帝之后，“胤”成了须避讳之字，胤礽改名为允礽）；霍国玲《红楼解梦》（2006 年）是将曹雪芹家事与雍正时期反清复明结合起来；刘心武《刘心武揭秘红楼梦》认为曹家衰落因为藏匿了康熙时期两度被废的太子胤礽的女儿，而她就是《红楼梦》里的秦可卿，以秦可卿为中心，刘心武开启了“红楼”大揭秘，等等。

总之，索隐派想要达到的目的是通过人物的比附，寻求小说背后“历史的真实”。实际考证派有些研究也是要达到历史的真，如考证《红楼梦》中的风俗、器物，等等。相较之下，考证派的路数似乎更正规、科学一些，猜测少一些，可靠性要更高一些。

81. 中西方那些相似的故事：中国也有灰姑娘的故事？

中国古代有不少与西方相似的故事，如西方 11 世纪左右开始流行的灰姑娘的故事，在中国 10 世纪之前的唐朝就有了，《酉阳杂俎》记载：

南方有个传说，在秦汉之前，某地以“洞”为社会组织，有个某洞的一家之主姓吴，当地人称呼他为“吴洞”。他有两个老婆，其中大老婆去世前留下一个女儿叫叶限，这孩子从小就非常聪明，手也很巧，她能用金线做出华美的衣服，吴洞非常宠爱这个女儿。可惜，过了几年后，吴洞也死了，吴洞的小老婆成了一家之主，叶限因为不是她亲生的，而被嫌弃，这个后母常常故意为难她，折磨她，让她干一些苦活，如到险峻的高山上砍柴，去危险的深潭边汲水，等等。叶限有一次在打水的时候，偶然得到一条两寸来长，长着红色脊鳍、金色眼睛的鱼，她把这条鱼偷偷养在了一个盆中。不想，这鱼长得很快，一天天长大，养它的容器也随之越换越大，最后大得实在没有容器可以盛放它了，叶限就把它养在了后院的一个水池当中。叶限经常把自己省下来的食物拿去喂它，这条鱼只有见到叶限的时候才会出现，别人来了，它从不露出水面。后来叶限养鱼的事情还是被她的后母知道了，她的后母就想着把这条大鱼炖了。为了逮住这条鱼，她跟叶限说，我给你做了件新衣服，把你的旧衣服换下来吧。拿到叶限的衣服后，又支开她去远处打水。后母来到池边，大鱼见到其手中的衣服，以为叶限来了，不想刚一露头，就被这个后母逮到了。这个歹毒的后母把这条鱼做了菜吃了，据说味道很鲜美，她还把鱼骨藏在了粪坑里。过了一天，叶限像往常一样去喂鱼，可怎么也见不到那条大鱼出来，她预感大鱼可能遭遇了毒手，于是跑到郊外独自哭泣起来。忽然有一个披头散发、穿着布衣的人从天而降，安慰她说，你别哭了，我知道你的大鱼去哪了，它很可怜，已经被你的后母和她的亲生女儿们吃了，它的骨头被扔在粪坑里，你去找一找，把骨头藏在你的小屋子里，如果你需要什么，你可以对着鱼骨头祈祷，它就能帮助你。叶限照着他说的做了，把骨头找回来，尝试着许愿，希望有些吃的和穿戴的，果然就凭空变了出来，很神奇。这个地方每年都有一个“洞节”（现在广西也有侬洞节、侬峝节、侬垌节、垌节、峝节等称呼），过节的时候，后母带着自己的亲生孩子去参加，而留叶限看家。等后母走远了，叶限向鱼骨祈祷，得到了翠鸟羽毛装饰的衣服、金银丝线制成的鞋子，非常漂亮，她穿戴好，也偷偷去参加节日盛会。不想在会场上，遇到了后母的亲生女儿。后母的亲生女儿对其后母说，刚才看到一个穿着华丽的女子，好像是我的姐姐。后母过去一看，也觉得像，叶限怕被发现，就匆忙从会场逃走，结果慌乱中落下一只鞋子，这只精美的鞋子后来被一个洞人所得。后母为了验证其是否是叶限，急忙赶回家，到家之后，发现叶限就在院子里的树下面睡觉，因此打消了怀疑。叶限居住的地方，临近一个海岛，这个海岛上有一个强大的国家，叫陀汗。那个捡到金线鞋子的洞人将鞋子卖给了陀汗国的商人。这只轻如羽毛，踩在石头上都没有声音的神奇鞋子，作为宝物，几经辗转，最后到了陀汗国国王的手中，国王想找到这只鞋子的主人，他找了很多人来试，甚至让全国的女子都试了一遍，却没有一个合适的。后来他又拘捕了卖鞋子的洞人，严刑拷打，却也无从得知究竟是怎么来的。后来国王将寻找的范围扩大，不局限于自己的国土，派人到某洞各户人家中搜查，终于找到了叶限，鞋子正合适，叶限穿上翠羽衣、金丝鞋，国王被其宛如仙女的美貌震惊，一见钟情，叶限将自己得鱼骨之事告诉了国王，国王就带着鱼骨与叶限一起回国了。而叶限的后母呢？不知为何，偶然的一天，其后母及其后母的女儿们突然被飞来的石头击中而死，大概是大鱼在报仇吧。人们挖了个石坑将她们埋起来，给这个地方取了个名字叫“懊女冢”。看看吧，后母虐待女儿就是这个下场。另外，再说陀汗国国王，他将叶限带回国后，封为第一夫人。因为有了鱼骨，国王变得越来越贪婪，已经靠着鱼骨，得到了无数珍宝，他还变本加厉地祈祷，希望更多，可第二年，鱼骨就不再显灵。于是他就抛弃了鱼骨，将其葬在了海边。他还将以前得到的珍宝藏在了鱼骨旁，为了能找到，他用金子做了一个标记。后来国家有叛乱，他打算把珍宝挖出来充当军费，结果还没来得及挖，刚动了这个念想，以前藏珍宝的地方就被大海淹没了。

中国古代与西方有不少类似的故事，如《杜十娘怒沉百宝箱》与《茶花女》的故事，《孔雀东南飞》与《罗密欧与朱丽叶》的故事，《赵氏孤儿》与《哈姆雷特》的故事，等等。甚至有些当代“科幻”题材的影视剧，在中国古代故事中也能找到类似的故事，如与《盗梦空间》相似，中国古代也有“梦中梦”的故事，汉代以前的文献《列子》记载，郑国有一个人在野外砍柴的时候，恰好遇到一只被猎人追赶而受惊的鹿。这个砍柴的人跑过去一下子就打死了它，获得这样一头鹿。砍柴人很开心，但担心猎人赶来跟他抢，他就先把鹿拖到水边，用柴草覆盖藏了起来，然后继续砍柴。过了一会儿，他再去找鹿，突然就忘了自己藏在哪里了，怎么也找不到，恍恍惚惚，怀疑自己刚才可能是做了一个梦，可能是太想得到一头鹿了，所以刚才获鹿、藏鹿的情节只不过是自己打柴时的幻想，砍柴人一边回想一边自言自语。他的话恰好被一个路人听到，这个人就到水边去找，果然找到了一头鹿，于是很开心地把鹿拿回家，他把这件事告诉了他的妻子说：刚才有个砍柴人梦见自己获得了一头鹿，却不知道在什么地方，我顺着他所说的情况去找，居然找到了，他做的梦简直跟真的一样。他的妻子说：是不是你梦见一个砍柴人得到了鹿呢？真的有一个砍柴人吗？你现在得到一头鹿，真的是梦变真的了吗？丈夫说：反正我现在真的有一头鹿，管他是砍柴人做梦，还是我做梦梦到有一个砍柴人呢！砍柴人回去后，不甘心丢失了鹿。夜里做梦，居然梦到藏鹿的地方，并且还梦到鹿最终是被一个路人拿走了。天亮后，他按照梦中的线索，居然找到了取鹿的人。于是两个人就为鹿争吵了起来，最后闹进了公堂。法官对砍柴人说：你最初真的得到了鹿，然后说是梦，你自言自语说自己在梦中得到了鹿，现在又说是真实的，你说又梦到这个人是真的取走了你的鹿，你要和他争这头鹿。他妻子又说她丈夫是在梦中认为鹿是别人的，实际并没有什么人得到过这只鹿，她的丈夫只不过是梦到了一个砍柴人得到了一头鹿，那个砍柴人只不过是他的梦，跟你没关系。有可能这鹿确实是你的，但你也有可能是最近听到了什么消息，才来这里冒充编故事的。现在有一只鹿，你们平分吧。这故事后来被郑国的国君知道了，郑君说：这是一个法官做的梦，梦到在给两个人分鹿吧。郑君询问国相，国相说：是梦不是梦，究竟谁的梦，我也无法分辨。

皮克斯出品的《寻梦环游记》中，通往亡灵世界有一座树叶铺成的桥。在中国古代的传说故事中，我们熟悉的是“三生石畔”的“奈河桥”。在先秦时期，只有黄泉，而没有“桥”，《左传》记载郑庄公跟他母亲闹别扭

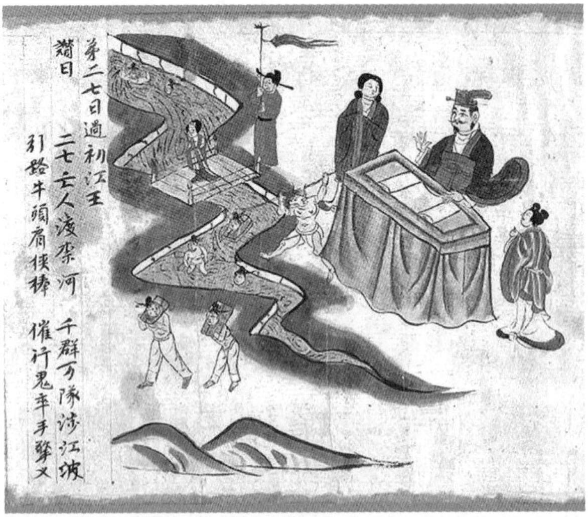

敦煌图卷 奈河桥

说“不及黄泉，无相见也”，后来他后悔了，但话已经说出去了，无可奈何，这时候有个大臣给他出主意说：“如果挖地，一直挖到有泉水之处，然后在隧道里面和母亲相见，那有谁敢说这不是在‘黄泉相见’呢？”郑庄公依其计，最终母子得以相见而和好如初。随着地府的出现，民间在想象过程中，融合了中国“黄泉”与佛教的“地狱”世界，而想象出在阴阳之间有那么一座“奈河桥”，唐代张读的《宣室志》记载说：“行十余里，至一水，广不数尺，流而西南。观问习，习曰：‘此俗所谓奈河，其源出地府’。观即视，其水皆血，而腥秽不可近。”这条奈河上的桥就是奈河桥。《西游记》《西洋记》《说岳全传》等古典小说中都有对此桥的描述。当然，在一些文献中，也称呼此桥为“奈何桥”，如《斩鬼传》等。在《寻梦环游记》中，有亡灵向导，多是一些动物充当。而在中国的传统文化中，也可见相似的习俗或故事。《山海经·海内北经》中描述的为西王母取食的青鸟，到了汉代就已经演变成西王母派往人间引领逝者灵魂的使者了。此外，其他动物，如捣药的玉兔，肥硕的蟾蜍，背生羽翼的九尾狐等，它们在中国古代同样被视为具有引导逝者灵魂的作用，因此它们的画像经常出现在墓葬壁画当中。随着唐以后地狱观念的普及，民间又有了“牛头”“马面”的想象，虽然这些地府的官吏已经按照人间的官僚体系而被人格化，但这些引导亡灵的使者从形象上仍保留着部分动物特征。总之，《寻梦环游记》里的很多元素我们并不陌生，在中国故事中，也有许多对异度空间的想象，除了上面提到的《西游记》《封神演义》等书，还有《山海经》《淮南子》《搜神记》《子不语》《聊斋志异》《阅微草堂笔记》等等。

电影《哥斯拉大战金刚》设想地壳中有一个“世界”，而在中国古代也有相似的故事：唐代的《博异志》记载说，唐朝有个叫阴隐客的人，家里很有钱，他想着在自家后花园打口井，结果打了两年，一千多尺，也没有水，要是别人就换个地方了，他却坚持继续往下打，又打了一个多月，打井的工人忽然听见地下有鸡鸣狗叫之声，继续往下凿了几尺，井壁上出现了一个石洞，有个工人就从洞口钻进去。起初几十步什么都没有，继续前行。石洞一拐弯，突然看见了日月的光，工人就接着走下去，石洞尽头连着一座山峰，工人就从洞口下了山，站直了身子一看，竟来到另一个世界。山峰的一侧有万丈高，千山万谷都像是神仙境界。山中的岩石都是碧蓝的琉璃色，每道山谷中都有金银建成的宫殿。山中还有些大树，树干像竹子似的有节，树叶像芭蕉叶，开着盘子一样大的紫花。很多翅膀像扇子一样大的五色彩蝶在花间飞来飞去，还有像仙鹤的五色鸟在树梢间飞翔。每条峡谷中都有一眼清澈如镜的山泉，还有一眼白泉，泉水像乳一样白。工人来到一座宫殿前，想进去打听一下这是什么地方。有两个守卫拦住了他，见到他很吃惊，问他是怎么来这里的。工人就把凿井的事情说了一下，还没说完，宫门中又涌出来好几十人，都说这里怎么有一股混浊的气味，并责备守宫门的人（后来《红楼梦》中贾宝玉到太虚幻境大概就是仿照于此）。两个守门人惶恐地说，有个外界的工人突然闯到这儿来打听道儿，还没来得及奏报。不一会儿，宫中传下命令，让守卫将工人遣回，但要礼貌地对待工人，工人赶忙拜谢。守卫建议工人说，你好不容易来一次，不如请求在这里游览一下然后再回去。工人自然求之不得。守卫就往宫门里递进去一只玉版，玉版立刻就传了出来。守卫拿到玉版后，就领工人到一口清泉前，让他洗了澡并洗了衣服，然后又领他到一口白泉边让他洗脸漱口。工人漱口时，觉得那白泉水非常好喝，就用手捧水喝了好几口，然后就感到又醉又饱。守卫领他到各个宫殿游览，但只到门口，不能进去。这样走了半天，来到一座山脚下，见有用金银或美玉建造的都城，城门上用玉石镶嵌着三个大字：梯仙国。工人问守卫梯仙国是怎么回事，守卫说：凡是刚成仙的人就送进这梯仙国中，然后在这里继续修行七十万天，才能升入天宫，到达三十二位天帝所住的玉京，或者到蓬莱仙洲，或者到神仙聚居的昆仑阆苑，或者到神女们居住的姑射山，然后才能得到仙界的官位，被授予符命和官印，就可以自由自在地在天界飞翔了。工人又问道：这里既然是仙国，怎么会在我们人世上国家的地下面呢？守卫说：这里只是下界的上仙国，你们国家的上面，还有一个和这里一样的仙国，也叫梯仙国，和这里没有什么两样。守卫说完后就领工人上山找到来时的路。到了山顶，那个洞穴已经找不到了，守卫说：你来到这里虽然不大一会儿，但人间已过去好几十年了，再从你来时的洞走就走不通了。守卫让工人先等着，去宫中禀告。不一会儿，守卫拿着金印和玉版回来，领着工人从另外一条路走上去，来到一个大门前，门内同样有很多楼阁，门前有几个人都跪在地上迎接，守卫出示了金印，读了玉版上写的命令，门就自动打开了。守卫领着工人向门里走，刚一进门，工人就觉得身子像腾云驾雾般地飞升起来，一时什么也看不见了，不一会儿工人发现自己已经在房州北三十里孤星山顶的一个洞中，这座山是人间的山，他曾来过。他出洞以后，就去寻找阴隐客家，人们告诉他，已经过去了三四代人了。工人向人讲述他为阴隐客家打井的事，谁也不知道有这件事。工人就自己寻找当初打井的地方，找到原地，只见一个很大的深坑，原来井早就崩塌了。工人找自己的家，根本就找不到了。从此以后，工人再也不愿在人世停留，就绝食修行，随意漫游。后来人们就不知道他的去处了。

时空穿越题材在中国古代也有很多，比如我们中国的电视剧《寻秦记》，讲一个现代人穿越到秦朝。实际在唐朝的时候，唐朝人就有一部小说讲唐朝人穿越到了秦朝，这就是《秦梦记》。唐朝的太和初年，有一个人叫沈亚之，出了长安城，宿于一间客舍里，晚上他做了一个梦，梦见回到了秦朝。秦穆公问强国的良策，他以昆彭、齐桓之道应对，从而得到秦穆公的赏识，被命伐河西，沈亚之不负众望，攻下晋国的五座城池，秦穆公大悦，将公主弄玉嫁给了他，从此他出入宫禁，无人敢问，然而正当他平步青云之际，公主弄玉却暴卒身亡，沈亚之为了离开伤心地，向秦穆公辞别，秦穆公命车辆侍从送他到函谷关外。出关后，送行的官员说，秦公命令我们送到这里为止，我们这就回去了。亚之跟他们道别，道别还没有完，忽然惊醒了，发现自己还躺在客舍里。

在古代的文学作品中，除了“穿越”回到过去，也有“穿越”到未来的，另外，还有男女身体互换等故事。可以说很多我们现在喜闻乐见的影视剧题材，都可以在中国古代的文学作品中找到相似的桥段，中国古代有不少的好故事等待着我们去挖掘。

后记

想要写这样一本书，我已经酝酿很长时间了。弥补碎片化知识的缺陷，还原一个完整的故事体系；打通古今，实现今人与古人生活的共通，一直是我写普及性小文章的目标。

从五年前，我就开始在“章黄国学”、“桃李国学苑”和我的公众号“九九讲故事”，以及《中国艺术报》《北京晚报》《文史知识》等报刊上陆续发表这样的小文章。三年前，在北京师范大学博士毕业后，我到对外经济贸易大学中文学院工作，讲授先秦文献精讲、《论语》、传统文化中的博物学、中国文学与文化、中国文化概论等课程。孟子说，得天下英才而教育之，是人生的一大乐事。我很喜欢教学，学生们的基础知识都很扎实，那种师生课堂上的“拈花一笑”，真的让人很快乐。而在教学中，为了避免重复讲解学生们已经掌握的知识，我就需要将所讲的内容在横向上拓宽，在纵向上挖深，这样一种教学方式，恰与我写传统文化普及类小文章的目的相契合。在教学中，我又积累了不少素材。本书中的很多内容都是在备课中遇到的一些有意思的小问题，继而论述成文的。

我敢向你保证，这本书绝对有趣又有料。本书的篇章选题，我主要是参照了这样两个范围：一是初高中历史以及语文知识；一是流行娱乐文化，如电影、饮食、游戏人物等。前者就是以课本为基础，通过其他文献的补充，在纵向上深挖相关知识，写这类文章最大的乐趣就是自己仿佛是一个侦探，在破解一件看似平平其实荒诞离奇的案件，如王勃的杀人案跟他写《滕王阁序》有何关系，深陷“乌台诗案”的苏轼是不是最先被大科学家沈括整的，欧阳修被贬滁州的“盗甥”案是怎么回事，滕子京的贪污案是真的吗、岳阳楼是用他的贪污款修的吗，等等。后者则是通过中西对比、古今联系，在横向上拓展相关知识，如电影《哥斯拉大战金刚》描述金刚进入了一个地球内部的世界，实际我们古代早就有相关故事了，西方有灰姑娘的故事，我们唐朝也有类似的故事；再说饮食，现在流行喝奶茶，在宋代的时候，我们就有卖奶茶的了，《清明上河图》中称为饮子或香饮子；还有游戏人物，有个游戏叫《王者荣耀》，其中有很多我们熟悉的历史人物的名字，如后羿、妲己、孙膑、扁鹊、鲁班、墨子、庄周、荆轲、嬴政、项羽、刘邦、韩信、貂蝉、张飞、刘备、赵云、诸葛亮、曹操、花木兰、武则天、李白等，本书都有涉及。本书的主要内容是以传统文化、古代历史为基础，照顾读者的各个兴趣点，讲出熟悉的历史人物、熟悉的文学作品中大家不熟悉的地方。

在写本书的同时，实际我还在写着另一部书，即《符号里的中国》，原名叫《传统文化中的博物学：诸神的符号》。如果说《历史的错觉》这本书主要关注的是历史上那些事，那么《符号里的中国》关注的则是神话传说中的那些事。这本书选取了经过长期文化积淀形成的最具有代表性的符号，如神圣有伏羲、女娲、孔子、老子、玉皇、雷神、八仙、海神、弥勒、观音、财神、门神等，通过神话探源及造型阐释，全面了解上古、儒释道以及民间信仰文化；祥瑞有龙、龙生九子、凤、四灵、狮子、金蟾、莲花、葫芦等，通过装饰探秘及寓意阐释，全面了解古人的日常审美需求；节日有春节、清明节、端午节、中秋节等，通过岁时探索及行为阐释，全面了解今日习俗之传承；人文有太极、八卦、河图、洛书等，通过图形探案及附会阐释，了解古人对天地动力的追寻。古人精神世界所有的“奥秘”，都将被这一本书打开。

两部著作，一部主要是对古人精神世界的探索，一部则主要是对古人所处历史境域的解读，实可以相互参照、补充。

五年的时间，我写了将近60万字普及传统文化的小文章。本来想着以后慢慢再结集出版，偶然结识了李伟楠编辑，我们在选题上一聊就聊得很投机，我于是集中花了七个月的时间将以前写的小文章重新整理，补充了将近三分之二的新内容，就有了《历史的错觉》的第一辑和第二辑。感谢李伟楠编辑在稿件处理上的辛勤付出。还要感谢东方出版社，我的博士导师北京师范大学李山教授的博士论文就是在该社出版的，所以对人民东方，我有一种自然的亲近感。

教学，科研，写小文章，工作之后，每天的事情一件接着一件。《孔子家语》里记载，子贡学习有点儿疲惫了，就问孔子干什么可以容易点儿，是不是做官容易。孔子说，《诗》云“温恭朝夕，执事有恪”，从政要朝夕从事，要谨慎小心，可见做官也不容易。子贡又问，那种地是不是容易啊？孔子又引《诗经》说：“昼尔于茅，宵尔索绹。亟其乘屋，其始播百谷。耕之难也，焉可以息哉！”做个农民也是不容易的，白天要去割茅草，夜里要赶着搓绳索，房子刚修好，又要开始种地了。后面这首诗选自《诗经·七月》，它讲了一年的各种忙忙碌碌，我很喜欢这首诗，因为它形象地叙述了我现在的生活。时间就像一股洪流，裹挟着我们不得不向前，目标完成一个又会有一个，事情也是做完一件就又有一件。百忙之中，我的休闲方式就是轮滑。我从大一就开始喜欢上了这种运动，玩了十多年了，博士毕业找工作的时候，我就找了贸大这唯一一个单位，因为我从贸大西门进来面试的时候，发现这个学校居然有北京市最好的轮滑场。我当下就决定，就是这儿了，我连待遇都没问，就签了协议。这些年，我读了很多有趣的书，去了很多陌生的城市，无论去哪里，我都背着一双轮滑鞋，夜晚的时候穿上它刷遍大街小巷，风从耳边吹过，我感受着所在城市的气息。我曾跟朋友说过，我脚下的城市都是我的游戏场。写作对我来说，也仿佛是一场游戏，每写完一篇，就像打完一场胜仗，那一刻，我提刀而立，为之四顾，为之踌躇满志，我是很开心的、满足的。我希望读者们在读此书的时候，也是快乐的，学习是痛苦的，但读有趣的书却是享受的。